基于梵汉对勘的魏晋南北朝佛经词汇语法研究

陈秀兰　著

复旦大学出版社

国家社会科学基金西部项目【2011】

上海高校高峰学科建设计划资助【2017】

目　录

序一……………………………………………………… 李志夫　001

序二……………………………………………………… 姚振武　003

绪论……………………………………………………………… 001

上编　词汇专题：新词新义 ………………………………… 004

一、新词新义…………………………………………… 005

（一）新词 ………………………………………… 005

（二）新义 ………………………………………… 112

二、新词新义在后世的留存情况………………………… 125

三、小结………………………………………………… 193

下编　语法专题……………………………………………… 197

一、表示复数的人称代词………………………………… 197

二、“S，N是”句型 ……………………………………… 255

三、"V已"结构 …… 304
四、表示被动的"N所V"结构及相关形式 …… 350

结语 …… 390
参考文献 …… 391
词语索引 …… 396
音译词词表 …… 412
梵汉合璧词词表 …… 415
仿译词词表 …… 420
缩略符号表 …… 422

序 一

五年前我参加峨眉山山中大佛禅寺的佛学会议，会议后招待与会学者参拜金顶普贤菩萨，时逢大雪，本人自信老腿尚健，承陈秀兰、何则荫两位年青学者之好意，仍然扶持着上山，至为感激！

陈教授此次来法鼓学园治学，告以本研究专案即将出版，要我写点“读书心得”与读者结缘。近廿年来，陈教授与十多位学者“信而好古”，从事汉传佛典的“解构研究”，其贡献虽不如译者诸贤，其能嘉惠亦莫大焉！

陈教授自谓之所以选择这四部经典，是在魏晋南北朝时期口述性强，语言形式较为丰富，也是“目前能够找到原典进行梵汉对勘、为数不多的翻译佛经”。可见她在作此一选择时，对其他经典研究也花了许多工夫，才能作此唯一选择。

其研究内容，就是这四大经典的“新词新义”，作了四种“解构”，再细加分析，更以科学比例量化。这是极细微的“针线工夫”，将字字珠玑穿连成串，重新组合建构复原。苟非治学多能复发大悲心者，何能完成此一巨著！

虽老眼昏花，四肢不达，但心知肚明，稍缀数语，以分享读者。噫，果不我欺也！

乙未岁七月廿一日法鼓山八十七叟

李志夫　敬识

序　二

《基于梵汉对勘的魏晋南北朝佛经词汇语法研究》一书，在全面考察魏晋南北朝时期汉译佛经的基础上，选取其中具有代表性的四部汉译佛经，运用梵汉对勘和数理统计的方法进行穷尽性的调查，研究存在于这几部佛经中的共同的语言现象，总结其中的规律，从而探讨这一时期的中外语言接触对于汉语的影响。这为魏晋南北朝时期汉语史研究提供了独特视角，是一项具有重要意义的基础性工作，同时对佛教学、中印文化交流等相关学科的研究也具有重要的参考价值。

从汉语发展的历史来看，魏晋以降，言文分歧日渐显著，正统的文言文献较少反映当时的活的语言成分，而这些活的语言成分较多地保存在口语性比较强的文献之中。魏晋南北朝时期的汉译佛经便是含有大量的口语和俗语成分的文献。它不同于其他的正宗的中土白话文献，它是翻译的产物，混杂着汉语与外来语。对于这种文献在汉语史研究和语言接触研究中的价值，学术界有了一些共同的认识，但也存在着一些分歧，分歧主要表现为对于这一时期梵文对汉语的影响程度有不同的估价。本书的观点非常有益于这一问题的进一步讨论。

在研究方法上，目前学术界主要运用传统的语文学、现代语言学、间接的梵汉对勘等方法，较少用汉译佛经与其梵文平行本进行对比分析。而像本书这样同时选择多种梵文佛经做梵汉对勘的穷尽性的统计、分析，则更为少见。

具体而言，本书在以下几个方面值得肯定：

1. 梵汉对勘材料的选择较为精当。《撰集百缘经》、《维摩诘经》、《金光明经》、《妙法莲华经》是魏晋南北朝时期重要的四部翻译佛经，具有口语性强、语言形式丰富的特点，也是目前能够找到原典进行直接梵汉对勘的为数不多的翻译佛经。

2. 运用直接的梵汉对勘方法，也就是将汉译佛经与其梵文平行本进行对比分析。

3. 运用数理统计方法，穷尽性地统计、分析所讨论的语言现象。

4. 所选择的研究专题具有代表性。比如，作为词汇专题的“新词新义”部分，作者清理出所选四部汉译佛经的新词新义，并对这些新词新义在后世的留存情况作了全面的调查，这就从词汇词义的增加与消亡的角度反映了汉语在这一时期所出现的变化，并以翔实的材料和数据证明这些变化对于汉语词汇系统的贡献。“汉译佛经中表示复数的代词”、“‘S，N是’句型”、“‘N所V’结构”、“‘V已’结构”这几个语法专题，是目前学术界争论较多的热点话题，争论的焦点在于普遍存在于汉译佛经之中且在后世文献中继续使用的这些语法现象是否与梵文原典有关。作者穷尽性地分析四种梵汉文本的所有例句，厘清译者翻译这些例句的具体的处理方式，研究译经的语言风格，并据此提出了这些语法现象与梵文原典存在直接关系的观点。

本书作者不辞艰苦，不尚浮夸，学风严谨，工作扎实、细致，这在相当程度上保证了本书的学术质量。希望作者在今后的研究工作中再增加一些词汇、语法方面的研究专题，继续努力，展示更多的梵汉对勘研究的成果。

是为序。

姚振武

2017年11月23日

绪　论

（一）选题意义

语言接触（Language Contact）会引起语言的发展变化，这是国内外语言学界的共识。汉语的发展也不例外。在汉语的发展史上，曾经发生过几次大规模与外来语接触的事实。如先秦两汉时期，汉语与中亚诸语言的接触；魏晋南北朝时期，汉语与以梵语为代表的印欧语的接触；唐宋时期，汉语与以突厥语、蒙古语为代表的阿尔泰语的接触；“五四”运动（1919）以后，汉语与以英语为代表的印欧语的接触。这几次大规模的语言接触都给汉语的发展带来了一些影响，如江蓝生、李崇兴、祖生利等学者认为阿尔泰语影响了汉语，蒋绍愚、朱庆之、曹广顺、遇笑容、梁晓虹、刘广和、万金川、辛岛静志、Victor H.Mair等学者认为梵语影响了汉语。然而，总的来看，这方面的研究工作还非常薄弱，尚有大量的语言事实需要更多的学者投入更多的时间和精力去发掘，在具体语言现象研究的基础上，总结出一些带有普遍性的规律。

汉译佛经作为一种翻译作品，不同于正统的中土文献，有它自己的特点，主要表现在两种混合上，一是汉语与大量原典语言成分的混合，二是文言与大量口语、俗语和不规范成分的混合。朱庆之（2001）将其称为“佛教汉语”。汉译佛经的数量庞大，朱庆之（1992）以《大正新修大藏经》（简称《大正藏》）为依据作了统计，《大正藏》正编五十五册收录汉文佛经2 206部、8 899卷，约7 000万字。其中，魏晋南北朝时期的汉译佛经有609部、2 422卷，约1 938万字。这些翻译佛经不仅数量庞大，而且口语性强，是汉语史研究的重要语料，也是研究汉语史上的语言接触及语言接触对汉语的影响的重要语料。

《撰集百缘经》、《维摩诘经》、《金光明经》、《妙法莲华经》是魏晋南北朝时期重要的几部翻译佛经，口语性强，语言形式比较丰富，也是目前能够找到梵文原典进行梵汉对勘的为数不多的翻译佛经。因此，本课题拟在梵汉对勘的基础上，对存在于这几部翻译佛经之中的共同的语言现象进行系统、全面的描写，并对那些有可能受到原典语言影响的现象进行充分的讨论和分析，总结出一些规律。此类研究不仅对汉语史研究、语言接触研究有重要意义，同时对佛教学、中印文化交流等相关学科的研究也有重要的参考价值。

（二）研究方法

本课题拟采用以下研究方法：

1. **梵汉对勘**。关于梵汉对勘的方法，朱庆之（2001）认为有两种方式：一是间接方式，二是直接方式。所谓的间接方式，就是利用前人的研究成果，比如日本佛学界长久以来所做的梵汉对勘材料。这些材料主要见于：① 各种佛教词典，如荻原云来主编《汉译对照梵和大辞典》、平川彰编《佛教汉梵大辞典》、辛岛静志编《法华经词典》等；② 日本大藏经学术研究会编《大正藏索引》；③ 单部经典的索引，如平川彰等编《俱舍论索引》。所谓的直接方式，就是把汉译佛经同它的平行梵文本进行对勘，精密地对译原本和汉译本，逐一对勘每一个词汇、语法现象。本课题拟采用直接方式，即将魏晋南北朝时期的四部汉译佛经《撰集百缘经》、《维摩诘经》、《金光明经》、《妙法莲华经》与它们的平行梵文本avadānaśataka、vimalakīrtinirdeśa、suvarṇaprabhāsasūtram、saddharmapuṇḍarīka进行对勘。

2. **数理统计**。数理统计（Mathematics Statistics）是伴随着概率论的发展而发展起来的一个数学分支，它起源于人口统计、社会调查等各种描述性活动。这种研究方法在自然科学、工程技术、管理科学及人文社会科学中得到越来越广泛和深刻的应用，其研究内容可以分为两大类：一是试验的设计和研究，即研究如何更合理、更有效地获得观察资料的方法；二是统计推断，即研究如何利用一定的资料对所关心的问题作出尽可能精确可靠的结论。

本课题拟采用二者相结合的方法，即在全面考察魏晋南北朝时期汉译佛经的基础上，选择四部具有代表性的汉译佛经和它们的平行梵文本，对相关词汇、语法专题进行穷尽性的调查研究，并在此基础上得出相关词汇、语法专题研究的结论。

（三）研究材料和研究内容

本课题所依据的汉译佛经：《撰集百缘经》，三国吴支谦译，10卷；《维摩诘经》，三国吴支谦译，2卷；《金光明经》，北凉昙无谶译，4卷；《妙法莲华经》，姚秦鸠摩罗什译，7卷。版本是日本《大正新修大藏经》（精装本，1924年起刊，1934年刊完）。

本课题所依据的汉译佛经的平行梵文本：avadānaśataka [Bibliotheca Buddhica III], edited by Dr. J. S. Speyer, Motilal Banarsidass Publishers Private Limited. Delhi, 1992；《梵藏汉对照〈维摩经〉》, edited by Study Group on Buddhist Sanskrit Literature, The Institute for Comprehensive Studies of Buddhism, Taisho University, 2004; suvarṇaprabhāsasūtram, [Buddhist Sanskrit Texts No.8], edited by Dr.S.Bagchi, Published by the Mithila Institute of Post-Graduate Studies and Research in Sanskrit Learning, Darbhanga, 1967; saddharmapuṇḍarīka, [Bibliotheca Buddhica X], edited by Prof.H.Kern and Prof. Bunyiu Nanjio, Motilal Banarsidass Publishers Private Limited, Delhi, 1992。

在梵、汉对勘的基础上，本课题拟对《撰集百缘经》、《维摩诘经》、《金光明经》、《妙法莲华经》所反映出来的共同的词汇、语法现象进行研究：

1. 发掘这几部汉译佛经里出现的新的义项，或者是新出现的词语，也就是我们通常所说的“新词新义”，探讨它们在后世的发展演变情况。这些新词新义有些是受梵文的影响而产生的，有些是本土自生的。

2. 表示复数的人称代词。

3. “S，N是”句型。

4. “V已”结构。

5. 表示被动的“N所V”结构及相关形式。

上编　词汇专题：新词新义

语言是由语法、词汇、语音三大要素组成的。词汇是语言三大要素中最活跃、发展最迅速的部分，它对社会上方方面面的变化反映敏感。社会生活的变化和文化发展的需要会产生一些新的词语，也就是“新词”（neologism）；一些已有的词语由于社会生活的变化而出现一些新的义项，也就是“新义”。“新词新义”是词汇研究很重要的一个方面，可以如实地反映出一种语言的词汇系统的丰富与变化情况。依据现有的研究成果[1]，我们对四部汉译佛经《撰集百缘经》、《维摩诘经》、《金光明经》、《妙法莲华经》的词汇作了全面的调查，将这四部汉译佛经所反映出来的魏晋南北朝这一时期的新词新义清理出来，以期说明汉语在这一时期出现在词汇方面的一些变化；并将这些新出现的词语和义项在后世文献的留存情况作了全面的调查，以期说明这些新出现的词语和义项对于汉语词汇系统的贡献。

为了便于了解新词新义的分类情况，我们按照词语的类别排列。每个词条下先列词目和使用频率，次列词义，再列书证。

---

[1] 在判断新词新义时，我们使用了《汉语大词典》、《汉语大字典》、《辞源》、《佛学大辞典》、一些关于新词新义的文章和专著，比如罗晓琳《〈撰集百缘经〉词汇研究》，湖南师范大学硕士学位论文（2005）；冯延举《北凉昙无谶译经词汇研究》，暨南大学硕士学位论文（2008）；冯翠《〈妙法莲华经〉词汇研究》，西北师范大学硕士学位论文（2013）。我们还使用了各类电子出版物，如《国学宝典》、《四库全书》、台湾“翰典语料库”、中华佛学研究会的CBETA。特此说明。

一、新词新义

在四部汉译佛经《撰集百缘经》、《维摩诘经》、《金光明经》、《妙法莲华经》中，有876个新词[1]，87个词语产生了新的义项[2]，具体情况如下。

（一）新词

四部汉译佛经《撰集百缘经》、《维摩诘经》、《金光明经》、《妙法莲华经》[3]的新词有六个大类和属于成语的凝固结构：一是代词，2个；二是数词，1个；三是副词，15个；四是名词，635个；五是动词，177个[4]；六是形容词，45个；七是凝固结构，4个。其中，单音节形式2个，双音节形式454个，三音节形式119个，四音节形式189个，五音节形式53个，六音节形式16个，七音节形式17个，八音节形式12个，九音节形式7个，十音节形式3个，十二音节形式1个，十三音节形式3个。

1. 代词：2个。其中，双音节形式1个，三音节形式1个。

汝等辈　3例。你们。第二人称代词的复数。《撰》卷一〇："今此维那独不得道，僧皆不听布萨自恣，心怀懊恼而作是言：'我独为尔营理僧事，令汝等辈安隐行道，今复返更不听自恣布萨羯磨。'即便瞋恚，骂辱众僧，寻即牵捉，闭著室中，作是唱言：'使汝等辈常处闇冥，不见光明，如我今者处此闇室。'"（4/251a[5]）

---

[1] 参照《汉语大词典》，失收713个新词，收录163个新词（其中，36个新词的相关义项失收）；参照《辞源》，失收832个新词，收录44个新词（其中，8个新词的相关义项失收）；参照《佛学大辞典》，失收759个新词，收录117个新词（其中，18个新词的相关义项失收）。

[2] 参照《汉语大词典》，失收77个词语的相关新义，收录10个词语的相关新义；参照《辞源》，失收86个词语的相关新义，收录1个词语的相关新义；参照《佛学大辞典》，失收76个词语的相关新义，收录11个词语的相关新义。

[3] 本编引例，将四部汉译佛经《撰集百缘经》、《维摩诘经》、《金光明经》、《妙法莲华经》简称为《撰》、《维》、《金》、《妙》。

[4] 三个动词有名词义：坌污、唱言、詶对。

[5] 阿拉伯数字及英文字母表示引例在《大正新修大藏经》中的册数、页数、上中下栏。台湾新文丰出版公司影印。

斯等　7例。这些。《撰》卷五："斯等道人不自生活，但仰百姓。"（4/224b）《妙》卷五："此大菩萨众，假使有人于千万亿劫数不能尽，不得其边，斯等久远已来于无量无边诸佛所殖诸善根，成就菩萨道，常修梵行。"（9/41c）

2. 数词：1个，三音节形式。

甄迦罗　1例。数词名。千万亿。《妙》卷六："日月净明德佛今故现在，我先供养佛已，得解一切众生语言陀罗尼，复闻是法华经，八百千万亿那由他甄迦罗、频婆罗、阿閦婆等偈。"（9/53b）例中的"甄迦罗"是梵语kaṅkara[1]的音译。

3. 副词：15个。其中，双音节形式13个，三音节形式1个，四音节形式1个。

曾亦　1例。曾经。《妙》卷三："我在十六数，曾亦为汝说，是故以方便，引汝趣佛慧。"（9/26c）

返更　3例。反而。《撰》卷五："时长者女于戒律中有少毁犯，诸比丘尼驱令出寺，心怀惭愧，不能归家，寄住他舍，生大瞋恚，便作是言：'我自有舍，止住其中，今者云何返更驱我、自用住止？'"（4/225c）又卷六："有一三藏比丘将五百弟子游行他国，在大众中而共论议。有难问者，不能通达，便生瞋恚，返更恶骂：'汝等今者无所晓知，强难问我，状似水牛抵突人来。'"（4/232c）

各各皆　3例。都。总括副词。《撰》卷四："时诸比丘安居欲竟，自恣时到，春秋二时常来集会，听佛说法，其中或有浣衣、薰钵、打染、缝治，如是各各皆有所营。"（4/218a）《妙》卷五："或有大千界微尘数菩萨，各各皆能转不退之法轮；复有中千界微尘数菩萨，各各皆能转清净之法轮。"（9/44b）

各各竟共　1例。都。总括副词。《撰》卷四："时诸民众闻王教令，各各竟共修治田作，七日头到，降大甘雨，一切苗稼皆得成熟。"（4/218a）

更返　1例。反而，却。《撰》卷一〇："时诸民众竞共请唤，常将法师受檀越请。脱于一日，法师不在，将余者行，瞋恚骂言：'我常为汝洗钵给水，今更返将余者共行。'"（4/251b）

---

[1] 见于saddharmapuṇḍarīka, p.409。saddharmapuṇḍarīka, [Bibliotheca Buddhica X], edited by Prof.H.Kern and Prof.Bunyiu Nanjio, Motilal Banarsidass Publishers Private Limited, Delhi, 1992。

每常　1例。常常。《撰》卷一〇："其男长瓜聪明博达，善能论议，常共其姊舍利，凡所论说，每常胜姊。"（4/255a）

每曾　1例。曾经。《撰》卷一："我每曾闻：'有佛世尊，得一切智，诸天世人无有及者，哀愍众生，自利利他。'我今当称彼佛名号，入于大海。"（4/204c）

每自　7例。常常。《撰》卷三："时彼城中有一长者，名曰含香。财宝无量，不可称计。禀性贤柔，敬信三宝，每自思惟：'我今此身及诸财宝虚伪非真，如水中月，如热时炎，不可久保。'"（4/214c）《妙》卷二："我从昔来终日竟夜每自剋责，而今从佛闻所未闻未曾有法，断诸疑悔，身意泰然，快得安隐。"（9/10c）

普各　1例。都。总括副词。《撰》卷八："王问智臣：'当设何计？'智臣答曰：'密遣余人，请唤偷人，各劝酒食，极令使醉，舆著殿上，密使不觉。庄严殿堂及诸伎女，极令殊妙，作众音乐以娱乐之，偷人于是必当惊觉。敕诸伎女普各语言："以汝阎浮提中偷塔枨头珠故，今得生此忉利天上。我诸伎女作唱音乐，共侍卫汝，汝实尔不？"'"（4/243c）

任当　1例。任意。《撰》卷八："此女虽丑，形不似人，然是末利夫人所生，而养育之，年渐长大，任当嫁娶。"（4/242b）

唐自　1例。徒然。《撰》卷一〇："汝今何故舍家来此山林之中，既不修善，则无利益，唐自疲苦？"（4/250a）

欻然　2例。忽然。《撰》卷六："时彼水牛闻佛世尊说是偈已，深生惭愧，欻然悟解，盖障云除。"（4/232a）《妙》卷二："堂阁朽故，墙壁隤落，柱根腐败，梁栋倾危，周匝俱时欻然火起，焚烧舍宅。"（9/12b）

寻更　1例。立即。《撰》卷五："于是饿鬼复更现身在大众前，寻更忏悔，即于其夜取其命终，生忉利天。"（4/225b）

益更　1例。更加。《撰》卷四："如来世尊宿造何福，凡所食啖，能使消化，不为身内作诸患苦，今者威颜益更鲜泽？"（4/217a）

由故　1例。仍然。《撰》卷一〇："因为立字，名生死苦，年渐长大，凡见人时，由故唱言：'生死极苦。'然于父母、师僧、耆旧、有德慈心孝顺，言常含笑，终不出于麁恶言语。"（4/252b）

4. 名词：包括专有名词和普通名词，共有635个[1]。其中，双音节形式224个，三音节形式115个，四音节形式184个，五音节形式53个，六音节形式16个，七音节形式17个，八音节形式12个，九音节形式7个，十音节形式3个，十二音节形式1个，十三音节形式3个。

（1）专有名词：专有名词又分为人名、物名、鬼神名、地名、菩萨名、咒语名、三昧名、时间名、经典名，共有489个。其中，双音节形式102个，三音节形式97个，四音节形式180个，五音节形式52个，六音节形式16个，七音节形式17个，八音节形式12个，九音节形式7个，十音节形式3个，十二音节形式1个，十三音节形式2个。

① 人名：包括普通人的名字、国王的名字、王子（太子）的名字、佛教出家人的名字、外道六师的名字、仙人的名字，共有132个。其中，双音节形式60个，三音节形式41个，四音节形式22个，五音节形式5个，六音节形式3个，七音节形式1个。

A. 普通人的名字：58个。其中，双音节形式32个，三音节形式19个，四音节形式6个，五音节形式1个。

阿沙罗　2例。长者名。《撰》卷八："今阿沙罗长者来至此中劝化诸人，我解此珠持用施与。"（4/241c）

宝光　1例。女性名。《撰》卷八："其妇怀妊，足满十月，生一女儿，端政殊妙，世所希有，顶上自然有一宝珠，光曜城内。父母欢喜，因为立字，名曰宝光。"（4/238b-c）例中的"宝光"对译梵语suprabhā[2]。

宝事　6例。男性名。《维》卷上："于是维耶离国有长者子名罗邻那竭，汉言曰宝事，与五百长者子俱，皆有决于无上正真之道，持七宝盖来诣佛所，稽首佛足。"（14/519b-c）例中的"宝事"是梵语ratnākara[3]的仿译。

波多迦　1例。男性名。《撰》卷七："其妇怀妊，足满十月，生一男儿，端

[1]　两个名词既有专有名词的用法，又有普通名词的用法：那罗、珠鬘。

[2]　见于avadānaśataka[II], p.1。avadānaśataka [Bibliotheca Buddhica III], edited by Dr. J. S. Speyer, Motilal Banarsidass Publishers Private Limited.Delhi, 1992.

[3]　见于《梵藏汉对照〈维摩经〉》, p.12。《梵藏汉对照〈维摩经〉》, Edited by Study Group on Buddhist Sanskrit Literature, The Institute for Comprehensive Studies of Buddhism, Taisho University, 2004。

政殊妙，与众超绝。初生之日，虚空中有大幡盖遍覆城上。时诸人众因为立字，名波多迦[1]。"（4/238a）

长瓜　5例。男性名。《撰》卷一〇："其男长瓜[2]，聪明博达。"（4/255a）

嚪婆罗　12例。男性名。《撰》卷五："时嚪婆罗闻佛语已，前白佛言：'慈哀怜愍，听在道次。'"（4/227b）

嚪婆罗鬼　1例。男性名。《撰》卷五："时彼父母及诸亲族见其如是，恶不欲见，駈令远舍，使不得近。即便嚪行，求索粪屎，用为甘饍。时诸民众，见其如是，因为立字，名嚪婆罗鬼。"（4/227a）例中的"嚪婆罗鬼"是梵语jāmbāla[3]的音译兼意译。

恶见　3例。女性名。《撰》卷五："时有女人，名曰恶见，井宕级水。"（4/223b）

恶奴　2例。男性名。《撰》卷三："时彼城中有一愚人，名曰恶奴，心常好乐处处藏窜，劫夺人物，用自存活。"（4/216b）

沸疏　2例。长者名。《撰》卷八："时彼城中有一长者，名曰沸疏，财宝无量，不可称计。"（4/241a）例中的"沸疏"是梵语puṣya[4]的音译。

浮海　1例。男性名。《撰》卷三："时彼国中有一商主，名曰浮海，将诸商客入大海中，采其珍宝。"（4/214a）

负梨　1例。男性名。《撰》卷一〇："时彼小龙命故未断，遥见比丘端坐思惟，至心求哀，寻即命终，生舍卫国婆罗门家，名曰负梨，端政殊妙，世所希有。"（4/250a）例中的"负梨"是梵语bhūti[5]的音译。

富那　1例。长者名。《撰》卷一："佛告阿难：'汝今颇见富那长者供养我不？'阿难白言：'唯然，已见。'"（4/203b）

富那奇　2例。女性名。《撰》卷五："长者闻已，心怀欢喜，寻勅其妇富那奇：'我有急缘，定欲出去。汝今在后取甘蔗汁施辟支佛。'"（4/222c）例

---

[1]　平行梵文本此处是viditayaśā。avadānaśataka[I], p.385.

[2]　平行梵文本此处是dīrghanakha（长爪）。avadānaśataka[II], p.186.

[3]　见于avadānaśataka[I], p.280。

[4]　见于avadānaśataka[II], p.36。

[5]　见于avadānaśataka[II], p.127。

中的“富那奇”对译梵语bhṛtakapuruṣa[1]。

功德意　9例。女性名。《撰》卷六：“于其后时七月十五日僧自恣时，有一宫人字功德意而自念言：‘此塔乃是大王所造，今者坌污，无人扫洒。我今此身分受刑戮，扫洒彼塔，香花、灯明而供养之。’”（4/230a）例中的“功德意”对译梵语śrīmatī[2]。

海生　3例。男性名。《撰》卷九：“时彼商主选择族望，娉以为妇，将共入海，足满十月，产一男儿，因为立字，名曰海生。”（4/244b）例中的“海生”对译梵语samudra[3]。

含香　3例。长者名。《撰》卷三：“含香长者请佛缘。”（4/214c）例中的“含香”对译梵语sūkṣmatvag[4]。又同卷：“时彼城中有一长者，名曰含香[5]，财宝无量，不可称计。”（4/214c）

恒伽达　7例。男性名。《撰》卷一〇：“此恒伽达先世之时种何善根，投山不死，堕水不溺，食毒无苦，箭射无伤，加遇世尊，得度生死？”（4/254c）例中的“恒伽达”是梵语gaṅgika[6]的音译。

伽尸孙陀利　1例。女性名。《撰》卷八：“此女生时，身披袈裟，因为立字，名伽尸孙陀利。”（4/240c）例中的“伽尸孙陀利”是梵语kāśisundarī[7]的音译。

梨车　1例。男性名。《撰》卷二：“时彼国中有一辅相，名曰梨车[8]，信邪倒见，不信因果，教阿阇世反逆杀父，自立为主。”（4/210c）

梨军支　1例。男性名。《撰》卷一〇：“时彼城中有一婆罗门，其妇怀妊，足满十月，产一男儿，容貌弊恶，身体臭秽。饮母乳时，能使乳坏。若雇余者，亦皆败坏。唯以酥蜜涂指令舐，得济躯命。因为立字，号梨军支。”

---

[1]　见于avadānaśataka[I], p.244。

[2]　见于avadānaśataka[I], p.308。

[3]　见于avadānaśataka[II], p.61。

[4]　见于avadānaśataka[I], p.139。

[5]　平行梵文本此处是anyatama śreṣṭhin（一个长者）。avadānaśataka[I], p.139.

[6]　见于avadānaśataka[II], p.183。

[7]　见于avadānaśataka[II], p.31。

[8]　平行梵文本此处是devadātta（提婆达多）。avadānaśataka[I], p.88.

（4/251c）例中的“梨军支”是梵语lekuñcika[1]的音译之略。

楼陀　2例。男性名。《撰》卷四：“时彼城中有一劫贼，名曰楼陀，腰带利剑，手把弓箭，在于道次劫夺民物。”（4/222a）

满贤　7例。男性名。《撰》卷一：“时彼满贤有一亲友从王舍城来诣彼国，到满贤所，叹佛、法、僧所有功德。”（4/203a）例中的“满贤”对译梵语pūrṇa[2]。

摩那答陀　1例。男性名。《撰》卷三：“如摩那答陀，极大憍慢，卑下他人，我亦度彼出生死海。”（4/215a）例中的“摩那答陀”是梵语mānastabdha[3]的音译。

槃陀罗　3例。女性名。《撰》卷五：“时彼长者敕妇槃陀罗[4]：‘我有急缘，今须出外，汝好为彼辟支佛作随病药。’”（4/224a）

婆持加　5例。男性名。《撰》卷一：“佛得此药，授与婆持加，令使服尽，病悉除愈，身心快乐。”（4/205c）例中的“婆持加”是梵语vaḍika[5]的音译。

瞿弥　1例。长者名。《撰》卷一〇：“时有长者，名曰瞿弥[6]，见佛及僧，深生信敬。”（4/252b）

瞿沙　2例。长者名。《撰》卷二：“时彼城中有一长者，名曰瞿沙，财宝无量，不可称计。”（4/212c）例中的“瞿沙”是梵语rohiṇa[7]的音译。

若达多　2例。长者名。《撰》卷五：“时彼城中有一长者，名曰若达多[8]，财宝无量，奴婢、仆使、象、马、牛、羊不可称计。”（4/226a）

善爱　①3例。波斯匿王后宫侍女名。《撰》卷三：“我是波斯匿王后宫婇女，年在朽迈，名曰善爱，不好惠施，命终生此。”（4/214c）②1例。女性名。《撰》卷八：“尔时父母闻女说偈，喜不自胜，寻前抱取，乳哺养育，因为立字，名曰善爱。”（4/239a）例中的“善爱”是梵语supriyā[9]的仿译。

---

[1] 见于avadānaśataka[II], p.153。
[2] 见于avadānaśataka[I], p.2。
[3] 见于avadānaśataka[I], p.148。
[4] 平行梵文本此处是vadhvā（妻子）。avadānaśataka[I], p.255.
[5] 见于avadānaśataka[I], p.32。
[6] 平行梵文本此处是anyatamā gṛhapatipatnī（一个长者妻子）。avadānaśataka[II], p.157.
[7] 见于avadānaśataka[II], p.14。
[8] 平行梵文本此处是anyatama śreṣṭhin（一个长者）。avadānaśataka[I], p.271.
[9] 见于avadānaśataka[II], p.7。

善见 2例。男性名。《维》卷上："佛告长者子善见：'汝行诣维摩诘问疾。'善见白佛言：'我不堪任诣彼问疾。'"（14/525a）例中的"善见"对译梵语sudatta[1]。

善贤 1例。长者名。《撰》卷八："时彼城中有一长者，名曰善贤，财宝无量，不可称计。"（4/238b）

呻号子 1例。男性名。《撰》卷一〇："时呻号子闻佛世尊说是语已，深自咎啧，向佛世尊忏悔罪咎，疮寻除差。"（4/253a）

生死苦 1例。男性名。《撰》卷一〇："其妇怀妊，足满十月，产一男儿，自忆宿命，产已唱言：'生死极苦。'因为立字，名生死苦。"（4/252b）例中的"生死苦"对译梵语saṁsāra[2]。

水空 2例。男性名。《金》卷四："欲知尔时流水长者子，今我身是；长子水空，今罗睺罗是；次子水藏，今阿难是。"（16/353c）例中的"水空"对译梵语jalāmbara[3]。

水空龙藏 1例。女性名。《金》卷四："时长者子有妻，名曰水空龙藏。"（16/352b）例中的"水空龙藏"对译梵语jalāmbujagarbhā[4]。

水藏 2例。男性名。《金》卷四："一名水空，二名水藏。"（16/352b）例中的"水藏"对译梵语jalagarbha[5]。

思佛 1例。男性名。《妙》卷六："尔时四众常轻是菩萨者，岂异人乎？今此会中跋陀婆罗等五百菩萨、师子月等五百比丘尼、思佛等五百优婆塞皆于阿耨多罗三藐三菩提不退转者是。"（9/51b）例中的"思佛"对译梵语sugatacetanā[6]。

孙陀利 6例。男性名。《撰》卷一〇："我所居止聚落之中有一小儿，字

---

[1] 见于《梵藏汉对照〈维摩经〉》, p.168。

[2] 见于avadānaśataka[II], p.161。

[3] 见于suvarṇaprabhāsasūtram, p.105。suvarṇaprabhāsasūtram, [Buddhist Sanskrit Texts No.8], edited by Dr.S.Bagchi, Published by the Mithila Institute of Post-Graduate Studies and Research in Sanskrit Learning, Darbhanga, 1967。

[4] 见于suvarṇaprabhāsasūtram, p.98。

[5] 同上。

[6] 见于saddharmapuṇḍarīka, p.383。

孙陀利。”（4/256b）例中的“孙陀利”是梵语sundara[1]的音译。

兀手 1例。男性名。《撰》卷一〇：“相师睹已，问其父母：‘此儿产时有何瑞相？’父母答言：‘此儿产已，作是唱言：“今此手者，甚为难得。”’因为立字，名曰兀手。”（4/251a）例中的“兀手”对译梵语hastaka[2]。

贤面 3例。长者名。《撰》卷六：“时彼城中有一长者，名曰贤面。”（4/228a）

修伽 1例。长者名。《撰》卷八：“时彼城中有一长者，名曰修伽。”（4/238c）

修善意 1例。夫人名。《撰》卷四：“有二夫人：一名善意，二名修善意。”（4/222a）例中的“修善意”对译梵语durmati[3]。

须拔陀 2例。壮士名。《撰》卷四：“时须拔陀闻佛世尊欲入涅槃，将五百力士来诣佛所。”（4/220c）例中的“须拔陀”是梵语subhadra[4]的音译。

须达多 4例。人名。古印度拘萨罗国舍卫城富商，波斯匿王的大臣，释迦的有力施主之一，号称给孤独。《撰》卷八：“时真珠鬘闻须达多[5]为儿求索，前白父母：‘慈哀怜愍，若欲持我与彼儿者，当作要誓，必共出家，然后与彼。’”（4/241b）

须曼那 1例。男性名。《撰》卷九：“相师睹已：‘此儿产时有何瑞相？’父母答言：‘有须曼花衣裹身而生。’因为立字，名须曼那。”（4/245a）例中的“须曼那”是梵语sumanā[6]的音译。

须漫那 1例。男性名。《撰》卷一：“时须漫那见佛世尊缝补破衣，心怀欢喜，前礼佛足。”（4/205a）

须摩 5例。男性名。《撰》卷一：“尔时须摩闻佛世尊说此偈已，深生信敬，五体投地，发大誓愿。”（4/205b）

鸯掘摩罗 1例。男性名。《撰》卷三：“如鸯掘摩罗，瞋恚炽盛，杀害人

---

[1] 见于avadānaśataka[II], p.202。

[2] 见于avadānaśataka[II], p.147。

[3] 见于avadānaśataka[I], p.178。

[4] 见于avadānaśataka[I], p.228。

[5] 平行梵文本此处是anāthapiṇḍada（给孤独）。avadānaśataka[II], p.37.

[6] 见于avadānaśataka[II], p.68。

民，我亦度彼出生死海。”（4/215a）例中的“鸯掘摩罗”是梵语aṅgulimāla[1]的音译。

耶奢蜜多 2例。男性名。《撰》卷九：“此儿福德，生则降雨，举国闻知，因为立字，名耶奢蜜多。”（4/246b）例中的“耶奢蜜多”是梵语yaśomitra[2]的音译。

银光 2例。男性名。《金》卷三：“乃至是佛般涅槃后，正法、像法悉灭尽已，次子银光复于是后次补佛处，世界名字如本不异。”（16/351a）例中的“银光”是梵语rūpyaprabha[3]的仿译。

银相 3例。男性名。《金》卷三：“乃至是佛般涅槃后，正法、像法皆灭尽已，长子银相当于是界次补佛处，世界尔时转名净幢。”（16/351a）例中的“银相”是梵语rūpyaketu[4]的仿译。

月盖 1例。男性名。《维》卷下：“时维耶离诸梵志、居士、尊者、月盖等闻是香气，皆得未曾有自然之法，身意快然。”（14/532b）例中的“月盖”是梵语śomacchatra[5]的仿译。

遮罗 1例。长者名。《撰》卷五：“时彼城中有一长者，名曰遮罗。”（4/227a）

真珠鬘 4例。女性名。《撰》卷八：“相师睹已，问其父母：‘此女生时有何瑞相？’父母答言：‘此女生时，额上自然有真珠鬘。’因为立字，名曰真珠鬘。”（4/241b）例中的“真珠鬘”对译梵语muktā[6]。

蛭驶 1例。男性名。《撰》卷一〇：“时彼城中有一梵志，名曰蛭驶。”（4/255a）例中的“蛭驶”是梵语tiṣya[7]的音译。

众宝庄严 2例。男性名。《撰》卷九：“父母答言：‘此儿生时，家中自然有一泉水从地涌出，有诸珍宝充满其中及以树上有好天衣。’因为立字，名

[1] 见于avadānaśataka[I], p.148。
[2] 见于avadānaśataka[II], p.83。
[3] 见于suvarṇaprabhāsasūtram, p.90。
[4] 同上。
[5] 见于《梵藏汉对照〈维摩经〉》, p.372。
[6] 见于avadānaśataka[II], p.36。
[7] 见于avadānaśataka[II], p.186。

众宝庄严。”（4/247b）例中的“众宝庄严”对译梵语 śobhita[1]。

珠鬘　1例。女性名。《撰》卷八：“时须达长者闻彼沸疏有此好女，通致信命，求索珠鬘，欲为其子娉以为妇。”（4/241b）例中的“珠鬘”对译梵语 muktā[2]。

B. 国王的名字：34个。其中，双音节形式9个，三音节形式15个，四音节形式9个，五音节形式1个。

宝殿王　3例。国王名。《撰》卷二：“时宝殿王[3]见是变已，发于无上菩提之心。”（4/211a）

波瞿利王　1例。国王名。《撰》卷八：“汝叵曾闻，阿阇世王、波瞿利王，如是等比数十诸王皆由妄语堕地狱中。”（4/242a）

法护王　3例。国王名。《撰》卷二：“欲知彼时法护王者，则我身是。”（4/209b）

梵摩达多　9例。国王名。《撰》卷三：“此贤劫中，波罗栋国有王，名曰梵摩达多，正法治化。”（4/213b）例中的“梵摩达多”是梵语 brahmadatta[4] 的音译。又卷八：“有王名曰梵摩达多[5]，收其舍利，起四宝塔而供养之。”（4/238c）

梵摩达王　3例。国王名。《撰》卷八：“尔时梵摩达王，其妇怀妊，足满十月，生一女儿，身披袈裟，端政殊妙，世所希有。”（4/240c）例中的“梵摩达王”是梵语 rājan brahmadatta[6] 的音译加意译之略。

梵摩王　13例。国王名。《撰》卷四：“时梵摩王及诸群臣见其太子有是奇特，叹未曾有。”（4/220b）

梵豫　1例。国王名。《撰》卷四：“我念过去无量世时，波罗栋国王名梵豫，治正国土，人民炽盛，丰乐无极。”（4/217c）例中的“梵豫”是梵语

[1] 见于 avadānaśataka[II], p.98。
[2] 见于 avadānaśataka[II], p.37。
[3] 平行梵文本此处是 rājan kṣatriya mūrdhnābhiṣikta（刹帝利灌顶王）。avadānaśataka[I], p.86.
[4] 见于 avadānaśataka[I], p.120。
[5] 平行梵文本此处是 bandhumat（槃头末帝）。avadānaśataka[II], p.5.
[6] 见于 avadānaśataka[II], p.31。

brahmadatta[1]的音译之略。

梵豫王　6例。国王名。《撰》卷四："欲知彼时梵豫王者，则我身是。"（4/218a）例中的"梵豫王"是梵语brahmadatta rājan[2]的音译加意译之略。

观顶王　3例。国王名。《撰》卷二："欲知彼时观顶王[3]者，则我身是。"（4/209a）

罽宾　1例。国王名。《撰》卷九："时彼南方有一国土，名曰金地，王名罽宾[4]。"（4/247c）

罽宾宁王　6例。国王名。《撰》卷九："时罽宾宁王将诸群臣游猎射戏，问诸臣言：'今此世间叵有人能有大气力如我者不？'"（4/247c-248a）例中的"罽宾宁王"是梵语rājan mahākapphiṇa[5]的音译加意译之略。

伽翅　1例。国王名。《撰》卷二："王名伽翅[6]，闻佛来至，心怀欢喜，将诸群臣出城奉迎。"（4/212c）

伽翅王　3例。国王名。《撰》卷二："欲知彼时伽翅王[7]者，则我身是。"（4/212c）

迦翅　1例。国王名。《撰》卷九："时彼国王名曰迦翅，收取舍利，造四宝塔。"（4/245c）例中的"迦翅"是梵语kṛkin[8]的音译。

迦翅王　1例。国王名。《撰》卷九："此贤劫中，波罗桧国有佛出世，号曰迦叶，将诸比丘游行教化，到迦翅王国。"（4/246a）例中的"迦翅王"是梵语rājan kṛkin[9]的音译加意译之略。

金龙尊　2例。国王名。《金》卷一："过去有王，名金龙尊，常以赞叹赞叹去来、现在诸佛。"（16/339a）例中的"金龙尊"对译梵语suvarṇabhujendra[10]。

---

[1]　见于avadānaśataka[I], p.174。

[2]　见于avadānaśataka[I], p.176。

[3]　平行梵文本此处是rājan kṣatriya mūrdhnābhiṣikta（刹帝利灌顶王）。avadānaśataka[I], p.70。

[4]　平行梵文本此处是kalpa（劫波）。avadānaśataka[II], p.102。

[5]　见于avadānaśataka[II], p.103。

[6]　平行梵文本此处是rājan kṣatriya mūrdhnābhiṣikta（刹帝利灌顶王）。avadānaśataka[I], p.110。

[7]　平行梵文本此处是rājan（王）。avadānaśataka[I], p.111。

[8]　见于avadānaśataka[II], p.76。

[9]　见于avadānaśataka[II], p.80。

[10]　见于suvarṇaprabhāsasūtram, p.24。

净德王 1例。国王名。《妙》卷六："一切众生憙见菩萨作如是法供养已，命终之后复生日月净明德佛国中，于净德王家结加趺坐，忽然化生。"（9/53b）例中的"净德王"对译梵语rājan vimaladatta[1]。

力尊相 1例。国王名。《金》卷三："过去有王名力尊相，其王有子名曰信相，不久当受灌顶之位，统领国土。"（16/346c）例中的"力尊相"对译梵语baladaketu[2]。

力尊相王 1例。国王名。《金》卷三："尔时力尊相王为信相太子说是偈言。"（16/347a）例中的"力尊相王"对译梵语rājan baladaketu[3]。

莲花王 1例。国王名。《撰》卷四："时莲花王答太子曰：'我今所作亦为民众，云何卿等而见固遮？'"（4/217b）又写作"莲华王"。8例。《撰》卷四："欲知尔时莲华王者，则我身是。"（4/217c）例中的"莲华王"对译梵语padmaka rājan[4]。

妙庄严王 13例。国王名。《妙》卷七："彼时妙庄严王后宫八万四千人皆悉堪任受持是《法华经》。"（9/60b）例中的"妙庄严王"对译梵语rājan śubhavyūha[5]。

摩诃罗陀 5例。国王名。《金》卷四："我念宿命，有大国王，其王名曰摩诃罗陀。"（16/355b）例中的"摩诃罗陀"是梵语mahāratha[6]的音译。

槃头末帝 12例。国王名。《撰》卷七："尔时有王名槃头末帝，收其舍利，起四宝塔，高一由旬而供养之。"（4/234c）例中的"槃头末帝"是梵语bandhumat[7]的音译。

槃遮耶王 1例。国王名。《撰》卷一："汝见此槃遮耶王供养我不？"（4/207b）例中的"槃遮耶王"是梵语pañcālarāja[8]的音译加意译。

---

[1] 见于saddharmapuṇḍarīka, p.408。
[2] 见于suvarṇaprabhāsasūtram, p.70。
[3] 同上。
[4] 见于avadānaśataka[I], p.172。
[5] 见于saddharmapuṇḍarīka, p.463。
[6] 见于suvarṇaprabhāsasūtram, p.114。
[7] 见于avadānaśataka[I], p.349。
[8] 见于avadānaśataka[I], p.46。

毘提　1例。国王名。《撰》卷九："乃往过去无量世时，波罗㮈国王名毘提，兴起兵甲，与邻国王交阵共战。"（4/249c）例中的"毘提"是梵语videha[1]的音译之略。

善集　3例。国王名。《金》卷三："其佛世尊般涅槃后，时有圣王名曰善集，于四天下而得自在，治正之势尽大海际。"（16/348b）例中的"善集"是梵语susaṁbhava[2]的仿译。

善集王　3例。国王名。《金》卷三："时善集王听受法者，今则我身释迦文是。"（16/349a）例中的"善集王"是梵语susaṁbhava rājan[3]的仿译。

善面　1例。国王名。《撰》卷四："乃往过去无量世时，有国名波罗㮈，王名善面。"（4/219a）例中的"善面"对译梵语surūpa[4]。

善面王　4例。国王名。《撰》卷四："时善面王聪明智慧，深乐道德，常求妙法。"（4/219a）例中的"善面王"对译梵语rājan surūpa[5]。

尸毘　1例。国王名。《撰》卷四："乃往过去无量世中，波罗㮈国有王，名曰尸毘，治正国土，人民炽盛，丰乐无极。"（4/218b）例中的"尸毘"是梵语śibi[6]的音译。

尸毘王　5例。国王名。《撰》卷四："时尸毘王常好惠施，赈给济乏，于诸财宝、头目、髓脑来有乞者，终不悋惜。"（4/218b）例中的"尸毘王"是梵语śibi rājan[7]的音译加意译。

天自在光王　4例。国王名。《金》卷四："时阎浮提过是夜已，天自在光王问诸大臣：'昨夜何缘示现如是净妙瑞相，有大光明？'"（16/353b-c）例中的"天自在光王"对译梵语rājan sureśvaraprabha[8]。

须提　1例。国王名。《撰》卷九："时王须提及诸群臣、后妃、婇女号啼

[1]　见于avadānaśataka[II], p.123。
[2]　见于suvarṇaprabhāsasūtram, p.77。
[3]　见于suvarṇaprabhāsasūtram, p.80。
[4]　见于avadānaśataka[I], p.188。
[5]　同上。
[6]　见于avadānaśataka[I], p.183。
[7]　见于avadānaśataka[I], p.184。
[8]　见于suvarṇaprabhāsasūtram, p.103。

涕哭，悲感懊恼，收取舍利，造四宝塔而供养之。”（4/249c）

须提王　3例。国王名。《撰》卷九：“欲知彼时须提王者，由供养辟支佛故，今得值我，出家得道。”（4/249c）

C. 王子（太子）的名字：11个。其中，双音节形式6个，三音节形式3个，四音节形式1个，五音节形式1个。

宝意　1例。王子名。《妙》卷一：“其最后佛未出家时，有八王子：一名有意、二名善意、三名无量意、四名宝意、五名增意、六名除疑意、七名响意、八名法意。”（9/4a）例中的“宝意”是梵语ratnamati[1]的仿译。

除疑意　1例。王子名。《妙》卷一：“其最后佛未出家时，有八王子：一名有意、二名善意、三名无量意、四名宝意、五名增意、六名除疑意、七名响意、八名法意。”（9/4a）例中的“除疑意”对译梵语vimatisamuddhāṭin[2]。

大波那罗　1例。王子名。《金》卷四：“复有二兄：长者名曰大波那罗，次名大天。”（16/355b）例中的“大波那罗”是梵语mahāpraṇāda[3]的音译加意译。

法护　1例。王子名。《撰》卷四：“法护王子为母所杀缘。”（4/221c）例中的“法护”是梵语dharmapāla[4]的仿译。

护国　2例。王子名。《撰》卷九：“我于今者当往度彼王子护国，使令出家。”（4/249b）

拘那罗　1例。王子名。《撰》卷一〇：“时波斯匿王夫人怀妊，足满十月，产一男儿，容貌端政，世所无比，两目明净如拘那罗鸟，时王因名字拘那罗。”（4/256b）例中的“拘那罗”是梵语kuṇāla[5]的音译。

摩诃波那罗　1例。王子名。《金》卷四：“第一大子名曰摩诃波那罗，次子名曰摩诃提婆，小子名曰摩诃萨埵。”（16/354a）例中的“摩诃波那罗”是梵语mahāpraṇāda[6]的音译。

---

[1]　见于saddharmapuṇḍarīka, p.19。

[2]　同上。

[3]　见于suvarṇaprabhāsasūtram, p.114。

[4]　见于avadānaśataka[I], p.177。

[5]　见于avadānaśataka[II], p.201。

[6]　见于suvarṇaprabhāsasūtram, p.107。

善生　2例。太子名。《撰》卷四："时王太子字曰善生，将诸亲友游戏观看。"（4/220c）

善宿　5例。太子名。《维》卷下："太子善宿[1]从药王佛闻法供养便得顺忍，即解宝衣以覆佛上。"（14/536a）

孙陀利　3例。太子名。《撰》卷四："乃往过去无量世时，有国名波罗㮈，王名善面，其王太子名孙陀利。"（4/219a）例中的"孙陀利"是梵语sundaraka[2]的音译之略。又卷八："乃往过去无量世时，波罗奈国王有太子，字孙陀利，入山学道，获五神通。"（4/240b）例中的"孙陀利"是梵语kāśisundara[3]的音译之略。

信相　3例。王子名。《金》卷三："过去有王名力尊相，其王有子名曰信相，不久当受灌顶之位，统领国土。"（16/346c）例中的"信相"是梵语ruciraketu[4]的仿译。

D. 佛教出家人的名字：34个。其中，双音节形式17个，三音节形式7个，四音节形式6个，五音节形式2个，六音节形式2个。

阿鞞　10例。比丘名。《撰》卷一〇："如来大慈欲教化故，遣阿鞞比丘诣王舍城分卫乞食。"（4/255b）

宝光　1例。比丘尼名。《撰》卷八："今此宝光比丘尼宿殖何福，生便顶上有此宝珠，值佛世尊，得获道果？"（4/238c）例中的"宝光"对译梵语suprabhā[5]。

宝冥　12例。比丘名。《金》卷三："其王有城名水音尊，于其城中止住治化。夜睡梦中闻佛功德及见比丘，名曰宝冥[6]，善能宣畅如来正法。"（16/348b）

波多迦　2例。比丘名。《撰》卷七："世尊，今此波多迦[7]比丘宿殖何福，

---

[1]　平行梵文本此处是somacchatra（月盖）。《梵藏汉对照〈维摩经〉》，p.486。

[2]　见于avadānaśataka[I], p.188。

[3]　见于avadānaśataka[II], p.27。

[4]　见于suvarṇaprabhāsasūtram, p.70。

[5]　见于avadānaśataka[II], p.5。

[6]　平行梵文本此处是ratnoccaya（宝集）。suvarṇaprabhāsasūtram, p.77。

[7]　平行梵文本此处是viditayaśasā。avadānaśataka[I], p.386。

生便端正，与众超绝？”(4/238b)

邠耨　1例。佛弟子名。《维》卷上：“邠耨白佛言：‘我不堪任诣彼问疾。’”(14/522b)例中的“邠耨”是梵语pūrṇa[1]的音译。

邠耨文陀尼子　1例。佛弟子名。《维》卷上：“佛告邠耨文陀尼子：‘汝行诣维摩诘问疾。’”(14/522b)例中的“邠耨文陀尼子”是梵语pūrṇa maitrāyaṇīputra[2]的音译加意译。

差摩　2例。比丘尼名。《撰》卷八：“世尊，今此差摩比丘尼宿殖何福，生在王家，无有欲想，出家得道？”(4/242b)例中的“差摩”是梵语kṣemā[3]的音译。

长爪　1例。比丘名。《撰》卷一〇：“欲知彼时贼帅人者，今长爪[4]梵志比丘是。”(4/256b)

嚪婆罗　2例。比丘名。《撰》卷五：“世尊，今此嚪婆罗比丘宿造何业，受斯罪报？”(4/227b-c)例中的“嚪婆罗”是梵语jāmbāla[5]的音译。

光净　1例。佛弟子名。《维》卷上：“光净白佛言：‘我不堪任诣彼问疾。’”(14/524a)例中的“光净”是梵语prabhāvyūha[6]的仿译。

光净童子　1例。佛弟子名。《维》卷上：“佛告光净童子：‘汝行诣维摩诘问疾。’”(14/524a)例中的“光净童子”对译梵语prabhāvyūha licchavikumāra[7]。

护国　3例。比丘名。《撰》卷九：“今此王子护国比丘宿殖何福，生于王家，出家未久，便获道果？”(4/249c)例中的“护国”对译梵语rāṣṭrapāla[8]。

罽宾宁　1例。比丘名。《撰》卷九：“欲知彼时槃头末帝王者，今此罽宾宁比丘是。”(4/248c)

---

[1] 见于《梵藏汉对照〈维摩经〉》，p.102。

[2] 同上。

[3] 见于avadānaśataka[II], p.50。

[4] 平行梵文本此处是koṣṭhila（拘绨罗）。avadānaśataka[II], p.196。

[5] 见于avadānaśataka[I], p.285。

[6] 见于《梵藏汉对照〈维摩经〉》，p.146。

[7] 同上。

[8] 见于avadānaśataka[II], p.123。

罽宾宁王　1例。比丘名。《撰》卷九："今此罽宾宁王等比丘，宿殖何福，皆生豪族，有大气力，值佛世尊，各获道果？"（4/248b）例中的"罽宾宁王"是梵语kapphiṇa[1]的音译兼意译。

伽尸　1例。比丘尼名。《撰》卷八："伽尸比丘尼生时身披袈裟缘。"（4/240c）例中的"伽尸"是梵语kāśikasundarī[2]的音译之略。

迦尸孙陀利　1例。比丘尼名。《撰》卷八："今此迦尸孙陀利比丘尼宿殖何福，生于豪族，有此袈裟著身而生及获道果？"（4/241a）例中的"迦尸孙陀利"是梵语kāśisundarī[3]的音译。

梨军支　7例。比丘名。《撰》卷一〇："梨军支比丘宿造何业，产则饥饿，初无丰足？"（4/252a）例中的"梨军支"是梵语lekuñcika[4]的音译之略。

那罗　1例。佛弟子名。即"那罗达多"。《撰》卷五："那罗白言：'向者游行，见一饿鬼，一日一夜生五百子，极为饥渴，生已还噉。不审世尊，宿造何业，受斯报耶？'"（4/226c）例中的"那罗"是梵语nālada[5]的音译之略。

那罗达多　5例。佛弟子名。《撰》卷五："时尊者那罗达多著衣持钵，入城乞食，还归本处。"（4/226b）例中的"那罗达多"是梵语nālada[6]的音译。

善爱　4例。比丘尼名。《撰》卷八："今此善爱比丘尼宿殖何福，乃能有是奇特妙事，百味饮食应念即至？"（4/239a）例中的"善爱"是梵语supriyā[7]的仿译。

善宿　1例。比丘名。《维》卷下："于时善宿[8]比丘化十亿人使立大道，十四姟人解弟子乘，馀无量人得生天上。"（14/536a-b）

尸婆　1例。比丘名。《撰》卷四："时彼众中有一比丘，名曰尸婆。"（4/218a）

---

[1] 见于avadānaśataka[II], p.108。

[2] 见于avadānaśataka[II], p.31。

[3] 见于avadānaśataka[II], p.34。

[4] 见于avadānaśataka[II], p.159。

[5] 见于avadānaśataka[I], p.275。

[6] 见于avadānaśataka[I], p.274。

[7] 见于avadānaśataka[II], p.11。

[8] 平行梵文本此处是somacchatra（月盖）。《梵藏汉对照〈维摩经〉》, p.488。

孙陀利　① 1例。比丘尼名。《撰》卷八："欲知彼时王女者，今孙陀利比丘尼是。"（4/241a）例中的"孙陀利"是梵语kāśisundarī[1]的音译之略。② 2例。比丘名。《撰》卷一〇："欲知彼时大长者澡浴众僧设供养故常得端正者，今孙陀利比丘是。"（4/256c）例中的"孙陀利"是梵语sundara[2]的音译。

为人所敬　1例。比丘名。《撰》卷七："欲知彼时集唤众人涂塔地者，今此为人所敬比丘是。"（4/236b）例中的"为人所敬"对译梵语priya[3]。

为人所敬仰　1例。比丘名。《撰》卷七："世尊，今此为人所敬仰比丘宿殖何福，生便端政，有见之者无不敬仰？"（4/236b）例中的"为人所敬仰"对译梵语priya[4]。

兀手　4例。比丘名。《撰》卷一〇："今此兀手比丘，宿殖何福，生已能语，然无有手？"（4/251b）例中的"兀手"对译梵语hastaka[5]。

香身　1例。比丘名。《撰》卷七："欲知彼时以栴檀香坌散地者，今香身比丘是。"（4/235b）例中的"香身"对译梵语sugandhi[6]。

须拔陀　3例。比丘名。《撰》卷四："彼时群鹿者，今须拔陀等五百比丘是。"（4/221a）例中的"须拔陀"是梵语subhadra[7]的音译。

须摩那　1例。沙弥名。《撰》卷九："世尊，今此须摩那沙弥宿殖何福，生巨富家，须摩那衣随身俱生？"（4/245a）例中的"须摩那"是梵语sumanas[8]的音译。

忧留频螺迦叶　1例。阿罗汉名。《撰》卷三："如忧留频螺迦叶，愚痴偏多，无有智慧，我亦度彼出生死海。"（4/215a）例中的"忧留频螺迦叶"是梵语uruvilvakāśyapa[9]的音译之略。字形又作"优楼频螺迦叶"。2例。《妙》

[1] 见于avadānaśataka[II], p.35。
[2] 见于avadānaśataka[II], p.205。
[3] 见于avadānaśataka[I], p.366。
[4] 见于avadānaśataka[I], p.364。
[5] 见于avadānaśataka[II], p.149。
[6] 见于avadānaśataka[I], p.353。
[7] 见于avadānaśataka[I], p.237。
[8] 见于avadānaśataka[II], p.70。
[9] 见于avadānaśataka[I], p.148。

卷一："一时，佛住王舍城耆阇崛山中，与大比丘众万二千人俱，皆是阿罗汉……其名曰：阿若憍陈如、摩诃迦叶、优楼频螺迦叶、伽耶迦叶、那提迦叶、舍利弗……"（9/1c）例中的"优楼频螺迦叶"是梵语uruvilvākāśyapa[1]的音译之略。

耶奢　1例。比丘名。《撰》卷九："今此耶奢比丘宿殖何福，生降甘雨，不饮乳哺，其牙齿间自然而有八功德水以自充足？"（4/246b）

栴檀香身　1例。比丘名。《撰》卷七："今此栴檀香身比丘，宿殖何福，生便有香？"（4/235a）例中的"栴檀香身"对译梵语sugandhi[2]。

众宝庄严　2例。比丘名。《撰》卷九："欲知彼时奉上华树供养塔者，今此众宝庄严比丘是。"（4/247c）例中的"众宝庄严"对译梵语śobhita[3]。

周陀　1例。阿罗汉名。《妙》卷四："其五百阿罗汉：……离婆多、劫宾那、薄拘罗、周陀、莎伽陀等皆当得阿耨多罗三藐三菩提，尽同一号，名曰普明。"（9/28c）例中的"周陀"是梵语cunda[4]的音译。

E. 外道六师的名字：6个。其中，三音节形式2个，四音节形式2个，六音节形式1个，七音节形式1个。

阿夷耑基耶今离　1例。外道六师人名。《维》卷上："不见佛不闻法，是亦有师，不兰迦叶、摩诃离瞿耶娄、阿夷耑基耶今离、波休迦旃、先比卢特、尼犍子等。"（14/522b）例中的"阿夷耑基耶今离"是梵语ajita keśakambala[5]的音译之略。

波休迦旃　1例。外道六师人名。《维》卷上："不见佛不闻法，是亦有师，不兰迦叶、摩诃离瞿耶娄、阿夷耑基耶今离、波休迦旃、先比卢特、尼犍子等。"（14/522b）例中的"波休迦旃"是梵语kakuda kātyāyana[6]的音译之略。

福楼那　1例。外道人名。《撰》卷四："国主瓶沙及波斯匿王、毘舍呿、释种及福楼那等各赍珍宝、种种财物与婆罗门，然不肯受。"（4/220b）例中的

[1]　见于saddharmapuṇḍarīka, p.2。
[2]　见于avadānaśataka[I], p.352。
[3]　见于avadānaśataka[II], p.100。
[4]　见于saddharmapuṇḍarīka, p.207。
[5]　见于《梵藏汉对照〈维摩经〉》, p.96。
[6]　同上。

“福楼那”是梵语purāṇa[1]的音译。

富兰那　5例。外道人名。《撰》卷一：“我今当请富兰那等外道六师来至家中，令教我子。”（4/204a）又同卷：“若我所奉富兰那等有神力者，令此香花并及净水于虚空中至我师所，令知我心，来赴此会；若无神力，使此香花及以净水住而不去。”（4/206c）例中的“富兰那”是梵语pūraṇa[2]的音译。

摩诃离瞿耶娄　1例。外道六师人名。《维》卷上：“不见佛不闻法，是亦有师，不兰迦叶、摩诃离瞿耶娄、阿夷耑基耶今离、波休迦旃、先比卢特、尼犍子等。”（14/522b）例中的“摩诃离瞿耶娄”是梵语maskarin gośālīputra[3]的音译之略。

先比卢特　1例。外道六师人名。《维》卷上：“不见佛不闻法，是亦有师，不兰迦叶、摩诃离瞿耶娄、阿夷耑基耶今离、波休迦旃、先比卢特、尼犍子等。”（14/522b）例中的“先比卢特”是梵语saṁjaya vairāṣṭrikaputra[4]的音译之略。

F. 仙人的名字：1个，三音节形式。

阿私仙　1例。仙人名。《妙》卷四：“时有阿私仙来白于大王：‘我有微妙法，世间所希有。若能修行者，吾当为汝说。’”（9/34c）

② 物名：包括植物名、动物名、衣服名，共有30个。其中，双音节形式4个，三音节形式10个，四音节形式13个，五音节形式2个，六音节形式1个。

A. 植物名：26个。其中，双音节形式4个，三音节形式10个，四音节形式9个，五音节形式2个，六音节形式1个。

阿昏陀药　1例。药草名。《维》卷下：“譬如，阿难，阿昏陀药[5]，其香遍一室，皆作蜜香气，悉消众毒，药气乃歇。”（14/533b）

白乳　1例。药草名。《撰》卷一：“时天帝释知佛所念，即诣香山采拾药草，名曰白乳，以奉世尊。”（4/205c）例中的“白乳”对译梵语kṣīrikā[6]。

---

[1] 见于avadānaśataka[I], p.224。

[2] 见于avadānaśataka[I], p.48。

[3] 见于《梵藏汉对照〈维摩经〉》, p.96。

[4] 同上。

[5] 平行梵文本此处是svādu bhaiṣajya（上味药）。《梵藏汉对照〈维摩经〉》, p.400。

[6] 见于avadānaśataka[I], p.32。

毕力迦　1例。香料名。《妙》卷六："即服诸香：栴檀、薰陆、兜楼婆、毕力迦、沈水、胶香。"（9/53b）

波利质多罗　1例。树名。《妙》卷六："持是经者，虽住于此，亦闻天上诸天之香：波利质多罗、拘鞞陀罗树香及曼陀罗华香、摩诃曼陀罗华香。"（9/48b）例中的"波利质多罗"是梵语pārijātaka[1]的音译。

波利质多罗树　1例。树名。《撰》卷九："尔时世尊在忉利天上波利质多罗树下宝石殿上安居三月，为母摩耶说法讫竟，欲还来下至阎浮提。"（4/247a）例中的"波利质多罗树"是梵语pārijāta[2]的音译兼意译。

波罗罗　1例。植物名。《妙》卷六："酥灯、油灯、诸香油灯、瞻蔔油灯、须曼那油灯、波罗罗油灯、婆利师迦油灯、那婆摩利油灯供养，所得功德亦复无量。"（9/54b）例中的"波罗罗"是梵语pāṭala[3]的音译。

波罗罗华　1例。花名。《妙》卷六："以是清净鼻根闻于三千大千世界上下内外种种诸香：……瞻蔔华香、波罗罗华香、赤莲华香、青莲华香……"（9/48b）例中的"波罗罗华"是梵语pāṭala[4]的音译兼意译。

大曼陀罗　1例。花名。又称风茄儿。《金》卷三："一切天王及诸天人雨曼陀罗、大曼陀罗、摩诃曼殊、众妙宝华无量百千。"（16/348c）

兜楼婆　1例。香料名。《妙》卷六："即服诸香：栴檀、薰陆、兜楼婆、毕力迦、沈水、胶香。"（9/53b）例中的"兜楼婆"是梵语turuṣka[5]的音译。

桂香　1例。多伽罗的香气。《妙》卷六："须曼那、阇提、多摩罗、栴檀、沈水及桂香，种种华果香及知众生香，男子女人香，说法者远住，闻香知所在。"（9/48c）例中的"桂香"对译梵语tagarasya gandha[6]。

拘鞞陀罗树　1例。树名。《妙》卷六："持是经者，虽住于此，亦闻天上诸天之香：波利质多罗、拘鞞陀罗树香及曼陀罗华香、摩诃曼陀罗华香。"

---

[1]　见于saddharmapuṇḍarīka, p.360。
[2]　见于avadānaśataka[II], p.89。
[3]　见于saddharmapuṇḍarīka, p.418。
[4]　见于saddharmapuṇḍarīka, p.360。
[5]　见于saddharmapuṇḍarīka, p.407。
[6]　见于saddharmapuṇḍarīka, p.362。

（9/48b）例中的“拘鞞陀罗树”是梵语kovidāra[1]的音译兼意译。

勒那树　1例。树名。《撰》卷六：“佛在骄萨罗国，将诸比丘欲诣勒那树[2]下。”（4/232a）

曼殊沙　1例。花名。《妙》卷六：“天上诸华等，曼陀、曼殊沙、波利质多树，闻香悉能知。”（9/49a）例中的“曼殊沙”是梵语mañjūṣaka[3]的音译之略。

曼陀华　1例。花名。《妙》卷一：“天雨曼陀华，天鼓自然鸣，诸天、龙、鬼神供养人中尊。”（9/4c）例中的“曼陀华”是梵语māndārava[4]的音译兼意译之略。

摩诃曼殊　1例。花名。《金》卷三：“一切天王及诸天人雨曼陀罗、大曼陀罗、摩诃曼殊、众妙宝华无量百千。”（16/348c）

末利华　1例。花名。《妙》卷六：“以是清净鼻根闻于三千大千世界上下内外种种诸香：须曼那华香、阇提华香、末利华香……”（9/48b）例中的“末利华”是梵语mallikā[5]的音译兼意译之略。

那婆摩利　1例。花名。《妙》卷六：“酥灯、油灯、诸香油灯、瞻蔔油灯、须曼那油灯、波罗罗油灯、婆利师迦油灯、那婆摩利油灯供养，所得功德亦复无量。”（9/54b）例中的“那婆摩利”是梵语navamālikā[6]的音译之略。

婆利师迦　1例。花名。《妙》卷六：“酥灯、油灯、诸香油灯、瞻蔔油灯、须曼那油灯、波罗罗油灯、婆利师迦油灯、那婆摩利油灯供养，所得功德亦复无量。”（9/54b）例中的“婆利师迦”是梵语vārṣika[7]的音译。

阇提　1例。肉荳蔻。《妙》卷六：“须曼那、阇提、多摩罗、栴檀、沈水及桂香，种种华果香及知众生香，男子女人香，说法者远住，闻香知所在。”（9/48c）例中的“阇提”是梵语jāti[8]的音译。

---

[1] 见于saddharmapuṇḍarīka, p.360。
[2] 平行梵文本此处是anyatamavanaṣaṇḍa（一个树林）。avadānaśataka[I], p.331。
[3] 见于saddharmapuṇḍarīka, p.364。
[4] 见于saddharmapuṇḍarīka, p.23。
[5] 见于saddharmapuṇḍarīka, p.360。
[6] 见于saddharmapuṇḍarīka, p.418。
[7] 同上。
[8] 见于saddharmapuṇḍarīka, p.362。

阇提华　1例。肉豈蔻的花。《妙》卷六："以是清净鼻根闻于三千大千世界上下内外种种诸香：须曼那华香、阇提华香、末利华香、瞻蔔华香、波罗罗华香……"（9/48b）例中的"阇提华"是梵语jātika[1]的音译兼意译之略。

苏摩那华　1例。花名。《妙》卷七："燃种种灯：酥灯、油灯、诸香油灯、苏摩那华油灯、瞻蔔华油灯、婆师迦华油灯、优钵罗华油灯，如是等百千种供养者。"（9/59b）例中的"苏摩那华"是梵语sumanā[2]的音译兼意译。

娑罗花　4例。娑罗树的花。也称优昙钵花。《撰》卷六："还复上树，更欲采花，值树枝折，坠堕命终，生忉利天，端政殊妙，以娑罗花而作宫殿。"（4/229b）例中的"娑罗花"是梵语sālapuṣpa[3]的音译加意译。又写作"娑罗华"，2例。《撰》卷六："我阎浮提采娑罗华，值见世尊，散花佛上，缘是功德，得来生此。"（4/229b）《金》卷三："是时宝冥寻从窟出，诸天即时以娑罗华供养、奉散宝冥比丘。"（16/348c）例中的"娑罗华"是梵语sālapuṣpa[4]的音译加意译。

吐罗树　1例。树名。《撰》卷九："佛在拘毘罗国吐罗树下，作是念言：'我于今者当往度彼王子护国，使令出家。'"（4/249b）例中的"吐罗树"是梵语sthūlakoṣṭhakīya vanaṣaṇḍa[5]的音译加意译之略。

薰陆　3例。香名。《撰》卷一："我今当就持此宝物尽持与妇，当从彼边索少许钱市易薰陆，持诣祇桓，烧香供养。"（4/204c）《妙》卷六："即服诸香：栴檀、薰陆、兜楼婆、毕力迦、沈水、胶香。"（9/53b）例中的"薰陆"是梵语kunduruka[6]的音译之略。

优钵罗花　2例。即青莲花。《撰》卷三："有一小儿……口出优钵罗花[7]香，身诸毛孔有栴檀香。"（4/213b）又卷七："身诸毛孔有牛头栴檀香，从其面门出优钵罗花香。"（4/235a）例中的"优钵罗花"是梵语utpala[8]的音

[1]　见于saddharmapuṇḍarīka, p.360。
[2]　见于saddharmapuṇḍarīka, p.403。
[3]　见于avadānaśataka[I], p.303。
[4]　见于suvarṇaprabhāsasūtram, p.79。
[5]　见于avadānaśataka[II], p.118。
[6]　见于saddharmapuṇḍarīka, p.407。
[7]　平行梵文本此处是padma（莲花）。avadānaśataka[I], p.121。
[8]　见于avadānaśataka[I], p.350。

译兼意译。又写作“优钵罗华”。3例。《撰》卷七：“此儿生时，身诸毛孔有牛头栴檀香，从其面门出优钵罗华香。”（4/235a）例中的“优钵罗华”是梵语utpala[1]的音译兼意译。《妙》卷七：“燃种种灯：酥灯、油灯、诸香油灯、苏摩那华油灯、瞻蔔华油灯、婆师迦华油灯、优钵罗华油灯，如是等百千种供养者。”（9/59b）例中的“优钵罗华”是梵语utpala[2]的音译兼意译。《金》卷三：“于其池中生种种华：优钵罗华、波头摩华、拘物头华、分陀利华。”（16/350c）例中的“优钵罗花”是梵语utpala[3]的音译兼意译。

优昙钵罗　1例。花名。《妙》卷七：“诸佛甚难值，我等随佛学；如优昙钵罗，值佛复难是。”（9/60a）例中的“优昙钵罗”是梵语audumbara[4]音译。

B. 动物名：1个，四音节形式。

拘那罗鸟　1例。鸟名。《撰》卷一〇：“时波斯匿王夫人怀妊，足满十月，产一男儿，容貌端政，世所无比，两目明净如拘那罗鸟。”（4/256b）例中的“拘那罗鸟”是梵语kuṇāla[5]的音译兼意译。

C. 衣服名：3个，全部是四音节形式。

加尸育衣　1例。衣服名。《撰》卷二：“佛即为王种种说法，心怀喜悦，即以加尸育衣施佛及僧。”（4/212b）例中的“加尸育衣”是梵语kāśikavastra[6]的音译加意译。

僧伽梨衣　1例。僧佛大衣名。为比丘所服“三衣”之一种。《撰》卷二：“尔时世尊寻持所著僧伽梨衣授与彼王，系于幢头，各共供养。”（4/210a）例中的“僧伽梨衣”是梵语saṁghāṭī[7]的音译兼意译。

须摩那衣　1例。衣服名。《撰》卷九：“世尊，今此须摩那沙弥宿殖何福，生巨富家，须摩那衣随身俱生？”（4/245a）例中的“须摩那衣”是梵语

---

[1] 见于avadānaśataka[I], p.350。

[2] 见于saddharmapuṇḍarīka, p.403。

[3] 见于suvarṇaprabhāsasūtram, p.88。

[4] 见于saddharmapuṇḍarīka, p.462。

[5] 见于avadānaśataka[II], p.201。

[6] 见于avadānaśataka[I], p.109。

[7] 见于avadānaśataka[I], p.82。

sumanas kañcukā[1]的音译加意译之略。

③ 鬼神名：包括各种夜叉名、罗刹名、阿修罗名、天神名、树神名，共有71个。其中，双音节形式8个，三音节形式14个，四音节形式48个，七音节形式1个。

阿跋摩罗　1例。青色鬼。《妙》卷七："若毘陀罗、若犍驮、若乌摩勒伽、若阿跋摩罗、若夜叉吉遮、若人吉遮……亦复莫恼。"（9/59b）例中的"阿跋摩罗"是梵语apasmāraka[2]的音译之略。

阿伽跋罗　1例。神名。《金》卷三："多醯波醯、阿伽跋罗、支罗摩伽、央掘摩罗，如是等神皆有无量神足大力，常勤拥护听受如是微妙经者。"（16/350a-b）

阿罗婆帝　1例。夜叉名。《金》卷三："摩尼跋陀、大鬼神王、富那跋陀及金毘罗、阿罗婆帝、宾头卢伽、黄头大神，一一诸神各有五百眷属鬼神，亦常拥护听是经者。"（16/350a）例中的"阿罗婆帝"是梵语aṭāvaka[3]的音译。

跋难陀王　1例。龙王名。《金》卷三："阿耨达龙、娑伽罗王、目真邻王、伊罗钵王、难陀龙王、跋难陀王，有如是等百千龙王以大神力常来拥护听是经者，昼夜不离。"（16/350b）例中的"跋难陀王"是梵语nāgendra upanandaka[4]的音译加意译之略。

般遮尸弃　3例。乐神名。《撰》卷二："佛知王意，寻自变身，化作乾闼婆王，将天乐神般遮尸弃。"（4/211b）例中的"般遮尸弃"是梵语pañcaśikha[5]的音译。

半祁鬼神　1例。夜叉名。《金》卷三："……主雨大神、大饮食神、摩诃伽吒、金色发神、半祁鬼神……如是等神皆有无量神足大力，常勤拥护听受如是微妙经者。"（16/350a-b）例中的"半祁鬼神"是梵语pāñcika[6]的音译兼意译之略。

---

[1] 见于avadānaśataka[II], p.70。

[2] 见于saddharmapuṇḍarīka, p.401。

[3] 见于suvarṇaprabhāsasūtram, p.86。

[4] 见于suvarṇaprabhāsasūtram, p.87。

[5] 见于avadānaśataka[I], p.95。

[6] 见于suvarṇaprabhāsasūtram, p.86。

半支罗 1例。夜叉名。《金》卷三："……摩诃伽吒、金色发神、半祁鬼神及半支罗……如是等神皆有无量神足大力，常勤拥护听受如是微妙经者。"（16/350a-b）

波诃梨子 1例。阿修罗王名。《金》卷三："波利、罗睺、阿修罗王、毘摩质多及以筏脂、睒摩利子、波诃梨子、佉罗骞陀及以揵陀，是等皆是阿修罗王，有大神力。"（16/350b）例中的"波诃梨子"是梵语prahrāda[1]的音译。

禅那英鬼 1例。鬼名。《金》卷三："大梵天王、三十三天、护世四王、金刚密迹、鬼神诸王、散脂大将、禅那英鬼及紧那罗……如是上首诸天神等，常当供养是听法者，生不思议法塔之想。"（16/349c）

持国天王 1例。天王名。持国天之王。《妙》卷七："尔时持国天王[2]在此会中，与千万亿那由他乾闼婆众恭敬围绕，前诣佛所。"（9/59a）

大辩天 2例。天神名。大辩天之神。《金》卷二："尔时大辩天白佛言：'世尊，是说法者，我当益其乐说辩才，令其所说庄严次第善得大智。'"（16/344c）例中的"大辩天"对译梵语sarasvatī mahādevī[3]。

大辩天神 6例。天神名。指大辩天之神。《金》卷二："大辩天神、功德天神、坚牢地神……自于宫殿各各得闻是妙香气及见香盖光明普照。"（16/342c）例中的"大辩天神"对译梵语sarasvatī mahādevī[4]。

大梵尊天 1例。天神名。指大梵尊天之神。《金》卷一："大辩天神、尼连河神、鬼子母神、地神坚牢、大梵尊天、三十三天……拥护是人，昼夜不离。"（16/335b-c）例中的"大梵尊天"是梵语brahmendra[5]的音译兼意译。

等增益 1例。树神名。《金》卷三："尔时道场菩提树神名等增益白佛言：'世尊，是十千天子于忉利宫为听法故，故来集此，云何如来便与授记？'"（16/351a-b）

多发 1例。佛经中的罗刹女名。《妙》卷七："尔时有罗刹女等：一名

---

[1] 见于suvarṇaprabhāsasūtram, p.87。

[2] 平行梵文本此处是"virūḍhaka mahārāja"（增长天王）。saddharmapuṇḍarīka, p.399。

[3] 见于suvarṇaprabhāsasūtram, p.55。

[4] 见于suvarṇaprabhāsasūtram, p.44。

[5] 见于suvarṇaprabhāsasūtram, p.2。

蓝婆，二名毘蓝婆，三名曲齿，四名华齿，五名黑齿，六名多发，七名无厌足，八名持瓔珞，九名睪帝，十名夺一切众生精气。”（9/59a）例中的“多发”对译梵语 keśinī[1]。

多醯波醯 1例。神名。《金》卷三：“奢罗蜜帝、醯摩跋陀、萨多琦梨、多醯波醯、阿伽跋罗、支罗摩伽、央掘摩罗，如是等神皆有无量神足大力，常勤拥护听受如是微妙经者。”（16/350a-b）

夺一切众生精气 1例。佛经中的罗刹女名。《妙》卷七：“尔时有罗刹女等：一名蓝婆，二名毘蓝婆，三名曲齿，四名华齿，五名黑齿，六名多发，七名无厌足，八名持瓔珞，九名睪帝，十名夺一切众生精气。”（9/59a）例中的“夺一切众生精气”对译梵语 sarvasattvojohārī[2]。

富那跋陀 1例。神名。《金》卷三：“摩尼跋陀、大鬼神王、富那跋陀及金毘罗……亦常拥护听是经者。”（16/350a）例中的“富那跋陀”是梵语 pūrṇabhadra[3] 的音译。

富那奇 1例。饿鬼名。《撰》卷五：“欲知尔时彼长者妇，今富那奇[4]饿鬼是。”（4/222c）

睪帝 1例。佛经中的罗刹女名。《妙》卷七：“尔时有罗刹女等：一名蓝婆，二名毘蓝婆，三名曲齿，四名华齿，五名黑齿，六名多发，七名无厌足，八名持瓔珞，九名睪帝，十名夺一切众生精气。”（9/59a）例中的“睪帝”是梵语 kuntī[5] 的音译。

功德天神 2例。功德天之神。《金》卷二：“大辩天神、功德天神、坚牢地神……自于宫殿各各得闻是妙香气及见香盖光明普照。”（16/342c）例中的“功德天神”对译梵语 śrī mahādevī[6]。

诃利帝南 1例。一种鬼。《金》卷三：“诃利帝南、鬼子母等及五百神常

---

[1] 见于 saddharmapuṇḍarīka, p.400。

[2] 同上。

[3] 见于 suvarṇaprabhāsasūtram, p.86。

[4] 平行梵文本此处是 bhṛtakapuruṣa（客作人）。avadānaśataka[I], p.245.

[5] 见于 saddharmapuṇḍarīka, p.400。

[6] 见于 suvarṇaprabhāsasūtram, p.44。

来拥护听是经者。”（16/350b）例中的“诃利帝南”是梵语hārītī[1]的音译。

华齿　1例。佛经中的罗刹女名。《妙》卷七：“尔时有罗刹女等：一名蓝婆，二名毘蓝婆，三名曲齿，四名华齿，五名黑齿，六名多发，七名无厌足，八名持瓔珞，九名睪帝，十名夺一切众生精气。”（9/59a）例中的“华齿”是梵语puṣpadantī[2]的仿译。

黄头大神　1例。神名。《金》卷三：“阿罗婆帝、宾头卢伽、黄头大神，一一诸神各有五百眷属鬼神，亦常拥护听是经者。”（16/350a）例中的“黄头大神”对译梵语piṅgala[3]。

坚牢地神　4例。地神名。《金》卷二：“大梵天王、释提桓因、大辩天神、功德天神、坚牢地神、散脂鬼神、大将军等……至是人王所止宫殿讲法之处。”（16/343b）例中的“坚牢地神”对译梵语dṛḍhā pṛthivīdevatā[4]。

剑摩舍帝　1例。神名。《金》卷三：“摩诃婆那及军陀遮、剑摩舍帝……如是等神皆有无量神足大力，常勤拥护听受如是微妙经者。”（16/350a-b）例中的“剑摩舍帝”是梵语kāmaśreṣṭha[5]的音译。

金刚密迹　5例。手执金刚杵拥护佛法的天神。《撰》卷一〇：“时金刚密迹于虚空中以金刚杵拟梵志顶：‘汝若不答，我以此杵碎破汝身。’”（4/256a）《金》卷二：“摩醯首罗、金刚密迹、摩尼跋陀……自于宫殿各各得闻是妙香气及见香盖光明普照。”（16/342c）例中的“金刚密迹”对译梵语vajrapāṇi[6]。

金色发神　1例。神名。《金》卷三：“摩诃伽吒、金色发神……如是等神皆有无量神足大力，常勤拥护听受如是微妙经者。”（16/350a-b）例中的“金色发神”对译梵语svarṇakeśin[7]。

净梵王　1例。梵天王名。《金》卷三：“不可思议劫中常作释提桓

[1] 见于suvarṇaprabhāsasūtram, p.87。
[2] 见于saddharmapuṇḍarīka, p.400。
[3] 见于suvarṇaprabhāsasūtram, p.86。
[4] 见于suvarṇaprabhāsasūtram, p.47。
[5] 见于suvarṇaprabhāsasūtram, p.86。
[6] 见于suvarṇaprabhāsasūtram, p.44。
[7] 见于suvarṇaprabhāsasūtram, p.86。

因及净梵王，复得值遇十力世尊。”（16/349a）例中的“净梵王”是梵语brahmendra[1]的音译兼意译。

究槃荼　2例。噉人精气的鬼。《撰》卷二：“时天帝释知佛心念，即共天、龙、夜叉、究槃荼等各各赍持牛头栴檀树奉上世尊。”（4/208c）例中的“究槃荼”是梵语kumbhāṇḍa[2]的音译。

救一切　1例。天王名。《妙》卷三：“时彼众中有一大梵天王，名救一切，为诸梵众而说偈言。”（9/23a）例中的“救一切”对译梵语sarvasattvatrātṛ[3]。

军陀遮　1例。神名。《金》卷三：“摩诃婆那及军陀遮、剑摩舍帝……如是等神皆有无量神足大力，常勤拥护听受如是微妙经者。”（16/350a-b）

利大鬼神　1例。鬼神名。《金》卷三：“旃陀、旃陀、利大鬼神……如是等神皆有大力，常勤拥护十方世界受持经者。”（16/350b）例中的“利大鬼神”对译梵语caṇḍikā[4]。

茷脂　1例。阿修罗王名。《金》卷三：“波利、罗睺、阿修罗王、毘摩质多及以茷脂、睒摩利子、波诃梨子、佉罗骞陀及以揵陀，是等皆是阿修罗王，有大神力。”（16/350b）例中的“茷脂”是梵语namuci[5]的音译。

摩诃伽吒　1例。天神名。《金》卷三：“大饮食神、摩诃伽吒……如是等神皆有无量神足大力，常勤拥护听受如是微妙经者。”（16/350a-b）例中的“摩诃伽吒”是梵语mahākāla[6]的音译。

摩竭婆罗　1例。神名。《金》卷三：“婆那利神、昙摩跋罗、摩竭婆罗……如是等神皆有无量神足大力，常勤拥护听受如是微妙经者。”（16/350a-b）例中的“摩竭婆罗”是梵语markaṭa vāli[7]的音译之略。

摩尼跋陀　7例。夜叉王名。《撰》卷一〇：“天神闻已……便复往白摩尼跋陀。摩尼跋陀力不能办，便复往诣毘沙门王，自启此事。”（4/254a）《金》

---

[1] 见于suvarṇaprabhāsasūtram, p.81。
[2] 见于avadānaśataka[I], p.67。
[3] 见于saddharmapuṇḍarīka, p.164。
[4] 见于suvarṇaprabhāsasūtram, p.87。
[5] 同上。
[6] 见于suvarṇaprabhāsasūtram, p.86。
[7] 同上。

卷三："摩尼跋陀、大鬼神王……亦常拥护听是经者。"（16/350a）例中的"摩尼跋陀"是梵语maṇibhadra[1]的音译。

摩尼乾陀 1例。神名。《金》卷三："那罗罗阇、祁那娑婆、摩尼乾陀及尼揵陀……如是等神皆有无量神足大力，常勤拥护听受如是微妙经者。"（16/350a-b）例中的"摩尼乾陀"是梵语maṇikaṇṭha[2]的音译。

目真邻王 1例。龙王名。《金》卷三："阿耨达龙、娑伽罗王、目真邻王、伊罗钵王、难陀龙王、跋难陀王，有如是等百千龙王以大神力常来拥护听是经者，昼夜不离。"（16/350b）例中的"目真邻王"是梵语nāgendra mucilinda[3]的音译加意译之略。

那罗罗阇 1例。神名。《金》卷三："质多斯那、阿修罗王及乾闼婆、那罗罗阇……如是等神皆有无量神足大力，常勤拥护听受如是微妙经者。"（16/350a-b）

那罗延天 3例。创造人类的天神。《撰》卷一："我用供养那罗延天，以求福佑。"（4/206a）例中的"那罗延天"是梵语nārāyaṇa[4]的音译兼意译之略。

毘沙门天 3例。财神。《撰》卷一："时彼南方有一婆罗门，名曰满贤，财宝无量，不可称计，似毘沙门天。"（4/203a）例中的"毘沙门天"是梵语vaiśravaṇa[5]的音译兼意译。《妙》卷七："或现大自在天身，或现天大将军身，或现毘沙门天王身，或现转轮圣王身。"（9/56a）例中的"毘沙门天"是梵语vaiśravaṇa[6]的音译兼意译。

毘舍阇 3例。喜欢吸食血肉的鬼。《撰》卷八："愿母听我语，今当如实说，实非毘舍阇及诸馀鬼等。"（4/239a）例中的"毘舍阇"是梵语piśācī[7]的音译。《妙》卷六："诸天、龙、夜叉、罗刹、毘舍阇亦以欢喜心常乐来供养。"（9/49c）例中的"毘舍阇"是梵语piśācaka[8]的音译之略。又卷七："……若罗刹、若

---

[1] 见于suvarṇaprabhāsasūtram, p.86。
[2] 同上。
[3] 见于suvarṇaprabhāsasūtram, p.87。
[4] 见于avadānaśataka[I], p.37。
[5] 见于avadānaśataka[I], p.2。
[6] 见于saddharmapuṇḍarīka, p.433。
[7] 见于avadānaśataka[II], p.8。
[8] 见于saddharmapuṇḍarīka, p.369。

鸠槃茶、若毘舍阇、若吉遮、若富单那、若韦陀罗等诸恼人者皆不得便。”(9/61a)

毘舍阇鬼　2例。喜欢吸食血肉的鬼。《撰》卷八:“时女父母见其如是,谓是非人毘舍阇鬼,畏不敢近。”(4/238c-239a)例中的“毘舍阇鬼”是梵语piśācī[1]的音译兼意译。《妙》卷二:“恶兽、毒虫藏窜孔穴,毘舍阇鬼亦住其中。”(9/14a)例中的“毘舍阇鬼”是梵语piśācaka[2]的音译兼意译之略。

婆那利神　1例。神名。《金》卷三:“婆那利神、昙摩跋罗、摩竭婆罗……如是等神皆有无量神足大力,常勤拥护听受如是微妙经者。”(16/350a-b)例中的“婆那利神”是梵语praṇālin[3]的音译兼意译。

普香天子　1例。天子名。《妙》卷一:“尔时释提桓因与其眷属二万天子俱,复有名月天子、普香天子、宝光天子、四大天王与其眷属万天子俱。”(9/2a)例中的“普香天子”是梵语samantagandha devaputra[4]的仿译。

祁那娑婆　1例。神名。《金》卷三:“质多斯那、阿修罗王及乾闼婆、那罗罗阇、祁那娑婆……如是等神皆有无量神足大力,常勤拥护听受如是微妙经者。”(16/350a-b)例中的“祁那娑婆”是梵语jinarṣabha[5]的音译。

乾闼婆王　8例。乐神之王。《撰》卷二:“时彼南城有乾闼婆王,名曰善爱,亦巧弹琴,作乐歌舞。”(4/211a)《妙》卷一:“有四乾闼婆王——乐乾闼婆王、乐音乾闼婆王、美乾闼婆王、美音乾闼婆王,各与若干百千眷属俱。”(9/2a)例中的“乾闼婆王”是梵语gandharvakāyikadevaputra[6]的音译兼意译之略。

曲齿　1例。佛经中的罗刹女名。《妙》卷七:“尔时有罗刹女等:一名蓝婆,二名毘蓝婆,三名曲齿,四名华齿,五名黑齿,六名多发,七名无厌足,八名持璎珞,九名睪帝,十名夺一切众生精气。”(9/59a)例中的“曲齿”对译梵语kūṭadantī[7]。

人吉遮　1例。义待考。《妙》卷七:“宁上我头上,莫恼于法师……

[1]　见于avadānaśataka[II], p.8。
[2]　见于saddharmapuṇḍarīka, p.85。
[3]　见于suvarṇaprabhāsasūtram, p.86。
[4]　见于saddharmapuṇḍarīka, p.4。
[5]　见于suvarṇaprabhāsasūtram, p.86。
[6]　见于saddharmapuṇḍarīka, p.4。
[7]　见于saddharmapuṇḍarīka, p.400。

若阿跋摩罗、若夜叉吉遮、若人吉遮。”（9/59b）例中的“人吉遮”是梵语manuṣyakṛtya[1]的音译加意译。

善爱 4例。乐神王之名。《撰》卷二：“时彼南城有乾闼婆王，名曰善爱，亦巧弹琴，作乐歌舞。”（4/211a）例中的“善爱”是梵语supriya[2]的仿译。

善爱王 4例。乐神王之名。《撰》卷二：“时善爱王即便自取一弦之琴而弹鼓之，能令出于七种音声，声有二十一解。”（4/211b）例中的“善爱王”对译梵语supriya gandharvarāja[3]。

善女天 17例。天神名。《金》卷三：“善女天，尔时是佛般涅槃后正法灭已。”（16/351b）例中的“善女天”对译梵语kuladevatā[4]。

奢罗蜜帝 1例。神名。《金》卷三：“奢罗蜜帝、醯摩跋陀、萨多琦梨、多醯波醯、阿伽跋罗、支罗摩伽、央掘摩罗，如是等神皆有无量神足大力，常勤拥护听受如是微妙经者。”（16/350a-b）

舍尸 1例。神名。《撰》卷二：“舍尸夫人将诸婇女各各执扇在佛左右，执扇扇佛。”（4/212c）

娑伽罗王 1例。龙王名。《金》卷三：“阿耨达龙、娑伽罗王、目真邻王、伊罗钵王、难陀龙王、跋难陀王，有如是等百千龙王以大神力常来拥护听是经者，昼夜不离。”（16/350b）例中的“娑伽罗王”是梵语nāgendra sāgara[5]的音译加意译之略。字形又作“娑竭罗王”，1例。《金》卷三：“阿耨达龙、娑竭罗王、阿修罗王、迦楼罗王……常当供养是听法者。”（16/349c）例中的“娑竭罗王”是梵语nāgendra sāgara[6]的音译加意译之略。

昙摩跋罗 1例。神名。《金》卷三：“婆那利神、昙摩跋罗、摩竭婆罗……如是等神皆有无量神足大力，常勤拥护听受如是微妙经者。”（16/350a-b）例中的“昙摩跋罗”是梵语dharmapāla[7]的音译。

---

[1] 见于saddharmapuṇḍarīka, p.401。
[2] 见于avadānaśataka[I], p.93。
[3] 见于avadānaśataka[I], p.95。
[4] 见于suvarṇaprabhāsasūtram, p.93。
[5] 见于suvarṇaprabhāsasūtram, p.87。
[6] 见于suvarṇaprabhāsasūtram, p.85。
[7] 见于suvarṇaprabhāsasūtram, p.86。

威德炽王 1例。天王名。《金》卷三："是时即有十千天子，威德炽王而为上首，俱从忉利来至佛所，顶礼佛足，却坐一面。"（16/351a）例中的"威德炽王"对译梵语jvalanāntaratejorāja[1]。

韦陀罗 1例。起尸鬼。《妙》卷七："……若罗刹、若鸠槃茶、若毘舍阇、若吉遮、若富单那、若韦陀罗等诸恼人者皆不得便。"（9/61a）例中的"韦陀罗"是梵语vetāḍa[2]的音译。

违驮天神 1例。天神名。《金》卷三："释提桓因及日月天、阎摩罗王、风水诸神、违驮天神及毘纽天、大辩天神及自在天、火神等神，大力勇猛，常护世间，昼夜不离。"（16/350a）

乌摩勒伽 1例。一种鬼。《妙》卷七："宁上我头上，莫恼于法师……若犍驮、若乌摩勒伽、若阿跋摩罗、若夜叉吉遮、若人吉遮。"（9/59b）例中的"乌摩勒伽"是梵语umāraka[3]的音译。

无厌足 1例。佛经中的罗刹女名。《妙》卷七："尔时有罗刹女等：一名蓝婆，二名毘蓝婆，三名曲齿，四名华齿，五名黑齿，六名多发，七名无厌足，八名持璎珞，九名睾帝，十名夺一切众生精气。"（9/59a）例中的"无厌足"对译梵语acalā或acalanā[4]。

香净 1例。天子名。《维》卷下："时彼佛诸菩萨方坐食，有天子学大乘，字香净，住而侍焉。"（14/532a）例中的"香净"是梵语gandhavyūhāhāra[5]的仿译。

绣利蜜多 1例。神名。《金》卷三："针发鬼神、绣利蜜多、勒那翅奢、摩诃婆那及军陀遮、剑摩舍帝……常勤拥护听受如是微妙经者。"（16/350a-b）例中的"绣利蜜多"是梵语sūryamitra[6]的音译。

阎摩罗王 1例。阎王。《金》卷三："释提桓因及日月天、阎摩罗王、风水诸神……大力勇猛，常护世间，昼夜不离。"（16/350a）

---

[1] 见于suvarṇaprabhāsasūtram, p.90。
[2] 见于saddharmapuṇḍarīka, p.474。
[3] 见于saddharmapuṇḍarīka, p.401。
[4] 见于saddharmapuṇḍarīka, p.400。
[5] 见于《梵藏汉对照〈维摩经〉》, p.358。
[6] 见于suvarṇaprabhāsasūtram, p.86。

央掘摩罗 1例。神名。《金》卷三："复有大神：奢罗蜜帝、醯摩跋陀、萨多琦梨、多醯波醯、阿伽跋罗、支罗摩伽、央掘摩罗，如是等神皆有无量神足大力，常勤拥护听受如是微妙经者。"（16/350a-b）

夜叉吉遮 1例。义待考。《妙》卷七："宁上我头上，莫恼于法师……若阿跋摩罗、若夜叉吉遮、若人吉遮。"（9/59b）例中的"夜叉吉遮"是梵语yakṣakṛtya[1]的音译。

伊罗钵龙 1例。龙名。《撰》卷二："天须陀食自然备有供养佛僧，伊罗钵龙执持幡盖盖佛顶上。"（4/212c）例中的"伊罗钵龙"是梵语airāvaṇa nāga[2]的音译加意译之略。

伊罗钵王 1例。龙王名。《金》卷三："阿耨达龙、娑伽罗王、目真邻王、伊罗钵王、难陀龙王、跋难陀王，有如是等百千龙王以大神力常来拥护听是经者，昼夜不离。"（16/350b）例中的"伊罗钵王"是梵语nāgendra elāpatra[3]的音译加意译之略。

针发鬼神 1例。一种鬼。《金》卷三："婆那利神、昙摩跋罗、摩竭婆罗、针发鬼神、绣利蜜多、勒那翅奢、摩诃婆那及军陀遮、剑摩舍帝……如是等神皆有无量神足大力，常勤拥护听受如是微妙经者。"（16/350a-b）例中的"针发鬼神"对译梵语sūciroma[4]。

支罗摩伽 1例。神名。《金》卷三："绣利蜜多、勒那翅奢……阿伽跋罗、支罗摩伽、央掘摩罗，如是等神皆有无量神足大力，常勤拥护听受如是微妙经者。"（16/350a-b）

④ 地名：包括国家名、城市乡村名、世界名、山川名、宫殿园林名，共有39个。其中，双音节形式12个，三音节形式11个，四音节形式12个，五音节形式4个。

A. 国家名：16个。其中，双音节形式5个，三音节形式3个，四音节形式5个，五音节形式3个。

---

[1] 见于saddharmapuṇḍarīka, p.401。

[2] 见于avadānaśataka[I], p.113。

[3] 见于suvarṇaprabhāsasūtram, p.87。

[4] 见于suvarṇaprabhāsasūtram, p.86。

宝殿　2例。国家名。《撰》卷五："此贤劫中，人寿四万岁，波罗㮈国有佛出世，号迦罗迦孙陀，将诸比丘游行教化，到宝殿[1]国。"（4/227c）

宝生　1例。国家名。《妙》卷三："劫名有宝，国名宝生。其土平正，颇梨为地，宝树庄严。"（9/21a）例中的"宝生"对译梵语ratnasaṁbhava[2]。

宝胜　1例。国家名。《撰》卷二："乃往过去无量世时，波罗㮈国有佛出世，号曰差摩，将诸比丘游行教化，到宝胜国。"（4/212b-c）

常立胜幡　2例。国家名。《妙》卷四："国名常立胜幡，其土清净，琉璃为地。"（9/29c）例中的"常立胜幡"对译梵语anavanāmitavaijayantī[3]。

光明庄严　1例。国家名。《妙》卷七："国名光明庄严，劫名喜见。"（9/59c）例中的"光明庄严"对译梵语vairocanaraśmipratimaṇḍitā[4]。

好成　1例。国家名。《妙》卷三："其国名好成，劫名大相。"（9/22a）例中的"好成"对译梵语saṁbhavā[5]。

欢喜国　1例。国家名。《妙》卷三："其二沙弥东方作佛：一名阿閦，在欢喜国；二名须弥顶。"（9/25b）例中的"欢喜国"对译梵语abhirati lokadhātu[6]。

迦毘罗卫国　14例。国家名。《撰》卷七："佛在迦毘罗卫国尼拘陀树下，时彼城中有一长者，财宝无量，不可称计。"（4/235b）例中的"迦毘罗卫国"是梵语kapilavastu[7]的音译兼意译之略。kapilavastu在东汉佛经里被译作"加罗卫"、"迦维罗卫"、"迦维罗越"等形式[8]。

骄萨罗国　1例。国家名。《撰》卷六："佛在骄萨罗国，将诸比丘欲诣勒那树下。"（4/232a）例中的"骄萨罗国"是梵语kośala janapada[9]的音译加意译。

净光庄严国　1例。国家名。《妙》卷七："尔时一切净光庄严国中有一菩

[1] 平行梵文本此处是śobhāvatī。avadānaśataka[I], p.286.
[2] 见于saddharmapuṇḍarīka, p.148。
[3] 见于saddharmapuṇḍarīka, p.216。
[4] 见于saddharmapuṇḍarīka, p.457。
[5] 见于saddharmapuṇḍarīka, p.156。
[6] 见于saddharmapuṇḍarīka, p.184。
[7] 见于avadānaśataka[I], p.354。
[8] 参看俞理明、顾满林《东汉佛道文献词汇新质研究》，商务印书馆，2013年，第108页。
[9] 见于avadānaśataka[I], p.331。

萨，名曰妙音。”（9/55a）例中的“净光庄严国”对译梵语 vairocanaraśmipratimaṇḍitā lokadhātu[1]。

拘毘罗国　2例。国家名。《撰》卷二：“尔时世尊将诸罗汉六万二千诣拘毘罗国。”（4/208c）例中的“拘毘罗国”是梵语 kauravya janapada[2] 的音译加意译。

现一切世间　1例。国家名。《妙》卷七：“国名现一切世间，劫名喜见。”（9/56a）例中的“现一切世间”对译梵语 sarvarūpasaṁdarśanā[3]。

须弥幡　1例。国家名。《维》卷上：“东方去此佛国度如三十六恒沙等刹，其世界名须弥幡。”（14/527a）例中的“须弥幡”是梵语 merudhvajā[4] 的音译加意译。

须弥幡国　1例。国家名。《维》卷上：“须弥幡国有八百四十万师子之座，彼国如来为一切持，其师子座为一切严。”（14/527a）例中的“须弥幡国”是梵语 merudhvajā lokadhātu[5] 的音译加意译。

炎气　1例。国家名。《维》卷上：“头波变（汉言固受），其国名炎气，皆见珠璎悬彼国上，变成彼佛珠交露棚。”（14/525b）例中的“炎气”对译梵语 marīci[6]。

意乐国　1例。国家名。《妙》卷三：“渐渐具足菩萨道已，于意乐国而得作佛，号多摩罗栴檀之香。”（9/22a）例中的“意乐国”对译梵语 manojñakṣetra[7]。

B. 城市乡村名：5个。其中，双音节形式2个，三音节形式1个，四音节形式2个。

阿尼曼陀　1例。城市名。《金》卷二：“世尊，于此北方，毘沙门天王有城，名曰阿尼曼陀[8]。”（16/345a）

---

[1] 见于 saddharmapuṇḍarīka, p.423。
[2] 见于 avadānaśataka[I], p.67。
[3] 见于 saddharmapuṇḍarīka, p.431。
[4] 见于《梵藏汉对照〈维摩经〉》, p.226。
[5] 同上。
[6] 见于《梵藏汉对照〈维摩经〉》, p.176。
[7] 见于 saddharmapuṇḍarīka, p.154。
[8] 平行梵文本此处是 alakāvatī（有财）。suvarṇaprabhāsasūtram, p.61.

伽耶　1例。城市名。《妙》卷五："佛昔从释种出家近伽耶，坐于菩提树。"（9/42a）例中的"伽耶"是梵语nagara gayā[1]的音译加意译之略。

拘尸那城　1例。城市名。《撰》卷四："佛在拘尸那城娑罗双树间将欲涅槃。"（4/220c）例中的"拘尸那城"是梵语kuśinagarī[2]的音译加意译之略。

那罗　1例。村子名。《撰》卷二："时那罗聚落多诸疫鬼，杀害民众。"（4/209c）例中的"那罗"是梵语nāḍakanthā[3]的音译之略。

水音尊　1例。城市名。《金》卷三："其王有城名水音尊[4]，于其城中止住治化。"（9/348b）

C. 世界名：3个。其中，双音节形式2个，四音节形式1个。

阿维罗提　2例。世界名。《维》卷下："是族姓子本从阿閦佛阿维罗提世界来。"（14/534c）例中的"阿维罗提"是梵语abhirati[5]的音译。

金照　1例。世界名。《金》卷三："汝于来世，过无量无边百千万亿不可称计那由他劫，金照世界，当成阿耨多罗三藐三菩提。"（16/351a）例中的"金照"对译梵语suvarṇaprabhāsitā[6]。

净幢　1例。世界名。《金》卷三："世界尔时转名净幢，佛名阎浮檀金幢光照明如来。"（16/351a）例中的"净幢"是梵语virajadhvaja[7]的仿译。

D. 山川名：9个。其中，双音节形式2个，三音节形式4个，四音节形式2个，五音节形式1个。

拔提河　1例。河流名。《撰》卷九："汝今可往拔提河边取净水来。"（4/245a）例中的"拔提河"是梵语nadī ajiravatī[8]的音译加意译之略。

大目邻山　1例。山名。《维》卷上："诸须弥、目邻、大目邻山、雪山、宝山、黑山、铁围山、大铁围山悉现于宝盖中。"（14/519c）例中的"大目邻山"

---

[1] 见于saddharmapuṇḍarīka, p.312。

[2] 见于avadānaśataka[I], p.227。

[3] 见于avadānaśataka[I], p.78。

[4] 平行梵文本此处是jinendraghoṣa（妙音声）。suvarṇaprabhāsasūtram, p.77.

[5] 见于《梵藏汉对照〈维摩经〉》, p.448.

[6] 见于suvarṇaprabhāsasūtram, p.90。

[7] 同上。

[8] 见于avadānaśataka[II], p.69。

是梵语mahāmucilinda[1]的意译兼音译之略。

恒伽　1例。恒河。《撰》卷一〇："相师问曰：'本于何处求得此儿？'辅相答曰：'昔从恒伽天神求之。'"（4/254b）

恒伽河　1例。河流名。《撰》卷一〇："时恒伽河边有摩尼跋陀天祠，合土人民皆共敬奉。"（4/254a）

猕猴河　2例。河流名。《撰》卷五："佛在毘舍离弥猴河岸重阁讲堂。"（4/227a）例中的"弥猴河"对译梵语markaṭahrada[2]。

摩诃弥楼山　2例。山名。《妙》卷六："及铁围山、大铁围山、弥楼山、摩诃弥楼山[3]等诸山及其中众生悉于中现。"（9/49c）又同卷："诸天等宫殿，乃至于有顶，铁围及弥楼、摩诃弥楼山，诸大海水等，皆于身中现。"（9/50a）例中的"摩诃弥楼山"是梵语mahā meru[4]的音译兼意译。

目邻　1例。山名。《维》卷上："诸须弥、目邻、大目邻山、雪山、宝山、黑山、铁围山、大铁围山悉现于宝盖中。"（14/519c）例中的"目邻"是梵语mucilinda[5]的音译之略。

尼连河　1例。河流名。《金》卷一："大辩天神、尼连河神、鬼子母神……拥护是人，昼夜不离。"（16/335b-c）例中的"尼连河"是梵语nairañjana[6]的音译兼意译之略。

伊罗拔河　1例。河流名。《撰》卷二："伊罗拔河边有诸船师，止住河侧。"（4/208b）例中的"伊罗拔河"是梵语nadī ajiravatī[7]的音译加意译之略。

E. 宫殿园林名：6个。其中，双音节形式1个，三音节形式3个，四音节形式2个。

宝石殿　1例。宫殿名。《撰》卷九："尔时世尊在忉利天上波利质多罗树下宝石殿上安居三月，为母摩耶说法讫竟，欲还来下至阎浮提。"（4/247a）

---

[1] 见于《梵藏汉对照〈维摩经〉》，p.14。

[2] 见于avadānaśataka[I], p.279。

[3] 平行梵文本此处是sumeru（须弥楼）。saddharmapuṇḍarīka, p.370。

[4] 见于saddharmapuṇḍarīka, p.371。

[5] 见于《梵藏汉对照〈维摩经〉》，p.14。

[6] 见于suvarṇaprabhāsasūtram, p.2。

[7] 见于avadānaśataka[I], p.63。

例中的“宝石殿”对译梵语pāṇḍukambalaśilā[1]。

功德华光 1例。园苑名。《金》卷二：“其城有园，名功德华光。”（16/345a）例中的“功德华光”对译梵语puṇyakusumaprabha[2]。

毘阇耶 1例。帝释的宫殿名。《撰》卷二：“寻变迦兰陀竹林如毘阇耶殿，床榻、卧具、天须陀食盛以金器，与天众手自斟酌供养佛僧。”（4/210b）例中的“毘阇耶”是梵语vaijayanta[3]的音译之略。

祇桓林 1例。即祇园。《撰》卷六：“于其初夜，有五百天子顶戴天冠，著诸璎珞，庄严其身，赍持香花，光明赫奕，照祇桓林，来诣佛所，前礼佛足。”（4/232c）

水生 1例。河流名。《金》卷四：“复更疾走，远至馀处，见一大河，名曰水生。”（16/352c）例中的“水生”对译梵语jalāgamā[4]。

娑罗双树 1例。释迦牟尼涅槃之处。在印度拘尸那城阿利罗跋提河边。《撰》卷四：“佛在拘尸那城娑罗双树间将欲涅槃。”（4/220c）例中的“娑罗双树”是梵语yamakaśālavana[5]的音译加意译之略。

⑤ 佛教修行成道者之名：包括各类菩萨名、如来名、佛名，共有194个。其中，双音节形式26个，三音节形式22个，四音节形式73个，五音节形式31个，六音节形式8个，七音节形式12个，八音节形式11个，九音节形式5个，十音节形式3个，十二音节形式1个，十三音节形式2个。

A. 菩萨名：95个。其中，双音节形式3个，三音节形式5个，四音节形式58个，五音节形式21个，六音节形式1个，七音节形式3个，八音节形式4个。

爱觐菩萨 1例。菩萨名。《维》卷下：“爱觐菩萨曰：‘世间空而作之为二。’”（14/531b）例中的“爱觐菩萨”是梵语priyadarśana bodhisatva[6]的仿译加音译之略。

安立行 1例。菩萨名。《妙》卷五：“是菩萨众中有四导师：一名上行、二名无边行、三名净行、四名安立行，是四菩萨于其众中最为上首唱导之

[1] 见于avadānaśataka[II], p.89。
[2] 见于suvarṇaprabhāsasūtram, p.61。
[3] 见于avadānaśataka[I], p.90。
[4] 见于suvarṇaprabhāsasūtram, p.99。
[5] 见于avadānaśataka[I], p.227。
[6] 见于《梵藏汉对照〈维摩经〉》, p.334。

师。”（9/40a）例中的“安立行”对译梵语supratiṣṭhitacāritra[1]。

宝池菩萨　1例。菩萨名。《维》卷上：“宝甚持菩萨、宝首菩萨、宝池菩萨、宝水菩萨、水光菩萨……其三万二千菩萨皆如此上首者也。”（14/519b）

宝甚持菩萨　1例。菩萨名。《维》卷上：“宝甚持菩萨、宝首菩萨、宝池菩萨、宝水菩萨、水光菩萨……其三万二千菩萨皆如此上首者也。”（14/519b）例中的“宝甚持菩萨”是梵语bodhisatva mahāsatva ratnolkādhāri[2]的意译加音译之略。

宝首菩萨　1例。菩萨名。《维》卷上：“宝甚持菩萨、宝首菩萨、宝池菩萨、宝水菩萨、水光菩萨……其三万二千菩萨皆如此上首者也。”（14/519b）

宝水菩萨　1例。菩萨名。《维》卷上：“宝甚持菩萨、宝首菩萨、宝池菩萨、宝水菩萨、水光菩萨……其三万二千菩萨皆如此上首者也。”（14/519b）

宝幢菩萨　1例。菩萨名。《维》卷上：“梵水菩萨、漉水菩萨、宝幢菩萨、胜邪菩萨、严土菩萨、金结菩萨、珠结菩萨、慈氏菩萨、濡首菩萨，其三万二千菩萨皆如此上首者也。”（14/519b）

辩积菩萨　1例。菩萨名。《维》卷上：“其名曰：正观菩萨、见正邪菩萨、定化王菩萨、法自在菩萨、法造菩萨、光造菩萨、光净菩萨、大净菩萨、辩积菩萨、宝积菩萨……”（14/519b）例中的“辩积菩萨”是梵语bodhisatva mahāsatva pratibhānakūṭa[3]的仿译加音译之略。

不毁根菩萨　1例。菩萨名。《维》卷下：“不毁根菩萨曰：‘有身与有身尽为二。’”（14/531b）例中的“不毁根菩萨”是梵语apratihatacakṣus bodhisatva[4]的意译加音译之略。

不轻　4例。菩萨名。《妙》卷六：“彼时不轻，则我身是。时四部众著法之者，闻不轻言：‘汝当作佛。’以是因缘，值无数佛。”（9/51b）

不轻菩萨　2例。菩萨名。《妙》卷六：“时诸四众计著于法，不轻菩萨往到其所而语之言：‘我不轻汝，汝等行道，皆当作佛。’诸人闻已，轻毁骂詈，

---

[1]　见于saddharmapuṇḍarīka, p.300。

[2]　见于《梵藏汉对照〈维摩经〉》，p.8。

[3]　同上。

[4]　见于《梵藏汉对照〈维摩经〉》，p.340。

不轻菩萨能忍受之。”（9/51b）

不眴菩萨　1例。菩萨名。《维》卷下：“不眴菩萨曰：‘有受为二，如不受则无得，无得者不作渊。’”（14/531a）例中的“不眴菩萨”是梵语animiṣa bodhisatva[1]的仿译加音译之略。

不置远菩萨　1例。菩萨名。《维》卷上：“其名曰：……常应菩萨、不置远菩萨、善意谏菩萨、莲华净菩萨、大势至菩萨、窥音菩萨。”（14/519b）

常不轻　4例。菩萨名。《妙》卷六：“尔时有一菩萨比丘，名常不轻。”（9/50c）例中的“常不轻”是梵语sadāparibhūta[2]的仿译。

常不轻菩萨摩诃萨　1例。菩萨名。《妙》卷六：“得大势，是常不轻菩萨摩诃萨供养如是若干诸佛，恭敬、尊重、赞叹，种诸善根。”（9/51a）例中的“常不轻菩萨摩诃萨”是梵语sadāparibhūta bodhisattva mahāsattva[3]的仿译加音译之略。

常惨菩萨　1例。菩萨名。《维》卷上：“其名曰：……常下手菩萨、常惨菩萨、常笑菩萨、喜根菩萨、喜王菩萨……”（14/519b）例中的“常惨菩萨”是梵语bodhisatva mahāsatva nityotkaṇṭhita[4]的仿译加音译之略。

常精进　5例。菩萨名。《妙》卷六：“常精进，若善男子、善女人受持此经，若读、若诵、若解说、若书写，得千二百耳功德。”（9/47c）例中的“常精进”对译梵语satatasamitābhiyukta[5]。又同卷：“常精进，若善男子、善女人受持是经，若读、若诵、若解说、若书写，成就八百鼻功德。”（9/48b）例中的“常精进”对译梵语satatasamitābhiyukta bodhisattva mahāsattva[6]。

常举手菩萨　1例。菩萨名。《维》卷上：“其名曰：……常举手菩萨、常下手菩萨、常惨菩萨……”（14/519b）例中的“常举手菩萨”是梵语bodhisatva mahāsatva nityotkṣiptahasta[7]的仿译加音译之略。

---

[1] 见于《梵藏汉对照〈维摩经〉》，p.328。
[2] 见于saddharmapuṇḍarīka, p.377。
[3] 见于saddharmapuṇḍarīka, p.381。
[4] 见于《梵藏汉对照〈维摩经〉》，p.8。
[5] 见于saddharmapuṇḍarīka, p.355。
[6] 见于saddharmapuṇḍarīka, p.360。
[7] 见于《梵藏汉对照〈维摩经〉》，p.8。

常下手菩萨　1例。菩萨名。《维》卷上："其名曰：……常举手菩萨、常下手菩萨、常惨菩萨、常笑菩萨、喜根菩萨、喜王菩萨……"（14/519b）例中的"常下手菩萨"是梵语bodhisatva mahāsatva nityotpalakṛtahasta[1]的仿译加音译之略。

常笑菩萨　1例。菩萨名。《维》卷上："其名曰：……常惨菩萨、常笑菩萨、喜根菩萨、喜王菩萨……"（14/519b）例中的"常笑菩萨"是梵语bodhisatva mahāsatva nityaprahasita[2]的仿译加音译之略。

常应菩萨　1例。菩萨名。《维》卷上："其名曰：……众手菩萨、常应菩萨、不置远菩萨、善意谏菩萨、莲华净菩萨、大势至菩萨、窥音菩萨。"（14/519b）例中的"常应菩萨"是梵语satatodyukta bodhisatva mahāsatva[3]的仿译加音译之略。

诚乐仰菩萨　1例。菩萨名。《维》卷下："诚乐仰菩萨曰：'诚不诚为二，诚见者不见诚，奚欺伪之能见？'"（14/531c）例中的"诚乐仰菩萨"是梵语satyanandin bodhisatva[4]的意译加音译之略。

持人　1例。菩萨名。《维》卷上："佛告持人菩萨：'汝行诣维摩诘问疾。'持人白佛言：'我不堪任诣彼问疾。'"（14/524b）例中的"持人"对译梵语jagatindhara[5]。

持人菩萨　1例。菩萨名。《维》卷上："佛告持人菩萨：'汝行诣维摩诘问疾。'持人白佛言：'我不堪任诣彼问疾。'"（14/524b）例中的"持人菩萨"是梵语jagatindhara bodhisatva[6]的意译加音译之略。

慈氏菩萨　1例。菩萨名。《维》卷上："严土菩萨、金结菩萨、珠结菩萨、慈氏菩萨、濡首菩萨，其三万二千菩萨皆如此上首者也。"（14/519b）例中的"慈氏菩萨"是梵语maitreya bodhisatva mahāsatva[7]的意译加音译之略。

大净菩萨　1例。菩萨名。《维》卷上："其名曰：正观菩萨、见正邪菩

[1] 见于《梵藏汉对照〈维摩经〉》，p.8。
[2] 同上。
[3] 同上。
[4] 见于《梵藏汉对照〈维摩经〉》，p.348。
[5] 见于《梵藏汉对照〈维摩经〉》，p.156。
[6] 同上。
[7] 见于《梵藏汉对照〈维摩经〉》，p.8。

萨、定化王菩萨、法自在菩萨、法造菩萨、光造菩萨、光净菩萨、大净菩萨、辩积菩萨、宝积菩萨……”（14/519b）例中的“大净菩萨”是梵语bodhisatva mahāsatva mahāvyūha[1]的仿译加音译之略。

大乐说菩萨 2例。菩萨名。《妙》卷四：“是时大乐说菩萨以如来神力故白佛言：‘世尊，我等愿欲见此佛身。’”（9/32c）例中的“大乐说菩萨”是梵语mahāpratibhāna bodhisattva mahāsattva[2]的意译加音译之略。

大乐说菩萨摩诃萨 2例。菩萨名。《妙》卷四：“佛告大乐说菩萨摩诃萨：‘是多宝佛有深重愿。’”（9/32c）例中的“大乐说菩萨摩诃萨”是梵语mahāpratibhāna bodhisattva mahāsattva[3]的意译加音译之略。

大势至菩萨 1例。菩萨名。《维》卷上：“其名曰：……不置远菩萨、善意谏菩萨、莲华净菩萨、大势至菩萨、窥音菩萨。”（14/519b）例中的“大势至菩萨”是梵语mahāsthāmaprāpta bodhisatva mahāsatva[4]的仿译加音译之略。

得大势菩萨摩诃萨 1例。菩萨名。《妙》卷六：“尔时佛告得大势菩萨摩诃萨：‘汝今当知，若比丘、比丘尼、优婆塞、优婆夷持《法花经》者，若有恶口骂詈、诽谤，获大罪报，如前所说，其所得功德如向所说，眼耳鼻舌身意清净。’”（9/50b）例中的“得大势菩萨摩诃萨”是梵语mahāsthāmaprāpta bodhisattva mahāsattva[5]的意译加音译之略。

得勤精进力菩萨 1例。菩萨名。《妙》卷七：“又见文殊师利法王子菩萨及见药王菩萨、得勤精进力菩萨、勇施菩萨等，亦令是八万四千菩萨得现一切色身三昧。”（9/56b）例中的“得勤精进力菩萨”是梵语vīryabalavegaprāpta bodhisattva mahāsattva[6]的意译加音译之略。

灯王菩萨 1例。菩萨名。《维》卷上：“其名曰：……宝水菩萨、水光菩萨、舍无业菩萨、智积菩萨、灯王菩萨、制魔菩萨、造化菩萨、明施菩萨、上审菩萨、相积严菩萨。”（14/519b）

---

[1] 见于《梵藏汉对照〈维摩经〉》, p.8。
[2] 见于saddharmapuṇḍarīka, p.242。
[3] 同上。
[4] 见于《梵藏汉对照〈维摩经〉》, p.8。
[5] 见于saddharmapuṇḍarīka, p.375。
[6] 见于saddharmapuṇḍarīka, p.436。

滷水菩萨 1例。菩萨名。《维》卷上："梵水菩萨、滷水菩萨、宝幢菩萨、胜邪菩萨、严土菩萨、金结菩萨、珠结菩萨、慈氏菩萨、濡首菩萨，其三万二千菩萨皆如此上首者也。"（14/519b）

定化王菩萨 1例。菩萨名。《维》卷上："其名曰：正观菩萨、见正邪菩萨、定化王菩萨、法自在菩萨、法造菩萨、光造菩萨、光净菩萨、大净菩萨、辩积菩萨、宝积菩萨……"（14/519b）例中的"定化王菩萨"是梵语bodhisatva mahāsatva samādhivikurvaṇarāja[1]的仿译加音译之略。

法造菩萨 1例。菩萨名。《维》卷上："其名曰：正观菩萨、见正邪菩萨、定化王菩萨、法自在菩萨、法造菩萨、光造菩萨、光净菩萨……"（14/519b）例中的"法造菩萨"是梵语bodhisatva mahāsatva dharmaketu[2]的意译加音译之略。

法自在菩萨 1例。菩萨名。《维》卷上："其名曰：正观菩萨、见正邪菩萨、定化王菩萨、法自在菩萨、法造菩萨……"（14/519b）例中的"法自在菩萨"是梵语bodhisatva mahāsatva dharmesvara[3]的意译加音译之略。

法作菩萨 1例。菩萨名。《维》卷下："座中有名法作菩萨答曰：'族姓子，起分为二，不起不生则无有二，得不起法忍者，是不二入。'"（14/530c）例中的"法作菩萨"是梵语dharmavikurvaṇa bodhisatva[4]的仿译加音译之略。

梵水菩萨 1例。菩萨名。《维》卷上："梵水菩萨、滷水菩萨、宝幢菩萨、胜邪菩萨、严土菩萨、金结菩萨、珠结菩萨、慈氏菩萨、濡首菩萨，其三万二千菩萨皆如此上首者也。"（14/519b）

奉养菩萨 1例。菩萨名。《维》卷下："奉养菩萨曰：'善不善为二。'"（14/531a）例中的"奉养菩萨"是梵语puṣya bodhisatva[5]的音译之略。

福土菩萨 1例。菩萨名。《维》卷下："福土菩萨曰：'福与不福、为与不知为为二。'"（14/531c）例中的"福土菩萨"是梵语puṇyakṣetra bodhisatva[6]

---

[1] 见于《梵藏汉对照〈维摩经〉》，p.8。

[2] 同上。

[3] 同上。

[4] 见于《梵藏汉对照〈维摩经〉》，p.324。

[5] 见于《梵藏汉对照〈维摩经〉》，p.328。

[6] 见于《梵藏汉对照〈维摩经〉》，p.342。

的仿译加音译之略。

光净菩萨　1例。菩萨名。《维》卷上:“其名曰: 正观菩萨、见正邪菩萨、定化王菩萨、法自在菩萨、法造菩萨、光造菩萨、光净菩萨、大净菩萨……”(14/519b)例中的“光净菩萨”是梵语bodhisatva mahāsatva prabhāvyūha[1]的仿译加音译之略。

光造菩萨　2例。菩萨名。《维》卷上:“其名曰: 正观菩萨、见正邪菩萨、定化王菩萨、法自在菩萨、法造菩萨、光造菩萨、光净菩萨……”(14/519b)例中的“光造菩萨”是梵语bodhisatva mahāsatva prabhāketu[2]的意译加音译之略。

光照庄严相菩萨　1例。菩萨名。《妙》卷七:“其净德夫人,今佛前光照庄严相菩萨是。”(9/60c)例中的“光照庄严相菩萨”是梵语vairocanaraśmipratimaṇḍita-dhvajarāja bodhisattva mahāsattva[3]的意译加音译之略。

华德菩萨　6例。菩萨名。《妙》卷七:“尔时华德菩萨白佛言:‘世尊,是妙音菩萨种何善根,修何功德,有是神力?’”(9/56a)例中的“华德菩萨”是梵语padmaśrī boddhisattva mahāsattva[4]的仿译加音译之略。

寂根菩萨　1例。菩萨名。《维》卷下:“寂根菩萨曰:‘佛法众为二,佛性则法,法性则众。’”(14/531b)例中的“寂根菩萨”是梵语śāntendriya bodhisatva[5]的仿译加音译之略。

坚满菩萨　2例。菩萨名。《妙》卷二:“是坚满菩萨次当作佛,号曰华足安行多陀阿伽度。”(9/11c)例中的“坚满菩萨”是梵语dhṛtiparipūrṇa bodhisattva mahāsattva[6]的仿译加音译之略。

见正邪菩萨　1例。菩萨名。《维》卷上:“其名曰: 正观菩萨、见正邪菩萨、定化王菩萨、法自在菩萨、法造菩萨……”(14/519b)例中的“见正邪菩萨”

[1] 见于《梵藏汉对照〈维摩经〉》, p.8。
[2] 同上。
[3] 见于saddharmapuṇḍarīka, p.470。
[4] 见于saddharmapuṇḍarīka, p.431。
[5] 见于《梵藏汉对照〈维摩经〉》, p.340。
[6] 见于saddharmapuṇḍarīka, p.67。

是梵语 bodhisatva mahāsatva samaviṣamadarśin[1] 的意译加音译之略。

金光明菩萨　1例。菩萨名。《金》卷二："亦应敬礼信相菩萨、金光明菩萨、金藏菩萨、常悲菩萨、法上菩萨。"（16/345c）例中的"金光明菩萨"是梵语 suvarṇaprabhāsottama bodhisattva[2] 的意译加音译之略。

金结菩萨　1例。菩萨名。《维》卷上："严土菩萨、金结菩萨、珠结菩萨、慈氏菩萨、濡首菩萨，其三万二千菩萨皆如此上首者也。"（14/519b）例中的"金结菩萨"是梵语 suvarṇacūḍa bodhisatva mahāsatva[3] 的仿译加音译之略。

金藏菩萨　1例。菩萨名。《金》卷二："亦应敬礼信相菩萨、金光明菩萨、金藏菩萨、常悲菩萨、法上菩萨。"（16/345c）例中的"金藏菩萨"是梵语 suvarṇagarbha bodhisattva[4] 的仿译加音译之略。

净解菩萨　1例。菩萨名。《维》卷下："净解菩萨曰：'此有数此无数为二。'"（14/531a）例中的"净解菩萨"是梵语 sukhādhimukta bodhisatva[5] 的仿译加音译之略。

窥音菩萨　1例。菩萨名。《维》卷上："其名曰：……善意谏菩萨、莲华净菩萨、大势至菩萨、窥音菩萨。"（14/519b）

莲华净菩萨　1例。菩萨名。《维》卷上："其名曰：……善意谏菩萨、莲华净菩萨、大势至菩萨、窥音菩萨。"（14/519b）例中的"莲华净菩萨"是梵语 padmaśrīgarbha bodhisatva mahāsatva[6] 的意译加音译之略。

明施菩萨　1例。菩萨名。《维》卷上："其名曰：……制魔菩萨、造化菩萨、明施菩萨、上审菩萨、相积严菩萨。"（14/519b）

明天菩萨　1例。菩萨名。《维》卷下："明天菩萨曰：'明不明为二，不明滋多，是故有明。'"（14/531b）例中的"明天菩萨"是梵语 vidyud-deva bodhisatva[7] 的仿译加音译之略。

---

[1] 见于《梵藏汉对照〈维摩经〉》, p.8。
[2] 见于 suvarṇaprabhāsasūtram, p.63。
[3] 见于《梵藏汉对照〈维摩经〉》, p.8。
[4] 见于 suvarṇaprabhāsasūtram, p.63。
[5] 见于《梵藏汉对照〈维摩经〉》, p.330。
[6] 见于《梵藏汉对照〈维摩经〉》, p.8。
[7] 见于《梵藏汉对照〈维摩经〉》, p.334。

目见菩萨　1例。菩萨名。《维》卷下："目见菩萨曰：'尽不尽为二。'"（14/531a）例中的"目见菩萨"是梵语pratyakṣadarśin bodhisatva[1]的仿译加音译之略。

普闭菩萨　1例。菩萨名。《维》卷下："普闭菩萨曰：'我非我为二。'"（14/531b）例中的"普闭菩萨"是梵语samantagupta bodhisatva[2]的意译加音译之略。

求名菩萨　1例。菩萨名。《妙》卷一："求名菩萨，汝身是也。"（9/4b）例中的"求名菩萨"是梵语yaśaskāma bodhisattva[3]的意译加音译之略。

人乘菩萨　1例。菩萨名。《维》卷下："人乘菩萨曰：'是世间是世尊为二。'"（14/531a）例中的"人乘菩萨"是梵语nārāyaṇa bodhisatva[4]的仿译加音译之略。

濡首菩萨　1例。菩萨名。《维》卷上："梵水菩萨、滷水菩萨、宝幢菩萨、胜邪菩萨、严土菩萨、金结菩萨、珠结菩萨、慈氏菩萨、濡首菩萨，其三万二千菩萨皆如此上首者也。"（14/519b）例中的"濡首菩萨"是梵语mañjuśrī kumārabhūta bodhisatva mahāsatva[5]的意译加音译之略。

善断菩萨　1例。菩萨名。《维》卷下："善断菩萨曰：'身口心为二，所以者何？是身则无为之相也。'"（14/531c）例中的"善断菩萨"是梵语suvinīta bodhisatva[6]的仿译加音译之略。

善多菩萨　1例。菩萨名。《维》卷下："善多菩萨曰：'菩萨意弟子意为二。'"（14/531a）例中的"善多菩萨"是梵语subāhu bodhisatva[7]的仿译加音译之略。

善宿菩萨　1例。菩萨名。《维》卷下："善宿菩萨曰：'虑知为二。'"（14/531a）

---

[1] 见于《梵藏汉对照〈维摩经〉》，p.332。
[2] 见于《梵藏汉对照〈维摩经〉》，p.334。
[3] 见于saddharmapuṇḍarīka, p.22。
[4] 见于《梵藏汉对照〈维摩经〉》，p.332。
[5] 见于《梵藏汉对照〈维摩经〉》，p.8。
[6] 见于《梵藏汉对照〈维摩经〉》，p.342。
[7] 见于《梵藏汉对照〈维摩经〉》，p.326。

例中的“善宿菩萨”是梵语 sunakṣatra bodhisatva[1] 的仿译加音译之略。

善眼菩萨　1例。菩萨名。《维》卷下：“善眼菩萨曰：‘一相不相为二。’”（14/531a）例中的“善眼菩萨”是梵语 sunetra bodhisatva[2] 的仿译加音译之略。

善意谏菩萨　1例。菩萨名。《维》卷上：“其名曰：……不置远菩萨、善意谏菩萨、莲华净菩萨、大势至菩萨、窥音菩萨。”（14/519b）例中的“善意谏菩萨”是梵语 sumati bodhisatva mahāsatva[3] 的意译加音译之略。

善意菩萨　1例。菩萨名。《维》卷下：“善意菩萨曰：‘眼色为二。’”（14/531b）例中的“善意菩萨”是梵语 sumati bodhisatva[4] 的仿译加音译之略。

上审菩萨　1例。菩萨名。《维》卷上：“其名曰：……灯王菩萨、制魔菩萨、造化菩萨、明施菩萨、上审菩萨、相积严菩萨。”（14/519b）

上行意菩萨　1例。菩萨名。《妙》卷七：“我当往诣娑婆世界，礼拜、亲近、供养释迦牟尼佛及见文殊师利法王子菩萨、药王菩萨、勇施菩萨、宿王华菩萨、上行意菩萨、庄严王菩萨、药上菩萨。”（9/55b）例中的“上行意菩萨”是梵语 viśiṣṭacāritra boddhisattva[5] 的意译加音译之略。

舍无业菩萨　1例。菩萨名。《维》卷上：“其名曰：……宝水菩萨、水光菩萨、舍无业菩萨、智积菩萨、灯王菩萨、制魔菩萨。”（14/519b）例中的“舍无业菩萨”是梵语 anārambaṇadhyāyin bodhisatva mahāsatva[6] 的意译加音译之略。

深妙菩萨　1例。菩萨名。《维》卷下：“深妙菩萨曰：‘空异无相异无愿异为二。’”（14/531b）例中的“深妙菩萨”是梵语 gambhīrabuddhi bodhisatva[7] 的仿译加音译之略。

胜邪菩萨　1例。菩萨名。《维》卷上：“宝幢菩萨、胜邪菩萨、严土菩萨、金结菩萨、珠结菩萨、慈氏菩萨、濡首菩萨，其三万二千菩萨皆如此上首者

[1] 见于《梵藏汉对照〈维摩经〉》，p.326。
[2] 见于《梵藏汉对照〈维摩经〉》，p.328。
[3] 见于《梵藏汉对照〈维摩经〉》，p.8。
[4] 见于《梵藏汉对照〈维摩经〉》，p.336。
[5] 见于 saddharmapuṇḍarīka, p.425。
[6] 见于《梵藏汉对照〈维摩经〉》，p.8。
[7] 见于《梵藏汉对照〈维摩经〉》，p.338。

也。”（14/519b）例中的“胜邪菩萨”是梵语 mārajita bodhisatva mahāsatva[1] 的意译加音译之略。

师子雷音菩萨　1例。菩萨名。《维》卷上：“其名曰：……师子雷音菩萨、石磨王菩萨、众香手菩萨、众手菩萨、常应菩萨。”（14/519b）例中的“师子雷音菩萨”是梵语 siṁhaghoṣābhigarjitasvara bodhisatva mahāsatva[2] 的意译加音译之略。

石磨王菩萨　1例。菩萨名。《维》卷上：“其名曰：……师子雷音菩萨、石磨王菩萨、众香手菩萨、众手菩萨、常应菩萨。”（14/519b）例中的“石磨王菩萨”是梵语 śailaśikharasaṁghaṭṭanarāja bodhisatva mahāsatva[3] 的仿译加音译之略。

首闭菩萨　1例。菩萨名。《维》卷下：“首闭菩萨曰：‘吾我为二。’”（14/530c）例中的“首闭菩萨”是梵语 śrīgupta bodhisatva[4] 的意译加音译之略。

首怀菩萨　1例。菩萨名。《维》卷下：“首怀菩萨曰：‘攀缘称说为二。’”（14/531c）

首立菩萨　1例。菩萨名。《维》卷下：“首立菩萨曰：‘劳生为二。’”（14/531a）例中的“首立菩萨”是梵语 śrīkūṭa bodhisatva[5] 的意译加音译之略。

水光菩萨　1例。菩萨名。《维》卷上：“其名曰：……宝水菩萨、水光菩萨、舍无业菩萨、智积菩萨。”（14/519b）

无边行　1例。菩萨名。《妙》卷五：“是菩萨众中有四导师：一名上行、二名无边行、三名净行、四名安立行，是四菩萨于其众中最为上首唱导之师。”（9/40a）例中的“无边行”是梵语 anantacāritra[6] 的仿译。

喜根菩萨　1例。菩萨名。《维》卷上：“其名曰：……常笑菩萨、喜根菩萨、喜王菩萨、正愿至菩萨、虚空藏菩萨。”（14/519b）例中的“喜根菩萨”是

[1] 见于《梵藏汉对照〈维摩经〉》, p.8。
[2] 同上。
[3] 同上。
[4] 见于《梵藏汉对照〈维摩经〉》, p.324。
[5] 见于《梵藏汉对照〈维摩经〉》, p.326。
[6] 见于 saddharmapuṇḍarīka, p.300。

梵语 bodhisatva mahāsatva pramuditendriya[1] 的仿译加音译之略。

相积严菩萨 1例。菩萨名。《维》卷上："其名曰：……制魔菩萨、造化菩萨、明施菩萨、上审菩萨、相积严菩萨。"（14/519b）例中的"相积严菩萨"是梵语 lakṣaṇakūṭa bodhisatva mahāsatva[2] 的意译加音译之略。

心珠立菩萨 1例。菩萨名。《维》卷下："心珠立菩萨曰：'大道、小道为二。'"（14/531c）例中的"心珠立菩萨"是梵语 maṇikūṭarāja bodhisatva[3] 的意译加音译之略。

信相 2例。菩萨名。《金》卷一："尔时王舍城中有菩萨摩诃萨名曰信相，已曾供养过去无量亿那由它百千诸佛，种诸善根。"（16/335c）例中的"信相"是梵语 ruciraketu[4] 的仿译。

信相菩萨摩诃萨 2例。菩萨名。《金》卷一："尔时信相菩萨摩诃萨闻是四佛宣说如来寿命无量，深心信解，欢喜踊跃。"（16/336b）例中的"信相菩萨摩诃萨"对译梵语 ruciraketu bodhisattva[5]。

虚空藏菩萨 1例。菩萨名。《维》卷上："其名曰：……喜根菩萨、喜王菩萨、正愿至菩萨、虚空藏菩萨、宝甚持菩萨、宝首菩萨。"（14/519b）例中的"虚空藏菩萨"是梵语 bodhisatva mahāsatva gaganagaṁja[6] 的意译加音译之略。

严土菩萨 1例。菩萨名。《维》卷上："胜邪菩萨、严土菩萨、金结菩萨、珠结菩萨、慈氏菩萨、濡首菩萨，其三万二千菩萨皆如此上首者也。"（14/519b）例中的"严土菩萨"是梵语 kṣetrālaṁkṛta bodhisatva mahāsatva[7] 的意译加音译之略。

一切众生憙见菩萨 12例。菩萨名。《妙》卷六："尔时彼佛为一切众生憙见菩萨及众菩萨诸声闻众说《法华经》，是一切众生憙见菩萨乐习苦行。"（9/53a）例中的"一切众生憙见菩萨"是梵语 sarvasattvapriyadarśana

---

[1] 见于《梵藏汉对照〈维摩经〉》，p.8。
[2] 同上。
[3] 见于《梵藏汉对照〈维摩经〉》，p.346。
[4] 见于 suvarṇaprabhāsasūtram, p.4。
[5] 见于 suvarṇaprabhāsasūtram, p.9。
[6] 见于《梵藏汉对照〈维摩经〉》，p.8。
[7] 同上。

boddhisattva mahāsattva[1]的意译加音译之略。

勇意菩萨　1例。菩萨名。《维》卷下："勇意菩萨曰：'漏不漏为二。'"（14/531a）例中的"勇意菩萨"是梵语siṁhamati bodhisatva[2]的意译加音译之略。

月盛菩萨　1例。菩萨名。《维》卷下："月盛菩萨曰：'暗与明为二，不暗不明乃无有二。'"（14/531c）例中的"月盛菩萨"是梵语candrottara bodhisatva[3]的仿译加音译之略。

造化菩萨　1例。菩萨名。《维》卷上："其名曰：……灯王菩萨、制魔菩萨、造化菩萨、明施菩萨、上审菩萨、相积严菩萨。"（14/519b）

正观菩萨　1例。菩萨名。《维》卷上："其名曰：正观菩萨、见正邪菩萨、定化王菩萨、法自在菩萨、法造菩萨、光造菩萨……"（14/519b）例中的"正观菩萨"是梵语samadarśin bodhisatva mahāsatva[4]的仿译加音译之略。

正愿至菩萨　1例。菩萨名。《维》卷上："其名曰：……喜根菩萨、喜王菩萨、正愿至菩萨、虚空藏菩萨、宝甚持菩萨、宝首菩萨……"（14/519b）例中的"正愿至菩萨"是梵语bodhisatva mahāsatva praṇidhiprayātaprāpta[5]的意译加音译之略。

制魔菩萨　1例。菩萨名。《维》卷上："其名曰：……灯王菩萨、制魔菩萨、造化菩萨、明施菩萨、上审菩萨、相积严菩萨。"（14/519b）例中的"制魔菩萨"是梵语mārapramardin bodhisatva mahāsatva[6]的意译加音译之略。

众手菩萨　1例。菩萨名。《维》卷上："其名曰：……众香手菩萨、众手菩萨、常应菩萨、不置远菩萨、善意谏菩萨、莲华净菩萨、大势至菩萨、窥音菩萨。"（14/519b）

众像见　2例。菩萨名。《维》卷下："于是众中有坐菩萨字众像见问维摩诘言：'居士父母、妻子、奴客、执事安在？'"（14/529c）例中的"众像见"

---

[1] 见于saddharmapuṇḍarīka, p.405。
[2] 见于《梵藏汉对照〈维摩经〉》, p.330。
[3] 见于《梵藏汉对照〈维摩经〉》, p.344。
[4] 见于《梵藏汉对照〈维摩经〉》, p.8。
[5] 同上。
[6] 同上。

是梵语sarvarūpasandarśana[1]的仿译。

珠结菩萨　1例。菩萨名。《维》卷上："严土菩萨、金结菩萨、珠结菩萨、慈氏菩萨、濡首菩萨，其三万二千菩萨皆如此上首者也。"（14/519b）例中的"珠结菩萨"是梵语maṇicūḍa bodhisatva mahāsatva[2]的仿译加音译之略。

B. 如来名：40个。其中，双音节形式5个，三音节形式3个，四音节形式8个，五音节形式3个，六音节形式5个，七音节形式4个，八音节形式5个，九音节形式2个，十音节形式3个，十三音节形式2个。

宝成如来　1例。如来名。《维》卷下："如是，天帝，在昔异时王宝盖者，于今得佛，名宝成如来。"（14/536b）例中的"宝成如来"对译梵语ratnārci tathāgata[3]。

宝华功德海琉璃金山光照如来　1例。如来名。《金》卷三："南无宝华功德海琉璃金山光照如来、应供、正遍知。"（16/346c）例中的"宝华功德海琉璃金山光照如来"对译梵语ratnakusumaguṇasāgaravaiḍūryakanakagiri-suvarṇakāñcanaprabhāsaśrī tathāgata[4]。

宝华功德海琉璃金山照明如来　1例。如来名。《金》卷二："世尊，我已于过去宝华功德海琉璃金山照明如来……所种诸善根。"（16/345a）例中的"宝华功德海琉璃金山照明如来"对译梵语ratnakusumaguṇasāgaravaiḍūryakan-akagirisuvarṇakāñcanaprabhāsaśrī tathāgata[5]。

宝净　1例。如来名。《维》卷下："此室释迦文、阿閦佛、宝首、乐忻、宝月、宝净、无量、固受、师子响、慧作斯，彼诸如来等，是正士念时说时，彼佛即为来，来说佛行，无不悦怿，是为七未曾有。"（14/529a）例中的"宝净"对译梵语ratnavyūha[6]。

宝胜如来　6例。如来名。《金》卷四："我等先于阎浮提内堕畜生中，受于鱼身，流水长者子与我等水及以饮食，复为我等解说甚深十二因缘，并

---

[1] 见于《梵藏汉对照〈维摩经〉》，p.310。
[2] 见于《梵藏汉对照〈维摩经〉》，p.8。
[3] 见于《梵藏汉对照〈维摩经〉》，p.490。
[4] 见于suvarṇaprabhāsasūtram, p.70。
[5] 见于suvarṇaprabhāsasūtram, p.60。
[6] 见于《梵藏汉对照〈维摩经〉》，p.286。

称宝胜如来名号，以是因缘令我等辈得生此天。”（16/353b）例中的“宝胜如来”对译梵语ratnaśikhin tathāgata arhat saṁyaksaṁbuddha[1]。

宝首 1例。如来名。《维》卷下：“此室释迦文、阿閦佛、宝首、乐忻、宝月、宝净、无量、固受、师子响、慧作斯，彼诸如来等，是正士念时说时，彼佛即为来，来说佛行，无不悦怿，是为七未曾有。”（14/529a）

宝月 1例。如来名。《维》卷下：“此室释迦文、阿閦佛、宝首、乐忻、宝月、宝净、无量、固受、师子响、慧作斯，彼诸如来等，是正士念时说时，彼佛即为来，来说佛行，无不悦怿，是为七未曾有。”（14/529a）例中的“宝月”是梵语ratnacandra[2]的仿译。

俾沙阇罗耶如来 1例。如来名。即药王如来。《维》卷下：“有昔过去无央数劫不可称计，时世有佛，名俾沙阇罗耶（汉言药王）如来。”（14/535c）例中的“俾沙阇罗耶如来”是梵语bhaiṣajyarāja tathāgata[3]的音译加仿译。

大炬如来 1例。如来名。《金》卷二：“应当至心礼如是等诸佛世尊，其名曰：宝胜如来、无垢炽宝光明王相如来、金焰光明如来、金百光明照藏如来、金山宝盖如来、金华焰光相如来、大炬如来、宝相如来。”（16/345b-c）例中的“大炬如来”是梵语mahāpradīpa tathāgata[4]的仿译。

大通智胜如来 10例。如来名。《妙》卷三：“其祖转轮圣王与一百大臣及馀百千万亿人民皆共围绕，随至道场，咸欲亲近大通智胜如来，供养、恭敬、尊重、赞叹。”（9/22c）例中的“大通智胜如来”是梵语mahābhijñājñānābhibhū tathāgata arhat saṁyaksaṁbuddha[5]的仿译之略。又同卷：“尔时大通智胜如来受十方诸梵天王及十六王子请，即时三转十二行法轮。”（9/25a）例中的“大通智胜如来”是梵语mahābhijñājñānābhibhū tathāgata arhat saṁyaksaṁbuddha[6]的仿译之略。

蹈七宝华如来 1例。如来名。《妙》卷四：“汝于来世当得作佛，号蹈七宝

[1] 见于suvarṇaprabhāsasūtram, p.102。
[2] 见于《梵藏汉对照〈维摩经〉》, p.286。
[3] 见于《梵藏汉对照〈维摩经〉》, p.474。
[4] 见于suvarṇaprabhāsasūtram, p.63。
[5] 见于saddharmapuṇḍarīka, p.161。
[6] 见于saddharmapuṇḍarīka, p.178。

华如来。”（9/30a）例中的“蹈七宝华如来”对译梵语saptaratnapadmavikrāntagāmin tathāgata[1]。

多摩罗跋栴檀香如来 1例。如来名。《妙》卷三：“是大目犍连……当得成佛，号曰多摩罗跋栴檀香如来。”（9/21c）例中的“多摩罗跋栴檀香如来”是梵语tamālapatracandanagandha tathāgata[2]的音译加仿译。

法明如来 1例。如来名。《妙》卷四：“富楼那……当于此土得阿耨多罗三藐三菩提，号曰法明如来。”（9/27c）例中的“法明如来”是梵语dharmaprabhāsa tathāgata[3]的仿译。

固受 2例。如来名。《维》卷下：“此室释迦文、阿閦佛、宝首、乐忻、宝月、宝净、无量、固受、师子响、慧作斯，彼诸如来等，是正士念时说时，彼佛即为来，来说佛行，无不悦怿，是为七未曾有。”（14/529a）例中的“固受”对译梵语duṣprasaha[4]。

慧作斯 1例。如来名。《维》卷下：“此室释迦文、阿閦佛、宝首、乐忻、宝月、宝净、无量、固受、师子响、慧作斯，彼诸如来等，是正士念时说时，彼佛即为来，来说佛行，无不悦怿，是为七未曾有。”（14/529a）例中的“慧作斯”对译梵语sarvārthasiddha[5]。

金百光明照藏如来 1例。如来名。《金》卷二：“应当至心礼如是等诸佛世尊，其名曰：宝胜如来、无垢炽宝光明王相如来、金焰光明如来、金百光明照藏如来、金山宝盖如来、金华焰光相如来、大炬如来、宝相如来。”（16/345b-c）

金宝盖山王如来 2例。如来名。《金》卷四：“尔时无量百千万亿诸菩萨众从此世界至金宝盖山王如来国土，到彼土已，五体投地，为佛作礼，却住一面。”（16/356c）例中的“金宝盖山王如来”对译梵语suvarṇaratnākaracchatrakūṭa tathāgata[6]。

---

[1] 见于saddharmapuṇḍarīka, p.219。

[2] 见于saddharmapuṇḍarīka, p.153。

[3] 见于saddharmapuṇḍarīka, p.201。

[4] 见于《梵藏汉对照〈维摩经〉》, p.286。

[5] 同上。

[6] 见于suvarṇaprabhāsasūtram, p.123。

金光照如来　1例。如来名。《金》卷三："次子银光复于是后次补佛处，世界名字如本不异，佛号曰金光照如来。"（16/351a）例中的"金光照如来"是梵语suvarṇaśataraśmiprabhāsagarbha tathāgata[1]的仿译之略。

金华焰光相如来　1例。如来名。《金》卷二："应当至心礼如是等诸佛世尊，其名曰：宝胜如来、无垢炽宝光明王相如来、金焰光明如来、金百光明照藏如来、金山宝盖如来、金华焰光相如来、大炬如来、宝相如来。"（16/345b-c）例中的"金华焰光相如来"是梵语suvarṇapuṣpajvalaraśmiketu tathāgata[2]的仿译。

金山宝盖如来　1例。如来名。《金》卷二："应当至心礼如是等诸佛世尊，其名曰：宝胜如来、无垢炽宝光明王相如来、金焰光明如来、金百光明照藏如来、金山宝盖如来、金华焰光相如来、大炬如来、宝相如来。"（16/345b-c）例中的"金山宝盖如来"对译梵语suvarṇaratnākaracchatrakūṭa tathāgata[3]。

金焰光明如来　1例。如来名。《金》卷二："应当至心礼如是等诸佛世尊，其名曰：宝胜如来、无垢炽宝光明王相如来、金焰光明如来、金百光明照藏如来、金山宝盖如来、金华焰光相如来、大炬如来、宝相如来。"（16/345b-c）

具足千万光相如来　1例。如来名。《妙》卷四："汝于来世百千万亿诸佛法中修菩萨行，为大法师，渐具佛道，于善国中当得作佛，号具足千万光相如来。"（9/36a）例中的"具足千万光相如来"对译梵语raśmiśatasahasraparipūrṇadhvaja tathāgata[4]。

楼由如来　1例。如来名。《维》卷下："从鸠留先为始作佛，至楼由如来为最后得。"（14/536b）例中的"楼由如来"是梵语roca tathāgata[5]的音译加仿译。

名相如来　1例。如来名。《妙》卷三："是须菩提于当来世奉觐三百万亿那由他佛，供养、恭敬、尊重、赞叹，常修梵行，具菩萨道，于最后身得成为

---

[1]　见于suvarṇaprabhāsasūtram, p.90。

[2]　见于suvarṇaprabhāsasūtram, p.63。

[3]　同上。

[4]　见于saddharmapuṇḍarīka, p.269。

[5]　见于《梵藏汉对照〈维摩经〉》, p.490。

佛，号曰名相如来。”（9/21a）例中的“名相如来”是梵语śaśiketu tathāgata[1]的仿译。

青目优钵罗华香山如来　1例。如来名。《金》卷三：“汝等天子于当来世，过阿僧祇百千万亿那由他劫，于是世界当成阿耨多罗三藐三菩提，同共一家一姓一名，号曰青目优钵罗华香山如来。”（16/351a）例中的“青目优钵罗华香山如来”是梵语prasannavadanotpalagandhakūṭa[2]的仿译加音译。

日月净明德如来　1例。如来名。《妙》卷六：“乃往过去无量恒河沙劫有佛，号日月净明德如来。”（9/53a）例中的“日月净明德如来”对译梵语candrasūryavimalaprabhāsaśrī tathāgata[3]。

山海慧自在通王如来　2例。如来名。《妙》卷四：“汝于来世当得作佛，号山海慧自在通王如来。”（9/29c）例中的“山海慧自在通王如来”对译梵语sāgaravaradharabuddhivikrīḍitābhijña tathāgata[4]。

师子响　1例。如来名。《维》卷下：“此室释迦文、阿閦佛、宝首、乐忻、宝月、宝净、无量、固受、师子响、慧作斯，彼诸如来等，是正士念时说时，彼佛即为来，来说佛行，无不悦怿，是为七未曾有。”（14/529a）例中的“师子响”是梵语siṁhaghoṣa[5]的音译加意译。

头波变　1例。如来名。《维》卷上：“头波变（汉言固受），其国名炎气，皆见珠璎悬彼国上，变成彼佛珠交露棚。”（14/525b）例中的“头波变”是梵语duṣprasaha[6]的音译。

头波变如来　1例。如来名。《维》卷上：“念昔者维摩诘乃取珠璎分作两分，仍如祠舍，持一分与诸下劣国中贫者，又持一分奉彼头波变如来。”（14/525b）例中的“波头变如来”是梵语duṣprasaha tathāgata[7]的音译加仿译。

威音王如来　3例。如来名。《妙》卷六：“乃往古昔过无量无边不可

---

[1] 见于saddharmapuṇḍarīka, p.148。
[2] 见于suvarṇaprabhāsasūtram, p.91。
[3] 见于saddharmapuṇḍarīka, p.404。
[4] 见于saddharmapuṇḍarīka, p.216。
[5] 见于《梵藏汉对照〈维摩经〉》, p.286。
[6] 见于《梵藏汉对照〈维摩经〉》, p.176。
[7] 同上。

思议阿僧祇劫，有佛名威音王如来。”（9/50b）例中的“威音王如来”是梵语bhīṣmagarjitasvararāja tathāgata[1]的仿译。又同卷：“最初威音王如来既已灭度，正法灭后，于像法中增上慢比丘有大势力。”（9/50c）例中的“威音王如来”是梵语bhīṣmagarjitasvararāja tathāgata[2]的仿译。

无垢炽宝光明王相如来　1例。如来名。《金》卷二：“应当至心礼如是等诸佛世尊，其名曰：宝胜如来、无垢炽宝光明王相如来、金焰光明如来、金百光明照藏如来、金山宝盖如来、金华焰光相如来、大炬如来、宝相如来。”（16/345b-c）

香积如来　4例。如来名。《维》卷下：“上方界分去此刹度如四十二江河沙佛土，有佛名香积如来。”（14/532a）例中的“香积如来”是梵语gandhottamakuṭa tathāgata[3]的仿译。

须弥灯王如来　4例。如来名。《维》卷上：“维摩诘言：‘贤者，为须弥灯王如来作礼，然后可坐。’于是边菩萨大弟子即为须弥灯王如来作礼，便得坐师子座。”（14/527b）例中的“须弥灯王如来”是梵语merupradīparāja tathāgata[4]的音译加仿译。

阎浮那提金光如来　1例。如来名。《妙》卷三：“是大迦旃延……供养是诸佛已，具菩萨道，当得作佛，号曰阎浮那提金光如来。”（9/21b）例中的“阎浮那提金光如来”是梵语jāmbūnadaprabhāsa tathāgata[5]的音译加意译。

阎浮檀金幢光照明如来　1例。如来名。《金》卷三：“长子银相当于是界次补佛处，世界尔时转名净幢，佛名阎浮檀金幢光照明如来。”（16/351a）例中的“阎浮檀金幢光照明如来”是梵语suvarṇajambudhvajakāñcanābha tathāgata[6]的音译加意译。

药王如来　6例。如来名。《维》卷下：“是时有转轮圣王名曰宝盖，王有七宝，主四天下，五劫奉事药王如来，率其官属施诸所安。”（14/535c）例中的

[1]　见于saddharmapuṇḍarīka, pp.375-376。
[2]　见于saddharmapuṇḍarīka, p.377。
[3]　见于《梵藏汉对照〈维摩经〉》, p.356。
[4]　见于《梵藏汉对照〈维摩经〉》, p.230。
[5]　见于saddharmapuṇḍarīka, p.151。
[6]　见于suvarṇaprabhāsasūtram, p.90。

“药王如来”是梵语bhaiṣajyarāja tathāgata[1]的仿译。

一切众生喜见如来　1例。如来名。《妙》卷四：“汝如是渐渐具菩萨道，当得作佛，号一切众生喜见如来。”（9/36a）例中的“一切众生喜见如来”是梵语sarvasattvapriyadarśana tathāgata[2]的仿译。

乐忻　1例。如来名。《维》卷下：“此室释迦文、阿閦佛、宝首、乐忻、宝月、宝净、无量、固受、师子响、慧作斯，彼诸如来等，是正士念时说时，彼佛即为来，来说佛行，无不悦怿，是为七未曾有。”（14/529a）

庄严其身释迦如来　1例。如来名。《金》卷三：“南无无量百千亿那由他庄严其身释迦如来。”（16/346c）例中的“庄严其身释迦如来”是梵语samalaṁkṛtaśarīra śākyamuni tathāgata[3]的意译加音译之略。

C. 佛名：59个。其中，双音节形式18个，三音节形式14个，四音节形式7个，五音节形式7个，六音节形式2个，七音节形式5个，八音节形式2个，九音节形式3个，十二音节形式1个。

宝殿　1例。佛名。《撰》卷二：“乃往过去无量世时，波罗㮈国有佛出世，号曰宝殿，将诸比丘游行教化，到伽翅王国。”（4/210b）例中的“宝殿”对译梵语ratnaśaila[4]。

宝华琉璃世尊　1例。佛名。《金》卷二：“为我至心三称彼佛宝华琉璃世尊名号，礼拜、供养、烧香、散华。”（16/345b）例中的“宝华琉璃世尊”对译梵语ratnakusumaguṇasāgaravaiḍūryakanakagirisuvarṇakāñcanaprabhāsaśrī tathāgata arhat saṁyaksaṁbuddha[5]。

宝胜　1例。佛名。《金》卷三：“又过去世不可议劫，有佛世尊，名曰宝胜。”（16/348b）例中的“宝胜”对译梵语ratnaśikhi[6]。

宝盛　1例。佛名。《撰》卷一：“今此商主以供养我故，不堕地狱、畜生、饿鬼，生天上人中常受快乐，过三阿僧祇劫当得作佛，号曰宝盛。”（4/205a）

---

[1] 见于《梵藏汉对照〈维摩经〉》，p.476。

[2] 见于saddharmapuṇḍarīka, p.269。

[3] 见于suvarṇaprabhāsasūtram, p.70。

[4] 见于avadānaśataka[I], p.91。

[5] 见于suvarṇaprabhāsasūtram, p.61。

[6] 见于suvarṇaprabhāsasūtram, p.77。

例中的“宝盛”是梵语ratnottama[1]的仿译。

宝意 1例。佛名。《撰》卷一:“今此名称发广大心,善根功德,过三阿僧祇劫,具菩萨行,修大悲心,满足六波罗蜜,当得作佛,名曰宝意。”(4/203c-204a)例中的“宝意”是梵语ratnamati[2]的仿译。

不动 1例。佛名。《撰》卷一:“彼大梵志于未来世,过三阿僧祇劫当得成佛,号曰不动。”(4/207a)例中的“不动”对译梵语acala[3]。

差摩 1例。佛名。《撰》卷二:“乃往过去无量世时,波罗棕国有佛出世,号曰差摩,将诸比丘游行教化,到宝胜国。”(4/212b-c)例中的“差摩”是梵语kṣemaṅkara[4]的音译之略。

常灭 1例。佛名。《妙》卷三:“南方二佛:一名虚空住,二名常灭。”(9/25b)例中的“常灭”是梵语nityaparinirvṛta[5]的仿译。

大势佛 1例。佛名。《妙》卷一:“不求大势佛及与断苦法,深入诸邪见,以苦欲舍苦,为是众生故,而起大悲心。”(9/9c)例中的“大势佛”是梵语buddha mahānubhāva[6]的仿译加音译之略。

大通智胜 1例。佛名。《妙》卷三:“我念过去世,无量无边劫,有佛两足尊,名大通智胜。”(9/22b)例中的“大通智胜”对译梵语abhijñajñānābhibhū[7]。

大通智胜佛 5例。佛名。《妙》卷三:“大通智胜佛寿五百四十万亿那由他劫,其佛本坐道场破魔军已,垂得阿耨多罗三藐三菩提,而诸佛法不现在前,如是一小劫乃至十小劫结加趺坐,身心不动。”(9/22b)例中的“大通智胜佛”是梵语mahābhijñājñānābhibhū tathāgata arhat saṁyaksaṁbuddha[8]的仿译加音译之略。

蹈七宝华佛 1例。佛名。《妙》卷四:“是蹈七宝华佛国土庄严,寿

---

[1] 见于avadānaśataka[I], p.27。
[2] 见于avadānaśataka[I], p.12。
[3] 见于avadānaśataka[I], p.53。
[4] 见于avadānaśataka[I], p.110。
[5] 见于saddharmapuṇḍarīka, p.184。
[6] 见于saddharmapuṇḍarīka, p.54。
[7] 见于saddharmapuṇḍarīka, p.157。
[8] 见于saddharmapuṇḍarīka, p.158。

命劫数、所化弟子、正法、像法亦如山海慧自在通王如来无异。”（9/30a）例中的“蹈七宝华佛”是梵语saptaratnapadmavikrāntagāmin tathāgata arhat saṁyaksaṁbuddha[1]的意译加音译之略。

帝幢　2例。佛名。《撰》卷二：“乃往过去无量世时，波罗㮈国有佛出世，号曰帝幢，将诸比丘游诸聚落，教化众生。”（4/212a）例中的“帝幢”是梵语indradhvaja[2]的仿译。

度生死海　1例。佛名。《撰》卷三：“彼船师者，以是忏悔设供功德，于未来世，经十三劫，不堕地狱、畜生、饿鬼，天上人中常受快乐，受最后身，得成辟支佛，号曰度生死海。”（4/215b）例中的“度生死海”对译梵语saṁsarottaraṇa[3]。

度一切世间苦恼　1例。佛名。《妙》卷三：“西方二佛：一名阿弥陀，二名度一切世间苦恼。”（9/25c）例中的“度一切世间苦恼”对译梵语sarvalokadhātūpadravodvegapratyuttīrṇa[4]。

多摩罗跋栴檀香神通　1例。佛名。《妙》卷三：“西北方二佛：一名多摩罗跋栴檀香神通，二名须弥相。”（9/25c）例中的“多摩罗跋栴檀香神通”是梵语tamālapatracandanagandhābhijña[5]的音译加意译。

多摩罗栴檀之香　1例。佛名。《妙》卷三：“渐渐具足菩萨道已，于意乐国而得作佛，号多摩罗栴檀之香。”（9/22a）例中的“多摩罗栴檀之香”是梵语tamālapatracandanagandha[6]的音译加意译之略。

梵相　1例。佛名。《妙》卷三：“西南方二佛：一名帝相，二名梵相。”（9/25b-c）例中的“梵相”是梵语brahmadhvaja[7]的音译加意译。

弗沙　1例。佛名。《撰》卷一〇：“乃往过去无量世中，波罗㮈国有佛出世，号曰弗沙，在一树下结跏趺坐。”（4/253c）例中的“弗沙”是梵语puṣya[8]

---

[1] 见于saddharmapuṇḍarīka, p.220。
[2] 见于avadānaśataka[I], p.105。
[3] 见于avadānaśataka[I], p.152。
[4] 见于saddharmapuṇḍarīka, p.184。
[5] 同上。
[6] 见于saddharmapuṇḍarīka, p.154。
[7] 见于saddharmapuṇḍarīka, p.184。
[8] 见于avadānaśataka[II], p.175。

的音译。

含香　1例。辟支佛名。《撰》卷三："此大长者以是供养善根功德，于未来世九十劫中，不堕地狱、畜生、饿鬼，天上人中常受快乐，最后身得成辟支佛，号曰含香。"（4/215a）例中的"含香"对译梵语sūkṣmatvag[1]。

花盛　2例。佛名。《撰》卷三："此儿者，以花散我，于未来世不堕恶趣，天上人中常受快乐，过三阿僧祇劫成佛，号曰花盛。"（4/214a）例中的"花盛"是梵语padmottara[2]的仿译。

华光佛　5例。佛名。《妙》卷二："是华光佛灭度之后，正法住世三十二小劫。"（9/11c）例中的"华光佛"是梵语padmaprabha tathāgata[3]的仿译之略。又同卷："华光佛[4]住世，寿十二小劫。"（9/11c）

华足安行多陀阿伽度　1例。佛名。《妙》卷二："是坚满菩萨次当作佛，号曰华足安行多陀阿伽度。"（9/11c）例中的"华足安行多陀阿伽度"是梵语padmavṛṣabhavikrāmin tathāgata[5]的意译加音译。

坏一切世间怖畏　1例。佛名。《妙》卷三："东北方佛，名坏一切世间怖畏。"（9/25c）例中的"坏一切世间怖畏"对译梵语sarvalokabhayacchambhitatvavidhvaṁsanakara[6]。

加那加牟尼　1例。佛名。《撰》卷八："乃往过去无量世时，波罗奈国有佛出世，号加那加牟尼，将诸比丘游行教化。"（4/241a）例中的"加那加牟尼"是梵语kanakamuni[7]的音译。

迦罗迦孙陀　2例。佛名。《撰》卷五："此贤劫中，人寿四万岁，波罗㮈国有佛出世，号迦罗迦孙陀，将诸比丘游行教化，到宝殿国。"（4/227c）例中的"迦罗迦孙陀"是梵语krakucchanda[8]的音译。

---

[1]　见于avadānaśataka[I], pp.142-143。

[2]　见于avadānaśataka[I], p.128。

[3]　见于saddharmapuṇḍarīka, p.67。

[4]　平行梵文本此处是jina（佛）。saddharmapuṇḍarīka, p.68。

[5]　见于saddharmapuṇḍarīka, p.67。

[6]　见于saddharmapuṇḍarīka, p.185。

[7]　见于avadānaśataka[II], p.34。

[8]　见于avadānaśataka[I], p.285。

迦孙陀 1例。佛名。《撰》卷九："乃往过去无量世时，波罗榇国有佛出世，号迦孙陀，化缘周讫，迁神涅槃。"（4/247c）例中的"迦孙陀"是梵语krakucchanda[1]的音译之略。

金轮璎珞 1例。佛名。《撰》卷三："此妇女者，于未来世不堕恶趣，天上人中受诸快乐，过十三劫成佛，号曰金轮璎珞。"（4/214b）例中的"金轮璎珞"对译梵语cakrāntara[2]。

净华宿王智佛 6例。佛名。《妙》卷七："净华宿王智佛问讯世尊：'少病、少恼、起居轻利、安乐行不？'"（9/55c）例中的"净华宿王智佛"是梵语kamaladalavimalanakṣatrarājasaṁkusumitābhijña tathāgata arhat saṁyaksaṁbuddha[3]的意译加音译之略。

净身多陀阿伽度 1例。佛名。《妙》卷一："是德藏菩萨次当作佛，号曰净身多陀阿伽度。"（9/4b）例中的"净身多陀阿伽度"是梵语vimalanetra tathāgata[4]的意译加音译。

鸠留先 1例。佛名。《维》卷下："从鸠留先为始作佛，至楼由如来为最后得。"（14/536b）例中的"鸠留先"是梵语krakucchanda[5]的音译之略。

满贤 1例。佛名。《撰》卷一："于未来世，过三阿僧祇劫，具菩萨行，修大悲心，满足六波罗蜜，当得成佛，号曰满贤。"（4/203b）例中的"满贤"是梵语pūrṇabhadra[6]的仿译。

满愿 1例。佛名。《撰》卷二："乃往过去无量世时，波罗榇国有佛出世，号曰满愿，将诸比丘游行教化，到梵摩王国。"（4/213a）例中的"满愿"对译梵语pūrṇa[7]。

毘阎婆 1例。佛名。《撰》卷二："乃往过去无量世时，波罗榇国有佛出世，号毘阎婆，将诸比丘游行他国，教化众生。"（4/208b）例中的"毘阎婆"是

---

[1] 见于avadānaśataka[II], p.100。

[2] 见于avadānaśataka[I], p.133。

[3] 见于saddharmapuṇḍarīka, p.429。

[4] 见于saddharmapuṇḍarīka, p.21。

[5] 见于《梵藏汉对照〈维摩经〉》, p.490。

[6] 见于avadānaśataka[I], p.7。

[7] 见于avadānaśataka[I], p.117。

梵语bhāgīratha[1]的音译之略。

日月灯明佛　5例。佛名。《妙》卷一："是时日月灯明佛说大乘经，名无量义，教菩萨法，佛所护念。"（9/4a）例中的"日月灯明佛"是梵语candrasūryapradīpa tathāgata arhatsaṁyaksaṁbuddha[2]的意译加音译之略。

日月光　1例。佛名。《撰》卷二："乃往过去波罗㮈国有佛出世，号日月光，将诸比丘至梵摩王国。"（4/210a）

山海慧自在通王佛　2例。佛名。《妙》卷四："是山海慧自在通王佛为十方无量千万亿恒河沙等诸佛、如来所共赞叹，称其功德。"（9/29c）例中的"山海慧自在通王佛"对译梵语sāgaravaradharabuddhivikrīḍitābhijña tathāgata[3]。

师子相　1例。佛名。《妙》卷三："东南方二佛：一名师子音，二名师子相。"（9/25b）例中的"师子相"是梵语siṁhadhvaja[4]的音译加意译。

十綖　2例。佛名。《撰》卷一："彼须摩者，以殷重心施我綖故，于未来世当得作佛，号曰十綖。"（4/205b）

威音王　1例。佛名。《妙》卷六："过去有佛，号威音王，神智无量，将导一切，天、人、龙神所共供养。"（9/51b）例中的"威音王"是梵语bhīṣmasvara rāja[5]的仿译。

威音王佛　3例。佛名。《妙》卷六："其威音王佛于彼世中为天、人、阿修罗说法，为求声闻者说应四谛法，度生老病死，究竟涅槃。"（9/50c）例中的"威音王佛"是梵语bhīṣmagarjitasvararāja tathāgata arhat saṁyaksaṁbuddha[6]的仿译加音译之略。

微妙声佛　1例。佛名。《金》卷二："亦应敬礼东方阿閦如来、南方宝相如来、西方无量寿佛、北方微妙声佛。"（16/345c）例中的"微妙声佛"对译梵

---

[1]　见于avadānaśataka[I], p.65。

[2]　见于saddharmapuṇḍarīka, p.19。

[3]　见于saddharmapuṇḍarīka, p.217。

[4]　见于saddharmapuṇḍarīka, p.184。

[5]　见于saddharmapuṇḍarīka, p.383。

[6]　见于saddharmapuṇḍarīka, p.376。

语 dundubhisvara tathāgata[1]。

无胜　1例。佛名。《撰》卷一："过三阿僧祇劫当得成佛，号曰无胜。"（4/207b）例中的"无胜"对译梵语 vijaya[2]。

香积　1例。佛名。《维》卷下："彼诸菩萨皆愕然曰：'此人奚来？何等世界有懈废人？'即以问佛。香积[3]报曰：'下方去此度如四十二江河沙刹，得忍世界，有佛名释迦文（汉言能仁）如来、至真等正觉，于五浊刹以法解说懈废之人。'"（14/532b）

香积佛　4例。佛名。《维》卷下："是维摩诘从香积佛取饭，于舍食者，一切毛孔皆香若此。"（14/533b）例中的"香积佛"是梵语 gandhottamakuṭa tathāgata[4] 的仿译。

须弥顶　1例。佛名。《妙》卷三："其二沙弥东方作佛：一名阿閦，在欢喜国；二名须弥顶。"（9/25b）例中的"须弥顶"是梵语 merukūṭa[5] 的音译加意译。

虚空住　1例。佛名。《妙》卷三："南方二佛：一名虚空住，二名常灭。"（9/25b）例中的"虚空住"对译梵语 ākāśapratiṣṭhita[6]。

阎浮金光　1例。佛名。《妙》卷三："其佛号曰阎浮金光，菩萨、声闻断一切有，无量无数，庄严其国。"（9/21c）例中的"阎浮金光"是梵语 jāmbūnadābhāsa[7] 的音译加意译之略。

药王佛　2例。佛名。《维》卷下："药王佛[8]言：'法供养者，如佛所说众经奥藏深邃之言，诸世所归。'"（14/535c）又同卷："太子善宿从药王佛闻法供养便得顺忍，即解宝衣以覆佛上。"（14/536a）例中的"药王佛"是梵语 bhaiṣajyarāja tathāgata[9] 的仿译。

---

[1] 见于 suvarṇaprabhāsasūtram, p.63。
[2] 见于 avadānaśataka[I], p.46。
[3] 平行梵文本此处是 sa bhagavān（那个世尊），即指"香积佛"。《梵藏汉对照〈维摩经〉》, p.364。
[4] 见于《梵藏汉对照〈维摩经〉》, p.396。
[5] 见于 saddharmapuṇḍarīka, p.184。
[6] 同上。
[7] 见于 saddharmapuṇḍarīka, p.152。
[8] 平行梵文本此处是 sa bhagavān（那个世尊），即指"药王佛"。《梵藏汉对照〈维摩经〉》, p.480。
[9] 见于《梵藏汉对照〈维摩经〉》, p.486。

一切众生喜见佛　1例。佛名。《妙》卷四："憍昙弥，是一切众生喜见佛及六千菩萨转次授记得阿耨多罗三藐三菩提。"（9/36a）例中的"一切众生喜见佛"是梵语sarvasattvapriyadarśana tathāgata arhat saṁyaksaṁbuddha[1]的仿译加音译之略。

云雷音宿王华智多陀阿伽度　1例。佛名。《妙》卷七："乃往古世过无量无边不可思议阿僧祇劫有佛，名云雷音宿王华智多陀阿伽度。"（9/59b-c）例中的"云雷音宿王华智多陀阿伽度"是梵语jaladharagarjitaghoṣasusvaranakṣatrarājasaṁkusumitābhijña tathāgata[2]的仿译加音译。

云雷音宿王华智佛　5例。佛名。《妙》卷七："大王，彼云雷音宿王华智佛今在七宝菩提树下法座上坐，于一切世间天、人众中广说《法华经》。"（9/60a）例中的"云雷音宿王华智佛"是梵语jaladharagarjitaghoṣasusvaranakṣatrarājasaṁkusumitābhijña tathāgata arhat saṁyaksaṁbuddha[3]的仿译加音译之略。

云雷音王多陀阿伽度　1例。佛名。《妙》卷七："过去有佛名云雷音王多陀阿伽度。"（9/56a）例中的"云雷音王多陀阿伽度"是梵语meghadundubhisvararāja tathāgata[4]的意译加音译。

云雷音王佛　2例。佛名。《妙》卷七："妙音菩萨于万二千岁以十万种伎乐供养云雷音王佛，并奉上八万四千七宝钵。"（9/56a）例中的"云雷音王佛"是梵语meghadundubhisvararāja tathāgata arhat saṁyaksaṁbuddha[5]的意译加音译之略。

云自在　1例。佛名。《妙》卷三："北方二佛：一名云自在，二名云自在王。"（9/25c）例中的"云自在"对译梵语meghasvara或meghasvaradīpa[6]。

云自在灯王　1例。佛名。《妙》卷六："以是因缘，复值二千亿佛，同号云自在灯王。"（9/51a）例中的"云自在灯王"对译梵语meghasvararāja[7]。

---

[1] 见于saddharmapuṇḍarīka, p.269。
[2] 见于saddharmapuṇḍarīka, p.457。
[3] 见于saddharmapuṇḍarīka, p.461。
[4] 见于saddharmapuṇḍarīka, p.431。
[5] 同上。
[6] 见于saddharmapuṇḍarīka, p.184。
[7] 见于saddharmapuṇḍarīka, p.380。

云自在王　1例。佛名。《妙》卷三："北方二佛：一名云自在，二名云自在王。"（9/25c）例中的"云自在王"对译梵语meghasvararāja[1]。

栴檀佛　1例。佛名。《撰》卷二："时栴檀佛即授王记：'汝于来世当得成佛，号释迦牟尼。'"（4/209b）

最胜　1例。佛名。《撰》卷一："彼大长者由请我故，于未来世，过三阿僧祇劫当得作佛，号曰最胜。"（4/208a）例中的"最胜"对译梵语paripūryā-bhayaprada[2]。

⑥ 咒语名：2个。其中，七音节形式1个，八音节形式1个。

百千万亿旋陀罗尼　2例。咒语名。《妙》卷七："以见我故，即得三昧及陀罗尼，名为旋陀罗尼、百千万亿旋陀罗尼、法音方便陀罗尼，得如是等陀罗尼。"（9/61b）例中的"百千万亿旋陀罗尼"是梵语koṭīśatasahasrāvartā dhāraṇī[3]的意译加音译。

法音方便陀罗尼　1例。咒语名。《妙》卷七："以见我故，即得三昧及陀罗尼，名为旋陀罗尼、百千万亿旋陀罗尼、法音方便陀罗尼，得如是等陀罗尼。"（9/61b）例中的"法音方便陀罗尼"是梵语sarvarutakauśalyāvartā dhāraṇī[4]的意译加音译。

⑦ 三昧名：22个。其中，四音节形式7个，五音节形式8个，六音节形式3个，七音节形式2个，九音节形式2个。

不共三昧　1例。三昧名。《妙》卷七："（妙音）得……慧炬三昧、庄严王三昧、净光明三昧、净藏三昧、不共三昧、日旋三昧，得如是等百千万亿恒河沙等诸大三昧。"（9/55a-b）例中的"不共三昧"是梵语apkṛtsnasamādhi[5]的意译加音译。

长庄严三昧　1例。三昧名。《妙》卷七："又得菩萨净三昧、日星宿三昧、净光三昧、净色三昧、净照明三昧、长庄严三昧[6]、大威德藏三昧，于此三

---

[1] 见于saddharmapuṇḍarīka, p.185。

[2] 见于avadānaśataka[I], p.62。

[3] 见于saddharmapuṇḍarīka, p.475。

[4] 同上。

[5] 见于saddharmapuṇḍarīka, p.424。

[6] 平行梵文本此处是alaṁkāraśubha samādhi（庄严光三昧）。saddharmapuṇḍarīka, p.458。

昧亦悉通达。”(9/59c)

大威德藏三昧　1例。三昧名。《妙》卷七:“又得菩萨净三昧、日星宿三昧、净光三昧、净色三昧、净照明三昧、长庄严三昧、大威德藏三昧,于此三昧亦悉通达。”(9/59c)例中的“大威德藏三昧”是梵语mahātejogarbha samādhi[1]的意译加音译。

集一切功德三昧　1例。三昧名。《妙》卷七:“(妙音)得……解一切众生语言三昧、集一切功德三昧、清净三昧、神通游戏三昧……得如是等百千万亿恒河沙等诸大三昧。”(9/55a-b)例中的“集一切功德三昧”是梵语sarvapuṇyasamuccayasamādhi[2]的意译加音译。

解一切众生语言三昧　1例。三昧名。《妙》卷七:“(妙音)得……无缘三昧、智印三昧、解一切众生语言三昧、集一切功德三昧、清净三昧、神通游戏三昧……得如是等百千万亿恒河沙等诸大三昧。”(9/55a-b)例中的“解一切众生语言三昧”是梵语sarvarutakauśalyasamādhi[3]的意译加音译。

净德三昧　1例。三昧名。《妙》卷七:“(妙音)得妙幢相三昧、法华三昧、净德三昧、宿王戏三昧、无缘三昧、智印三昧、解一切众生语言三昧……得如是等百千万亿恒河沙等诸大三昧。”(9/55a-b)例中的“净德三昧”是梵语vimaladattasamādhi[4]的意译加音译。

净色三昧　1例。三昧名。《妙》卷七:“又得菩萨净三昧、日星宿三昧、净光三昧、净色三昧、净照明三昧、长庄严三昧、大威德藏三昧,于此三昧亦悉通达。”(9/59c)

净藏三昧　1例。三昧名。《妙》卷七:“(妙音)得……慧炬三昧、庄严王三昧、净光明三昧、净藏三昧、不共三昧、日旋三昧,得如是等百千万亿恒河沙等诸大三昧。”(9/55a-b)例中的“净藏三昧”是梵语vimalagarbhasamādhi[5]的仿译加音译。

---

[1]　见于saddharmapuṇḍarīka, p.458。

[2]　见于saddharmapuṇḍarīka, p.424。

[3]　同上。

[4]　同上。

[5]　同上。

净照明三昧　1例。三昧名。《妙》卷七："又得菩萨净三昧、日星宿三昧、净光三昧、净色三昧、净照明三昧、长庄严三昧、大威德藏三昧，于此三昧亦悉通达。"（9/59c）例中的"净照明三昧"是梵语vimalabhāsa samādhi[1]的意译加音译。

妙幢相三昧　1例。三昧名。《妙》卷七："（妙音）得妙幢相三昧、法华三昧、净德三昧、宿王戏三昧、无缘三昧、智印三昧、解一切众生语言三昧……得如是等百千万亿恒河沙等诸大三昧。"（9/55a-b）例中的"妙幢相三昧"是梵语dhvajāgrakeyūrasamādhi[2]的意译加音译。

菩萨净三昧　1例。三昧名。《妙》卷七："又得菩萨净三昧[3]、日星宿三昧、净光三昧、净色三昧、净照明三昧、长庄严三昧、大威德藏三昧，于此三昧亦悉通达。"（9/59c）

日星宿三昧　1例。三昧名。《妙》卷七："又得菩萨净三昧、日星宿三昧、净光三昧、净色三昧、净照明三昧、长庄严三昧、大威德藏三昧，于此三昧亦悉通达。"（9/59c）例中的"日星宿三昧"是梵语nakṣatratārāditya samādhi[4]的意译加音译。

日旋三昧　1例。三昧名。《妙》卷七："（妙音）得……慧炬三昧、庄严王三昧、净光明三昧、净藏三昧、不共三昧、日旋三昧，得如是等百千万亿恒河沙等诸大三昧。"（9/55a-b）例中的"日旋三昧"是梵语sūryāvartasamādhi[5]的仿译加音译。

神通游戏三昧　1例。三昧名。《妙》卷七："（妙音）得……解一切众生语言三昧、集一切功德三昧、清净三昧、神通游戏三昧、慧炬三昧……得如是等百千万亿恒河沙等诸大三昧。"（9/55a-b）例中的"神通游戏三昧"是梵语ṛddhivikrīḍitasamādhi[6]的意译加音译。

无量义处　1例。三昧名。《妙》卷一："佛说此经已，即于法座上加趺坐三

---

[1] 见于saddharmapuṇḍarīka, p.458。
[2] 见于saddharmapuṇḍarīka, p.424。
[3] 平行梵文本此处是vimala samādhi（离垢三昧）。saddharmapuṇḍarīka, p.458。
[4] 见于saddharmapuṇḍarīka, p.458。
[5] 见于saddharmapuṇḍarīka, p.424。
[6] 同上。

昧，名无量义处。”（9/4b-c）例中的“无量义处”对译梵语anantanirdeśavara[1]。

无量义处三昧 2例。三昧名。《妙》卷一：“佛说此经已，结加趺坐，入于无量义处三昧，身心不动。”（9/2b）例中的“无量义处三昧”是梵语anantanirdeśapratiṣṭhāna samādhi[2]的仿译加音译。

现一切色身 1例。三昧名。《妙》卷七：“其三昧名现一切色身，妙音菩萨住是三昧中，能如是饶益无量众生。”（9/56b）例中的“现一切色身”对译梵语sarvarūpasaṁdarśana[3]。

现一切色身三昧 5例。三昧名。《妙》卷七：“说是妙音菩萨品时，与妙音菩萨俱来者八万四千人皆得现一切色身三昧，此娑婆世界无量菩萨亦得是三昧及陀罗尼。”（9/56b）例中的“现一切色身三昧”是梵语sarvarūpasaṁdarśana samādhi[4]的意译加音译。

宿王戏三昧 1例。三昧名。《妙》卷七：“（妙音）得妙幢相三昧、法华三昧、净德三昧、宿王戏三昧、无缘三昧、智印三昧、解一切众生语言三昧……得如是等百千万亿恒河沙等诸大三昧。”（9/55a-b）例中的“宿王戏三昧”是梵语nakṣatrarājavikrīḍitasamādhi[5]的仿译加音译。

一切净功德庄严三昧 1例。三昧名。《妙》卷七：“王出家已，于八万四千岁常勤精进修行《妙法华经》，过是已后，得一切净功德庄严三昧，即升虚空，高七多罗树。”（9/60b）例中的“一切净功德庄严三昧”是梵语sarvaguṇālaṁkāravyūha samādhi[6]的意译加音译。

智印三昧 1例。三昧名。《妙》卷七：“（妙音）得……无缘三昧、智印三昧、解一切众生语言三昧、集一切功德三昧……得如是等百千万亿恒河沙等诸大三昧。”（9/55a-b）例中的“智印三昧”是梵语jñānamudrāsamādhi[7]的仿译加音译。

---

[1] 见于saddharmapuṇḍarīka, p.23。
[2] 见于saddharmapuṇḍarīka, p.5。
[3] 见于saddharmapuṇḍarīka, p.435。
[4] 同上。
[5] 见于saddharmapuṇḍarīka, p.424。
[6] 见于saddharmapuṇḍarīka, p.465。
[7] 见于saddharmapuṇḍarīka, p.424。

庄严王三昧 1例。三昧名。《妙》卷七："(妙音)得……慧炬三昧、庄严王三昧、净光明三昧、净藏三昧、不共三昧、日旋三昧，得如是等百千万亿恒河沙等诸大三昧。"(9/55a-b)例中的"庄严王三昧"是梵语vyūharājasamādhi[1]的意译加音译。

⑧ 时间名：5个。其中，双音节形式2个，三音节形式1个，四音节形式2个。

大宝庄严 2例。劫名。《妙》卷二："彼佛出时虽非恶世，以本愿故说三乘法，其劫名大宝庄严。何故名曰大宝庄严？其国中以菩萨为大宝故。彼诸菩萨无量无边，不可思议，算数、譬喻所不能及。"(9/11b)例中的"大宝庄严"对译梵语mahāratnapratimaṇḍita[2]。

大高王 1例。劫名。《妙》卷七："此王于我法中作比丘，精勤修习，助佛道法，当得作佛，号娑罗树王，国名大光，劫名大高王。"(9/60b)例中的"大高王"对译梵语abhyudgatarāja[3]。

离衰 1例。劫名。《妙》卷六："乃往古昔过无量无边不可思议阿僧祇劫，有佛名威音王如来、应供、正遍知、明行足、善逝、世间解、无上士、调御丈夫、天人师、佛、世尊，劫名离衰，国名大成。"(9/50b-c)例中的"离衰"对译梵语vinirbhoga[4]。

妙音遍满 1例。劫名。《妙》卷四："国名常立胜幡，其土清净，琉璃为地；劫名妙音遍满，其佛寿命无量千万亿阿僧祇劫。"(9/29c)例中的"妙音遍满"对译梵语manojñaśabdābhigarjita[5]。

喜满 1例。劫名。《妙》卷三："劫名喜满，国名意乐。其土平正，颇梨为地，宝树庄严，散真珠花，周遍清净。"(9/21c)例中的"喜满"是梵语ratiprapūrṇa[6]的仿译。

⑨ 经典名：5个。其中，三音节形式1个，四音节形式3个，五音节形式

---

[1] 见于saddharmapuṇḍarīka, p.424。
[2] 见于saddharmapuṇḍarīka, p.66。
[3] 见于saddharmapuṇḍarīka, p.469。
[4] 见于saddharmapuṇḍarīka, p.376。
[5] 见于saddharmapuṇḍarīka, p.216。
[6] 见于saddharmapuṇḍarīka, p.153。

1个。

金光明经　9例。佛经名。《金》卷二："亦当三称《金光明经》，至诚发愿，别以香华、种种美味供施于我，散洒诸方。"（16/345b）例中的"金光明经"对译梵语 suvarṇaprabhāsottama sūtrendrarāja[1]。

妙法华经　16例。佛经名。即《妙法莲华经》。《妙》卷七："王出家已，于八万四千岁常勤精进修行《妙法华经》。"（9/60b）例中的"妙法华经"对译梵语 saddharmapuṇḍarīka[2]。

妙法莲华　5例。佛经名。即《妙法莲华经》。《妙》卷六："是中有佛名释迦牟尼，今为诸菩萨摩诃萨说大乘经，名《妙法莲华》。"（9/52a）例中的"妙法莲华"对译梵语 saddharmapuṇḍarīka[3]。

妙法莲华经　2例。佛经名。《妙》卷一："佛灭度后，妙光菩萨持《妙法莲华经》，满八十小劫为人演说。"（9/4b）例中的"妙法莲华经"对译梵语 saddharmapuṇḍarīka[4]。

韦陀经　1例。经典名。《撰》卷二："我《韦陀经》说云：瞿昙沙门者，皆是我等天之大主。"（4/210c）例中的"韦陀经"是梵语 veda[5] 的音译兼意译。

（2）普通名词：指称各类具体的人、物和抽象的概念，共有148个。其中，双音节形式124个，三音节形式18个，四音节形式4个，五音节形式1个，十三音节形式1个。

① 指称各类具体的人和物：118个。其中，双音节形式95个，三音节形式17个，四音节形式4个，五音节形式1个，十三音节形式1个。

A. 指称各类具体的人、佛、神、魔，共有39个。其中，双音节形式26个，三音节形式13个。

a. 指称各类具体的人：32个。其中，双音节形式20个，三音节形式12个。

---

[1] 见于 suvarṇaprabhāsasūtram, p.61。
[2] 见于 saddharmapuṇḍarīka, p.465。
[3] 见于 saddharmapuṇḍarīka, p.389。
[4] 见于 saddharmapuṇḍarīka, p.21。
[5] 见于 avadānaśataka[I], p.84。

阿夷恬 3例。指初学者。《维》卷下："复有四事，阿夷恬用空耗。"（14/536b）

阿夷行 1例。指初学者。《维》卷上："忆念我昔在他方大树下为阿夷行比丘说死畏之法，时维摩诘来谓我言：'欲何置此人？何以教此比丘？无乃反戾此摩尼之心？是已为下正行。'"（14/522b-c）例中的"阿夷行"是梵语ādikarmika[1]的音译加意译。

詶对 1例。应对的人。《撰》卷二："时彼南城乾闼婆王名曰善爱，亦巧弹琴，作乐歌舞，于彼土中更无詶对，憍慢自大，更无有比。"（4/211a）

船匠 1例。撑船的人。《撰》卷三："时有船师住在河边，佛告船师：'汝今为我渡诸众僧。'船师答曰：'与我价直，然后当渡。'佛告船匠：'我亦船师，于三界中互相济度，出生死海，不亦快乎？'"（4/215a）

单己 5例。自己一个人。《撰》卷一："佛以神力隐千比丘，唯现单己，执持应器，至满贤所。"（4/203b）《妙》卷五："一一菩萨皆是大众唱导之首，各将六万恒河沙眷属……况复一千一百乃至一十，况复将五四三二一弟子者，况复单己乐远离行，如是等比无量无边算数、譬喻所不能知。"（9/40a）

儿妇 2例。儿媳妇。《撰》卷一："时彼儿妇闻此语已，便从姑妐求索财物，设会请佛。"（4/203c）

儿息 1例。子嗣。《撰》卷一〇："时彼国中有一辅相，其家大富，然无儿息。"（4/254a）

幻士 2例。即幻人。《维》卷下："维摩诘曰：'若无没来，何有诸法？曷云如是，汝于何没而来生此？幻士造化，为男为女，宁有没来？'舍利弗言：'化者，无没生也。'"（14/534c）

健夫 3例。强壮的男子。《撰》卷一："于阵前锋先置健夫，次置中者，后置劣者。"（4/207c）

劫贼 4例。强盗；土匪。《撰》卷二："唯愿世尊在前而渡，倘有劫贼夺诸比丘衣钵所须。"（4/208c）又卷四："时彼城中有一劫贼，名曰楼陀，腰带利剑，手把弓箭，在于道次劫夺民物，用自存活。"（4/222a）

---

[1] 见于《梵藏汉对照〈维摩经〉》，p.102。

论师 1例。指精通经典、善于辩论的人。《撰》卷一〇："我此甥舅舍利弗禀性聪慧，博通群籍，十六大国宿旧论师咸服其德，如何忽然舍此高名，奉事瞿昙？"（4/256a）

尼犍子 1例。裸露身体的修行人。《维》卷上："不见佛不闻法，是亦有师，不兰迦叶、摩诃离瞿耶娄、阿夷端基耶今离、波休迦旃、先比卢特、尼犍子等。"（14/522b）例中的"尼犍子"是梵语nirgrantha jñātiputra[1]的音译加意译之略。

女夫 3例。女婿。《撰》卷八："夫受其言，即往白王：'女郎今者欲来相见。'王答女夫：'莫道此事，急当牢闭，慎勿令出。'女夫答王：'何以乃尔？女郎今者蒙佛威神，便得端政，天女无异。'"（4/243a）

女郎 2例。指称年轻女子。《撰》卷八："夫受其言，即往白王：'女郎今者欲来相见。'王答女夫：'莫道此事，急当牢闭，慎勿令出。'女夫答王：'何以乃尔？女郎今者蒙佛威神，便得端政，天女无异。'"（4/243a）

毘舍呿 1例。义待考。《撰》卷四："国主瓶沙及波斯匿王、毘舍呿、释种及福楼那等各赍珍宝、种种财物与婆罗门，然不肯受。"（4/220b）例中的"毘舍呿"是梵语viśākha[2]的音译。

匹对 1例。配偶。《撰》卷六："时彼城中有一婆罗门，其所营务，耕田为业。于其匹对，婢以为妇。"（4/228c）

贫穷子 1例。穷人。《妙》卷二："时贫穷子游诸聚落，经历国邑，遂到其父所止之城。"（9/16c）

妻子妇 1例。妻子。《维》卷上："虽为白衣，奉持沙门至贤之行；居家为行，不止无色；有妻子妇，自随所乐，常修梵行；虽有家属，常如闲居。"（14/521a）

商主 17例。商人的首领。《撰》卷九："此贤劫中，迦叶佛时，有一商主将诸商客涉历他邦，贩卖求利。"（4/247b）《妙》卷七："若三千大千国土满中怨贼，有一商主将诸商人赍持重宝经过险路。"（9/56c）

---

[1] 见于《梵藏汉对照〈维摩经〉》，p.96。
[2] 见于avadānaśataka[I], p.224。

师僧　1例。僧人。《撰》卷一〇："生死苦年渐长大，凡见人时，由故唱言：'生死极苦。'然于父母、师僧、耆旧、有德慈心孝顺，言常含笑，终不出于麁恶言语。"（4/252b）

说法师　2例。讲解佛法的人。《撰》卷一〇："有二比丘：一是罗汉，二是凡夫，为说法师。时诸民众竞共请唤，常将法师受檀越请。"（4/251b）《金》卷二："如是人王见如是等种种无量功德利益，是故此王应当躬出奉迎法师，若一由旬至百千由旬，于说法师应生佛想。"（16/342b）

寺主　5例。主管佛寺事务的僧人。《撰》卷五："时彼国王知佛许可，寻即为佛及比丘僧造立房舍，请一比丘用作寺主，管理僧事……有一罗汉比丘入彼寺中，威仪详序，甚可观看，寺主檀越见其如是，请入浴室，为其洗浴。"（4/227c）

算师　4例。负责计算的人。《撰》卷四："时诸算师受王教敕，寻共算竟，各得一升。"（4/217c）《妙》卷三："是诸国土，若算师、若算师弟子能得边际知其数不？"（9/22a）

偷人　11例。窃贼。《撰》卷八："时彼偷人闻王系珠著塔栿头，密在心怀，即便偷取，匿而不出。"（4/243c）

贤者女　2例。称呼女性。《维》卷下："正使天帝三千世界如来满中，譬如甘蔗、竹、芦、稻、麻、丛林甚多无数皆为如来，有贤者子、贤者女于一劫若百劫敬之、事之、奉之、养之，一切施安进诸所乐。"（14/535b）例中的"贤者女"对译梵语kuladuhitṛ[1]。

贤者子　3例。称呼男性。《维》卷下："至于如来之善言，吾当远离如此之恶，以护如来无数亿劫道品之习，若贤者子心入是辈经者，当令手得恣所念取。"（14/536c）例中的"贤者子"对译梵语kulaputra[2]。

窳惰子　4例。懒惰的人。《撰》卷一："此窳惰子于未来世，过三阿僧祇劫当得作佛，号精进力。"（4/204b）

窳子　2例。懒惰的人。《撰》卷一："尔时世尊……将诸比丘来至其家。

---

[1]　见于《梵藏汉对照〈维摩经〉》，p.470。

[2]　见于《梵藏汉对照〈维摩经〉》，p.502。

于时窳子忽然惊起，为佛敷坐……佛便授其一栴檀杖，与彼窳子。”（4/204a）

长宿　1例。年长而素有声望的人。《撰》卷八：“耆旧、长宿皆来谘启，无不通达。”（4/239c）

族望　15例。有声望的名门大族。《撰》七：“时彼城中有一长者，财宝无量，不可称计。选择族望，娉以为妇。”（4/234b）

族姓女　1例。大种族的女性。《维》卷下：“后世得者，族姓子、族姓女、天、龙神、揵沓和当下德本其于前胜，已作无上正真道行而未得闻受此法者，闻是辈经必甚爱乐，当顶受此佛之要道。”（14/536b）例中的“族姓女”对译梵语kuladuhitṛ[1]。

最后身　15例。佛教指生死界中最后之身。《撰》卷三：“彼贫人者，以信敬心施我樵木善根功德，于未来世，经十三劫，不堕地狱、畜生、饿鬼，天上人中常受快乐，最后身得成辟支佛，号曰离垢。”（4/216a）例中的“最后身”对译梵语paścima ātmabhāva[2]。《妙》卷一：“是诸比丘、比丘尼自谓已得阿罗汉，是最后身究竟涅槃，便不复志求阿耨多罗三藐三菩提，当知此辈皆是增上慢人。”（9/7c）

b. 指称佛、神、魔：7个。其中，双音节形式6个，三音节形式1个。

佛月　2例。指称佛。《金》卷二：“佛真法身，犹如虚空，应物现形；如水中月，无有障碍；如焰如化。是故我今稽首佛月。”（16/344b）

风神　1例。掌管风的神。《维》卷下：“世间众道术，一切从而学，非以随疑见，因之解人惑。或作日月天，或为梵中尊，为地主以德，为风神亦然。”（14/530b）

犍沓和　1例。乐神。《维》卷上：“今奉能仁此慈盖，于中现我三千世，诸天龙神所居宫，揵沓和等及阅叉。”（14/519c）

犍驮　1例。黄色鬼。《妙》卷七：“宁上我头上，莫恼于法师……若毘陀罗、若犍驮、若乌摩勒伽、若阿跋摩罗、若夜叉吉遮、若人吉遮。”（9/59b）例中的“犍驮”是梵语stabdha或skabdha[3]的音译。

---

[1] 见于《梵藏汉对照〈维摩经〉》，p.494。

[2] 见于avadānaśataka[I], p.162。

[3] 见于saddharmapuṇḍarīka, p.401。

圣尊　6例。指称佛。《撰》卷六："巍巍大圣尊，功德悉满足，能开诸盲冥，寻得于佛果。"（4/228b）《妙》卷三："善哉见诸佛，救世之圣尊，能于三界狱，勉出诸众生。"（9/24c）又卷六："诸佛大圣尊，教化众生者，于诸大会中，演说微妙法。"（9/48b）

四魔　2例。佛教所指的四种魔鬼。有三种观点：第一种观点认为"四魔"是指烦恼魔、阴魔、死魔、天魔。第二种观点认为"四魔"是指无常、苦、无我、不净。第三种观点认为"四魔"是指烦恼魔、五众魔、死魔、天子魔。《维》卷上："观泥洹行不依泥洹，是菩萨行；行于四魔，过诸魔行，是菩萨行。"（14/526c）

乐神　1例。传说中的司乐之神。《撰》卷二："佛知王意，寻自变身，化作乾闼婆王，将天乐神般遮尸弃。其数七千，各各手执琉璃之琴，侍卫左右。"（4/211b）

B. 指称各类具体的物：79个。其中，双音节形式69个，三音节形式4个，四音节形式4个，五音节形式1个，十三音节形式1个。

爱语　1例。疼爱人的言语。《撰》卷五："尔时世尊为诸大众演说妙法，见目连来，先意问讯，爱语、濡语而问讯之。"（4/223b）

般遮于瑟　2例。五年一次的大斋会。《撰》卷八："我当劝化城中民众，为佛及僧作般遮于瑟。"（4/241b）例中的"般遮于瑟"是梵语pañcavārṣika[1]的音译之略。

坌污　1例。脏东西。《撰》卷一〇："（梨军支）入其塔中，见少坌污，即便扫洒。"（4/251c）

场地　1例。适应某种需要的空地。《维》卷下："世尊，是为谁先瑞应？而此场地广博严事，一切众会皆见金色？"（14/533a）

巢窟　1例。巢穴。《维》卷上："法无巢窟，有法者则为有窟，斯求法者无窟倚之求也。"（14/527a）

床脚　1例。床的脚。《撰》卷三："贼闻是语，寻即申手，内著向中，比丘挽索，罥其手得，系著床脚，比丘出外，捉杖考打。"（4/216c）

---

[1] 见于avadānaśataka[II], p.39。

唇口　1例。嘴。《撰》卷五："尔时尊者大目揵连在一树下见一饿鬼：身如燋柱，腹如大山……诸支节间皆悉火然，渴乏欲死，唇口乾燋，往趣河泉，水为涸竭。"（4/223b）

慈力　1例。慈悲的力量。《撰》卷六："蛇见佛来，瞋恚炽盛，欲螫如来。佛以慈力于五指端放五色光，照彼蛇身，即得清凉，热毒消除，心怀憘悦。"（4/228b）

麤食　1例。粗劣的饭菜。《撰》卷九："以王今者诸释中尊，不期一旦毁形麤食，著粪扫衣。"（4/249a）

村落　1例。村庄。《撰》卷四："长须仙人为饥渴所逼，欲入村落乞食自活。"（4/221c）

灯明　4例。灯光。《撰》卷六："有一宫人字功德意而自念言：'此塔乃是大王所造，今者坌污，无人扫洒。我今此身分受刑戮，扫洒彼塔，香花、灯明而供养之。'作是念已，寻即然灯，供养彼塔。时阿阇世王遥在楼上见彼灯明，即大瞋恚。"（4/230a）

谛心　1例。真实无谬之心。《维》卷上："不著数不堕故，谛心则是；诸世间报已不积故，缘起之心是。"（14/524b）

发爪　4例。头发和指甲。《撰》卷六："从佛世尊索于发爪，后宫之中造立塔寺，于此礼拜，香花、灯明而供养之。"（4/230a）《金》卷四："骸骨、发爪布散狼藉，流血处处，遍污其地。"（16/355a）

粪屎　3例。粪。《撰》卷五："足满十月，生一男儿，连骸骨立，羸瘦燋悴，不可示现，又复粪屎涂身而生。"（4/227a）

垢腻　3例。犹污垢。多指黏附于人体或物体上的不洁之物。《撰》卷八："彼女心怀忧恼，著垢腻衣，舍诸璎珞，毁悴其形。"（4/242a）《妙》卷二："其父见子，愍而怪之，又以他日于窗牖中遥见子身，羸瘦憔悴，粪土尘坌，污秽不净，即脱璎珞、细软上服、严饰之具，更著麁弊垢腻之衣，尘土坌身，右手执持除粪之器，状有所畏。"（9/17a）《金》卷四："须臾之顷，复有臣来，见王愁苦，颜貌憔悴，身所著衣，垢腻尘污。"（16/356a-b）

光螺　1例。螺纹状的光形。《金》卷一："于诸声中，佛声最上，犹如大梵，深远雷音；其发绀黑，光螺焰起，蜂翠孔雀，色不得喻。"（16/339a）

黑风　5例。暴风；狂风。《撰》卷九："尔时世尊遥见商客极遇厄难，即放光明照耀黑风，风寻消灭，皆得解脱。"（4/244b）《妙》卷七："若有百千万亿众生为求金银、琉璃、车渠、马瑙、珊瑚、虎珀、真珠等宝入于大海，假使黑风吹其船舫，飘堕罗刹鬼国，其中若有乃至一人称观世音菩萨名者，是诸人等皆得解脱罗刹之难。"（9/56c）

蘅华　1例。荷花。《维》卷下："譬如，族姓子，高原陆土不生青莲、芙蓉、蘅华，卑湿污田乃生此华。"（14/529c）

花鬘　2例。古印度人用作身首饰物的花串。也有用各种宝物雕刻成花形，联缀而成的。《撰》卷六："时彼会中遣于一人诣林树间采娑罗花，作诸花鬘。"（4/229b）又同卷："我有六通之神足、七觉之花鬘、八圣之道分、五衍之安车，是我神足，不须汝车。"（4/231c）字形又作"华鬘"。1例。《维》卷下："相具以严容，众好饰其姿；惭愧免行成，华鬘谓不疑。"（14/530a）

环玔　1例。玉环。《撰》卷六："时诸人等心怀欢喜，竞共布施，或以衣服、璎珞、金银、宝物、种种环玔、针綖、领带，随家所有，持用布施。"（4/230c）

幻事　2例。幻化之事。《维》卷下："夫女人相，犹幻事也，故女人为幻。"（14/529a）

基陛　1例。基阶。《妙》卷二："譬如长者有一大宅，其宅久故，而复顿弊。堂舍高危，柱根摧朽，梁栋倾斜，基陛隤毁，墙壁圮坼，泥涂褫落，覆苫乱坠，椽梠差脱。"（9/13c）

急缘　3例。紧急的事情。《撰》卷五："我有急缘，定欲出去，汝今在后取甘蔗汁施辟支佛。"（4/222c）

箭头　1例。箭的首端。《撰》卷九："次复射箭，化为五拨。其诸箭头各有莲华，一一花上复有化佛，放大光明，照于三千大千世界，五道众生莫不蒙赖。"（4/248b）

将来世　5例。佛教三世（过去、现在、未来）之一。《撰》卷一："我今于此精懃之中少许用心尚能获得如是大利，况复懃加役身出力，于将来世必获无上大利益事。"（4/204b）又卷六："贤面长者，汝于前身以悭贪故受此弊形。今者云何故复惜著、纵毒螫人、为恶滋甚？于将来世必受大苦。"（4/228b）

界分　1例。境界；地界。《维》卷下："是时维摩诘即如其像正受三昧，上方界分去此刹度如四十二江河沙佛土，有佛名香积如来。"（14/532a）

金刚际　3例。义待考。《撰》卷一〇："时舍利弗复为取食，到彼房门，门自然闭。复以神力入其房内，踊出其前，失钵堕地，至金刚际。"（4/252a）《金》卷二："我闻法已，得服甘露无上法味，增益身力，而此大地深十六万八千由旬，从金刚际至海地上，悉得众味，增长具足，丰壤肥浓，过于今日。"（16/345c）例中的"金刚际"对译梵语vajramaya pṛthivītala[1]。

经论　6例。泛指经典。《撰》卷一："我唯一子，甚为窳惰，眠不肯起。唯愿大师为我教诏，令修家业及以经论。"（4/204a）又卷八："时彼城中有一婆罗门，名曰梵摩，多闻辩才，明解经论，四韦陀典无不鉴达。"（4/239c）

渴病　2例。即消渴病。《撰》卷五："有辟支佛甚患渴病，良医处药：'服甘蔗汁，病乃可差。'"（4/222c）

里陌　1例。民众居住的地方。《撰》卷六："须达长者今欲劝化众人以修惠施，于七日头乘大白象，于四道头、街巷、里陌处处劝化。"（4/230c）

莲荷　1例。荷花。《维》卷下："火中生莲荷，是可谓希有。"（14/530c）

领带　1例。古代衣领上的饰边。《撰》卷六："时诸人等心怀欢喜，竞共布施，或以衣服、璎珞、金银、宝物、种种环玔、针綖、领带，随家所有，持用布施。"（4/230c）

鹿麖　1例。小鹿。《撰》卷四："是时诸鹿尽皆渡竟，唯一鹿母将一鹿麖，周慞惶怖，最在其后。"（4/221a）

路次　1例。路途中间。《撰》卷二："乃往过去无量世时，波罗棕国有佛出世，号曰帝幢，将诸比丘游诸聚落，教化众生，于其路次值一仙人。"（4/212a）

路伽耶陀　1例。义待考。《妙》卷五："菩萨摩诃萨不亲近国王、王子、大臣、官长，不亲近诸外道梵志、尼揵子等及造世俗文笔、赞咏外书及路伽耶陀、逆路伽耶陀者，亦不亲近诸有凶戏、相扠、相扑及那罗等种种变现之戏。"（9/37a）例中的"路伽耶陀"是梵语lokāyata[2]的音译。

---

[1]　见于suvarṇaprabhāsasūtram, p.64。

[2]　见于saddharmapuṇḍarīka, p.276。

论场　2例。辩论的场所。《撰》卷一〇："时王舍城中诸梵志等击大金鼓，招集国人十八亿众会乎论场，敷四高座。时舍利弗年始八岁，会乎论场。"（4/255b）

美膳　2例。甘美的膳食。《撰》卷四："我亦不须金银、珍宝及诸财物，唯须王眼以为美膳，愿王今者见赐双眼。"（4/218b）《妙》卷二："又以美膳、无量宝衣及诸卧具、种种汤药、牛头栴檀及诸珍宝以起塔庙，宝衣布地，如斯等事以用供养。"（9/18c-19a）

美香　1例。美妙的香味。《维》卷下："化菩萨奉佛具足之饭与维摩诘，饭香一切，薰维耶离及三千大千世界，皆有美香。"（14/532b）

门钩　1例。钥匙。《撰》卷八："众人疑怪：'彼人妇者，倘能端政，颜色晖耀，或能极丑，不中显现，是以彼人不将妇来。今当设计，往观彼妇。'即各同心，密共相语，以酒劝之，令醉卧地，解取门钩，使令五人往至其家，开其门户，欲观其妇。"（4/242c）

母乳　1例。母亲的乳汁。《撰》卷一〇："饮母乳时，能使乳坏。若雇馀者，亦皆败坏。"（4/251c）

那罗　1例。歌舞。《妙》卷五："菩萨摩诃萨不亲近国王、王子、大臣、官长，不亲近诸外道梵志、尼揵子等及造世俗文笔、赞咏外书及路伽耶陀、逆路伽耶陀者，亦不亲近诸有凶戏、相扠、相扑及那罗等种种变现之戏。"（9/37a）例中的"那罗"是梵语naṭanṛttaka[1]的音译之略。

逆路伽耶陀　1例。义待考。《妙》卷五："菩萨摩诃萨不亲近国王、王子、大臣、官长，不亲近诸外道梵志、尼揵子等及造世俗文笔、赞咏外书及路伽耶陀、逆路伽耶陀者，亦不亲近诸有凶戏、相扠、相扑及那罗等种种变现之戏。"（9/37a）例中的"逆路伽耶陀"是梵语（vāma-）lokāyatika[2]的音译之略。

帔服　1例。指帔子和裙袄。《金》卷四："时二王子心大愁怖，涕泣悲叹，容貌憔悴，复共相将还至虎所，见弟所著帔服、衣裳皆悉在一竹枝之上。"（16/355a）

---

[1]　见于saddharmapuṇḍarīka, p.276。

[2]　同上。

贫聚　1例。贫穷的村落。《维》卷上："忆念我昔于贫聚而行乞，时维摩诘来谓我言：'如贤者有大哀，舍大姓从贫乞。'"（14/522a）

器杖　1例。武器总称。《撰》卷九："我于昔日在王宫时，募索健夫，执持器杖，安置左右，故怀危惧。"（4/249a）

箧藏　1例。宝藏。《维》卷下："法供养者，如佛所说众经奥藏深邃之言，诸世所归，非为难受难见之辈；以无憍慢，微妙无像，其义夷易；菩萨箧藏修至诸持，经印所封，非无道理；其轮清净，入六度无极。"（14/535c-536a）

情理　1例。情况。《撰》卷六："时臣有父，年在耆旧，每从外来，见子颜色改易异常，寻即问言：'汝有何事，颜色乃尔？'于时大臣即向父说委曲情理。"（4/233c）

丘坑　2例。地上凸出和凹陷的地方。《妙》卷三："其土平正，颇梨为地，宝树庄严，无诸丘坑、沙砾、荆棘、便利之秽，宝华覆地，周遍清净。"（9/21a）

券疏　1例。记载财物状况的凭据。《妙》卷二："尔时长者于其门内施大宝帐，处师子座，眷属围绕，诸人侍卫，或有计算金银宝物，出内财产，注记券疏。"（9/18a）

濡语　1例。温暖的话语。《撰》卷五："尔时世尊为诸大众演说妙法，见目连来，先意问讯，爱语、濡语而问讯之。"（4/223b）

色貌　4例。相貌。《维》卷上："又立不思议门菩萨者，为一切人故，如佛像色貌立以立之，如缘一觉像色貌立以立之，如弟子像色貌立以立之，或如释、如梵、如转轮王像色貌立以立之，随十方语言、音声、上中下之所愿，一切以佛柔软音响而诱立之。"（14/527c）

善寂大城　1例。寂静之处。《金》卷四："善哉如来，诸根寂灭，而复游入善寂大城，无垢清净，甚深三昧，入于诸佛所行之处。"（16/357c）例中的"善寂大城"对译梵语 śāntapura[1]。

上律　1例。好的戒律。《维》卷上："上智哉，是优波离不及也，持佛上律而不能说。"（14/523a）

---

[1]　见于 suvarṇaprabhāsasūtram, p.126。

神容　1例。神妙的姿容。《撰》卷七："我于今日往到尼拘陀树下，见佛世尊，神容炳耀，如百千日。"（4/234c）

胜处　1例。美好的地方。《撰》卷六："我等今者蒙佛世尊演说妙法，信乐心生，得生胜处。"（4/234a）

石沙　1例。沙子和石子。《维》卷上："我见此中亦有杂糅，其大陆地则有黑山石沙，秽恶充满。"（14/520c）

酥蜜　1例。酥酪与蜂蜜。《撰》卷一〇："时彼城中有一婆罗门，其妇怀妊，足满十月，产一男儿，容貌弊恶，身体臭秽。饮母乳时，能使乳坏。若雇馀者，亦皆败坏。唯以酥蜜涂指令舐，得济躯命。"（4/251c）

俗缘　1例。佛教以因缘解释人事，因称尘世之事为俗缘。《撰》卷四："今此拔提比丘宿殖何福，虽复出家，常乐俗缘？"（4/221b）

娑罗花会　1例。以娑罗花为主题的聚会。《撰》卷六："时彼城中豪富长者皆共聚集，诣泉水上，作唱伎乐而自娱乐，为娑罗花会。时彼会中遣于一人诣林树间采娑罗花，作诸花鬘。"（4/229b）例中的"娑罗花会"是梵语sālabhañjikā[1]的音译加意译。

通夜　1例。整夜。《撰》卷六："时鹦鹉王见佛、比丘寂然宴坐，甚怀喜悦，通夜飞翔，绕佛、比丘，四向顾视，无诸师子、虎狼、禽兽及以盗贼触恼世尊、比丘僧不？"（4/231a-b）

威颜　2例。威严的容颜。《撰》卷四："如来世尊宿造何福，凡所食噉，能使消化，不为身内作诸患苦，今者威颜益更鲜泽？"（4/217a）

无等等阿耨多罗三藐三菩提心　1例。义待考。《妙》卷七："佛说是普门品时，众中八万四千众生皆发无等等阿耨多罗三藐三菩提心。"（9/58b）例中的"无等等阿耨多罗三藐三菩提心"是梵语asamasamā anuttarā saṁyaksaṁbodhi citta[2]的仿译加音译。

五罚世　1例。义待考。《维》卷下："如卿等言，此土菩萨于五罚世以大悲利人民，多于彼国百千劫行。"（14/532c）

---

[1]　见于avadānaśataka[I], p.302。

[2]　见于saddharmapuṇḍarīka, p.456。

五热　2例。五种苦行。《撰》卷六："（儿）愍其父母，即从天下，自变其身，作仙人形，到父母边，五热炙身。时婆罗门问仙人言：'汝今何故五热炙身？为何所求？'"（4/229a）例中的第一个"五热"是梵语pañcatapas[1]的仿译，第二个"五热"对译梵语tapas。

幰盖　1例。帷盖。《妙》卷二："其车高广，众宝庄校，周匝栏楯，四面悬铃，又于其上张设幰盖，亦以珍奇杂宝而严饰之。"（9/12c）

香水　10例。芳香的水。《撰》卷九："时净饭王闻佛来至，敕诸释等平治道路，除去不净，建立幢幡，悬诸宝铃，香水洒地，散众妙花，作诸伎乐，奉迎世尊。"（4/248c）《妙》卷二："香水洒地，散众名华，罗列宝物，出内取与。"（9/16c）《金》卷三："于净微妙鲜絜之处，种种珍宝厕填其地，上妙香水持用洒之。"（16/348c）

香烟　7例。焚香所生的烟。《撰》卷一："佛以神力令此香烟叆叇垂布，遍覆祇桓。"（4/204c）《金》卷二："如是三千大千世界所有种种香烟云盖，皆是此经威神力故。"（16/342c）

香云　①1例。焚香所生烟形成的云。《撰》卷一："时婆罗门……作如是言：'如来今者实有功德，使我所烧香气紛馥遍王舍城，并所散花当佛顶上于虚空中变成花盖。'作是誓已，香花寻至，当佛顶上变成花盖，香烟垂布，遍王舍城。尔时阿难见斯变已，前白佛言：'如此香云为从何来？'"（4/203a）②1例。香粉的微细颗粒形成的云。《撰》卷三："（婢使）取少栴檀涂佛足上，佛以神力令此香云叆叇垂布，遍王舍城。"（4/215c）

星像　1例。指星体的明暗及位置等现象。古人据以占测人事的吉凶祸福。"像"即"象"。《维》卷上："又令一切人从一毛孔见十方诸日月星像，十方阴冥皆随入门既无所害。"（14/527b-c）

凶戏　1例。危险的游戏。《妙》卷五："菩萨摩诃萨不亲近国王、王子、大臣、官长，不亲近诸外道梵志、尼揵子等及造世俗文笔、赞咏外书及路伽耶陀、逆路伽耶陀者，亦不亲近诸有凶戏、相扠、相扑及那罗等种种变现之戏。"（9/37a）

---

[1]　见于avadānaśataka[I], p.298。

悬岸　1例。陡峭之地。《撰》卷一〇："时彼山中有一鬼神作丑陋形来恐怖我，我以神力令彼行处悬岸崄岨不能得过。"（4/254a）

学堂　1例。学校。《撰》卷四："第二夫人唯有一子，聪明慈仁，孝顺父母。王甚爱念，遣诣学堂，读诵书典。"（4/222a）

妖姿　1例。艳丽的姿容。《撰》卷八："乃能化此放逸、妖姿、不信之人，使令开悟，出家得道。"（4/240b）

夜光宝　1例。夜晚能发光的宝珠。《维》卷下："又譬如人不下巨海，能举夜光宝[1]耶？如是不入尘劳事者，岂其能发一切智意？"（14/529c）

邑会　1例。聚会。《撰》卷八："与诸豪族共为邑会，日月更作。"（4/242c）

缘务　2例。佛教语。与己有缘之世间俗务。《撰》卷四："时彼城中有一长者，名曰须达……日日往诣僧坊、精舍，除扫塔寺。又于一时有诸缘务，值行不在扫彼塔寺。"（4/219b）

针綖　2例。针和线。《撰》卷六："如我今者，财富无量，虽以祇桓精舍百千金钱布施佛僧，不足为难。今若劝化贫穷、下贱减割针綖而用布施，乃名为难，复得无量无边功德。"（4/230b）

珠鬘　5例。真珠做的饰品。《撰》卷八："夫从外来，见妇头上无有珠鬘，寻即问言：'汝此珠鬘为当与谁？'"（4/241c）

柱根　2例。柱脚。《妙》卷二："譬如长者有一大宅，其宅久故，而复顿弊。堂舍高危，柱根摧朽，梁栋倾斜，基陛隤毁，墙壁圮坼，泥涂褫落，覆苫乱坠，椽梠差脱。"（9/13c）

② 指称各类抽象的概念：30个。其中，双音节形式29个，三音节形式1个。

本德　3例。本身的德行。《维》卷上："譬若幻士为幻人说法，当建是意以为说法，随人本德所应，当善见为现智，以大悲不痴妄为成大乘。"（14/522a）

唱言　8例。说出的话语。《撰》卷一〇："此儿产已，作是唱言：'今此

---

[1] 平行梵文本此处是anargha ratna（无价宝）。《梵藏汉对照〈维摩经〉》，p.306。

手者，甚为难得。'"(4/251a)《妙》卷七："其中一人作是唱言：'诸善男子勿得恐怖。汝等应当一心称观世音菩萨名号，是菩萨能以无畏施于众生，汝等若称名者，于此怨贼当得解脱。'"(9/56c)

盖障　2例。业障；烦恼。《撰》卷六："蛇闻佛语，深自剋责，盖障云除，自忆宿命作长者时所作恶业，今得是报，方于佛所深生信敬。"(4/228b)

过状　1例。过错。《撰》卷四："我于今者不见卿等有过状耶！但此国内一切民众多诸病苦，死亡者众，须得赤鱼血肉服者，病乃可差。是以我今欲舍此身，作赤鱼形，治诸民病。"(4/217b)

慧德　1例。聪明有德行。《维》卷上："法轮已转，随众人相为现慧德，在诸众为正导，以无畏而不动。"(14/519a)

劳尘　3例。世俗事务的烦恼。《维》卷下："又问：'欲度众生，当何除解？'曰：'度众生者，解其劳尘。'又问：'既解劳尘，当复何应？'曰：'已解劳尘，当应自然。'"(14/528b)

劳厄　1例。烦恼和灾难。《维》卷上："随众人行而为说法，不断分部智慧；断众劳厄诸不善法，不断分部一切德本。"(14/525a)

劳垢　1例。烦恼和污垢。《维》卷上："于六十二见而不动，于三十七品而观行，于生死劳垢而不造，在禅行如泥洹，若贤者如是坐如是立，是为明晓如来坐法。"(14/521c)

劳秽　1例。烦恼和污秽。《维》卷下："在尘劳处，为现都净，无有劳秽。"(14/529b)

梦幻　1例。梦中幻境。多喻空妄。《维》卷下："有以影响、梦幻、水月、野马晓喻文说而作佛事，有以清净、无身、无得、无言、无取而为众人作佛事。"(14/533b)

冥尘　1例。烦恼。《维》卷下："其至五无间处，能使无诤怒；至地狱处，能使除冥尘。"(14/529b)

清德　1例。高洁的品德。《维》卷上："于三界行不坏法情，是菩萨行；为空无行一切众事清德皆行，是菩萨行。"(14/526c)

染尘　1例。尘世间的烦恼。《维》卷上："欲说法者当为如法，如法者离人垢，以不我为离染尘，不有命为离生死，不处人为本末断如灭相。"

（14/521c）

人根 2例。人的根本。《维》卷上："是时维耶离大城中有长者名曰维摩诘（汉言无垢称）……善权方便博入诸道，令得所愿；人根名德生而具足，造成大道，所作事胜。"（14/520c）又同卷："欲何置此人？何以教此比丘？无乃反戾此摩尼之心？是已为下正行，又不当以不视人根而说其意也。"（14/522c）

仁意 1例。仁慈的意愿。《维》卷下："至无智处，不与同归，能使知道；在怒害处，为现仁意，不害众生。"（14/529b）

四归 2例。四种归依。《撰》卷三："今者世尊实大慈悲，敕诸比丘授我三归，脱不得死。若受四归，必死无疑，无所归仰。"（4/216c）

俗利 1例。世俗的利益。《维》卷上："所有耆旧能喜世间一切治生谐偶，虽获俗利不以喜悦，游诸四衢，普持法律。"（14/521a）

檀智 1例。义待考。《维》卷下："习在边方，不恒其行，檀智蔑人，不受不诵亦不追求。"（14/536b）

头数 2例。数量。《撰》卷八："王可诈亲，唤彼偷人，赐为大臣，一切库藏密计头数，悉委付之。"（4/244a）《金》卷四："时长者子问树神言：'此鱼头数为有几所？'树神答言：'其数具足，足满十千。'"（16/352c）

污意 1例。肮脏的想法。《维》卷上："族姓子，莫于是起污意，是为魔来娆固汝耳，非帝释也。"（14/524b-c）

五衍 1例。佛教语。谓人乘、天乘、声闻乘、缘觉乘、菩萨乘（或云佛乘）。《撰》卷六："我有六通之神足、七觉之花鬘、八圣之道分、五衍之安车，是我神足，不须汝车。"（4/231c）

邪观 1例。不正确的观察。与"正观"相对。《维》卷下："如来身为若此，为如是观。如是观者，名为正观。以他观者，犹为邪观。"（14/534c）例中的"邪观"对译梵语mithyā √dṛś[1]。

业风 1例。佛教语。谓善恶之业如风一般能使人飘转而轮回三界。《撰》卷五："彼饿鬼等皆为业风之所吹去，非汝声闻所能知见。"（4/224b）例

---

[1] 见于《梵藏汉对照〈维摩经〉》，p.442。

中的“业风”是梵语karmavāyu[1]的仿译。

义味　1例。意味和情趣。《撰》卷一：“难陀甚为窳惰，常喜睡眠，不肯行坐。然极聪慧，与众超绝，于寝卧中听采经论，无不博达其中义味。”（4/204a）

意情　1例。情意。《撰》卷八：“今我意欲与王相见，汝当为我通其意情。”（4/243a）

姻婚　1例。儿女姻亲。《撰》卷八：“王大欢喜，击鼓唱令，集诸兵众，赏赐财物，等同欢庆，求相和解，共为姻婚：‘令我二国从今以去更莫相犯，乃至子孙。’”（4/241c）

证际　1例。义待考。《维》卷上：“何谓所受亦空？谓已晓了不觉诸痛，不尽于痛以取证际，如是二者为诸痛。”（14/526a）

自然智　3例。天生的智慧。《维》卷下：“观于言语，不厌智慧；观无有主，应自然智；观无适莫，义合则行。”（14/534a）《妙》卷二：“若有众生从佛世尊闻法信受，勤修精进，求一切智、佛智、自然智、无师智、如来知见力无所畏，愍念安乐无量众生，利益天、人，度脱一切，是名大乘，菩萨求此乘，故名为摩诃萨。”（9/13b）

罪垢　1例。佛教语。指罪孽。《撰》卷五：“彼饿鬼等皆为业风之所吹去，非汝声闻所能知见。然于今者，彼诸饿鬼蒙汝设会，罪垢得除，吾自能令来诣会所。”（4/224b）

罪业　4例。佛教语。谓身、口、意三业所造之罪。亦泛指应受恶报的罪孽。《撰》卷一〇：“我若默然，为彼所杀，增其罪业，坠堕地狱，无由出期。”（4/256b）《妙》卷五：“然诸新发意菩萨于佛灭后若闻是语或不信受，而起破法罪业因缘。”（9/41c）

5. 动词：包括及物动词和不及物动词，共有177个。其中，单音节形式2个，双音节形式174个，三音节形式1个。

（1）及物动词：62个。其中，单音节形式1个，双音节形式61个。

拔济　10例。佛教语。犹济度。《撰》卷一：“我当往彼而拔济之，软语

[1]　见于avadānaśataka[I], p.258。

说法，令彼心悦。”（4/205c）《妙》卷二：“如来亦复如是，虽有力无所畏而不用之，但以智慧方便于三界火宅拔济众生。”（9/13b）《金》卷一：“我当拔济十方一切无量众生所有诸苦。”（16/337a）

办设　2例。置办。《撰》卷五：“时儿比丘闻是语已，甚怀怜愍，即便劝化，办设肴膳，请佛及僧。”（4/225b）又卷八：“后客来坐，敕彼婢言：‘办设食来。’”（4/239b）

坌散　2例。撒，散布。《撰》卷七：“时有长者见此塔地有破落处，寻和好泥用涂治之，以栴檀香坌散其上，发愿而去。”（4/235b）

逼切　9例。逼迫。《撰》卷八：“正欲道实，恐畏不是；正欲不道，复为诸女逼切使语。”（4/244a）《金》卷一：“种种苦事，逼切其身。”（16/338b）

布现　3例。开示。《维》卷下：“又汝弥勒，当利是辈诸族姓子，于是当为布现是经文。”（14/536b）

厕填　2例。诸物错杂，充填其中。《撰》卷六：“我今欲求作一国王，以金作车，众宝厕填，日月天子在我左右，使四天王步牵我车，遍四天下，不亦快乎？”（4/229a）《金》卷三：“于净微妙鲜絜之处，种种珍宝厕填其地，上妙香水持用洒之。”（16/348c）

缠绕　1例。萦绕；回旋地束缚。《撰》卷五：“尔时尊者大目揵连在一树下结跏趺坐，思惟观察，见一饿鬼：身如燋柱，腹如大山，咽如细针，发如锥刀，缠绕其身，诸支节间皆悉火然。”（4/223a）

超出　2例。超越；超过。《撰》卷四：“我于尔时故是凡夫，为母所杀及以骂辱，终无恨心，况我今者超出三界，云何不能向提婆达多生慈悲耶？”（4/222a）《妙》卷三：“佛为世间眼，久远时乃出，哀愍诸众生，故现于世间，超出成正觉，我等甚欣庆。”（9/24c）

尘染　1例。污染。《撰》卷八：“我今愚冥，都不知汝有是神变，而以污秽尘染于汝，忏悔罪咎，听汝出家。”（4/242a）

触恼　1例。冒犯。《撰》卷六：“时鸚鵡王见佛、比丘寂然宴坐，甚怀喜悦，通夜飞翔，绕佛、比丘，四向顾视，无诸师子、虎狼、禽兽及以盗贼触恼世尊、比丘僧不？”（4/231a-b）

触娆　2例。冒犯，扰乱。《撰》卷一〇：“以是业缘，五百世中受毒龙身，心常含毒，触娆众生。"（4/250b）《妙》卷二："如是展转至无数劫，从地狱出，当堕畜生，若狗、野干，其影颌瘦，黧黮疥癞，人所触娆。"（9/15c）

达到　4例。到达。《撰》卷二："于时如来遥闻众客称佛名号，与天帝释寻往到彼诸贾客所，降大甘雨，热渴得除，各怀欢喜，达到本国。"（4/209b）又卷九："我等今者蒙佛威光，脱此诸难，今若平安达到，当为佛僧造立塔寺。"（4/244b）

顶戴　①2例。敬礼。《撰》卷一〇："佛说此已，诸在会者信敬欢喜，顶戴奉行。"（4/255a）《妙》卷五："又复如来灭后，若闻是经而不毁呰，起随喜心，当知已为深信解相，何况读诵、受持之者，斯人则为顶戴如来。"（9/45b）②12例。头戴（帽子）。《撰》卷五："尔时世尊为此饿鬼种种说法，心怀惭愧，即于其夜便就命终，更受身形，堕飞行饿鬼中，顶戴天冠，著诸璎珞，庄严其身，来至比丘所。"（4/225b）

妨废　1例。妨碍。《撰》卷九："于彼法中，有诸比丘夏坐三月，在于山林坐禅行道，乞食处远，妨废行道，甚用疲劳。"（4/247a）

缝补　1例。缝制修补。《撰》卷一："时须漫那见佛世尊缝补破衣，心怀欢喜。"（4/205a）

奉觐　4例。觐见。《撰》卷六："久不奉觐，唯垂哀愍，来受我请。"（4/231c）《妙》卷三："我此弟子摩诃迦叶于未来世当得奉觐三百万亿诸佛世尊，供养、恭敬、尊重、赞叹，广宣诸佛无量大法。"（9/20b）

覆荫　①1例。覆盖。《撰》卷七："缘是功德，九十一劫不堕地狱、畜生、饿鬼，天上人中常有幡盖覆荫其上，受天快乐。"（4/238b）②1例。庇护。《撰》卷二："唯愿世尊大慈怜愍，覆荫我等疾疫病苦。"（4/209c）

干竭　2例。枯竭。《撰》卷六："自念我昔积于白骨，过于须弥；涕泣雨泪，多于巨海；干竭血肉，徒丧身命，今以得离。"（4/230b）

盖覆　1例。覆盖。《撰》卷五："时夫人出已，取辟支佛钵，于其屏处，小便钵中，以甘蔗汁盖覆钵上。"（4/222c）

管理　1例。料理。《撰》卷五："时彼国王知佛许可，寻即为佛及比丘僧造立房舍，请一比丘用作寺主，管理僧事。"（4/227c）

还达　2例。回到。《撰》卷九："时邻国王为彼所败，将诸兵众逃避退

去……寻即往彼辟支佛所，便示王水草，渴乏得解，导引其道，还达本国。”（4/249c）

毁悴　1例。使憔悴。《撰》卷八：“彼女心怀忧恼，著垢腻衣，舍诸璎珞，毁悴其形。”（4/242a）

集唤　4例。召集。《撰》卷七：“时有童子入其塔中，见此破处，和颜悦色，集唤众人，各共涂治，发愿出去。”（4/236b）

给济　1例。供给。《撰》卷二：“持此功德，愿天帝释降大甘雨，遍阎浮提，润益苗稼，给济众生。”（4/209b）

减割　1例。分割。《撰》卷六：“今若劝化贫穷、下贱减割针綖而用布施，乃名为难，复得无量无边功德。”（4/230b）

借索　1例。以借的名义索取。《金》卷四：“是时流水及其二子将二十大象从治城人借索皮囊，疾至彼河上流决处，盛水象负，驰疾奔还。”（16/352c-353a）

救摄　1例。救济。《维》卷上：“欲度人故，居维耶离矜行权道，资财无量，救摄贫民。”（14/521a）

举置　1例。安放。《维》卷上：“又能蹶取下方恒沙等刹，举置殊异无数佛土，若接颡坎安措地。”（14/527c）

开度　1例。开示度脱。《维》卷上：“彼维摩诘虽优婆塞，入深法要，其德至淳，以辩才立；……然犹复求依佛住者，欲于其中开度十方。”（14/525b）

扣打　2例。敲打。《撰》卷一：“汝今若能于精勤中少加用心，扣打此杖，所出音声甚可爱乐，闻此声已，能见地中所有伏藏。”（4/204a）

临统　1例。统治。《撰》卷九：“吾为大王，临统四域。”（4/248a）

明解　3例。明达，对事理认识透彻。《撰》卷八：“今此城中颇有能舞如我者不？明解经论，能问答不？”（4/240a）

募索　3例。寻求。《撰》卷一：“募索健儿，遍行诸国，以求策谋。”（4/207b）

排置　1例。安置。《维》卷上：“于是三千世界如佛所断，以右掌排置恒沙佛国。”（14/527b）

刨　1例。扒。《撰》卷六：“比语言之顷，恶牛卒来，翘尾低角，刨地吼

唤。”(4/232a)

乞索 ① 2例。索取。《撰》卷二:“吾今日从王乞索此一罪人,用为出家。”(4/212a)② 2例。乞讨。《撰》卷三:“尔时目连即从乞索,老母瞋恚,寻即将与。”(4/214b)又卷四:“即便化作一婆罗门,拄杖羸瘦,馀命无几,来诣宫门,从王乞索。”(4/218a)③ 1例。化缘。《撰》卷六:“彼须达长者多财饶宝,无所乏少,乃能见于地中伏藏。今何所乏,乃复从人而行乞索?”(4/230c)

忍受 5例。勉强承受。《撰》卷四:“我今于此少许饥渴不能忍受,况于来世,无量世中为众生故,忍受诸苦,饥渴寒热。”(4/217c)《妙》卷四:“如此轻慢言,皆当忍受之。”(9/36c)

洒散 2例。散布。《撰》卷五:“于时其儿不在家中,其母但以饮食、浆水洒散弃地。”(4/225a)《金》卷二:“若有人能称金光明微妙经典,为我供养诸佛世尊,三称我名烧香供养,供养佛已,别以香华、种种美味供施于我,洒散诸方,当知是人即能聚集资财、宝物。”(16/345a)

赏募 3例。悬赏招募。《撰》卷一:“吾今所以战斗获胜,由彼长者资我珍宝,赏募将士,今得胜耳。”(4/207c)

绍嗣 1例。继承。《撰》卷九:“时彼王子年渐长大,其王崩背,绍嗣王位。”(4/247c)

竖立 2例。树立;建树。《维》卷下:“惟愿如来加哀竖立,令我得降魔怨,取佛正法。”(14/536a)《金》卷一:“我今摧伏一切怨结,竖立第一微妙法幢,度诸众生于生死海,永断三恶无量苦恼。”(16/340b-c)

送与 6例。送给。《撰》卷一〇:“作是议已,即便庄严孙陀利,著诸璎珞、上妙服饰,往送与王。”(4/256c)

弹鼓 3例。用手指拨弄琴弦。《撰》卷二:“时善爱王即便自取一弦之琴而弹鼓之,能令出于七种音声,声有二十一解。弹鼓合节,甚可听闻……尔时如来复取般遮尸弃琉璃之琴,弹鼓一弦,能令出于数千万种。”(4/211b)

调化 1例。降伏,教化。《撰》卷六:“时频婆娑罗王及诸臣民闻佛世尊调化毒蛇盛钵中来,合国人民皆共往看。”(4/228b)

调正 1例。改变原有情况,使之适合标准。《维》卷上:“菩萨忍辱为

国故，于佛国得道，有三十二相而自严饰，以其忍行调正人民生于佛土。”（14/520a）

涂治　3例。涂抹，整治。《撰》卷一〇：“若蒙所愿，愿赐一子，当以金银庄校天身及以名香涂治神屋。如其无验，当坏此庙，屎涂汝身。”（4/254a）

降弃　1例。降伏，弃舍。《维》卷上：“兴隆三宝，能使不绝；皆已降弃魔行仇怨，一切所化莫不信解。”（14/519a）

宣护　1例。宣扬，保护。《妙》卷四：“今此富楼那于昔千亿佛勤修所行道，宣护诸佛法。”（9/28a）

训化　1例。教化，训诲。《维》卷下：“修治佛土净，训化诸群生。”（14/530a）

厌离　5例。厌恶离弃。《撰》卷一〇：“尔时众会闻佛所说，各各自护身口意业，厌离生死。”（4/251a）《妙》卷六：“世皆不牢固，如水沫泡焰，汝等咸应当疾生厌离心。”（9/47b）

宴坐　7例。佛教指坐禅。《撰》卷六：“时鹦鹉王见佛、比丘寂然宴坐，甚怀喜悦。”（4/231a）《维》卷上：“忆念我昔常宴坐他树下。”（14/521c）例中的“宴坐”对译梵语pratisaṁlīna[1]。

忆望　1例。盼望。《撰》卷三：“其妇少壮，容貌可观，忆望其夫，昼夜愁念，速得还家。”（4/214a）

营理　3例。料理。《撰》卷九：“汝今取此金钱、宝物营理肴膳，请佛及僧。”（4/245b）

佑化　1例。保佑，教化。《维》卷下：“佑化诸人物，于幻法不殆。”（14/530b）

浴洗　1例。洗澡。《撰》卷二：“于其城内复造浴池，浴洗佛僧，发大誓愿。”（4/209b）

遇到　1例。碰到。《妙》卷二：“尔时穷子佣赁展转遇到父舍，住立门侧。”（9/16c）

造诣　1例。到达。《撰》卷五：“时有比丘著衣持钵，造诣其家，从其乞

---

[1] 见于《梵藏汉对照〈维摩经〉》，p.76。

食。”（4/223a）

周惠 1例。给予财物。《维》卷下：“周惠诸贫民，资财无有极，因厥所布施，劝励起道德。”（14/530c）

周竟 1例。圆满。《维》卷下：“此三句者，其义甚广，使吾以劫之寿未能周竟三千大千申畅其义。”（14/533c）

捉持 2例。持。《撰》卷四：“时莲华王捉持香花，寻上高楼，四方作礼，发大誓愿。”（4/217b）《金》卷四：“是时大地六种震动，日无精光，如罗睺罗、阿修罗王捉持障蔽。”（16/354c）

走诣 1例。趣向。《撰》卷三：“比丘解放，走诣佛所。”（4/216c）

作唱 2例。演唱。《撰》卷八：“我诸伎女作唱音乐，共侍卫汝，汝实尔不？”（4/243c）

（2）不及物动词：115个。其中，单音节形式1个，双音节形式113个，三音节形式1个。

般泥曰 2例。佛教语。灭度。《维》卷下：“遂于世尊般泥曰后以智慧力至满十劫，药王如来所转法施随而分布。”（14/536a）例中的“般泥曰”是梵语parinirvṛta[1]的音译之略。

抱取 2例。抱。《撰》卷三：“时守池人以状白王，甚怀欢喜，将其后妃往到园中，见此小儿，喜不自胜，欲前抱取。”（4/213b）又卷八：“尔时父母闻女说偈，喜不自胜，寻前抱取，乳哺养育。”（4/239a）

抱捉 2例。抱。《撰》卷四：“时王夫人及诸群臣寻来抱捉，谏喻太子，晓婆罗门。”（4/220a）又同卷：“时彼仙人即前抱捉，无常之命已就后世。”（4/221c）

背丧 1例。去世。《妙》卷五：“是时诸子闻父背丧，心大忧恼。”（9/43a）

坌污 1例。弄脏。《撰》卷六：“此塔乃是大王所造，今者坌污，无人扫洒。我今此身分受刑戮，扫洒彼塔，香花、灯明而供养之。”（4/230a）

崩背 1例。指帝王去世。《撰》卷九：“时彼王子年渐长大，其王崩背，绍嗣王位。”（4/247c）

---

[1] 见于《梵藏汉对照〈维摩经〉》，p.472。

搏唰　1例。攫取。《撰》卷一〇："于第五日，大目揵连复为取食。还归所止，道中复为金翅鸟王见为搏唰，合钵持去，置大海中。"（4/252a）

差脱　1例。脱落。《妙》卷二："譬如长者有一大宅，其宅久故，而复顿弊。堂舍高危，柱根摧朽，梁栋倾斜，基陛隤毁，墙壁圮坼，泥涂褫落，覆苫乱坠，椽梠差脱。"（9/13c）

谄曲　4例。曲意逢迎。《撰》卷六："时彼城中有一长者，名曰贤面，财宝无量，不可称计，多诸谄曲，悭贪嫉妬。"（4/228a）《妙》卷四："是娑婆国中，人多弊恶，怀增上慢，功德浅薄，瞋浊谄曲，心不实故。"（9/36a）

忏　1例。忏悔。《撰》卷一〇："时辟支佛受其忏已，设诸肴膳，请辟支佛，发愿而去。"（4/256b）

颤掉　1例。抖动，摇动。《金》卷三："我父长者虽善医方能救诸苦，方便巧知四大增损，年已衰迈老耄枯悴，皮缓面皱羸瘦颤掉，行来往反要因几杖，困顿疲乏不能至彼城邑聚落。"（16/351c）

唱言　16例。大声叫喊。《撰》卷一〇："以是业缘，五百世中受是果报，是故唱言：'今此手者，甚为难得。'"（4/251b）《妙》卷六："说是语时，众人或以杖木瓦石而打掷之，避走远住，犹高声唱言：'我不敢轻于汝等。'"（9/50c-51a）

超世　1例。谓杰出不凡、异乎寻常。《撰》卷八："欲知尔时彼长者女毁呰辟支佛故，于后生处常受丑形，后见神变，向其悔过，故今得端政，超世奇特，无有及者。"（4/243b）

朝跪　1例。臣属跪拜帝王。《撰》卷九："却后七日，将诸侍从，仰卿来至，达吾国土，朝跪问讯。若不尔者，吾当往彼诛汝五族，使令灭尽。"（4/248a）

承揽　1例。执持。《妙》卷三："日光掩蔽，地上清凉；叆叇垂布，如可承揽。"（9/19c）

痴妄　2例。痴心妄想。《维》卷上："譬若幻士为幻人说法，当建是意以为说法，随人本德所应，当善见为现智，以大悲不痴妄为成大乘。"（14/522a）

驰疾　1例。快跑。《金》卷四："是时流水及其二子将二十大象从治城人借索皮囊，疾至彼河上流决处，盛水象负，驰疾奔还。"（16/352c-353a）

充洽 1例。周遍。《妙》卷三:“其雨普等,四方俱下,流澍无量,率土充洽。”(9/19c)

愁念 1例。忧愁,思念。《撰》卷三:“其妇少壮,容貌可观,忆望其夫,昼夜愁念,速得还家。”(4/214a)

愁热 1例。因忧愁而身体发热。《金》卷一:“若我百劫所作众恶,以是因缘,生大忧苦,贫穷困乏,愁热惊惧,怖畏恶业,心常怯劣,在在处处,暂无欢乐。”(16/337b)

詶对 2例。应对。《撰》卷八:“时有舞师夫妇二人从南方来,将一美女,字青莲华,端政殊妙,世所希有,聪明智慧,难可詶对,妇人所有六十四艺皆悉备知。”(4/240a)又卷一〇:“舍利弗端政殊特,聪明黠慧,博达诸论,难可詶对。”(4/255a-b)

除降 1例。疾病痊愈。《撰》卷二:“时那罗聚落多诸疫鬼,杀害民众,各竞求请塞天善神,悕望疫病渐得除降。”(4/209c)

疮胗 1例。生溃疡。《妙》卷六:“唇不下垂,亦不褰缩,不麁涩,不疮胗,亦不缺坏,亦不喎斜,不厚不大,亦不黧黑,无诸可恶。”(9/47a)

垂布 6例。悬挂。《撰》卷一:“佛以神力令此香烟叆叇垂布,遍覆祇桓。”(4/204c)《妙》卷三:“日光掩蔽,地上清凉;叆叇垂布,如可承揽。”(9/19c)《金》卷一:“有妙香气过诸天香,烟云垂布,遍满其室。”(16/335c)

打染 1例。染衣服。《撰》卷四:“时诸比丘安居欲竟,自恣时到,春秋二时常来集会,听佛说法,其中或有浣衣、薰钵、打染、缝治,如是各各皆有所营。”(4/218a)

嚪行 1例。义待考。《撰》卷五:“时彼父母及诸亲族见其如是,恶不欲见,駈令远舍,使不得近。即便嚪行,求索粪屎,用为甘饍。”(4/227a)

堕胎 1例。胎儿堕落;流产。《撰》卷五:“其大夫人见其有妊,便生嫉妬,密与毒药,令彼堕胎。”(4/226c)

贩买 2例。购买,买进。《撰》卷二:“时彼城中有五百贾客往诣他邦,贩买求利。”(4/209a)又卷五:“我先父以来贩买治生,用成家业,我今不宜学是法耶。”(4/224c)

缝治 1例。缝制。《撰》卷四:“时诸比丘安居欲竟,自恣时到,春秋二

时常来集会，听佛说法，其中或有浣衣、薰钵、打染、缝治，如是各各皆有所营。”（4/218a）

奉拜　1例。信奉，礼拜。《撰》卷一：“佛便为王种种说法，即于佛所深生信敬，舍事天神，心不奉拜。”（4/206a）

伏首　1例。承认错误。《撰》卷三：“今者考我，彻于心骨，痛不可言。若不伏首，授我四归，必定交死。”（4/216c）

观睹　1例。观看。《撰》卷八：“时彼五人……观睹已竟，牢闭门户，还系户钩彼人带头本处。”（4/243a）

观看　16例。观赏。《撰》卷四：“时王太子字曰善生，将诸亲友游戏观看。”（4/220c）《金》卷四：“是三王子于诸园林游戏观看。”（16/354a）

规略　1例。规划谋略。《撰》卷八：“时波斯匿王如臣所道，设计规略。”（4/244a）

号嗥　2例。大声哭泣。《撰》卷六：“园子还归，入其园中，号嗥涕泣，不能自制。”（4/233b）又卷一〇：“时诸亲属闻儿语已，号嗥涕哭，悲不能答。”（4/250c）

涸竭　2例。枯竭。《撰》卷五：“尔时尊者大目揵连在一树下见一饿鬼：……诸支节间皆悉火然，渴乏欲死，唇口乾燋，往趣河泉，水为涸竭。”（4/223b）又卷九：“取瓶行水，水尽涸竭。”（4/246c）

护安　1例。保护安全。《维》卷下：“如来身色威相性大戒定慧解度知见事，力无所畏及佛法慈悲护安，受行寿量说法度人，是故名为等正觉。”（14/533c）

护养　1例。护理将养。《维》卷下：“劫中有疾疫，为之设医药，勤恤护养安，除病消诸毒。”（14/530b）

化灭　1例。通过幻化而消失。《撰》卷八：“佛渐现面，女便见之，心怀欢喜，面复端政，恶相麤皮自然化灭。”（4/243a）

怀戢　1例。心中存有。《维》卷下：“处处入义而依于经不习非义，以所怀戢而依于法不用人所见，得诸法无受入无处所。”（14/536a）

还回　1例。返回。《撰》卷一：“时彼城中有一商主，将五百贾客共入大海，船破还回。”（4/204b）

浣染 1例。洗染。《撰》卷八:"白净年渐长大,衣亦随大,鲜白净洁,不烦浣染。"(4/239b)

晖曜 9例。照耀;闪耀。《撰》卷七:"宝盖年渐长大,与诸亲友出城游戏,渐次往到尼拘陀树下,见佛世尊三十二相、八十种好,光明晖曜,如百千日。"(4/236b)《金》卷二:"佛月清净,满足庄严;佛日晖曜,放千光明。"(16/344a)字形又作"晖耀",1例。光彩照人。《撰》卷八:"彼人妇者,倘能端政,颜色晖耀,或能极丑,不中显现,是以彼人不将妇来。"(4/242c)

济乏 2例。救助穷人。《撰》卷四:"时尸毘王常好惠施,赈给济乏,于诸财宝、头目、髓脑来有乞者,终不悋惜。"(4/218b)《维》卷下:"此室其中有四大藏,众宝积满,周穷济乏,求得无尽,是为六未曾有。"(14/529a)

齰嚛 1例。撕咬。《撰》卷一〇:"于第四日,阿难复更为其取食。还归所止,道逢恶狗,所为齰嚛,饮食弃地,空钵而还。"(4/252a)

加报 1例。回答。《维》卷上:"时,我,世尊,闻是法默而止,不能加报,故我不任诣彼问疾。"(14/521c)

奸鬭 1例。争斗。《金》卷三:"若有恶事,纵而不问,不治其罪,不以正教,舍远善法,增长恶趣,故使国中多诸奸鬭,三十三天各生瞋恨。"(16/347a-b)

奸淫 1例。男女间非法的性行为。《撰》卷一〇:"彼人之罪不至深重,何以害之?虽和其音而不见形,既不交通、奸淫之事,幸愿垂怜,原其生命。"(4/254c)

建行 1例。建立,施行。《维》卷下:"如彼所言,皆各建行,于一切法如无所取。"(14/531c-532a)

鉴达 1例。通晓。《撰》卷八:"时彼城中有一婆罗门,名曰梵摩,多闻辩才,明解经论,四韦陀典无不鉴达。"(4/239c)

降愈 1例。痊愈。《撰》卷二:"如是数跪,病无降愈。"(4/209c)

尽耗 2例。耗费。《维》卷上:"夫一菩萨以道开导百千菩萨,其道意者终不尽耗而复增益,于是功德不以导彼彼故而有尽耗,是故名曰无尽常开法门。"(14/525a)

开敷 ① 5例。(花朵)开放。《撰》卷三:"时王园中有一池水,生好莲花。其花开敷,有一小儿,结跏趺坐。"(4/213b)《妙》卷一:"为供舍利,严饰塔庙，国界自然殊特妙好，如天树王，其华开敷。”（9/3b）《金》卷一：“其目修广，清净无垢，如青莲华，映水开敷。”（16/339a）② 1例。裂开。《撰》卷七：“七日头到，肉团开敷，有百男儿端政殊特，世所希有。”（4/237b）

考打　2例。拷打。《撰》卷四：“比丘出外，捉杖考打……种种呵责，复更考打。”（4/216c）

苦谏　1例。苦心竭力地规劝。《维》卷下：“如是难化诪张之人，为以一切苦谏之言乃得入律。”（14/532c）

溃烂　1例。伤口或发生溃疡的组织由于病菌的感染而化脓。《撰》卷一〇：“疮皆溃烂，脓血横流，常患疼痛。”（4/253a）

立住　2例。站立。《撰》卷八：“今有佛僧在其门外乞食立住，我持此食用布施尽。”（4/239b）

漏脱　1例。遗漏；脱落。《撰》卷一〇：“然彼阿难受持如来八万四千诸法藏门未曾漏脱，今故为此梨军支比丘取其饮食，忽然不忆，空钵而还。”（4/252a）

眠目　1例。闭上眼睛。《撰》卷一〇：“时须菩提用山神语，眠目须臾，不觉自然在祇桓中。”（4/250a）

眠眼　1例。闭上眼睛。《撰》卷一〇：“汝但眠眼，我自将汝至世尊所。”（4/250a）

恼急　1例。发怒。《妙》卷二：“毒蛇、蚖蝮及诸夜叉、鸠槃茶鬼、野干、狐、狗、雕鹫、鸱枭、百足之属，饥渴恼急，甚可怖畏。”（9/14b）

怒害　2例。发怒而危害他人。《维》卷下：“至无智处，不与同归，能使知道；在怒害处，为现仁意，不害众生。”（14/529b）

喷洒　1例。喷射散落。《金》卷四：“所将侍从睹见是事，亦生悲恸，失声号哭，互以冷水共相喷洒，然后苏息而复得起。”（16/355b）

疲厌　5例。厌倦。《撰》卷四：“尔时世尊大悲熏心，以一切种智所得无上甘露妙法广为天人八部之众于其长夜常为说法，无有疲厌，不生懈惓。”（4/218c）《维》卷下：“阿难，汝起疲厌之意，于弟子中为最多闻，比诸菩萨未有见焉。”（14/533c）《妙》卷三：“去来坐立，终不疲厌。”（9/20a）《金》卷三：“如是等事悉令具足，心无疲厌，身受诸乐，心得欢喜。”（16/346c）

圮坼　1例。毁坏,裂开。《妙》卷二:"譬如长者有一大宅,其宅久故,而复顿弊。堂舍高危,柱根摧朽,梁栋倾斜,基陛隤毁,墙壁圮坼,泥涂褫落,覆苫乱坠,椽梠差脱。"(9/13c)

破落　2例。残破;破败衰落。《撰》卷七:"时有长者见此塔地有破落处,寻和好泥用涂治之。"(4/235b)

欺伪　1例。欺骗,虚伪。《维》卷下:"诚不诚为二,诚见者不见诚,奚欺伪之能见?"(14/531c)

牵捉　1例。捉住。《撰》卷一〇:"寻即牵捉,闭著室中。"(4/251a)

囚禁　1例。关押,拘禁。《妙》卷七:"或囚禁枷锁,手足被杻械,念彼观音力,释然得解脱。"(9/57c-58a)

纴针　2例。穿针。《撰》卷四:"尸婆年老目瞑,坐地缝衣,不见纴针,作是唱言:'谁贪福德,为我纴针?'"(4/218a)

设计　6例。设下计谋。《撰》卷八:"当更设计,策谋偷人。"(4/244a)

射戏　2例。通过射箭来角逐胜负的一种游戏。《撰》卷三:"波斯匿王将诸群臣游猎射戏,驰逐群鹿。"(4/214c)

涉路　4例。进路。《撰》卷九:"时有一人贫穷饥饿,涉路而行。"(4/249a)

施伐　2例。砍伐。《撰》卷六:"父答子曰:'吾家堂柱,我见有光。汝为施伐,试破共看,倘有异物。'于是大臣随其父教,寻为施伐,取破看之,得经二卷。"(4/233c)

疏缺　1例。稀少,缺少。《撰》卷八:"尔时世尊见其如是,即以神力变此舞女如百岁老母,发白面皱,牙齿疏缺,俯偻而行。"(4/240b)字形又作"踈缺"。1例。《妙》卷七:"若有轻笑之者,当世世牙齿踈缺,丑唇平鼻。"(9/62a)

率合　1例。率领。《撰》卷八:"时彼城中豪富长者各相率合,设大节会,作诸伎乐而自娱乐。"(4/240a)

顺忍　1例。顺从,忍耐。《维》卷下:"太子善宿从药王佛闻法供养便得顺忍,即解宝衣以覆佛上。"(14/536a)

死去　1例。死。《撰》卷六:"我唯一子,舍我死去。"(4/229a)

送来 1例。递送。《撰》卷六："为我求索八关斋文，送来与我。"（4/233b）

随喜 26例。佛教语。谓见到他人行善而生欢喜之意。《撰》卷九："时有长者见其竖栿，心生随喜，持一金钱安置栿下，发愿而去。"（4/245c）《妙》卷四："如是等类咸于佛前闻《妙法华经》一偈一句，乃至一念随喜者，我皆与授记，当得阿耨多罗三藐三菩提。"（9/30c）例中的"随喜"是梵语abhi-anu-√mud[1]的仿译。《金》卷一："我今以此随喜功德及身口意所作善业，愿于来世成无上道，得净无垢吉祥果报。"（16/338c）例中的"随喜"是梵语abhi-anumodana[2]的仿译。

索取 1例。讨取。《撰》卷三："值彼贼人见是比丘持氎来至，便从索取，比丘即与。"（4/216b-c）

弹扣 1例。拉弓。《撰》卷九："化王还索，以指弹扣，声震三千大千世界，皆悉震动。"（4/248b）

涕哭 8例。哭泣。《撰》卷四："太子求法懊恼，了不能得，是以涕哭。"（4/219c）

跳踯 1例。上下跳跃。《撰》卷六："比语言之顷，恶牛卒来，翘尾低角，刨地吼唤，跳踯直前。"（4/232a）

亡没 1例。死亡。《撰》卷五："我亡没后，随汝意去。"（4/225a）

舞戏 2例。跳舞戏乐。《撰》卷二："弹鼓合节，甚可听闻，能令众人欢娱舞戏，昏迷放逸，不能自持。"（4/211b）《妙》卷五："是善男子、善女人受持、读诵是经典者……华香、璎珞、末香、涂香、烧香、众鼓伎乐、箫、笛、箜篌、种种舞戏，以妙音声歌呗、赞颂，则为于无量千万亿劫作是供养已。"（9/45b-c）

显现 1例。显露；呈现。《撰》卷八："彼人妇者，倘能端政，颜色晖耀，或能极丑，不中显现，是以彼人不将妇来。"（4/242c）

降调 1例。降伏，调伏。《维》卷下："乐法以为妻，悲慈为男女，奉谛以降调，居则思空义。"（14/530a）

欣庆 7例。欢悦庆幸。《撰》卷六："佛即为其种种说法，心开意解，破

---

[1] 见于saddharmapuṇḍarīka, p.224。

[2] 见于suvarṇaprabhāsasūtram, p.22。

二十亿邪见业障，得须陀洹果，心怀欣庆。”（4/229c）《妙》卷二：“其两足圣尊，最胜无伦匹，彼即是汝身，宜应自欣庆。”（9/12a）

惺悟　1例。清醒。《撰》卷一：“心即惺悟，喜不自胜，五体投地，归命于佛。”（4/205c）

休济　1例。休息。《维》卷下：“劫中若兵起，已为作慈利；化之以不诤，兆民得休济。”（14/530b）

修福　2例。行善积德，以求来世及子孙之福。《撰》卷六：“今彼长者实无所乏，为怜愍故，劝化众人，欲共修福，请佛及僧。”（4/230c）《妙》卷三：“欲乐及修福、宿命所行业，世尊悉知已，当转无上轮。”（9/23a）

雅步　1例。从容安闲地行走。《撰》卷一：“尔时长者……见佛世尊三十二相、八十种好，光明晖曜，如百千日，安详雅步，威仪可观。”（4/203b）

演敷　1例。陈述，讲解。《撰》卷六：“不审世尊，过去世时，其事云何？唯愿世尊演敷解说。”（4/229b）

怡解　1例。义待考。《金》卷二：“我从昔来未曾得闻如是微妙寂灭之法，我闻是已，心生悲喜，涕泪交流，举身战动，肢节怡解，复得无量不可思议具足妙乐。”（16/344c）

引伏　1例。认罪，服罪。《撰》卷三：“贼作念言：‘今者考我，彻于心骨，痛不可言。若不伏首，授我四归，必定交死。’作是念已，即便引伏。”（4/216c）

引负　1例。义待考。《撰》卷一〇：“尔时梵志心怀惶怖，流污拔垢，无所归趣，即自引负，寄颜无所，便于佛前心怀敬伏，求索出家，为佛弟子。”（4/256a）

引挽　1例。拉弓。《撰》卷九：“化王还取，以指张弓，复还持与，语令引挽，殊不动弦。”（4/248b）

营务　1例。经营，从事。《撰》卷六：“时彼城中有一婆罗门，其所营务，耕田为业。”（4/228c）

佣力　1例。谓受雇出卖劳力。《妙》卷二：“此或是王，或是王等，非我佣力得物之处。”（9/16c）

踊悦　2例。喜悦。《撰》卷八：“佛便为说种种法要，心开意解，得须陀

洹果，心怀踊悦，与世无比。”（4/243a）《金》卷三：“寻复踊悦，心意熙怡。”（16/349a）

佑除　1例。保佑，除去。《维》卷上：“然其于众人亦为他人想，若贤者为他人想如彼者则非佑除也，其施贤者为还众魔共一手作众劳侣，于一切人若影想者，其住如谤诸佛毁诸经，不依众经不得灭度矣。”（14/522b）

远彻　2例。响彻远方。《撰》卷一：“名声远彻，三达遐鉴，名婆伽婆。”（4/203a）

怨祷　1例。埋怨，祷告。《撰》卷八：“时王怨祷，无以为计。”（4/243c）

殒死　1例。死。《撰》卷五：“当生之时，荒闷殒死，支节解散，极为饥渴之所逼切，随生随啾，终无饱足。”（4/226b）

债索　3例。讨债。《撰》卷四：“时辅相子负彼戏人五百金钱，寻从债索，不肯偿之。”（4/220c）

瞻待　1例。招待。《撰》卷一〇：“王今来者，用何瞻待？不如先送。”（4/256c）

长益　1例。促进，增益。《维》卷上：“如贤者食所乞与者，为非无福亦非大福，为非耗减亦非长益，是为正依佛道不依弟子之道。”（14/522a）

征罚　1例。讨伐。《撰》卷四：“人民炽盛，丰乐无极，无诸兵甲，不相征罚。”（4/217a）

诤竞　5例。竞争；争论。诤，通“争”。《撰》卷五：“其土丰乐，人民炽盛，无有兵甲共相诤竞。”（4/223a）《妙》卷五：“又亦不应戏论诸法有所诤竞，当于一切众生起大悲想。”（9/38b）

诤怒　1例。斗争。《维》卷下：“其至五无间处，能使无诤怒；至地狱处，能使除冥尘。”（14/529b）

执劳　1例。操劳。《维》卷上：“此本为如来意，欲为劳人执劳，恶意已解意得依者，亦不内不外不从两间得，如其意然。”（14/523a）

周讫　16例。结束。《撰》卷四：“时迦叶佛化缘周讫，迁神涅槃。”（4/221a）又卷七：“毘婆尸教化周讫，迁神涅槃。”（4/234c）

谘禀　2例。请教。《撰》卷二：“聚集百千诸婆罗门共立峻制，不听往至诣瞿昙所谘禀所受。”（4/210c）《金》卷三：“我今当至大医父所谘问治病医

方秘法，谘禀知已，当至城邑、聚落、村舍治诸众生种种重病，悉令得脱无量诸苦。”（16/351c）

谘启　1例。请教。《撰》卷八：“耆旧、长宿皆来谘启，无不通达。”（4/239c）

6. 形容词：包括性质形容词和状态形容词，共有45个，全部是双音节形式。

（1）性质形容词：40个，全部是双音节形式。

悲慈　1例。慈悲。《维》卷下：“乐法以为妻，悲慈为男女，奉谛以降调，居则思空义。”（14/530a）

弊垢　1例。又破又脏。《妙》卷二：“于是长者著弊垢衣，执除粪器，往到子所。”（9/18a）

瞋妬　1例。嫉妒。《撰》卷一〇：“王闻其声，便生瞋妬，遣人捕来，敕使杀之。”（4/254c）

充洁　1例。丰满而干净。《妙》卷二：“驾以白牛，肤色充洁，形体姝好，有大筋力。”（9/12c）

垂怜　1例。怜悯。《撰》卷一〇：“彼人之罪不至深重，何以害之？虽和其音而不见形，既不交通、奸淫之事，幸愿垂怜，原其生命。”（4/254c）

麤强　2例。粗硬。《撰》卷八：“头发麤强，犹如马尾。”（4/242b）又同卷：“复造何业，受丑陋形，皮毛麤强，剧于畜生？”（4/243b）

麤澀　1例。粗糙，不细润。《撰》卷八：“身体麤澀，犹如蛇皮。”（4/242b）“麤澀”又写作“麁澀”。2例。《妙》卷六：“唇不下垂，亦不褰缩，不麁澀，不疮胗，亦不缺坏，亦不㖞斜。”（9/47a）《金》卷一：“其味苦毒，最为麁澀。”（16/337c-338a）

乏短　2例。欠缺。《撰》卷八：“王出财物，随其所须，供给女壻，使无乏短。”（4/242c）《妙》卷四：“汝今可以此宝贸易所须，常可如意，无所乏短。”（9/29a）

肥壮　3例。肥大而壮实。《撰》卷七：“其妇怀妊，足满十月，生一男儿，骨节麤大，肥壮大力。”（4/235c）《妙》卷二：“有大白牛，肥壮多力，形体姝好。”（9/14c）

干燋　2例。干燥。《撰》卷五："尔时尊者大目揵连在一树下见一饿鬼：……诸支节间皆悉火然，渴乏欲死，唇口干燋。"（4/223b）又同卷："有一饿鬼，其口干燋，饥渴热恼。"（4/225a）

好净　1例。美好洁净。《维》卷上："本所不见本所不闻，今佛国土好净悉现。"（14/520c）

厚煖　1例。厚实暖和。《妙》卷二："既益汝价，并涂足油，饮食充足，荐席厚煖。"（9/18a）

荒闷　1例。身体虚弱，气血不畅。《撰》卷五："当生之时，荒闷殒死，支节解散，极为饥渴之所逼切，随生随噉，终无饱足。"（4/226b）

惶荒　1例。恐惧。《维》卷下："观于惶荒，不荒福德；观夫虚无，不虚正智。"（14/534a）

急厄　1例。危急。《撰》卷四："今此须拔陀五百人等宿殖何福，佛垂涅槃急厄之中得蒙济度？"（4/220c）

嫉慢　1例。嫉妒，傲慢。《维》卷上："言以柔软，不别眷属，恒与善俱，无有嫉慢，除忿怒意。"（14/520b）

矜伤　1例。怜悯忧伤。《撰》卷四："大悲愍众生，矜伤为雨泪。"（4/220a）

惊疑　6例。惊讶疑惑。《维》卷下："所未闻经，闻之惊疑，不作劝助，专增为乱。"（14/536b）《妙》卷四："若有菩萨闻是《法华经》惊疑怖畏，当知是为新发意菩萨。若声闻人闻是经惊疑怖畏，当知是为增上慢者。"（9/31c）

净好　5例。洁净，美好。《维》卷上："应时彼佛须弥灯王如来遣三万二千师子座，高广净好，昔所希见。"（14/527a）《金》卷二："以香泥涂地，烧微妙香，敷净好座，以种种华香布散其地以待于我。"（16/345b）

净软　1例。洁净柔软。《金》卷一："手足净软，敬爱无厌。"（16/339b）

贫剧　1例。贫穷，困苦。《撰》卷六："我畏来世遂更贫剧，以是之故，持用布施。"（4/230c）

奇快　1例。奇特而迅速。《维》卷下："总持为苑囿，觉华甚奇快。"（14/530a）

深邃　1例。精深；深奥。《维》卷下："法供养者，如佛所说众经奥藏深

邃之言，诸世所归，非为难受难见之辈。”（14/535c）

贪贫　1例。贪婪而又贫穷。《维》卷上：“但为佛兴于五浊之世故，以是像开解一切贪贫之行。”（14/523c）

痛畏　1例。痛苦和畏惧。《维》卷上：“是身无常，为无强，为无力，为无坚，为苦，为老，为病，为多痛畏。”（14/521a-b）

窊曲　1例。卷缩。《妙》卷六：“面色不黑，亦不狭长，亦不窊曲，无有一切不可喜相。”（9/47a）

婉妙　1例。美好；美妙。《撰》卷二：“其声婉妙，清彻可爱。”（4/211b）

尪弱　1例。瘦弱；衰弱。《撰》卷五：“羸瘦尪弱，气力乏少。”（4/226b）

遐鉴　1例。深刻。《撰》卷一：“名声远彻，三达遐鉴，名婆伽婆。”（4/203a）

鲜白　5例。鲜明洁白。《撰》卷八：“年渐长大，衣亦随大，鲜白净洁，不烦浣染。”（4/239b）《妙》卷五：“读是经者，常无忧恼，又无病痛，颜色鲜白。”（9/39b）《金》卷二：“是人当于自所住处，应净扫洒，洗浴其身，著鲜白衣，妙香涂身。”（16/345b）

贤柔　6例。贤明柔顺。《撰》卷九：“宝手年渐长大，禀性贤柔，慈心孝顺，好喜惠施。”（4/245b）

详序　7例。安详肃穆。《撰》卷九：“时彼王子……见佛世尊三十二相、八十种好，光明普曜如百千日，威仪详序，甚可爱乐。”（4/249b）

斜戾　1例。歪斜不正。《金》卷三：“百草、树木生长端直，其体柔软，无有斜戾。”（16/350c）

悬险　2例。险峻。《金》卷四：“尔时复有诸馀恶人为捕此鱼故，于上流悬险之处决弃其水，不令下过；然其决处悬险难补，计当修治，经九十日，百千人功犹不能成，况我一身？”（16/352c）

厌恶　13例。讨厌，憎恶。《撰》卷六：“由见佛故，生信敬心，厌恶蛇身，得来生此，受天快乐。”（4/228b）又同卷：“佛说是水牛缘时，各各自护身、口、意业，厌恶生死。”（4/232c）

阴冥　1例。阴暗。《维》卷上：“又令一切人从一毛孔见十方诸日月星像，十方阴冥皆随入门既无所害。”（14/527b-c）

殷重 4例。恳切深厚。《撰》卷一："彼须摩者，以殷重心施我綖故，于未来世当得作佛。"（4/205b）《金》卷三："既闻法已，于是经中净心殷重如说修行。"（16/351b）

引伏 1例。服气，佩服。《撰》卷二："时善爱王闻是声已，叹未曾有，自鄙惭愧先所弹琴所出音声，即便引伏，长跪叉手，请为大师，更谘琴法。"（4/211b）

怨嫉 2例。不满，怨恨。《撰》卷一："我于彼王长夜之中初无怨嫉，而彼于我返生怨雠。"（4/207c）《妙》卷四："而此经者，如来现在犹多怨嫉，况灭度后。"（9/31b）

慞惶 3例。忙乱，慌张。《撰》卷四："尔时释提桓因……饥饿慞惶，甚可怖畏，来诣宫门。"（4/219a）《妙》卷二："由是群狗竞来搏撮，饥羸慞惶，处处求食。"（9/13c-14a）《金》卷四："诸人尔时慞惶如是，而复悲号，哀动神祇。"（16/355c）

（2）状态形容词：5个，全部是双音节形式。

馝馚 1例。香气浓郁貌。《金》卷三："园苑丛林，其华开敷，香气馝馚，充溢弥满。"（16/350c）

佷戾 1例。凶狠而乖张。《撰》卷一〇："汝等佷戾，状似毒龙。"（4/250b）

狂醉 1例。大醉。《撰》卷二："时诸人民闻其弹琴，作乐歌舞，欢娱自乐，狂醉放逸，不能自制，共相随逐，来诣舍卫。"（4/211b）

老迈 1例。年老衰弱。《撰》卷三："时彼城中波斯匿王后宫婇女名曰善爱，年在老迈，极大悭贪，不好惠施。"（4/214b）

㤦悷 1例。倔傲难驯。《维》卷下："譬如象马㤦悷不调，著之羁绊，加诸杖痛，然后调良。"（14/532c）

7. 凝固结构：4个，全部是四音节形式。

辞穷理屈 1例。理由站不住脚，被驳得无话可说。《撰》卷一〇："时婆罗门等辞穷理屈，渐次相推，遂至上座。"（4/255b）

无量无数 15例。数量大，不可计算。《维》卷上："仁者游于无量无数佛国亿百那术，何等佛土为一切持一切有好师子之座？"（14/527a）《妙》卷一："过去诸佛以无量无数方便种种因缘、譬喻、言辞而为众生演说诸法，是法皆为一佛乘故，是诸众生从诸佛闻法，究竟皆得一切种智。"（9/7b）

喜不自胜　18例。抑制不住内心的喜悦。《撰》卷九："时彼长者见其如是，喜不自胜。"（4/247b）《妙》卷四："众生蒙薰，喜不自胜。"（9/34a）

自利利他　2例。自己得到利益，也使他人得到利益。《撰》卷一："有佛世尊，得一切智，诸天世人无有及者，哀愍众生，自利利他。"（4/204c）

（二）新义

四部汉译佛经《撰集百缘经》、《维摩诘经》、《金光明经》、《妙法莲华经》有87个词语产生了新义，这些词语分为四个大类：一是副词，1个；二是名词，73个；三是动词，8个；四是形容词，5个。其中，单音节形式1个，双音节形式77个，三音节形式6个，四音节形式3个。

1. 副词：1个，双音节形式。

善好　1例。副词。好好地。《撰》卷一："我今困苦，理极正尔。谁能救济我所寿命？我当终身善好奉事。"（4/205b）

2. 名词：包括专有名词和普通名词，共有73个。其中，单音节形式1个，双音节形式63个，三音节形式6个，四音节形式3个。

（1）专有名词：包括人名、物名、鬼神名、地名、菩萨名、时间名等，共有60个。其中，双音节形式51个，三音节形式6个，四音节形式3个。

① 人名：包括普通人的名字、国王的名字、王子的名字、佛教出家人的名字，共有30个。其中，双音节形式26个，三音节形式3个，四音节形式1个。

A. 普通人的名字：20个。其中，双音节形式18个，三音节形式2个。

拔提　① 2例。穷人名。《撰》卷三："时彼城中有一贫人，名曰拔提，为他守园，用自存活。"（4/215c）② 1例。长者名。《撰》卷四："时彼城中有一长者，名曰拔提，出家入道。"（4/221b）

白净　2例。女性名。《撰》卷八："其妇怀妊，足满十月，生一女儿，端政殊妙，有白净衣裹身而生。因为立字，名曰白净。"（4/239b）例中的"白净"对译梵语 śuklā[1]。

---

[1] 见于avadānaśataka[II], p.15。

宝盖　1例。男性名。《撰》卷七："生一男儿，容貌端政，世所希有。然其生时，顶上自然有摩尼宝盖遍覆城上，父母欢喜，因为立字，名曰宝盖[1]。"（4/236b）

宝珠　1例。男性名。《撰》卷七："其妇怀妊，足满十月，生一男儿，端政殊妙，世所希有，头上自然有摩尼珠。时儿父母见其如是，因为立字，名曰宝珠[2]。"（4/237c）

持水　2例。长者名。《金》卷三："是王国中有一长者，名曰持水[3]，善知医方，救诸病苦，方便巧知四大增损。"（16/351c）

大力　1例。男性名。《撰》卷七："其妇怀妊，足满十月，生一男儿，骨节麤大，肥壮大力。父母见之，因为立字，名曰大力。"（4/235c）例中的"大力"对译梵语 balavat[4]。

梵摩　1例。婆罗门名。《撰》卷八："时彼城中有一婆罗门，名曰梵摩，多闻辩才，明解经论。"（4/239c）例中的"梵摩"是梵语 brāhmaṇa[5]的音译之略。

吉善　1例。长者名。《撰》卷五："时辟支佛闻是语已，即便入城，见一长者，名曰吉善[6]，从索肉食。"（4/223c-224a）

金光　2例。男性名。《金》卷一："以此果报，当来之世值释迦佛，得受记莂，并令二子金龙、金光常生我家，同共受记。"（16/339c）例中的"金光"对译梵语 kanakaprabhāsvara[7]。

金龙　2例。男性名。《金》卷一："以此果报，当来之世值释迦佛，得受记莂，并令二子金龙、金光常生我家，同共受记。"（16/339c）例中的"金龙"对译梵语 kanakendra[8]。

金色　1例。男性名。《撰》卷七："相师睹已，问其父母：'此儿产时有

---

[1] 平行梵文本此处是 padmākṣa（莲花眼）。avadānaśataka[I], p.367。

[2] 平行梵文本此处是 sūrya（太阳）。avadānaśataka[I], p.381。

[3] 平行梵文本此处是 jaṭimdhara（持髻）。suvarṇaprabhāsasūtram, p.93。

[4] 见于 avadānaśataka[I], p.359。

[5] 见于 avadānaśataka[II], p.19。

[6] 平行梵文本此处是 anyatama śreṣṭhin（一个长者）。avadānaśataka[I], p.255。

[7] 见于 suvarṇaprabhāsasūtram, p.28。

[8] 同上。

何瑞相？’父母答曰：‘此儿生时，身作金色，兼有光明。’因与立字，名曰金色。”（4/234b）例中的“金色”对译梵语suvarṇābha[1]。

净藏 3例。男性名。《妙》卷七：“时净藏、净眼二子到其母所，合十指爪掌，白言：‘愿母往诣云雷音宿王华智佛所。’”（9/59c）例中的“净藏”是梵语vimalagarbha[2]的仿译。

流水 20例。男性名。《金》卷四：“尔时流水寻遣其子至彼池所，看是诸鱼死活定实。”（16/353c）例中的“流水”对译梵语jalavāhana[3]。

青莲华 1例。女性名。《撰》卷八：“时有舞师夫妇二人从南方来，将一美女，字青莲华。”（4/240a）例中的“青莲华”对译梵语kuvalayā[4]。

如愿 1例。男性名。《撰》卷二：“时彼城中有一愚人，名曰如愿，好喜杀生、偷盗、邪淫。”（4/212a）

善意 1例。夫人名。《撰》卷四：“有二夫人：一名善意，二名修善意。”（4/222a）

呻号 2例。男性名。《撰》卷一〇：“产一男儿，身体有疮，甚患苦痛，呻号叫唤，未曾休息。年渐长大，疮皆溃烂，脓血横流，常患疼痛。因为立字，名曰呻号。”（4/253a）例中的“呻号”对译梵语guptika[5]。

威德 1例。男性名。《撰》卷七：“其妇怀妊，足满十月，生一男儿，身体柔濡，颜色鲜泽，端政殊妙，世所希有。父母亲属见之欢喜，因为立字，名曰威德。”（4/235b）例中的“威德”对译梵语vapuṣmat[6]。

贤善 2例。长者名。《撰》卷五：“时有长者，名曰贤善，体性柔和，敬信三宝，常乐惠施，名称普闻。”（4/223a）

栴檀香 2例。男性名。《撰》卷三：“即抱小儿还宫养育，年渐长大，随其行处有莲花生，身毛孔中有栴檀香，因为立字，名栴檀香。”（4/213b）例中

---

[1] 见于avadānaśataka[I], p.346。

[2] 见于saddharmapuṇḍarīka, p.458。

[3] 见于suvarṇaprabhāsasūtram, p.104。

[4] 见于avadānaśataka[II], p.24。

[5] 见于avadānaśataka[II], p.167。

[6] 见于avadānaśataka[I], p.355。

的“栴檀香”是梵语candana[1]的音译兼意译。又卷七：“此儿生时，身诸毛孔有牛头栴檀香，从其面门出优钵罗华香，因为立字，名栴檀香[2]。”（4/235a）

B. 国王的名字：3个。其中，双音节形式2个，三音节形式1个。

宝盖　3例。国王名。《维》卷下：“是时有转轮圣王，名曰宝盖，王有七宝，主四天下，五劫奉事药王如来。”（14/535c）例中的“宝盖”对译梵语ratnacchatra[3]。

莲华　1例。国王名。《撰》卷四：“乃往过去波罗㮈国有王，名曰莲华，治正天下，人民炽盛，丰乐无极，无诸兵甲，不相征罚。”（4/217a）例中的“莲华”对译梵语padmaka[4]。

妙庄严　1例。国王名。《妙》卷七：“彼佛法中有王，名妙庄严。”（9/59c）例中的“妙庄严”对译梵语śubhavyūha[5]。

C. 王子的名字：5个。其中，双音节形式4个，四音节形式1个。

大天　1例。王子名。《金》卷四：“复有二兄：长者名曰大波那罗，次名大天。”（16/355b）例中的“大天”是梵语mahādeva[6]的仿译。

摩诃提婆　1例。王子名。《金》卷四：“第一大子名曰摩诃波那罗，次子名曰摩诃提婆，小子名曰摩诃萨埵。”（16/354a）例中的“摩诃提婆”是梵语mahādeva[7]的音译。

求法　3例。王子名。《撰》卷四：“于是夫人足满十月，生一太子，端政殊妙，世所希有。因为立字，名曰求法。”（4/219c）例中的“求法”对译梵语subhāṣitagaveṣin[8]。

有意　1例。王子名。《妙》卷一：“其最后佛未出家时，有八王子：一名有意、二名善意、三名无量意、四名宝意、五名增意、六名除疑意、七名响意、

---

[1] 见于avadānaśataka[I], p.121。

[2] 平行梵文本此处是sugandhi（香）。avadānaśataka[I], p.350。

[3] 见于《梵藏汉对照〈维摩经〉》, p.476。

[4] 见于avadānaśataka[I], p.169。

[5] 见于saddharmapuṇḍarīka, p.457。

[6] 见于suvarṇaprabhāsasūtram, p.114。

[7] 见于suvarṇaprabhāsasūtram, p.107。

[8] 见于avadānaśataka[I], p.219。

八名法意，是八王子威德自在，各领四天下。”（9/4a）例中的“有意”对译梵语mati[1]。

增意 1例。王子名。《妙》卷一：“其最后佛未出家时，有八王子：一名有意、二名善意、三名无量意、四名宝意、五名增意、六名除疑意、七名响意、八名法意，是八王子威德自在，各领四天下。”（9/4a）例中的“增意”对译梵语viśeṣamati[2]。

D. 佛教出家人的名字：11个。其中，双音节形式10个，三音节形式1个。

拔提 5例。比丘名。《撰》卷四：“汝往唤彼拔提比丘，来到我所。”（4/221b）

白净 2例。比丘尼名。《撰》卷八：“欲知彼时布施氎者，今此白净比丘尼是。”（4/239c）

宝盖 2例。比丘名。《撰》卷七：“欲知彼时商主奉上摩尼宝珠者，今此宝盖比丘是。”（4/236c）

宝珠 4例。比丘名。《撰》卷七：“欲知彼时王子者，今此宝珠比丘是。”（4/238a）

大力 2例。比丘名。《撰》卷七：“欲知彼时唱唤众人竖立帐者，今此大力比丘是。”（4/236a）

金色 2例。比丘名。《撰》卷七：“欲知彼时钻金薄人者，今现在金色比丘是。”（4/235a）

妙声 1例。比丘名。《撰》卷七：“世尊，今此妙声比丘宿殖何福，有是妙声？”（4/237a）例中的“妙声”对译梵语dundubhisvara[3]。

青莲花 1例。比丘尼名。《撰》卷八：“彼时紧那罗女，今青莲花比丘尼是。”（4/240c）例中的“青莲花”对译梵语kuvalayā[4]。

呻号 1例。比丘名。《撰》卷一〇：“今此呻号比丘宿造何业，初产之时，身有恶疮，脓血横流，甚可恶见？”（4/253a）

[1] 见于saddharmapuṇḍarīka, p.19。
[2] 同上。
[3] 见于avadānaśataka[I], p.372。
[4] 见于avadānaśataka[II], p.28。

生死　2例。比丘名。《撰》卷一〇："世尊，今此生死比丘宿殖何福，生便能语，自忆宿命？"(4/252c)例中的"生死"对译梵语saṁsāra[1]。

威德　2例。比丘名。《撰》卷七："欲知彼时拂拭花人，今威德比丘是。"(4/235c)

② 物名：1个，三音节形式。

多摩罗　1例。香料名。《妙》卷六："须曼那、阇提、多摩罗、栴檀、沈水及桂香，种种华果香及知众生香，男子女人香，说法者远住，闻香知所在。"(9/48c)例中的"多摩罗"是梵语tamālapatra[2]的音译之略。

③ 鬼神名：7个。其中，双音节形式6个，四音节形式1个。

编发　3例。指持髻梵天王。《维》卷上："复有万婆罗门皆如编发等，从四方境界来诣佛所而听法。"(14/519b)例中的"编发"对译梵语jaṭībrahma[3]。

大悲　1例。梵天王名。《妙》卷三："时彼众中有一大梵天王，名曰大悲，为诸梵众而说偈言。"(9/23b)例中的"大悲"对译梵语adhimātrakāruṇika[4]。

功德　1例。功德天之神。《金》卷三："大辩、功德、护世四王、无量鬼神及诸力士昼夜精进，拥护四方，令无灾祸，永离诸苦。"(16/350a)例中的"功德"对译梵语śrī[5]。

黑齿　1例。佛经中的罗刹女名。《妙》卷七："尔时有罗刹女等：一名蓝婆，二名毘蓝婆，三名曲齿，四名华齿，五名黑齿，六名多发，七名无厌足，八名持瓔珞，九名睪帝，十名夺一切众生精气。"(9/59a)例中的"黑齿"对译梵语makuṭadantī[6]。

妙法　1例。梵天王名。《妙》卷三："时彼众中有一大梵天王，名曰妙法，为诸梵众而说偈言。"(9/24a)例中的"妙法"对译梵语sudharma[7]。

---

[1] 见于avadānaśataka[II], p.163。

[2] 见于saddharmapuṇḍarīka, p.362。

[3] 见于《梵藏汉对照〈维摩经〉》, p.10。

[4] 见于saddharmapuṇḍarīka, p.167。

[5] 见于suvarṇaprabhāsasūtram, p.86。

[6] 见于saddharmapuṇḍarīka, p.400。

[7] 见于saddharmapuṇḍarīka, p.171。

摩诃婆那 1例。神名。《金》卷三："摩诃婆那及军陀遮、剑摩舍帝……如是等神皆有无量神足大力，常勤拥护听受如是微妙经者。"（16/350a-b）例中的"摩诃婆那"是梵语mahāpraṇālin[1]的音译之略。

旃陀 2例。女神名。《金》卷三："旃陀、旃陀、利大鬼神、女等鸠罗、鸠罗檀提，噉人精气，如是等神皆有大力，常勤拥护十方世界受持经者。"（16/350b）例中的"旃陀"是梵语caṇḍā[2]的音译。

④ 地名：包括国家名、园林名、世界名，共有6个，全部是双音节形式。

大成 1例。国家名。《妙》卷六："劫名离衰，国名大成。"（9/50c）例中的"大成"对译梵语mahāsaṁbhāvā[3]。

金地 2例。国家名。《撰》卷一："南方有国，名曰金地。"（4/203a）

金幢 1例。园苑名。《金》卷二："于是园中有最胜园，名曰金幢，七宝极妙，此即是我常止住处。"（16/345a-b）例中的"金幢"是梵语suvarṇavarṇadhvaja[4]的仿译。

太清 1例。世界名。《维》卷下："其世界名太清，劫曰净除。"（14/535c）例中的"太清"对译梵语mahāvyūha[5]。

天道 1例。世界名。《妙》卷四："世界名天道，时天王佛住世二十中劫，广为众生说于妙法，恒河沙众生得阿罗汉果。"（9/35a）例中的"天道"对译梵语devasopānā[6]。

众香 6例。世界名。《维》卷下："世界曰众香，一切弟子及诸菩萨皆见其国，香气普薰十方佛国诸天人民。"（14/532a）例中的"众香"对译梵语sarvagandhasugandhā[7]。

⑤ 佛教修行成道者之名：包括菩萨名、佛名，共有17个。其中，双音节形式14个，三音节形式2个，四音节形式1个。

---

[1] 见于suvarṇaprabhāsasūtram, p.86。
[2] 见于suvarṇaprabhāsasūtram, p.87。
[3] 见于saddharmapuṇḍarīka, p.376。
[4] 见于suvarṇaprabhāsasūtram, p.61。
[5] 见于《梵藏汉对照〈维摩经〉》, p.474。
[6] 见于saddharmapuṇḍarīka, p.259。
[7] 见于《梵藏汉对照〈维摩经〉》, p.356。

法明　1例。佛名。《妙》卷四："供养诸如来，护持法宝藏，其后得成佛，号名曰法明。"（9/28b）例中的"法明"对译梵语 dharmaprabhāsa[1]。

梵行　1例。佛名。《撰》卷二："乃往过去无量世时，波罗棕国有佛出世，号曰梵行，将诸比丘游行教化，到观顶王所。"（4/209a）例中的"梵行"是梵语 brahman[2] 的音译兼意译。

华光　1例。佛名。《妙》卷二："舍利弗来世成佛普智尊，号名曰华光，当度无量众，供养无数佛，具足菩萨行。"（9/11c）例中的"华光"对译梵语 padmaprabha[3]。

金光　1例。菩萨名。《金》卷四："于是无量无边阿僧祇菩萨摩诃萨大众及信相菩萨、金光、金藏、常悲、法上等……皆发无上菩提之道，踊跃欢喜，作礼而去。"（16/358a）

精进力　1例。佛名。《撰》卷一："此窳惰子于未来世，过三阿僧祇劫当得作佛，号精进力，过度众生，不可限量。"（4/204b）例中的"精进力"对译梵语 atibalavīryaparākrama[4]。

净行　1例。菩萨名。《妙》卷五："是菩萨众中有四导师：一名上行、二名无边行、三名净行、四名安立行，是四菩萨于其众中最为上首唱导之师。"（9/40a）例中的"净行"是梵语 viśuddhacāritra[5] 的仿译。

离垢　1例。佛名。《撰》卷三："彼贫人者，以信敬心施我燋木善根功德，于未来世，经十三劫，不堕地狱、畜生、饿鬼，天上人中常受快乐，最后身得成辟支佛，号曰离垢。"（4/216a）例中的"离垢"对译梵语 nirmala[6]。

妙光　10例。菩萨名。《妙》卷一："日月灯明佛八子皆师妙光，妙光教化，令其坚固阿耨多罗三藐三菩提。"（9/4b）例中的"妙光"对译梵语 varaprabha[7]。

---

[1] 见于 saddharmapuṇḍarīka, p.205。
[2] 见于 avadānaśataka[I], p.69。
[3] 见于 saddharmapuṇḍarīka, p.67。
[4] 见于 avadānaśataka[I], p.22。
[5] 见于 saddharmapuṇḍarīka, p.300。
[6] 见于 avadānaśataka[I], p.162。
[7] 见于 saddharmapuṇḍarīka, p.21。

妙声　1例。辟支佛名。《撰》卷三："此诸人等以其作乐、散花、供养善根功德，于未来世一百劫中，不堕地狱、畜生、饿鬼，天上人中常受快乐，最后身得成辟支佛，皆同一号，名曰妙声。"（4/216b）例中的"妙声"对译梵语valgusvara[1]。

妙音　1例。佛名。《撰》卷二："乃往过去无量世时，波罗㮈国有佛出世，号曰妙音[2]，将诸比丘到宝殿王所。"（4/211a）

名相　1例。佛名。《妙》卷三："我大弟子须菩提者，当得作佛，号曰名相。"（9/21b）

求名　3例。菩萨名。《妙》卷一："八百弟子中有一人号曰求名，贪著利养，虽复读诵众经而不通利，多所忘失，故号求名。"（9/4b）例中的"求名"对译梵语yaśaskāma[3]。

上行　3例。菩萨名。《妙》卷五："是菩萨众中有四导师：一名上行、二名无边行、三名净行、四名安立行，是四菩萨于其众中最为上首唱导之师。"（9/40a）例中的"上行"对译梵语viśiṣṭacāritra[4]。

娑罗树王　1例。佛名。《妙》卷七："此王于我法中作比丘，精勤修习，助佛道法，当得作佛，号娑罗树王。"（9/60b）例中的"娑罗树王"是梵语śālendrarāja[5]的音译加意译。

无量　1例。佛名。《维》卷下："此室释迦文、阿閦佛、宝首、乐忻、宝月、宝净、无量、固受、师子响、慧作斯，彼诸如来等，是正士念时说时，彼佛即为来，来说佛行，无不悦怿，是为七未曾有。"（14/529a）

栴檀香　① 1例。佛名。《撰》卷二："乃往过去波罗㮈国有佛出世，号栴檀香。"（4/209b）例中的"栴檀香"是梵语candana[6]的音译兼意译。② 1例。辟支佛名。《撰》卷三："此长者婢以栴檀香涂我足上善根功德，于未来世九十劫中，身体香洁，不堕地狱、畜生、饿鬼，天上人中常受快乐，受最后

---

[1]　见于avadānaśataka[I], p.167。

[2]　平行梵文本此处是ratnaśaila（宝殿）。avadānaśataka[I], p.91。

[3]　见于saddharmapuṇḍarīka, p.22。

[4]　见于saddharmapuṇḍarīka, p.300。

[5]　见于saddharmapuṇḍarīka, p.469。

[6]　见于avadānaśataka[I], p.74。

身，得成辟支佛，号栴檀香[1]。”（4/215c）

正觉　1例。佛名。《撰》卷二：“乃往过去无量世时，波罗棕国有佛出世，号曰正觉，将诸比丘远行教化，至梵摩王国。”（4/211c）例中的“正觉”对译梵语prabodhana[2]。

⑥ 时间名：2个，全部是双音节形式。

大相　1例。劫名。《妙》卷三：“其国名好成，劫名大相。”（9/22a）例中的“大相”对译梵语mahārūpa[3]。

净除　1例。劫名。《维》卷下：“其世界名太清，劫曰净除。”（14/535c）例中的“净除”对译梵语viśodhana[4]。

⑦ 经典名：1个，三音节形式。

金光明　24例。佛经名。即《金光明经》。《金》卷一：“是《金光明》，诸经之王！”（16/335b）例中的“金光明”对译梵语svarṇaprabhāsottama[5]。

（2）普通名词：包括指称具体的人、物和抽象的概念，共有13个。其中，单音节形式1个，双音节形式12个。

① 指称各类具体的人和物：8个。其中，单音节形式1个，双音节形式7个。

合土　1例。整个国土。《撰》卷一〇：“时恒伽河边有摩尼跋陀天祠，合土人民皆共敬奉。”（4/254a）

六物　1例。佛教之制，比丘（受过具足戒的男僧）必备的衣具有六：一、僧伽黎（大衣），二、郁多罗僧（中衣），三、安陀会（下衣），四、波呾罗（铁钵、木钵、瓦钵等），五、尼师坛（坐具），六、骚毘罗（漉水囊，用以漉去水中微虫），是名比丘六物，亦名三衣六物，三衣亦在六物之中，然为六物中之主要者。《撰》卷九：“时王子比丘闻王教已，大取财物，施设种种百味肴膳，请迦叶佛及二万比丘，供养讫已，一一比丘各施三衣六物。”（4/246b）例

[1] 平行梵文本此处是gandhamādana（香醉山）。avadānaśataka[I], pp.156-157。

[2] 见于avadānaśataka[I], p.100。

[3] 见于saddharmapuṇḍarīka, p.156。

[4] 见于《梵藏汉对照〈维摩经〉》，p.474。

[5] 见于suvarṇaprabhāsasūtram, p.1。

中的“六物”对译梵语 ṣaḍ pariṣkāra[1]。

论士　3例。辩论的人。《撰》卷一〇：“我诸论士共彼小儿论议得胜，不足为荣。”（4/255b）

乳哺　3例。乳汁。《撰》卷九：“耶奢蜜多不饮乳哺，其牙齿间自然而有八功德水，用自充足。”（4/246b）

释宫　1例。净饭王的宫殿。《妙》卷五：“如来为太子时出于释宫，去伽耶城不远，坐于道场，得成阿耨多罗三藐三菩提。”（9/41c）

团　3例。圆形的物品。《撰》卷七：“其妇怀妊，足满十月，生一肉团。”（4/237a）

信命　1例。传递命令的使者。《撰》卷八：“时须达长者闻彼沸疏有此好女，通致信命，求索珠鬘，欲为其子娉以为妇。”（4/241b）

转轮　4例。即“转轮圣王”。《撰》卷四：“婆罗门得是谷已，问大王曰：‘乃能于此饥馑之中能舍难舍，为求释梵、转轮王乎？世俗荣乐？’王即答言：‘我今以此惠施功德不求释梵及以转轮、世俗荣乐。’”（4/218a）《妙》卷六：“若于讲法处，劝人坐听经；是福因缘得，释梵转轮座；何况一心听，解说其义趣；如说而修行，其福不可量。”（9/47b-c）

② 指称抽象的概念：5个，全部是双音节形式。

百年　1例。死的婉词。《撰》卷一〇：“斯等蠢蠢百年之后，廓然归无。”（4/255b）

恶毒　1例。指阴险狠毒之心。《撰》卷一〇：“今有世尊在祇桓中，有大福德，能教众生修善断恶，今若至彼，必能除汝瞋恚恶毒。”（4/250a）

名号　14例。佛教语。特指诸佛、菩萨名。《撰》卷一：“我今当称彼佛名号，入于大海。”（4/204c）《维》卷下：“有以如来色相、名号现作佛事，有以衣食、苑园、棚阁而作佛事。”（14/533b）《妙》卷七：“无尽意，受持观世音菩萨名号，得如是无量无边福德之利。”（9/57a）《金》卷二：“为我至心三称彼佛宝华琉璃世尊名号，礼拜、供养、烧香、散华。”（16/345b）

宿习　2例。佛教指前世具有的习性。《撰》卷一〇：“今虽得人，宿习不

[1] 见于avadānaśataka[II], p.81。

除，故复生瞋。”（4/250b）

天律　1例。天界的律令。《金》卷二：“若诸国王以天律治世，复能恭敬、至心听受是妙经典，并复尊重、供养、供给持是经典四部之众，以是因缘，我等时时得闻如是微妙经典。”（16/ 341b）

3. 动词：包括及物动词和不及物动词，共有8个，全部是双音节形式。

（1）及物动词：3个，全部是双音节形式。

采拾　1例。采摘。《撰》卷一：“时天帝释知佛所念，即诣香山采拾药草，名曰白乳，以奉世尊。”（4/205c）

敷施　1例。设置坐具。《撰》卷四：“时王太子闻使者语，喜不自胜，即出奉迎，接足作礼，将至殿上，敷施好床，请命使坐。”（4/219c）

还报　7例。报答。《撰》卷一：“吾由汝故，资我珍宝，赏募勇健，战斗得胜，我今当还报卿之恩，恣汝所愿。”（4/207c）又卷六：“我今当还报佛之恩及以须达。”（4/231a）

（2）不及物动词：5个，全部是双音节形式。

扶侍　1例。搀扶。《撰》卷四：“时彼人民贪食多故，不能消化，种种病生，各相扶侍，来诣王所，求索医药。”（4/217a）

会同　2例。聚会。《撰》卷八：“会同之时，夫妇共来，男女杂合，共相娱乐。”（4/242c）

燋然　2例。燃烧。《撰》卷五：“见一饿鬼，身体燋然，东西驰走。”（4/222c）

誓愿　3例。发誓。《撰》卷一：“所施虽微少，值大良福田；奉施世尊已，誓愿后成佛。”（4/205a）《妙》卷一：“诸佛本誓愿：‘我所行佛道，普欲令众生，亦同得此道。’”（9/9b）

四思　1例。思虑四恶趣。《维》卷上：“无恚怒故，灭心则是；度人民故，四思之心是。”（14/524b）

4. 形容词：包括性质形容词和状态形容词，共有5个，全部是双音节形式。

（1）性质形容词：2个，全部是双音节形式。

弊恶　2例。丑陋。《撰》卷三：“唯愿大王慈哀怜愍，为我设供，请佛及僧，使我脱此弊恶之身。”（4/214c）又卷一〇：“时彼城中有一婆罗门，其妇怀妊，足满十月，产一男儿，容貌弊恶，身体臭秽。”（4/251c）

微少　1例。谓数量少。《撰》卷一：“所施虽微少，值大良福田。”（4/205a）

（2）状态形容词：3个，全部是双音节形式。

叆叇　3例。缭绕貌。《撰》卷一：“佛以神力令此香烟叆叇垂布，遍覆祇桓。”（4/204c）《妙》卷三：“日光掩蔽，地上清凉；叆叇垂布，如可承揽。”（9/19c）

蠢蠢　1例。愚昧无知貌。《撰》卷一〇：“斯等蠢蠢百年之后，廓然归无。”（4/255b）

惘然　1例。疑惑不解貌。《维》卷上：“时，我，世尊，得此惘然，不识是何言，当何说，便置钵出其舍。”（14/522b）

二、新词新义在后世的留存情况

四部汉译佛经《撰集百缘经》、《维摩诘经》、《金光明经》、《妙法莲华经》有876个新词、87个词语出现了新义，这些新词和词语的新义在后世文献中仍然使用的有746个新词、75个词语的新义[1]，具体情况如下。

为了便于查检，新词新义在后世的留存情况均按照词语的音序排列。每个词条下先列词目，次列词义，再列书证。

阿跋摩罗　青色鬼。明如愚撰《妙法莲华经知音》卷七："揵驮，云'黄色鬼'。乌摩勒伽，云'黑色鬼'。阿跋摩罗，云'青脸鬼'。若夜叉吉蔗等者，谓鬼与人皆能为起尸鬼。以上皆鬼之名及鬼之本像也。"（X49/690b-691a[2]）

阿鞞　人名。宋知礼述《观音义疏记》卷四："'拘邻'或'邻儿'或'憍陈如'，此五人首也。其四人者，即阿鞞、跋提、摩诃男、拘利。"（34/952b）

阿伽跋罗　一种神。宋从义撰《金光明经文句新记》卷七："'萨多琦梨、多醯波醯、阿伽跋罗、摩伽、央掘摩罗'四句亦后人妄加耳。"（X31/722a）

阿尼曼陀　城市名。唐阿地瞿多译《陀罗尼集经》卷一〇："世尊，于此北方，毘沙门王有城，名曰阿尼曼陀。其城有园，名功德华光。"（18/874c）

阿私仙　仙人名。宋志磐撰《佛祖统纪》卷一："时有阿私仙人来白王言：'我有大乘，名《妙法华经》。'"（49/136c）

阿夷耑基耶今离　外道六师人名。西晋竺法护译《无希望经》："向者世尊复演此教，亦如弗兰迦叶、摩诃离瞿耶楼、阿夷耑基耶今离、披休迦旃、先比卢特、尼揵子等，悉说此言。"（17/777c）

阿夷恬　指初学者。宋法云编《翻译名义集》卷一："阿夷恬，此云'新学'，亦云'新发意'。"（54/1075a）

---

[1] 调查新词新义在后世的留存情况，我们使用了各类电子出版物，如《国学宝典》、《四库全书》、台湾"翰典语料库"、中华佛学研究会的CBETA。特此说明。

[2] X表示《卍续藏经》。阿拉伯数字及英文字母表示引例在《卍续藏经》中的册数、页数、上下栏。台湾新文丰出版公司影印。

爱语 疼爱人的言语。明徐元太撰《喻林》卷八五："二、爱语。爱语复有二种：于下人则以软言，将悦于上人则以法语慰谕。皆以爱心作爱语也。"

叆叇 缭绕貌。唐张碧《鸿沟》："毒龙衔日天地昏，八纮叆叇生愁云。"

安立行 菩萨名。宋王安石《答蒋颖叔书》："《妙法莲华经》说实相法，然其所说亦行而已，故导师曰：安立行、净行、无边行、上行也。"

拔济 佛教语。犹济度。宋胡宿《常州太平兴国寺弥陀阁记》："夫境胜则欣跂，情苦则疲厌。故弥陀、如来深愍迷子为现净土，持四十八愿拔济群品，令厌浊恶而欣妙严也。"

拔提 一个长者的名字。东晋僧伽提婆译《增壹阿含经》卷二〇："尔时拔提长者清旦食饼。"（2/647a）

拔提河 河流名。唐顾况《如意轮画铭并序》："兹山纯白，厥草肥腻，高六十由旬，周二千二百，拔提河在左，长仙园在右。"

跋难陀王 龙王名。隋那连提耶舍译《大方等大集经》卷四一："一切相与向难陀、跋难陀王边，礼拜作如是言……"（13/273b）

白净 人名。秦失译《别译杂阿含经》卷一五："时王园精舍有比丘尼，名曰白净。"（2/483b）

白乳 药草名。宋天息灾译《大方广菩萨藏文殊师利根本仪轨经》卷六："若别有所求之事，于四衢道或净舍之内或果树下或白乳树下或稻田之中或林野树下无妨碍处，皆可起坛纷画。"（20/859a）

百年 死的婉词。《醒世恒言》卷一〇："儿受公公如此大恩，地厚天高，未曾报得，岂敢言归！且恩人又无子嗣，儿虽不才，倘蒙不弃，收充奴仆，朝夕伏侍，少效一点孝心。万一恩人百年之后，亦堪为坟前拜扫之人。"

百千万亿旋陀罗尼 咒语名。宋知礼述《金光明经文句记》卷三："法华中说三陀罗尼。虽通初后似位得之，其相最显。一旋陀罗尼旋假入空，此齐七信。二百千万亿旋陀罗尼旋空出假，此当八信已上。三法音方便陀罗尼，以二观为方，便转入中道法音，当第十信也。"（39/115a-b）

般泥曰 佛教语。灭度。唐道世撰《法苑珠林》卷八三："日出众华开，譬佛之色身，日入华还合，世尊般泥曰。"（53/898c）

般遮尸弃 乐神名。高齐那连提耶舍译《月灯三昧经》卷五："尔时般遮

尸弃乾闼婆子共馀五百乾闼婆子皆各同时击琉璃琴，出妙歌音。”（15/574b）

般遮于瑟　五年一次的大斋会。唐法藏述《华严经探玄记》卷八：“如下香牙园处设大会等，梵名‘般遮于瑟’，此云‘无遮大会’也。”（35/263b）

办设　置办。元魏慧觉等译《贤愚经》卷一二：“寻请将归，办设饮食，食已澡漱，为说妙法，言辞高美，听之无厌。”（4/434b）

半祁鬼神　夜叉名。隋宝贵合、北凉昙无谶译《合部金光明经》卷七：“金色发神、半祁鬼神及半支罗、车钵罗婆……如是等神皆有无量神足大力，常勤拥护听受如是微妙典者。”（16/393b）

半支罗　夜叉名。隋宝贵合、北凉昙无谶译《合部金光明经》卷七：“金色发神、半祁鬼神及半支罗、车钵罗婆……如是等神皆有无量神足大力，常勤拥护听受如是微妙典者。”（16/393b）

宝成如来　如来名。西晋竺法护译《大宝积经》卷一一八：“宝成如来讲说经道德称之慧，不可思议，亦不可赐。”（11/672a）

宝盖　① 普通人的名。唐圆测撰《仁王经疏》卷上：“宝盖者，宝盖长者。”（33/379a）② 国王名。西晋竺法护译《正法华经》卷六：“时转轮王名曰宝盖，典主四域。”（9/99b）

宝光　人名。唐实叉难陀译《大方广佛华严经》卷七二：“王赞女已，以无价宝衣手自授与宝光童女并其眷属。”（10/395c）

宝华功德海琉璃金山光照如来　如来名。隋宝贵合、北凉昙无谶译《合部金光明经》卷六：“南无宝华功德海琉璃金山光照如来、应、正遍知！”（16/389c）

宝华功德海琉璃金山照明如来　如来名。唐阿地瞿多译《陀罗尼集经》卷一〇：“我已于过去宝华功德海瑠璃金山照明如来……种诸善根，是故我今随所念方、随所至方悉令无量百千众生受诸快乐。”（18/874c）“瑠”同“琉”。

宝华琉璃世尊　佛名。隋灌顶纂《国清百录》卷一：“一心奉请宝华瑠璃世尊！”（46/796a）“瑠”同“琉”。

宝冥　人名。隋智𫖮说、灌顶记《金光明经文句》卷六：“合掌而立请宝冥尊者，宣扬显说是金光明，即集智行也。”（39/79a）

宝生　国家名。宋施护译《大乘宝月童子问法经》:“于过去大无数及广大无边无数劫,时有世界名曰宝生。”(14/109b)

宝胜　佛名。宋延寿集《宗镜录》卷四〇:“过去有佛,名曰宝胜。”(48/651b)

宝胜如来　如来名。宋陶岳《五代史补》卷四:“于是兼可琼之众长驱而至,希广素奉佛,闻之,计无所出,乃被缁衣,引群僧念宝胜如来,谓之禳灾。”

宝事　人名。西晋竺法护译《持心梵天所问经》卷一:“贤护之等十六正士:贤护、宝事、恩施、帝天、水天、贤力、上意、持意、增意、善建、不虚见、不置远、不损意、善导、日藏、持地,如是之类七万二千。”(15/1a)

宝首　菩萨名。东晋佛驮跋陀罗译《大方广佛华严经》卷四:“北方过十佛刹微尘数国,有世界名薝蔔华色,佛号行智,菩萨字宝首,与十佛土尘数菩萨来诣佛所,恭敬供养,头面礼足,即于北方化作莲华藏师子之座,结跏趺坐。”(9/418c)

宝首菩萨　菩萨名。东晋佛驮跋陀罗译《大方广佛华严经》卷五:“以佛神力故,百亿阎浮提皆见十方各有一大菩萨,各与十世界尘数菩萨眷属俱来诣佛所。所谓:文殊师利菩萨、觉首菩萨、财首菩萨、宝首菩萨、德首菩萨……”(9/422b-c)

宝水菩萨　菩萨名。西晋竺法护译《海龙王经》卷一:“其名曰:……宝严菩萨、宝水菩萨、宝光菩萨……”(15/131c)

宝意　① 佛名。姚秦鸠摩罗什译《华手经》卷三:“东方去此过二万五千阿僧祇界,有世界名众华,是中有佛号曰宝意,今现在为智香菩萨摩诃萨授无上道记。”(16/145b) ② 王子名。唐吉藏撰《法华义疏》卷一:“观世音名宝意,作日天子;大势至名宝吉祥,作月天子。”(34/464b)

宝月　佛名。唐玄奘译《大般若波罗蜜多经》卷五七二:“过去无量无数无边难思议劫有佛出世,名为宝月,十号具足。”(7/956c)

宝珠　人名。唐道世撰《法苑珠林》卷三七:“其妇生一男儿,端正殊妙,世所希有,头上自然有摩尼珠,时父母因为立字,名曰宝珠。”(53/582b)

宝幢菩萨　菩萨名。唐玄奘译《大般若波罗蜜多经》卷五六五:“复有菩萨随宝幢菩萨等所修而学、所行而住,修行般若波罗蜜多方便善巧。”

（7/916c）

抱取 抱。宋黄庭坚《奉答圣思讲论语长句》：“暮堂吏退张灯火，抱取鲁论来讲评。”

抱捉 抱。东晋佛陀跋陀罗共法显译《摩诃僧祇律》卷五：“若比丘与母、姊妹、亲里等久别相见，欢喜抱捉比丘，比丘当正忆念住。若有异心者，僧伽婆尸沙。”（22/267b）

悲慈 慈悲。宋李纲《次韵王尧明喜雨古风》：“观音妙智悲慈主，为洒杨枝作甘雨。”

背丧 去世。梁法云撰《法华经义记》卷八：“今第一减三行为第一作譬，从‘父作是念’以下五行余为第二叹佛世难值作譬，第三‘是时诸子闻父背丧’以下四行为第三仍生恭敬生善作譬也。”（33/670c）

本德 本身的德行。西晋竺法护译《琉璃王经》：“族党骁勇，强盛善射。射四十里者，射二十里者、十里者、七里者任其本德，御飞破初，箭不虚发，能析一发以为七分，去有里数，射尽中之，寻声应弦，曾无遗漏。”（14/784c）

坌散 撒，散布。唐道宣撰《净心诫观法》卷下：“若被骂打、灰土坌散、毁辱憎贱，悉能忍受，不生退悔，彼人知己，回心惭愧，受其教化。”（45/830c-831a）

坌污 ① 弄脏。唐般若译《大乘本生心地观经》卷八：“心如怨家，能令自身受大苦故。心如埃尘，坌污自身生杂秽故。心如影像，于无常法执为常故。”（3/327b）② 脏东西。唐波罗颇蜜多罗译《宝星陀罗尼经》卷六：“复以恶事加害于我，尘土、坌污、刀毒、火轮、铁搥、箭矟、钺斧、大石、恶器仗等雨害于我，狂象、毒蛇、师子、虎狼、水牛、恶牛、以大力士悉共打掷来害于我。”（13/564a）

崩背 指帝王去世。唐义净译《根本说一切有部毘奈耶杂事》卷三〇：“贼帅见女仪容可爱，给以衣食，遂纳为妻。后被北方国主诛其贼帅，遂将此女为大夫人。未经多时，王便崩背。”（24/355a）

逼切 逼迫。宋王质《论吏民札子》：“监司不恤郡县故，尝有不时之需，稍缓则符檄纷纷，逼切则急于星火。”

毕力迦　香料名。清杜臻《粤闽巡视纪略》卷二："西土诸香有旃檀、薰陆、兜楼婆、毕力迦之属，以牛头为第一。"

弊恶　丑陋。苻秦僧伽跋澄等译《尊婆须蜜论》卷一〇："四天王有诸女鬼，颜色弊恶，声响麁犷，喜恐怖人。"（28/800b）

弊垢　又破又脏。宋惟净译《金色童子因缘经》卷一〇："而彼商主容貌枯悴，身力困疲，著弊垢衣，渐至城邑。"（14/886b）

馝馚　香气浓郁貌。宋宗晓撰《金光明经照解》卷上："香气馝馚。馝，蒲结切。馚，乏闻切。香气充盛之貌也。"（X31/757b）

辩积菩萨　菩萨名。宋程俱《维摩诘所说经通论》："故有宝积菩萨、辩积菩萨，手有拯拔引接之义，菩萨常以法宝、法印拯拔众生。"

邠耨　人名。东晋僧伽提婆译《中阿含经》卷八："尔时，多识名德……尊者邠耨、尊者维摩罗、尊者伽恕波提、尊者须陀耶……亦游王舍城，并皆近佛叶屋边住。"（1/471c-472a）

邠耨文陀尼子　人名。姚秦竺佛念译《菩萨璎珞经》卷一二："佛告邠耨文陀尼子：'若有无学学人分别未来一切诸法，永除断灭，不兴尘劳，复以此法广及众生，是谓有时清净。'"（16/103a）

波多迦　人名。唐法藏述《华严经探玄记》卷八："佛出世时，有长者子名波多迦，生已空中有一大幡遍覆城上，随行覆之。"（35/259c）

波诃梨子　阿修罗王名。隋智顗说、灌顶记《金光明经文句》卷六："'毘摩质多'翻为'高远'，'睒摩利子'翻'英雄德'，'波诃梨子'翻'威武盛'，'佉罗骞驮'翻'吼如雷'，'鸠罗擅提'翻'战无敌'。"（39/80a）

波利质多罗　树名。东晋佛陀跋陀罗译《观佛三昧海经》卷一："如帝释树生欢喜园，名波利质多罗，天女见之，身心喜悦，不自胜持。"（15/646c）

波利质多罗树　树名。宋施护等译《顶生王因缘经》卷三："此是三十三天中，波利质多罗树及俱毘陀罗树等，彼诸天众夏四月中于其树下五欲娱乐，嬉戏自在；汝等往彼，亦受斯乐。"（3/398c）

波罗罗　花名。宋法云编《翻译名义集》卷三："波罗罗，此云'重生华'。"（54/1103c）

波罗罗华　花名。姚秦佛陀耶舍共竺佛念译《长阿含经》卷三："其池

四面陆地生华：阿醯物多华、瞻蔔华、波罗罗华、须曼陀华、婆师迦华、檀俱摩梨华。”（1/23a）

波休迦旃　外道六师人名。东晋竺昙无兰译《寂志果经》："我复至波休迦旃所，问：'何谓所住处？粗问畜生所由。于是法律，云何得道证？'答我言：'唯，大王，其有人得受身者，无因亦无缘。'"（1/271c）

搏喇　攫取。唐道世撰《法苑珠林》卷四九："于第五日，大目揵连复为取食，中道为金翅鸟王见为搏齧，合钵将去，置大海中，复不得食。"（53/661b）例中的"齧"在宋、元、明、宫本中作"喇"，"搏齧"即"搏喇"。

不动　佛名。东晋佛驮跋陀罗译《大方广佛华严经》卷一："如来功德难思议，众生见者烦恼灭，得见不动自在尊，能生无量悦乐心。"（9/397c）

不共三昧　三昧名。明智旭述《大乘起信论裂网疏》卷六："若得此三昧，则所生一切根本四禅、四无量心、四无色定、有觉有观等三三昧，乃至观炼熏修一切三昧，一一皆名不共三昧，以达其不可得故，皆是摩诃衍也。"（44/461b）

不轻　菩萨名。梁法云撰《法华经义记》卷八："此品中明如来昔日为菩萨时为四众说同归之义，记四众得佛常说不轻之言，四众仍号此菩萨为常不轻，是故仍为品目也。单举果命通经人，中有两段，此品是第二，举不轻现得果报证不虚也。"（33/675a）

不轻菩萨　菩萨名。唐法藏撰《大乘起信论义记》卷上："授声闻记有其二种：一者如来，二者不轻菩萨。所授声闻有四种：一决定声闻，二增上慢声闻，三退菩提心声闻，四应化声闻。"（44/244c）

不眴菩萨　菩萨名。北凉昙无谶译《大方等大集经》卷七："尔时须菩提复白佛言：'世尊，不眴菩萨所来世界去此远近？国土何名？佛号何等？'"（13/40c）

不置远菩萨　菩萨名。姚秦竺佛念译《最胜问菩萨十住除垢断结经》卷一："其名曰：……见正反邪菩萨、不置远菩萨、无损志菩萨……慈氏菩萨、濡首等，十万四千人俱。"（10/966a）

布现　开示。唐澄观述《大方广佛华严经随疏演义钞》卷一七："佛圣师子王，阿难是佛子。师子座处坐，观众无有佛。如是大德众，无佛失威神。

如夜无月时，虚空不清净。如大智人说，汝佛子当演。何处最初说？今汝当布现。”（36/132c）

采拾 采摘。元揭傒斯《天华万寿宫碑》：“或躬耕采拾以乐其志，或依托佛老以寄其迹。”

厕填 诸物错杂，充填其中。唐法琳撰《辩正论》卷一：“天主欢喜，即赐人王金轮千辐，雕文刻镂，众宝厕填，光明洞达，绝日月光，金、银、铜、铁凡四轮宝，空中自下。”（52/495b）

曾亦 曾经。明范景文《王民》：“此狱向当审录，参详时职，曾亦反覆致疑，以其无证焉，恐非真也。”

差摩 佛教修行人之名。刘宋佛陀什共竺道生等译《五分律》卷一三：“尔时诸长者请差摩比丘尼于舍卫城安居，作是言：‘若受我请，当随时供给。’”（22/89b）

差脱 脱落。梁宝亮等集《大般涅槃经集解》卷二：“前叹比丘中，结末云：‘逮得己利。’此中叹初有诸漏已尽，两彼互阙。盖出经者差脱耳，旨则存焉。”（37/386c）

禅那英鬼 鬼名。宋宗晓撰《金光明经照解》卷下：“禅那英鬼、阿罗婆帝、黄头大神、质多斯那……以上一十九鬼神名疏记不翻古今译梵亦不载。”（X31/831b）

缠绕 萦绕；回旋地束缚。明张吉《上时务疏》：“臣督主簿高主通舍人范容以意创为鸳鸯铳，一本两茎，贯二火枪，以药信缠绕，次第延爇。”

谄曲 曲意逢迎。宋叶适《上宁宗皇帝札子》：“夫上媚天子，下媚庶人，不以抗犯为能，而以顺悦为得，此岂有谄曲之意存乎其间哉？”

忏 忏悔。唐般若译《大方广佛华严经》卷四〇：“我今悉以清净三业遍于法界极微尘刹一切诸佛、菩萨众前诚心忏悔，后不复造，恒住净戒一切功德。如是虚空界尽、众生界尽、众生业尽、众生烦恼尽，我忏乃尽。”（10/845a）

颤掉 抖动；摇动。宋蔡戡《辞免除检正书》：“去夏为寒湿所薄，右臂不仁，手指拘挛，执笔颤掉。”

长瓜 人名。唐智升撰《开元释教录》卷九：“于东都福先寺及西京西明寺译金光明最胜王、能断金刚般若、入定不定印、弥勒成佛、一字呪王、庄严王陀罗尼、善夜、流转诸有、妙色王因缘、无常、八无暇有暇、长瓜梵志等经。”（55/568b）

长爪　人名。刘宋求那跋陀罗译《杂阿含经》卷三四：“时有长爪外道出家，来诣佛所，与世尊面相问讯。”（2/249b）

长庄严三昧　三昧名。明憨山释、德清述《妙法莲华经通义》卷七：“念念庄严法身，故云‘长庄严三昧’。能破烦恼诸魔障碍，故云‘大威德藏三昧’。是皆二智止观之象。”（X49/950a）

常不轻　菩萨名。隋智顗说《妙法莲华经玄义》卷六下：“今法华定天性审父子，非复客作。故常不轻深得此意，知一切众生正因不灭，不敢轻慢。”（33/757b）

常不轻菩萨摩诃萨　菩萨名。唐栖复撰《法华经玄赞要集》卷二：“得大势，是常不轻菩萨摩诃萨供养如是若干诸佛，供养、恭敬、尊重、赞叹，乃至当得作佛。”（X53/424a）

常惨菩萨　菩萨名。宋法护等译《如来不思议秘密大乘经》卷一：“菩萨八万四千，皆是已得神通妙智……其名曰：……增长慧菩萨、常惨菩萨、常喜菩萨、喜根菩萨、灭恶趣菩萨……”（11/704b-c）

常精进　菩萨名。唐般若译《大乘本生心地观经》卷五：“尔时会中有一菩萨摩诃萨名常精进，承佛威神即从座起，偏袒右肩，右膝著地，合掌恭敬而白佛言……”（3/315c-316a）

常举手菩萨　菩萨名。宋程俱《维摩诘所说经通论》：“故有宝手菩萨、宝印手菩萨、常举手菩萨、常下手菩萨，所言法印如印印文，无先无后，无作无二。”

常立胜幡　国家名。唐栖复撰《法华经玄赞要集》卷三一：“言一句国者，长行经言：国名常立胜幡。今颂云：名常立胜幡。”（X54/745b）

常灭　佛名。唐澄观述《大方广佛华严经随疏演义钞》卷九〇：“南方二佛：一名虚空住，二名常灭。”（36/698b）

常下手菩萨　菩萨名。宋程俱《维摩诘所说经通论》：“故有宝手菩萨、宝印手菩萨、常举手菩萨、常下手菩萨，所言法印如印印文，无先无后，无作无二。”

常笑菩萨　菩萨名。隋达摩笈多译《大宝积经》卷一〇二：“尔时复有四万二千菩萨摩诃萨，其名曰：……无著意菩萨、常笑菩萨、喜根菩萨……”（11/571b）

常应菩萨　菩萨名。西晋无罗叉译《放光般若经》卷一：“诸菩萨者，德皆如是——其名曰：……过步菩萨、常应菩萨、不置远菩萨……及馀亿那术百千菩萨俱，尽是补处应尊位者。”（8/1a-b）

场地　适应某种需要的空地。宋章甫《扬稻行》：“屋头场地如镜光，未晓相呼来破场。”

唱言　大声叫喊。宋释赞宁《宋高僧传》卷四：“大安者，不测之人也。形服特异，恒在市鄽击铜钵唱言‘大安大安’之声，故号之也。”

超出　超越；超过。清汤斌《十三经注疏论》：“朱子博考诸家，断以己见，取裁广而立义卓，信超出百家矣。”

超世　谓杰出不凡、异乎寻常。宋蔡襄《铨舍后轩》：“莫问幽人超世诀，即心无累是仙家。”

巢窟　巢穴。明李梦阳《苦寒行》：“蛟蛇蟠巢窟，虎豹潜于穴。”

瞋妬　嫉妒，生气。宋张镃《冒雨往玉照堂观梅戏成长篇》：“一阅瞋妬俱已忘，却须信我计颇长。”

尘染　污染。宋李弥逊《严将家焉阁成李子过而赋之》：“按家便可超尘染，唤客何妨到酒酣。”

承揽　执持。宋王之道《与淮西提盐许子长书》：“如是者三日，果有片云起于泉中，曾不踰晷，叆叇垂布，如可承揽。”

痴妄　痴心妄想。明史鉴《与张子静》：“阁下知我者，故相与言此，否则以痴妄见目矣。”

驰疾　快跑。宋蔡戡《论唐邓间道札子》：“其如自唐至郢、自邓至荆皆有间道，相去不五六百里，骑兵驰疾，三日可到。”

持国天王　天王名。唐义净译《金光明最胜王经》卷七：“尔时多闻天王、持国天王、增长天王、广目天王俱从座起，合掌恭敬白佛言：‘世尊，我今亦有神呪，名施一切众生无畏。’”（16/434a）

持人　菩萨名。西晋竺法护译《持人菩萨经》卷四："佛告持人：'菩萨何谓菩萨得晓了知现世度世经典之要？云何名曰现世度世？'"（14/637c）

持人菩萨　菩萨名。西晋竺法护译《顺权方便经》卷上："菩萨八千，一切大圣神通已达……其名曰：空无菩萨、持土菩萨、持人菩萨、持祠身菩萨、观意菩萨……"（14/921c）

持水　人名。唐义净译《金光明最胜王经》卷九："尔时持水长者唯有一子，名曰流水，颜容端正，人所乐观。"（16/447c）

充洁　丰满而干净。元托克托等编《金史》卷四〇："牺牲充洁，粢盛馨香，来格来享，精神用彰。"

充洽　周遍。宋阳枋《有宋朝散大夫字溪先生阳公行状》："故觌德者心醉，闻风者诚服。凡及门者，各获所益，如群饮于河，随量充洽。"

愁念　忧愁，思念。宋楼钥《陈天成诗多和陈坡韵兹因寄喜雨诗走笔谢之》："中宵愁念不成梦，摩挲便腹眠清午。"

愁热　因忧愁而身体发热。宋宋祁《答刑部王侍郎病中见寄》："请告烦开许，循衰分退藏。病淹三折臂，愁热九迴肠。"

詶对　应对。宋韩维《送海印住香严颂》："枕石漱流尘外趣，随缘应物谷中声。更无宾主能詶对，自有儿孙可使令。"

除降　疾病痊愈。东晋僧伽提婆译《增壹阿含经》卷二六："复次，梵志，人民之类所行非法故，使神祇不佑而得其便，或遭困厄，疾病著床，除降者少，疫死者多。"（2/698a）

除疑意　人名。唐栖复撰《法华经玄赞要集》卷一四："六名除疑意者，闻法悟解，除荡无明。"（X54/81b）

触恼　冒犯。北凉昙无谶译《大方等大集经》卷一八："世尊，为我故说如是等甚深经典，我先为触恼世尊故，作大火坑及设毒饭，而大圣如来是不可害者，故我于佛生信敬心。"（13/125a）

触娆　冒犯，扰乱。明徐元太《喻林》卷一二："时彼驴入群牛中，前脚跑土，触娆彼群牛。"

船匠　撑船的人。宋李纲《与张龙图第三书》："所恳差船并船匠、修城兵卒皆未有到者，岂贵人多忘？"

疮胗 生溃疡。唐窥基撰《妙法莲华经玄赞》卷一〇："不疮胗。'胗'音居忍反。唇上疮谓之胗。"(34/837a)

床脚 床的脚。清毛奇龄《传临济正宗三十二世弥壑澧禅师塔志铭》："床脚下种菜，你作么生会？"

垂布 悬挂。元任士林《杭州路崇福院藏经阁记》："余惟释氏之道，无隐显精粗洪纤高下，性性具圆，心心本了，而非言语文字所能载，亦非言语文字所不载，如星辰河汉历历垂布，而风雨晦冥一毫不爽。"

垂怜 怜悯。宋张方平《免知益州札子》："敢望大明委照，洪慈亭育，垂怜拙守，加悯孤踪，许臣以见官留满今任。"

唇口 嘴。明杨慎《晋人俊语》："却转弄响，飞扬长引，声发喉中，唇口不动。"

蠢蠢 愚昧无知貌。唐张说《狱箴》："古之为主，是戒是勗，茫茫率土，蠢蠢群生，贤愚中杂，真伪相倾。"

慈力 慈悲的力量。宋沈辽《如来降魔》："其魔与子画地自悔，摄以慈力，皆使度世。"

慈氏菩萨 菩萨名。宋张耒《景德寺西禅院慈氏殿记》："景德寺西禅院有慈氏菩萨圣像。"

辞穷理屈 理由站不住脚，被驳得无话可说。元吴澄《送江州路景星书院山长吕以能序》："而旷日持久，悉心殚虑，不惮其劳，不避其怨，卒使强者狡者力无所措、谋无所施、辞穷理屈而服。"

麤强 粗硬。明董斯张《广博物志》卷二四："昔佛在世时，波斯匿王妇末利夫人产生一子，字曰金刚，面貌极丑，身体麤涩，头发麤强。"

麤涩 粗糙，不细润。清姚炳《诗识名解》卷一二："皤蒿，似艾叶，上有白毛，麤涩，实非艾也。"

麤食 粗劣的饭菜。明王慎中《封云南道监察御史东溪陈公暨配赠太孺人赖氏行状》："事舅姑曲得其心，一钱尺帛不入私橐，恶衣麤食以给朝夕。"

村落 村庄。清蓝鼎元《与吴观察论治台湾事宜书》："每村落聚居千人或数百人，谓之客庄。"

达到　到达。隋那连提耶舍译《大方等大集经》卷四三："若有菩萨于是法中达到彼岸、具足充满六波罗蜜，犹如虚空离色离触，如是心得无障碍智。"（13/284b）

打染　染衣服。秦失译《萨婆多毘尼毘婆沙》卷五："若使浣舍堕衣，突吉罗。若二人共一衣，乃至多人共衣使打染，尽突吉罗。"（23/532a）

大宝庄严　劫名。梁法云撰《法华经义记》卷四："只就长行中有八重，第一记行因，第二'当得作佛'下记得通别二号也，第三'国名离垢'下记国土，第四'华光如来亦以三乘教化众生'下释物疑也，第五'其劫名大宝庄严'下记人物，第六'舍利弗、华光佛寿'下记寿命长短。"（33/613a）

大悲　梵天王名。宋闻达撰《妙法莲华经句解》卷三："时彼众中有一大梵天王，名曰大悲。悲济一切，名曰大悲。"（X48/30b）

大辩天　天神名。指大辩天之神。唐宝思惟译《随求即得大自在陀罗尼神呪经》："若此神呪在身手者，鬼子父母、摩尼跋陀神、富那跋陀神、力天、大力天、胜弃尼神、俱吒檀底神、功德天、大辩天等恒常随逐而拥护之。"（20/637c）

大辩天神　天神名。指大辩天之神。唐阿地瞿多译《陀罗尼集经》卷一二："第十一座主名大辩天神，莲花座上作光焰形。"（18/896c）

大波那罗　人名。唐道世撰《法苑珠林》卷九六："有大国王，其王名曰摩诃罗陀。是王有子，能大布施。其子名曰摩诃萨埵，复有二兄：长者名曰大波那罗，次名大天。"（53/996b）

大成　国家名。宋戒环撰《妙法莲华经解》卷六："劫名离衰，谓世道交兴。国名大成，言正化无缺。"（X47/666b）

大梵尊天　天神名。指大梵尊天之神。隋灌顶纂《国清百录》卷一："一心奉请大梵尊天、三十三天、护世四王、金刚密迹、散脂、大辩、功德、诃利帝南、鬼子母等五百徒党，一切皆是大菩萨。"（46/796b）

大高王　劫名。梁宝唱等集《经律异相》卷八："汝等见是妙庄严王于我前合掌立不？此王于我法中当作比丘，精勤修习，助佛道法，当得作佛，号娑罗树王，国名大光，劫名大高王。"（53/40b）

大净菩萨　菩萨名。西晋竺法护译《阿差末菩萨经》卷三："大净菩萨

报阿差末：‘三昧圣恩，威德超殊，光光乃尔。’”（13/592a）

大炬如来　如来名。唐阿地瞿多译《陀罗尼集经》卷一〇：“并当至心礼如是等诸佛世尊，其名曰：……金焰光相如来、大炬如来、宝相如来。”（18/875c-876a）

大乐说菩萨　菩萨名。明徐应秋《玉芝堂谈荟》卷一六：“是时大乐说菩萨白佛言：‘我等愿欲见此佛身。’”

大乐说菩萨摩诃萨　菩萨名。唐栖复撰《法华经玄赞要集》卷六：“尔时药王菩萨摩诃萨及大乐说菩萨摩诃萨与二万菩萨眷属俱，皆于佛前作是誓言：‘唯愿世尊不以为虑，我等于佛灭后当奉持读诵，说此经典。’”（X53/590b）

大力　人名。东晋僧伽提婆译《增壹阿含经》卷三一：“今此太子极为奇妙，端政无比，面如桃华色，必当有大力势，今当立字，名曰大力。”（2/721c）

大曼陀罗　花名。又称风茄儿。元魏般若流支译《第一义法胜经》：“诸天欢喜，于虚空中雨曼陀罗、大曼陀罗。一切大众心生欢喜，以己所著妙好衣服用奉如来。”（17/882c）

大目邻山　山名。西晋竺法护译《如幻三昧经》卷上：“其于十方幽隐闇冥蔽翳方城，山石、墙壁、树木、华实、铁围、大铁围、目邻山、大目邻山、雪山、黑山及须弥山而悉蒙照，靡不显曜，无所蔽碍。”（12/134c）

大势佛　佛名。高齐那连提耶舍译《大悲经》卷三：“过去一切诸如来能作光明悲愍者，亦曾供养大势佛，悟胜菩提不可数。”（12/958b）

大势至菩萨　菩萨名。明徐应秋《玉芝堂谈荟》卷一五：“辟支佛，独觉也；阿难佛，无苦也；阿育佛，无忧也；摩诃那钵，大势至菩萨也。”

大天　王子名。元魏慧觉等译《贤愚经》卷一：“王有三子：其第一者，名摩诃富那宁；次名摩诃提婆，秦言大天；次名摩诃萨埵。”（4/352c）

大通智胜　佛名。宋葛胜仲《跋道云刺血书经》：“洎日月灯明、大通智胜、文殊等佛及菩萨所说，将何以书？”

大通智胜佛　佛名。宋张耒《景德寺西禅院慈氏殿记》：“过去有佛号大通智胜佛，十方梵天、十六王子罗列上下，请转法轮。”

大通智胜如来　如来名。明徐应秋《玉芝堂谈荟》卷一六：“死时大通知胜如来受十方诸梵天王及十六王子请，即时三转十二行法轮。”

大威德藏三昧　三昧名。明憨山释、德清述《妙法莲华经通义》卷七：“念念庄严法身，故云‘长庄严三昧’。能破烦恼诸魔障碍，故云‘大威德藏三昧’。”（X49/950a）

大相　劫名。唐吉藏撰《法华经义疏》卷八：“‘尔时有佛’下明结缘之佛，‘其国名好成’下明结缘之处，‘劫名大相’下明结缘劫名字。”（34/569c）

单己　自己一个人。唐义净译《根本说一切有部毘奈耶》卷二九：“时邬陀夷劝诸少年人间游行，若随逐行者皆被恼乱，无复一人共之为伴，遂便单己游历人间。”（23/787b-c）

噉婆罗　人名。唐道世撰《法苑珠林》卷七六：“年渐长大，不欲在家；贪嗜粪秽，不肯舍离；父母诸亲恶不欲见，驱令远舍，使不得近。即便在外，常食粪秽，诸人见已，因为立字，名噉婆罗。”（53/854b-c）

蹈七宝华佛　佛名。宋戒环撰《妙法莲华经解》卷四：“‘是蹈七宝华佛国土庄严’至‘当得阿耨多罗三藐三菩提’。”（X47/619a）

蹈七宝华如来　如来名。唐栖复撰《法华经玄赞要集》卷四：“阿难号山海慧自在通王，罗睺罗号蹈七宝华如来，二千人同名宝相。”（X53/494a）

得大势菩萨摩诃萨　菩萨名。宋法护等译《除盖障菩萨所问经》卷一：“诸菩萨摩诃萨八万四千人皆是一生补处，获诸总持，得一切智。……其名曰：……观自在菩萨摩诃萨、得大势菩萨摩诃萨、普光菩萨摩诃萨……”（14/704b-c）

得勤精进力菩萨　菩萨名。刘宋昙摩蜜多译《观虚空藏菩萨经》：“妙音菩萨、文殊师利菩萨、药王菩萨……得勤精进力菩萨、观世音菩萨……是十四菩萨，法华中妙音来所欲见，若念礼者得现世福。”（13/679b）

灯明　灯光。唐义净《根本说一切有部毘奈耶》卷四四：“时王使者每于夜中巡历人家，观察明火，于长者室中见有灯明。”

灯王菩萨　菩萨名。姚秦鸠摩罗什译《大树紧那罗王所问经》卷一：“菩萨摩诃萨七万二千，众所知识，皆从十方世界来集。……其名曰：……光明菩萨、光德菩萨、灯王菩萨、观志菩萨……”（15/367b-368a）

等增益　树神名。宋宗晓撰《金光明经照解》卷下：“‘尔时道场菩提树

神名等增益'，'菩提树神'是通名，'等增益'是别号，以别简通显道场之神多也。"（X31/834b）

帝幢 佛名。西晋竺法护译《正法华经》卷四："西南方现在二佛，号帝幢、梵幢如来。"（9/92a）

谛心 真实无谬之心。宋宗晓编《乐邦文类》卷一："是心虽少时，而力猛利，谛心决断，胜百年愿力，是心名为大心。"（47/155a）

顶戴 ① 敬礼。宋程俱《宋故焦山长老普证大师塔铭》："薪尽火灭，得五色舍利不可胜数，骨色珂雪，僧俗争取，顶戴供养。" ② 头戴（帽子）。宋楼钥《次韵雷知院观因诗因叙家中铜像之详》："顶戴天冠工莫及，中有一佛立不偏。"

定化王菩萨 菩萨名。姚秦竺佛念译《中阴经》卷上："佛告定化王菩萨：'族姓子，眼非色，色非眼，何者是观？'定化王菩萨白佛言：'识法实住，观法乃起。'"（12/1062a）

兜楼婆 香料名。清杜臻《粤闽巡视纪略》卷二："西土诸香有旃檀、薰陆、兜楼婆、毕力迦之属，以牛头为第一。"

度一切世间苦恼 佛名。明徐应秋《玉芝堂谈荟》卷一六："西方二佛：一名阿弥陀，二名度一切世间苦恼。"

多发 佛经中的罗刹女名。唐吉藏撰《法华义疏》卷一二："蓝婆（此云'结缚'）、毘蓝婆（此云'离结'）、曲齿（此云'施积'）、华齿（此云'施华'）、黑齿（此云'施黑'）、多发（此云'被发'）、无厌足（此云'无著'）、持璎珞（此云'持华'）、皋帝（此云'何所'）。"（34/630b）

多摩罗 香名。明徐应秋《玉芝堂谈荟》卷二八："多摩罗香，此云'藿香'。"

多摩罗跋栴檀香如来 如来名。宋慧洪撰《妙法莲华经合论》卷三："今佛授记：当作佛，佛号多摩罗跋栴檀香如来。"（X47/760a）

多摩罗跋栴檀香神通 佛名。天台智者疏《妙法莲华经入疏》卷六："西北方二佛：一名多摩罗跋栴檀香神通，二名须弥相。"（X47/279b）

多摩罗栴檀之香 佛名。天台智者疏《妙法莲华经入疏》卷六："渐渐具足菩萨道已，于意乐国而得作佛，号多摩罗栴檀之香。"（X47/265a）

多醯波醯 神名。宋宗晓撰《金光明经照解》卷上："'令无灾祸永离诸

苦’二句、‘多醯波醯’等四句、‘旃陀旃陀’等四句，以上三节经文在处板籍存没开合不定。”（X31/756b）

夺一切众生精气　佛经中的罗刹女名。唐吉藏撰《法华义疏》卷一二：“夺一切众生精气，众生心中有七滴聒水，取一滴二滴令人头痛，三滴令人心闷，四滴五滴已下则死。”（34/630b）

堕胎　胎儿堕落；流产。明孙继皋《答朱太府午台》：“又闻后房罹堕胎之厄，公颇为烦恼。”

恶毒　指阴险狠毒之心。唐义净译《根本说一切有部毘奈耶药事》卷三：“彼国人等极甚暴恶，凶麁犷戾，恶毒嗔恚。若当以木石等而打汝者，于意云何？”（24/12a）

恶见　人名。唐道世撰《法苑珠林》卷七七：“佛说是恶见缘时，诸比丘等舍悭贪业，得四沙门果者，或有发无上菩提心者，闻佛所说，欢喜奉行。”（53/865c）

儿妇　儿媳妇。宋苏轼《与蹇序辰四首》之二：“前日已奉书，昨日食后垂欲上马赴约，忽儿妇眩倒不知人者久之，救疗至今，虽稍愈，尚昏昏也。”

儿息　子嗣。宋苏泂《王千里得晋献之保母碑及砚索诗》：“升沉有时节，至宝不浪出。祖先暨儿息，嗜好俱第一。”

发爪　头发和指甲。唐慧立撰、彦悰笺《大唐大慈恩寺三藏法师传》卷二：“并请供养如来，当授发爪令造塔及造塔仪式，二长者将还本国，营建灵刹，即此也。”（50/228b）

乏短　欠缺。明董斯张《广博物志》卷四九：“时二长者各随王教，其儿长大，俱为娶妇，供给所须，无有乏短。”

法护　王子名。唐慧沼撰《金光明最胜王经疏》卷三：“结成胜妙，于无量至苦行是行因，不惜身命，由四因缘：一为求法，如雪山童子；二为报恩，如法护王子等；三为救贫，如金色师子等；四为救命，如萨埵王子等。”（39/231c）

法明　佛名。唐窥基撰《妙法莲华经玄赞》卷八：“然满慈名法明，馀名普明。”（34/802a）

法明如来　如来名。唐义净译《天地八阳神呪经》：“身常觉种种无尽触，触即是空，空即是触，即是智明如来。意常思想能分别种种无尽法，法即是空，空即是法，即是法明如来。”(85/1423b)

法音方便陀罗尼 咒语名。宋志磐撰《佛祖统纪》卷六：“初旋陀罗尼也。(……初旋陀罗尼者，旋假入空也。百千万亿陀罗尼者，旋空入假也。法音方便陀罗尼者，二观为方便得入中道也。)”(49/181b)

法造菩萨 菩萨名。姚秦竺佛念译《菩萨璎珞经》卷七：“佛告法造菩萨：‘善哉！善哉！族姓子，汝所问者，皆持佛威神。谛听！谛听！善思念之。吾当与汝一一分别。’法造菩萨言：‘愿乐欲闻。’”(16/71a-b)

法自在菩萨 菩萨名。宋程俱《维摩诘所说经通论》：“三昧者，正定也。是所谓神通妙用亦法尔如然，故有定自在菩萨、法自在菩萨、法相菩萨也。”

法作菩萨 菩萨名。元魏菩提流支译《佛名经》卷二：“彼如来授名法作菩萨阿耨多罗三藐三菩提记。”(14/124c)

返更 反而。元念常集《佛祖历代通载》卷六：“及晋军侵淮泗，季龙怒曰：‘吾奉佛供僧返更致寇，佛无神矣。’”(49/522a)

贩买 购买，买进。明张岳《处置灾伤第二疏》：“虽有银货，无从贩买。”

梵摩 人名。苻秦僧伽跋澄译《鞞婆沙论》卷一：“梵摩婆罗门长夜无谀谄，无幻质直设问者，尽欲知故无触娆意。”(28/417b-c)

梵摩达多 国王名。唐义净译《根本说一切有部毘奈耶》卷四：“古昔大王梵摩达多与诸商贾及聚落人共为制令：‘若从某园某天祠处或众人集处而入城者，知而方税，不知无税。’”(23/646a)

梵摩达王 国王名。宋绍德、慧询等译《菩萨本生鬘论》卷二：“次第五日，波罗奈国梵摩达王请佛供养。”(3/336a)

梵摩王 国王名。元魏吉迦夜共昙曜译《杂宝藏经》卷二：“时梵摩王将诸婇女于园苑中而行，游戏安乐，以饮残酒送与夫人。”(4/456c)

梵相 佛名。明徐应秋《玉芝堂谈荟》卷一六：“西南方二佛：一名帝相，二名梵相。”

梵豫 国王名。元魏吉迦夜共昙曜译《杂宝藏经》卷一：“时梵豫国王出行游猎，见彼梵志绕舍周匝十四重莲华，复见二道有两行莲华。”(4/452c)

梵豫王　国王名。明徐应秋《玉芝堂谈荟》卷一四："罗崇国有一雌鹿舐仙人梵志遗精而生一女子，梵志取而养之，梵豫王闻而索之，立为夫人。"

妨废　妨碍。明何瑭《东昌再乞致仕状》："既无临政之才，又无保身之术，加以疾病侵乱，神志皆迷，举措累有乖违职务，实多妨废。"

肥壮　肥大而壮实。唐白居易《履道西门二首》之一："豪华肥壮虽无分，饱暖安闲即有馀。"

粪屎　粪。刘宋求那跋陀罗译《杂阿含经》卷四七："我不赞叹受少有身，况复多受？所以者何？受有者苦。譬如粪屎，少亦臭秽，何况于多？如是诸有，少亦不叹，乃至刹那，况复于多？"(2/346a)

风神　掌管风的神。明冯梦龙《醒世恒言》卷四："玄微方晓诸女皆众花之精也。绯衣名阿措，即安石榴也。封十八姨，乃风神也。"

缝补　缝制修补。元方回《和陶渊明饮酒二十首》之一三："寒风颇欲霜，缝补阙袍领。"

缝治　缝制。隋阇那崛多译《佛本行集经》卷四六："迦叶，汝来，如是之服，长者所施，微细轻软，刀所割成，缝治著身，受他人请，常在佛边，勿离于我。"(3/869a)

奉拜　信奉，礼拜。隋灌顶纂《国清百录》卷三："僧名道修，见先师服本衣裳，手提竹杖从西户入，倚望少时，从东户出，道修惊起奉拜，拜讫隐形。"(46/812c)

奉觐　觐见。宋释晓莹《罗湖野录》卷四："辛卯岁，死心谢事黄龙，由湖南入山奉觐。"

佛月　指称佛。唐般若译《大方广佛华严经》卷二五："月光天子耀世间，净空列宿为严饰，种种惑乱覆其心，佛月自他无不照。青莲华眼那罗延，除灭修罗能变化，随眠昏醉如胎藏，十力智光恒普照。"(10/775a)

敷施　设置坐具。萧齐僧伽跋陀罗译《善见律毘婆沙》卷一："是时阿育王即敷施床座，高下精麁各各不同。"(24/680b)

弗沙　佛名。隋阇那崛多译《佛本行集经》卷三："次复，一佛出现于世，号曰弗沙，我时供养彼佛世尊，种诸善根，求未来世阿耨多罗三藐三菩提。"(3/663c)

伏首 承认错误。清孙承泽《春明梦馀录》卷四八："故当时巡历所及，贪墨之吏伏首受法。"

扶侍 搀扶。明归有光《毛孺人墓志铭》："前二日，新妇闻酿熟，呼婢扶侍以往。"

负梨 人名。唐道世撰《法苑珠林》卷七六："时彼小龙命故未断，遥见比丘端坐思惟，至心求哀，寻即命终，生舍卫国婆罗门家，名曰负梨。"(53/856a-b)

富兰那 外道人名。姚秦鸠摩罗什译《大庄严论经》卷一三："汝为瞿昙幻术所惑，富兰那者是一切智，汝今不识便生诽谤。"(4/328a)

富那跋陀 神名。隋那连提耶舍译《莲华面经》卷上："尔时大夜叉将般脂迦槃、折逻旃荼、娑多耆利、兮摩跋多、摩尼跋陀、富那跋陀，如是一切诸夜叉将顶礼佛足，却坐一面。"(12/1072a)

富那奇 人名。唐道世集《诸经要集》卷二〇："欲知尔时彼长者妇，今富那奇饿鬼是。"(54/191b)

覆荫 ① 覆盖。元李存《樟南吴山人墓铭》："有古樟，其大十围，枝叶覆荫百亩。"② 庇护。《旧唐书·姚崇传》："比见诸达官身亡以后，子孙既失覆荫，多至贫寒。"

干燋 干燥。唐贾岛《送崔约秀才》："重入石头城下寺，南朝杉老未干燋。"

干竭 枯竭。明温纯《遵圣谕循职掌摘陈修省要务恳乞圣明严敕中外究臣实心举行以回天意以保治安疏》："去冬至今，亢旱为灾，已历三时。河井干竭，二麦枯槁。"

盖覆 覆盖。唐白居易《王元新庭树因咏所怀》："霭霭四月初，新树叶成阴。动摇风景丽，盖覆庭院深。"

盖障 业障；烦恼。宋法贤译《众许摩诃帝经》卷八："汝今欲求割断烦恼、除去盖障、得解脱者，当于圣道而加修习，可证道迹，可证涅槃。"(3/955a)

罯帝 佛经中的罗刹女名。隋阇那崛多共笈多译《添品妙法莲华经》卷六："尔时有罗刹女等：一名蓝婆，二名毘蓝婆，三名曲齿，四名华齿，五

名黑齿，六名多发，七名无厌足，八名持璎珞，九名罣帝，十名夺一切众生精气。”（9/187b）

各各皆　都。总括副词。明董斯张《广博物志》卷四六：“时彼兽中有一牸虎端正少双，于诸兽中无比类者。彼虎如是毛色光鲜，为于无边诸兽求觅，欲取为对，各各皆言：‘汝属我来，汝属我来。’”

功德　功德天之神。隋灌顶纂《国清百录》卷一：“一心奉请大梵尊天、三十三天、护世四王、金刚密迹、散脂、大辩、功德、诃利帝南、鬼子母等五百徒党。”（46/796b）

功德华光　园苑名。唐阿地瞿多译《陀罗尼集经》卷一〇：“世尊，于此北方，毘沙门王有城，名曰阿尼曼陀。其城有园，名功德华光。”（18/874c）

功德天神　功德天之神。唐阿地瞿多译《陀罗尼集经》卷一〇：“于是功德天而作是言：‘子欲令我作何等物？’尔时行者即答：‘功德天神减少分施我。’”（18/876c）

垢腻　犹污垢。多指黏附于人体或物体上的不洁之物。清范承谟《旱澡》：“垢腻累堆豕负涂，徘徊难语向天吁。”

观睹　观看。宋李光《黎人二首》之二：“莫说蛮村与黎洞，郡人观睹亦咨嗟。”

观看　观赏。宋释普济《五灯会元》卷一五：“问：‘如何是南天王境？’师曰：‘一任观看。’”

管理　料理。清陈廷敬《祭吏部左侍郎张公南溟文》：“维康熙二十八年，岁在己巳十二月丁丑朔，以吏部尚书管理修书总裁事务。”

光净　人名。唐法琳撰《辩正论》卷六：“迦叶为老子，儒童为孔子，光净为颜回，兴已浇之末，玄虚冲一之旨，黄老盛其谈，诗书礼乐之文。”（52/530a）

光净菩萨　菩萨名。明徐应秋《玉芝堂谈荟》卷一六：“孔子即儒童菩萨，颜子即光净菩萨，老子即摩诃迦叶，见《破邪论》。”

光净童子　人名。梁僧祐撰《弘明集》卷七：“摩诃迦叶，彼称老子；光净童子，彼名仲尼；将知老氏非佛，其亦明矣。”（52/45c）

光螺　螺纹状的光形。唐道世撰《法苑珠林》卷一三：“面貌端严犹如

满月，齿同珂雪，发似光螺，目譬青莲，眉方翠柳。”（53/381b）

光明庄严　国家名。明憨山释、德清述《妙法莲华经通义》卷七：“常寂光土，以光为严，故名光明庄严。”（X49/949a）

光造菩萨　菩萨名。西晋竺法护译《幻士仁贤经》：“光造菩萨曰：‘譬如坐树下，悉以幻化作，所有幻亦空，适等无差异。’”（12/32c）

光照庄严相菩萨　菩萨名。唐湛然述《法华文句记》卷一〇下：“净德夫人者，今佛前光照庄严相菩萨是。”（34/358b）

规略　规划谋略。明皇甫汸《明朝列大夫湖广布政使司右参议吴公墓表》：“凡备倭辑盗、御旱防潦，台省造门，咨访规略，多出公议。”

过状　过错。《北齐书·崔季舒传》：“季舒性爱声色，心在闲放，遂不请行，欲恣其行乐，司马子如缘宿憾，及尚食典御陈山提等共列其过状。”

好成　国家名。唐吉藏撰《法华义疏》卷八：“‘尔时有佛’下明结缘之佛，‘其国名好成’下明结缘之处，‘劫名大相’下明结缘劫名字。”（34/569c）

好净　美好洁净。宋王安石《示宝觉二首》之一：“超然圣寺山林外，别有禅天好净居。”

号嘷　大声哭泣。后晋可洪撰《新集藏经音义随函录》第廿一册：“号嘷：上户高反，下徒刀反。哭也。又二同音豪。上方经作号嘷也，下又普脩反，喘声，非。”（K35/314b[1]）

诃利帝南　鬼子母的音译。隋灌顶纂《国清百录》卷一：“一心奉请大梵尊天、三十三天、护世四王、金刚密迹、散脂、大辩、功德、诃利帝南、鬼子母等五百徒党，一切皆是大菩萨。”（46/796b）

合土　整个国土。元魏慧觉等译《贤愚经》卷一二：“因为立字，号曰弥勒。父母喜庆，心无有量。其儿殊称，合土宣闻。”（4/432b）

涸竭　枯竭。宋陆游《严州广济庙祈雨祝文》：“不雨且再旬矣，井泉涸竭。”

黑齿　佛经中的罗刹女名。唐吉藏撰《法华义疏》卷一二：“蓝婆（此

[1]　K表示《高丽大藏经》，阿拉伯数字、英文字母分别表示引文在《高丽大藏经》中的册数、页数、上中下栏。台湾新文丰出版公司影印。

云‘结缚’)、毘蓝婆(此云‘离结’)、曲齿(此云‘施积’)、华齿(此云‘施华’)、黑齿(此云‘施黑’)、多发(此云‘被发’)、无厌足(此云‘无著’)、持璎珞(此云‘持华’)、皋帝(此云‘何所’)。”(34/630b)

黑风　暴风；狂风。清查慎行《补思再叠鱼字韵见寄经秋乃到再次答二首》之二：“万劫黑风回客梦，一轮白月到吾庐。”

佷戾　凶狠而乖张。陈真谛译《立世阿毘昙论》卷九：“是时诸人不行正法，非法贪著，恒所染污，非理贪爱之所逼使，邪法欺张，起诸过恶，佷戾难教，不能行善，不知作福，不救苦难。”(32/215c)

恒伽　恒河。元魏郦道元《水经注》卷一：“阿耨达山西南有水名遥奴，山西南小东有水名萨罕，小东有水名恒伽。”

恒伽达　人名。元魏慧觉等译《贤愚经》卷一：“时恒伽达密入林中，取其服饰，抱持而出。”(4/355b)

恒伽河　河流名。明王鏊《河源辨》：“池东有恒伽河，从象口出。”

蘅华　荷花。东晋竺昙无兰译《寂志果经》：“譬如青莲、芙蓉、蘅华生于污泥，长养水中，虽在水中，其根叶华实在水无著，亦无所污。”(1/274c)

厚煖　厚实暖和。明朱橚《普济方》卷二八八：“衣服厚煖，则表易招寒；滋味过多，则五脏生热。”

护安　保护安全。明袾宏撰《梵网经心地品菩萨戒义疏发隐》卷四：“慈心向下，必护安大众故；慈心向上，必善守三宝物故。”(X59/772b)

护国　人名。唐义净撰《根本说一切有部毘奈耶药事》卷一七：“尔时诸大声闻、耆宿苾刍告具寿护国曰：‘具寿火生，已说本业，次至仁说。’尔时护国苾刍即说颂言……”(24/84b)

护养　护理将养。元王恽《题都山老人庆九十诗卷次胡员外韵》：“刘公九秩固天与，护养风神逾稚幼。”

花鬘　古印度人用作身首饰物的花串。也有用各种宝物雕刻成花形，联缀而成的。宋李处权《赠叶生》：“花鬘珠冠宝月相，补陀宝山移海上。”字形又作“华鬘”。清彭孙遹《素馨》：“故将华鬘争标格，甘与芳魂伴寂寥。”

华齿　佛经中的罗刹女名。唐吉藏撰《法华义疏》卷一二：“蓝婆(此云'结缚')、毘蓝婆(此云'离结')、曲齿(此云'施积')、华齿(此云'施华')、黑齿(此云'施黑')、多发(此云'被发')、无厌足(此云'无著')、持璎珞(此云'持华')、皋帝(此云'何所')。"(34/630b)

华德菩萨 菩萨名。唐玄奘译《大般若波罗蜜多经》卷五六六:"复有七万二千菩萨摩诃萨皆已通达甚深法性,调顺易化,妙行平等……所谓宝相菩萨……贤德菩萨、华德菩萨、日观菩萨……等十六贤菩萨。"(7/921b)

华光 佛名。唐阿地瞿多译《陀罗尼集经》卷五:"右厢天者,作乾闼婆音乐供养。左厢天者,以散华香供养菩萨。又华光两边,各有四乌而助供养。"(18/828c)

华光佛 佛名。明胡应麟《少室山房笔丛》卷三一:"庄严劫第一尊曰华光佛,末后尊曰毗舍浮佛。"

华足安行多陀阿伽度 佛名。宋从义撰《法华三大部补注》卷六:"又舍利弗成佛号华光如来,授坚满菩萨记,次当作佛,号华足安行多陀阿伽度、阿罗诃、三藐三佛陀。"(X44/136b)

化灭 通过幻化而消失。明文肇祉《拟古五首》之二:"苟随往化灭,同作陌上尘。"

坏一切世间怖畏 佛名。唐澄观述《大方广佛华严经随疏演义钞》卷九〇:"东北方佛名坏一切世间怖畏。"(36/698b)

欢喜国 国家名。明徐应秋《玉芝堂谈荟》卷一六:"其二沙弥东方作佛:一名阿閦,在欢喜国;二名须弥顶。"

还报 报答。明杨继盛《夏午睡胡敬所年兄因见教作此和谢三首》之二:"一息若存还报主,万年不死是吾心。"

还达 回到。宋史浩《鄮峰真隐漫录》卷三四:"有贾人从海中还,过神庙,庙使主簿因以函书掷贾人船头,如钉著板,拔不可得,还达会稽,辄以报仙公。"

还回 返回。明郑善夫《答黄应期太常》:"越城西望无千里,乘兴还回何处船。"

环玔 玉环。唐义净译《根本说一切有部苾刍尼毘奈耶》卷二:"我见环玔庄严臂,互相振触出音声,当知诸欲亦复然,应如野象孤行宿。"

（23/915b）

幻士　即幻人。宋程俱《借叶内翰画令小江模写》："世间范李真幻士，断取妙喜移山川。"

幻事　幻化之事。宋范成大《题漫斋壁》："槁木闲身随念懒，浮云幻事转头非。"

浣染　洗染。明湛若水《格物通》卷九〇："代宗身所御衣，必浣染再三。"

荒闷　身体虚弱，气血不畅。唐道世撰《法苑珠林》卷五八："见一饿鬼：肌肉消尽，支节骨立，一日一夜生五百子，羸瘦尫劣，气力乏少。当生之时，荒闷殒绝，支节解散，极为饥渴之所逼切，随生随噉，终无饱足。"（53/726a）

黄头大神　神名。宋宗晓撰《金光明经照解》卷下："禅那英鬼、阿罗婆帝、黄头大神、质多斯那……以上一十九鬼神名疏记不翻古今译梵亦不载。"（X31/831b）

惶荒　恐惧。刘宋求那跋陀罗译《摩诃迦叶度贫母经》："世有颛愚人，俗衣宝谷多，无惭不念施，计后此大贫。惶荒设福德，可谓为希有，信哉罪福众，至诚不虚说。"（14/762a）

晖曜　照耀；闪耀。清陈元龙《格致镜原》卷六："宛渠国人夜琢燃石以代日光，此石出于然山。其土石皆自光明，钻斩皆火出，大如粟，则晖曜一室。"字形又作"晖耀"。光彩照人。明张宇初《故道录司演法朝天宫提点曹公墓志》："公生诗书家，是于玄学之有闻也。洎官于朝遭际宠荣，虽一时之穹赫者之所弗至，而王公贵卿皆以敦厚礼之，其终始晖耀若此亦宜矣。"

会同　聚会。晋法炬共法立译《法句譬喻经》卷三："有一长老比丘名摩诃卢，为人闇塞，五百道人传共教之，数年之中不得一偈，众共轻之，不将会同，常守精舍，敕令扫除。"（4/593b）

毁悴　因哀伤而憔悴。清沈彤《与蒋编修书》："侧闻老先生居忧，事必如礼，昨奉唁相见，容色毁悴。"

慧德　聪明有德行。西晋竺法护译《等集众德三昧经》卷上："菩萨大

士作是行者，终不毁失，正达慧德。”（12/977a）

基陛　基阶。宋李弥逊《绍兴五年被召上殿札子三道》：“夫千金之家为巨室者，必先度方隅正基陛，然后鸠工庀材藩垣而栋宇之，则室成矣。”

吉善　人名。西晋竺法护译《贤劫经》卷七：“梵志种父名施尊，母字上妙，子曰泽明集，侍者曰吉善，智慧弟子曰最上。”（14/50c）

急厄　危急。元袁桷《周隐君墓志铭》：“岁饥能损粟直以售，遇朋友急厄倾赀解援。”

急缘　紧急的事情。唐义净译《根本说一切有部毘奈耶药事》卷四：“是时世尊告目连曰：‘汝先急食。何以故？目连当知，有五种急缘应为先食。’”（24/16a）

集唤　召集。东晋佛陀跋陀罗共法显译《摩诃僧祇律》卷三〇：“时毕陵伽婆蹉坐禅不来，遣使往唤，使便打户言：‘众僧集唤长老。’”（22/468a）

集一切功德三昧　三昧名。唐吉藏撰《法华义疏》卷一二：“集一切功德三昧者，得是三昧，菩萨功德皆悉具足也。”（34/622a）

给济　供给接济。明郑纪《救荒五事》：“其馀粮米，每石仍截出耗米三斗，照前给济，不用抵还。”

嫉慢　嫉妒，傲慢。唐菩提流志译《不空羂索神变真言经》卷二五：“一切贪瞋嫉慢垢业亦皆消灭，一切天神而皆护念。”（20/370b）

济乏　救助穷人。清蓝鼎元《李都阃小传》：“李其昌，字逊伯，广东程乡人。父成材为善于乡，赈贫济乏，里人德之，以为其后必有昌者，因以其昌名。”

寂根菩萨　菩萨名。唐菩提流志译《大宝积经》卷一七：“复有菩萨摩诃萨众，所谓普贤菩萨、文殊师利菩萨……寂根菩萨、慧愿菩萨、香象菩萨、宝幢菩萨等而为上首。”（11/91c）

加报　回答。西晋竺法护译《文殊师利现宝藏经》卷上：“文殊师利又问：‘诸圣贤何为讲说无为之行乎？’尔时圣智灯明弟子默然，无以加报。”（14/456c）

伽翅　国王名。姚秦鸠摩罗什译《大庄严论经》卷一三：“尔时彼王名曰伽翅，取佛舍利，造七宝塔，高广二由旬。”（4/326c）

伽尸孙陀利　人名。明董斯张《广博物志》卷二四："佛在世时，波罗奈国有梵摩达王，其妇生女，身被袈裟，端正殊妙，世所希有，因为立字，名伽尸孙陀利。"

伽耶　地名。明周婴《卮林》卷一："恒水又东南径孤石山，又西径王舍、伽耶。"

迦翅王　国王名。唐道世撰《法苑珠林》卷三七："昔迦叶佛入涅槃后，有迦翅王收其舍利，造四宝塔。"（53/582a）

迦罗迦孙陀　佛名。秦失译《大乘悲分陀利经》卷五："我尔时始入贤劫，迦罗迦孙陀圣日出时，令我见于十方各千佛土微尘数世界中，现在住世为众生说法诸佛世尊。"（3/266b）

迦毘罗卫国　国家名。明董斯张《广博物志》卷二八："天竺迦毗罗卫国者，三千大千世界百亿日月中心也，三世诸佛皆于彼出。"

奸鬬　邪恶，争斗。宋遵式撰《往生净土决疑行愿二门》："四者，于六斋日敕诸境内力所及处令行不杀（严禁渔捕及诫奸鬬）。"（47/147c）

奸淫　男女间非法的性行为。清汤斌《禁印造马吊纸牌告谕》："主仆混杂，上下无分，奸淫窃盗，乘间而起。"

坚牢地神　地神名。元徐硕《真如教院华严阁记》："至其栋宇精密，化乐天宫之幻成；步履安平，坚牢地神之擎戴。"

坚满菩萨　菩萨名。唐栖复撰《法华经玄赞要集》卷二："又为坚满菩萨受记作佛，名演大法义。"（X53/417b）

犍沓和　乐神。西晋竺法护译《大哀经》卷二："乐三乘者因故佛兴而自严饰，诸天、龙神、犍沓和、人与非人、世人、阿须轮皆得蒙济。"（13/415a）

犍驮　黄色鬼。宋闻达撰《妙法莲华经句解》卷八："若犍驮，此云'黄色鬼'。"（X48/245a）

减割　分割。唐义净译《根本说一切有部毘奈耶》卷三八："仁等知不？沙门释子火头调戏，与彼童儿有何异相？云何减割妻子之分，给此秃人，充其钵食？"（23/837b）

见正邪菩萨　菩萨名。西晋竺法护译《贤劫经》卷一："诸会菩萨，一切大圣，神智畅达，逮得总持，已成三昧，具足五通……其名曰：……觉意雷音

王菩萨、见正邪菩萨、净紫金菩萨……”（14/1a-b）

建行　建立，施行。宋刘攽《与王介甫书》：“一部《周礼》，治财者过半；其非治财者，未闻建行一语。独此一端，守之坚如金石，将非识其小者？”

剑摩舍帝　神名。隋智顗说、灌顶记《金光明经文句》卷六：“‘勒那翅奢’翻为‘调和平’，‘剑摩舍帝’翻为‘伏众根’，‘奢罗蜜帝’翻为‘独处快’。”（39/80a）

健夫　强壮的男子。明孙绪《沙冈赋》：“然则沙冈者，扃户之固鐍，当关之健夫，洗心藏密之士，何可一日而无？”

鉴达　通晓。唐窥基撰《妙法莲华经玄赞》卷七：“一、已超羁网，出家为沙弥；二、闻法速悟，诸根通利；三、性情鉴达，智慧明了；四、久遇良缘，曾供养佛；五、坚持胜戒，净修梵行；六、志希大果，求正等觉。”（34/796c）

箭头　箭的首端。清毛奇龄《饮赵解元舅之鼎宅时令嗣新领乡荐》：“户外不嫌东郭履，箭头曾作仲连书。”

将来世　佛教三世（过去、现在、未来）之一。唐白居易《传法堂碑》：“抑且志吾受然灯记，记灵山会于将来世，故其文不避繁。”

降愈　痊愈。隋费长房撰《历代三宝纪》卷五：“俄尔皓身遍体大肿，隐处尤痛，叫唤彻天，群臣失色。太史占卜言：‘犯大神。’即祈诸庙，全不降愈。”（49/60a）

骄萨罗国　国家名。明董斯张《广博物志》卷四七：“佛在骄萨罗国，将诸比丘欲诣勒那树下。”

燋然　燃烧。隋达摩笈多译《起世因本经》卷四：“时阎摩王即烧唇口；烧唇口已，次烧于舌；既烧舌已，即烧咽喉；烧咽喉已，即烧大肠及小肠等，次第燋然，从下而出。”（1/385b）

劫贼　强盗；土匪。元王恽《管勾推公墓碣铭》：“天兴初，盗起西山，约众东走汴中，涂遇劫贼。”

解一切众生语言三昧　三昧名。宋闻达撰《妙法莲华经句解》卷七：“十方国土所有众生种种言音悉能解了，名解一切众生语言三昧。”（X48/213a）

界分　境界；地界。隋阇那崛多等译《起世经》卷一：“如是处所，如是

界分，众生居住；是诸众生，若来若去，若生若灭，边际所极。”（1/311b）

借索　以借的名义索取。唐孟郊《读经》：“拂拭尘机案，开函就孤亭。儒书难借索，僧签饶芳馨。”

金百光明照藏如来　如来名。唐阿地瞿多译《陀罗尼集经》卷一〇：“并当至心礼如是等诸佛世尊，其名曰：宝胜如来、无垢炽宝光明王相如来、金焰光明如来、金百光明照藏如来、金山宝盖如来。”（18/875c）

金宝盖山王如来　如来名。宋知礼述《金光明经玄义拾遗记》卷一：“尔时无量百千万亿诸菩萨众从此世界至金宝盖山王如来国土。”（39/14b）

金地　国家名。萧齐僧伽跋陀罗译《善见律毘婆沙》卷二：“大德须那迦那欝多罗往至金地国，到已。于金地中有一夜叉尼从海中出往到王宫中，夫人若生儿已，夜叉即夺取而食。”（24/686a）

金刚际　义待考。明曹学佺《蜀中广记》卷八一：“自说入火光三昧，光从眉直下至金刚际，于光中现诸色像，先身业报颇亦明了。”

金刚密迹　手执金刚杵拥护佛法的天神。明董斯张《广博物志》卷三〇：“释玄畅适成都，止大石寺，手画作金刚密迹等十六神像。”

金光　①人名。唐地婆诃罗译《方广大庄严经》卷八：“说是偈已，其龙王妃名曰金光，与无量龙女恭敬围绕，持众宝盖、衣服、璎珞、人天妙花，复持宝器盛众名香，奏诸伎乐。”（3/587a）②佛名。宋施护译《诸佛经》：“后复有佛，名曰金光，出现于世。”（14/113c）

金光明　佛经名。即《金光明经》。元程文海《故河东山西道宣慰副使吴君墓碑》：“《华严》、《法华》、《报恩》、《金光明》、《心地观》五大部经，朝夕朔望讽诵膜拜。”

金光明经　佛经名。明徐应秋《玉芝堂谈荟》卷一二：“我江中游奕神也，公大贵，故相报，愿求《金光明经》一部。”

金光明菩萨　菩萨名。清卞永誉《书画汇考》卷三二：“卢舍那佛像、观音像、金光明菩萨像。”

金光照如来　如来名。隋宝贵合、北凉昙无谶译《合部金光明经》卷七：“次子银光，复于是后次补佛处，世界名字如本不异，佛号曰金光照如来、应供、正遍知、明行足、善逝、世间解、无上士、调御丈夫、天人师、佛、世尊。”

（16/394a）

金华焰光相如来　如来名。隋宝贵合、北凉昙无谶译《合部金光明经》卷六："应当至心礼如是等诸佛世尊，其名曰：……金山宝盖如来、金华焰光相如来、大炬如来、宝相如来。"（16/388c）

金龙　人名。唐义净译《金光明最胜王经》卷五："金龙、金光是我子，过去曾为善知识；世世愿生于我家，共授无上菩提记。"（16/423a）

金龙尊　国王名。隋智顗说、灌顶记《金光明经文句》卷三："金龙尊者，此王往昔修金光明法门。依法性理，故言金；能以智慧赞三世佛，辩如云雨，故言龙；能为众生作大利益，为物所仰，故言尊。从行得名，故言金龙尊也。"（39/65a）

金色发神　神名。宋宗晓撰《金光明经照解》卷下："金毗罗神统领一切鬼神，是东方天王下辅臣；金色发神是北方天王下辅臣。"（X31/831b）

金山宝盖如来　如来名。唐阿地瞿多译《陀罗尼集经》卷一〇："并当至心礼如是等诸佛世尊，其名曰：……金百光明照藏如来、金山宝盖如来、金焰光相如来、大炬如来、宝相如来。"（18/875c-876a）

金焰光明如来　如来名。唐阿地瞿多译《陀罗尼集经》卷一〇："并当至心礼如是等诸佛世尊，其名曰：……金焰光明如来、金百光明照藏如来、金山宝盖如来、金焰光相如来、大炬如来、宝相如来。"（18/875c-876a）

金藏菩萨　菩萨名。唐阿地瞿多译《陀罗尼集经》卷一〇："亦应敬礼信相菩萨、金光明菩萨、金藏菩萨、常悲菩萨、法上菩萨。"（18/876a）

金照　世界名。宋从义撰《金光明经文句新记》卷七："四名体俱不转，亦如今经次子银光世界名字如本不异。若望信相金照世界则是名转，若望银相俱名净幢，岂非名土俱不转乎？"（X31/724a）

金幢　园苑名。唐阿地瞿多译《陀罗尼集经》卷一〇："于是园中有最胜园，名曰金幢。七宝极妙，此即是我常止住处。"（18/874c）

矜伤　怜悯忧伤。宋勾延庆《锦里耆旧传》卷一："遂行典宪，深用矜伤。"

尽耗　耗费。清魏裔介《兴教化正风俗疏》："丧事之家，尽耗资财以供焚毁，生不为善，死希冥福。"

经论 泛指经典。明徐应秋《玉芝堂谈荟》卷一五："崇缉寺宇五十馀所，翻译道僧二十四人，所书经论垂五百卷。"

惊疑 惊讶疑惑。清张英《同年诸子于寄畅园为子修饯饮五首》之三："渔樵任杂沓，鸥鹭莫惊疑。"

精进力 佛名。北凉昙无谶译《悲华经》卷四："复有一佛号善住，复有一佛号精进力，复有一佛号幢等光明。"（3/193a-b）

净除 劫名。西晋竺法护译《海龙王经》卷二："世界曰集异德，劫名净除。彼时集异德世界丰盛安隐，五谷自然，快乐无极，天人繁炽。"（15/140a）

净德三昧 三昧名。唐吉藏撰《法华义疏》卷一二："净德三昧者，令诸三昧清净。如焚石练金，令金清净。"（34/622a）

净德王 国王名。明徐应秋《玉芝堂谈荟》卷一六："玉皇上帝初劫为光严妙乐国净德王太子，舍位修道八百劫。"

净梵王 梵天王名。隋宝贵合、北凉昙无谶译《合部金光明经》卷七："不可思议劫中常作释提桓因及净梵王，复得值遇十力世尊，其数无量，不可称计。"（16/392b）

净光庄严国 国家名。梁法云撰《法华经义记》卷八："第三，'尔时一切净光庄严国'下，明如来光的照此妙音身也。"（33/677b）

净好 洁净，美好。明程敏政《古城驿遇南京参赞机务兵部尚书薛公诗以送之并谢惠粲》："岸雨绿苗方净好，水风黄柳共虚徐。"

净华宿王智佛 佛名。唐顾况《如意轮画铭并序》："净华宿王智佛时所立，名记普门愿行，此应见闻，随方说法，法同而名异。"

净解菩萨 菩萨名。姚秦僧肇撰《注维摩诘经》卷八："净解菩萨曰：'有为无为为二。若离一切数，则心如虚空，以清净慧无所阂者是为入不二法门。'"（38/397b）

净软 洁净柔软。明朱橚《普济方》卷二九一："先用葱白汤洗疮，净软绢帛拭干。"

净色三昧 三昧名。明憨山释、德清述《妙法莲华经通义》卷七："了达根尘，故云'净色三昧'。"（X49/950a）

净身多陀阿伽度 佛名。唐栖复撰《法华经玄赞要集》卷一四："是德

藏菩萨次当作佛,号曰净身多陀阿伽度等。”(X54/80a-b)

净行 菩萨名。宋王安石《答蒋颖叔书》:“《妙法莲华经》说实相法,然其所说亦行而已,故导师曰:安立行、净行、无边行、上行也。”

净藏 人名。隋智顗说《妙法莲华经玄义》卷九上:“净藏、净眼善修三十七品诸波罗蜜,即是两意也。增道损生,游于四方,即是识次位也。”(33/790b-c)

净藏三昧 三昧名。唐吉藏撰《法华义疏》卷一二:“净藏三昧者,入是三昧能净诸功德藏。”(34/622b)

净照明三昧 三昧名。明憨山释、德清述《妙法莲华经通义》卷七:“身心世界内外洞观,故云‘净照明三昧’;念念庄严法身,故云‘长庄严三昧’。”(X49/950a)

净幢 世界名。唐义净译《金光明最胜王经》卷九:“时彼长子名曰银幢,即于此界次补佛处,世界尔时转名净幢,当得作佛,名曰金幢光如来。”(16/447a)

究槃荼 啖人精气的鬼。唐玄奘译《大宝积经》卷四六:“时诸女人欲审悉故,还来近住观察是儿为何等类?天耶?龙耶?为药叉耶?为健达缚?为阿素洛?为揭路茶?为紧捺洛?为牟呼洛伽?为究槃荼?为毕舍遮?人非人耶?”(11/269c)

救摄 救济。宋晁迥《法藏碎金录》卷一:“佛运如幻智慧,出谷响音声,说空中风画言教,救摄梦想苦恼众生,还令悟入法性。”

救一切 天王名。宋闻达撰《妙法莲华经句解》卷三:“大梵王者,诸梵中尊,以慈悲故,名救一切。”(X48/28b)

拘鞞陀罗树 树名。明周嘉胄《香乘》卷六:“法华诸香:……多伽罗香、拘鞞陀罗树香、曼陀罗华香、殊沙华香、曼殊沙华香。”

拘那罗 王子名。刘宋求那跋陀罗译《杂阿含经》卷二三:“时王子名曰拘那罗,在王右边,举二指而不言说,意欲二倍供养。”(2/170a-b)

拘那罗鸟 鸟名。西晋聂道真译《大宝积经》卷一〇〇:“孔雀鹅雁声,音如琉璃琴;紧那众铃声,迦陵频伽音,拘那罗鸟音,命命拘吉罗及种种音乐,佛声亦如是。”(11/557b)

拘尸那城 城市名。明徐应秋《玉芝堂谈荟》卷一五："拘尸那城北，阿利罗跋提河，此译为'有金河'。"

举置 安放。明王直《封编修刘公墓表》："有乡人李自远归，病且死，同舟者惧贻累，及公里中，举置河上神祠而去。"

具足千万光相如来 如来名。唐栖复撰《法华经玄赞要集》卷六："汝于来世百千万亿诸佛法中修菩萨行，为大法师，渐具佛道，于善国中当得作佛，号具足千万光相如来。"（X53/622a）

军陀遮 神名。梁宝唱撰《翻梵语》卷七："军陀遮（译曰'白花草'也）。"（54/1029a）

开度 开示度脱。明张宇初《灵宝炼度普说》："汝等沉魂苦趣，历劫有年。今以会首某修建无上大斋，千生庆会，得沐道慈，顿令开度。"

开敷 ① 裂开。元魏吉迦夜共昙曜译《杂宝藏经》卷一："遣人取箧，五百夫人，各与一卵，卵自开敷，中有童子，面目端正，养育长大，各皆有大力士之力，竖五百力士幢。"（4/452a）②（花朵）开放。清厉鹗《汪积山招泛湖上观荷分得于字》："虚亭架水中，水花下开敷。"

考打 拷打。唐菩提流志译《不空羂索神变真言经》卷二五："世尊若当降伏考治一切疟鬼神等或馀鬼神说诚实语。诵念之时，便观自身奋怒无敌，身出火焰，涌在空住，密结钩印索印看疟鬼神，或馀鬼神是男是女并及眷属，随所在处轮掷其印，御缚来著有疾病处，种种命缚考打刑罚诃谴治语。"（20/366c）

渴病 即消渴病。清施闰章《闰中秋》："漫夸仙掌露，渴病已潜消。"

扣打 敲打。宋李昉等撰《太平御览》卷五七五："晋中朝有人畜铜为盘，晨夕恒鸣，如人扣打。"

苦谏 苦心竭力地规劝。明陆深《遥寿萱堂诗序》："予昔待罪史官，时武宗皇帝巡游西北诸边以耀兵，同朝诸公苦谏留之，不可得。"

狂醉 大醉。清吴绮《黄仙裳诗词序》："观者窃笑，谓囊客之何狂醉而兴歌，恨古人之不见也。"

溃烂 伤口或发生溃疡的组织由于病菌的感染而化脓。明归有光《陶节妇呈子》："姑患痢疾六十馀日，肢体溃烂，床笫腥秽。"

劳尘　世俗事务的烦恼。清吴雯《少林早发》:“初地始一宿，劳尘愁未闲。”

劳垢　烦恼和污垢。西晋竺法护译《海龙王经》卷二:“如勇猛将摧伏严敌，除诸劳垢，降纳众魔。”(15/139b)

劳秽　烦恼和污秽。西晋竺法护译《等集众德三昧经》卷上:“所虑慷慨，威仪具足;所建勇猛，降制劳秽;伏诸欲垢，无所畏惮。”(12/973b)

老迈　年老衰弱。清于成龙《上姚制台禀》:“成龙老迈迂儒，不学无术。”

勒那树　树名。明董斯张《广博物志》卷四七:“佛在骄萨罗国，将诸比丘欲诣勒那树下。”

离垢　佛名。姚秦鸠摩罗什译《华手经》卷三:“有世界名袈裟相，是中有佛，号曰离垢。”(16/143a)

离衰　劫名。唐吉藏撰《法华义疏》卷一一:“‘有佛名威音王’下第二化主，‘劫名离衰’下第三出劫名，‘国名大城’下第四出国名。”(34/616c)

里陌　民众居住的地方。元王恽《平阳府创建灵应真君庙碑》:“神仪法从，光怪绚烂，飙驰云拥，陟降自空，内外具瞻，光动里陌。”

力尊相　国王名。隋智顗说、灌顶记《金光明经文句》卷六:“此品是先王旧法，世世相传。先王传力尊相，力尊相传于信相，信相又传其子。”(39/78b)

力尊相王　国王名。宋宗晓撰《金光明经照解》卷下:“此品是先王旧法，世世相传。先王传力尊相王，王传信相太子。”(X31/821a)

立住　站立。明范景文《和北吴歌》:“小扇频遮移步缓，旁边立住少年郎。”

利大鬼神　鬼神名。宋宗晓撰《金光明经照解》卷下:“禅那英鬼、阿罗婆帝、黄头大神、质多斯那……旃陀、旃陀、利大鬼神、女等鸠罗，以上一十九鬼神名疏记不翻古今译梵亦不载。”(X31/831b)

莲荷　荷花。宋韩淲《次韵昌甫达夫斯远子功》:“一自花飞柳叶暗，不知贴贴莲荷生。”

莲花王　国王名。唐玄奘译《大般若波罗蜜多经》卷五五七:“我于往昔然灯佛时，莲花王都四衢道首见然灯佛，献五茎花，布发掩泥，闻正法要，不离般若波罗蜜多。”（7/872a-b）又写作“莲华王”。唐义净译《根本说一切有部毘奈耶出家事》卷一：“时央伽王志在平剋，遣使报曰：‘若也出降为善。如其不者，终不相容。假使腾空，飞罗掩取；设令入水，沈网牵来；乃至登山窜林，亦无逃路。’其莲华王闻已大惧。”（23/1020c）

莲华　国王名。元魏佛陀扇多译《银色女经》：“乃往过去过无量劫，时有王都，王号莲华。”（3/450a）

莲华净菩萨　菩萨名。西晋竺法护译《无言童子经》卷下：“说是语时，莲华净菩萨逮得是慧明三昧，复有万菩萨亦逮斯三昧。”（13/532a）

临统　统治。宋洪适《乞添总领江浙财赋字札子》：“虽蒙朝廷科拨钱物而州郡顽慢，官吏各以不相临统，借口视文，移为故纸。”

领带　古代衣领上的饰边。元托克托等《宋史·五行志》：“七年五月，北海县蚕自织如绢，成领带。”

流水　人名。唐义净译《金光明最胜王经》卷九：“尔时持水长者唯有一子，名曰流水，颜容端正，人所乐观。”（16/447c）

六物　佛教之制，比丘（受过具足戒的男僧）必备的衣具有六：一、僧伽黎（大衣），二、郁多罗僧（中衣），三、安陀会（下衣），四、波呾罗（铁钵、木钵、瓦钵等），五、尼师坛（坐具），六、骚毘罗（漉水囊，用以漉去水中微虫），是名比丘六物，亦名三衣六物，三衣亦在六物之中，然为六物中之主要者。姚秦佛陀耶舍共竺佛念译《长阿含经》卷二：“如来所有园林、房舍、衣钵六物，正使诸魔、释、梵、大神力天，无有能堪受此供者。”（1/14b）

㦬㑩　倔傲难驯。宋晁说之《九学论》：“夷狄之㦬㑩而知中国之有人也，若斯人者，廊庙之学也，富韩公是已。”

楼由如来　佛名。西晋竺法护译《大宝积经》卷九：“楼由如来独以一身开化众生，与千佛兴所度无异，所益无限，巍巍若斯。”（11/52c）

漏脱　遗漏；脱落。明杨慎《升庵集》卷四九：“本谓膺贤遣子师之，岂可以漏脱名籍，苟安而已？”

鹿麑　小鹿。清叶方蔼《墐户》：“那能便长往，欲与鹿麑群。”

路次　路途中间。清陈维崧《王母张孺人哀辞》：“既而尽室西旋，途经鄢郢，扁舟南下，路次沱潜。”

路伽耶陀　义待考。唐菩提流志译《大宝积经》卷二一：“所有诸魔、若魔眷属、若魔使者、住魔业者及行诸见稠林险径，一切外道诸遮罗迦出家、吠陀乌摩利迦、路伽耶陀及此外道相应之辈与交战，故被大甲胄。”（11/115c）

论场　辩论的场所。唐玄奘撰《大唐西域记》卷八：“摩沓婆闻，心甚不悦，事难辞免，遂至论场。”（51/914a）

论师　指精通经典、善于辩论的人。清汪琬《金刚经注序》：“自天亲、无著两论师而下讫明初宗泐，凡笺释者百有馀家。”

论士　辩论的人。宋志磐撰《佛祖统纪》卷五：“八方论士能坏斯语，我当斩首以谢。”（49/175a）

曼殊沙　花名。明祝允明《北禅雨花台修造疏》：“一见曼陀罗、曼殊沙，乃至摩诃普共于缤纷，善男子、善女人如是功德不容于思议。”

曼陀华　花名。清爱新觉罗·弘历《见杏花始放》：“我尚依依执色相，何能致雨曼陀华？”

筏脂　阿修罗王名。隋宝贵合、北凉昙无谶译《合部金光明经》卷七：“波利、罗睺、阿修罗王、毘摩质多及以筏脂、睒摩梨子、波呵黎子、佉罗骞陀及以揵陀，是等皆是阿修罗王，有大神力，常来拥护听是经者，昼夜不离。”（16/393b）

每常　常常。宋苏泂《书紫芝卷后》：“为爱君诗清入骨，每常吟便学推敲。”

每曾　曾经。元虞集《送杨拱辰序》：“亦有先祠临采石，每曾挥泪棹船回。”

每自　常常。清汤右曾《李暎碧先生祠》：“直笔空闻传旧史，角巾每自号遗民。”

美膳　甘美的膳食。清厉鹗《烂溪舟中为吴南硎题赏雨茅屋图》：“何如雨美膳，安居果吾腹。”

美香　美妙的香味。宋陆游《秋晴欲出城以事不果》：“熊肪玉洁美香饭，鲊脔花糁宜新醅。”

门钩　钥匙。东晋佛陀跋陀罗共法显译《摩诃僧祇律》卷三五：“若闭

门者，客比丘不得踰墙而入，应持门钩开入。”（22/507c）

梦幻　梦中幻境。多喻空妄。清厉鹗《人日游南湖慧云寺七首》之三：“至竟繁华归梦幻，最无人处叫春禽。”

猕猴河　河流名。刘宋佛陀什共竺道生等译《五分律》卷一：“尔时世尊说此偈已，更为说法，示教利喜，从坐而起向僧伽尸国，展转游历。后之毘舍离，住猕猴河边重阁讲堂。”（22/2b）

眠目　闭上眼睛。明董斯张《广博物志》卷四九：“第一龙者，默然听受；第二龙者，眠目口诵。”

眠眼　闭上眼睛。唐道世撰《法苑珠林》卷七六：“汝但眠眼，我自将汝至世尊所。”（53/856b）

妙法　梵天王名。宋闻达撰《妙法莲华经句解》卷三：“而彼众中有一大梵天王，名曰妙法。善为诸天演说妙法，故立是名。”（X48/32b）

妙法华经　佛经名。即《妙法莲华经》。明释妙声《麋孝子刺血书经序》：“吴人麋友信丧父，痛念无以自效，方居忧，即投诚于佛，劙指血手书《妙法华经》近七万言。”

妙法莲华　佛经名。即《妙法莲华经》。宋夏竦《重校妙法莲华经序》：“后秦鸠摩罗什益普门一品，译为七卷，名《妙法莲华》。”

妙法莲华经　佛经名。宋程俱《衢州开化县云门院法华阁记》：“是故过去诸佛说《妙法莲华经》时，光明示现，希有如是。”

妙光　菩萨名。梁法云撰《法华经义记》卷二：“‘时有菩萨名曰妙光’，自此是广引事同之中，第二明当见事与曾见事应同。”（33/588c）

妙声　①辟支佛名。唐道世撰《法苑珠林》卷三六：“此诸人等由作伎乐供养佛僧，缘此功德于未来世一百劫中不堕恶道，天上人中最受快乐，过百劫后成辟支佛，皆同一号，名曰妙声。”（53/576c）②人名。唐义净译《根本说一切有部毘奈耶破僧事》卷一：“大善见有息，名为极爱；极爱有息，名为大爱；大爱有息，名为妙声。”（24/101a-b）

妙音　佛名。唐菩提流志译《大宝积经》卷一八：“今始初发，种诸善根；愿生极乐世界，见阿弥陀佛，皆当往生彼如来土；各于异方次第成佛，同名妙音。”（11/101c）

妙音遍满　劫名。宋戒环撰《妙法莲华经解》卷四："劫名妙音徧满，为由法音宣流也。"（X47/618a）"徧"同"遍"。

妙庄严　国王名。唐窥基撰《妙法莲华经玄赞》卷一〇："又前华德即妙庄严，欲会彼身，故以为品。"（34/850c）

妙庄严王　国王名。宋知礼述《观音义疏记》卷二："若于往世同营善因，今则能为修道助缘，如妙庄严王因妻子故，见佛悟道。"（34/943a）

妙幢相三昧　三昧名。唐吉藏撰《法华义疏》卷一二："得妙幢相三昧者，入是三昧，于诸三昧中最为尊长。"（34/622a）

名号　佛教语。特指诸佛、菩萨名。宋姚勉《豫章新建净社院记》："中国人有乐其说者，结集为莲社，日诵佛名号，以祈生于厥土。"

名相如来　如来名。唐飞锡撰《念佛三昧宝王论》卷下："则须菩提，小乘解空第一，无名无相，及夫得记，当来成佛，号曰名相如来。"（47/142a）

明解　明达，对事理认识透彻。宋张君房《云笈七签》卷三八："若见法师，当愿一切明解法度，得道无为。"

明天菩萨　菩萨名。西晋竺法护译《宝女所问经》卷一："其名曰：明天菩萨、选游步菩萨……如是等类诸菩萨众不可限量，无边无际，不可引喻。"（13/452b）

冥尘　烦恼。明祝允明《梦唐寅徐祯卿》："昔亦念张孺，犹能逐冥尘。"

摩诃波那罗　王子名。隋智顗说、灌顶记《金光明经文句》卷六："摩诃波那罗，或云此翻'大度'。"（39/82b）

摩诃伽吒　天神名。宋宗晓撰《金光明经照解》卷下："禅那英鬼、阿罗婆帝、黄头大神、质多斯那……摩诃伽吒、半祈鬼神……以上一十九鬼神名疏记不翻古今译梵亦不载。"（X31/831b）

摩诃罗陀　国王名。隋智顗说、灌顶记《金光明经文句》卷六："摩诃罗陀，此翻'大无罪'。"（39/82b）

摩诃曼殊　花名。宋宗晓撰《金光明经照解》卷下："雨曼陀罗、大曼陀罗、摩诃曼殊、众宝尠华，诸经皆言'天雨四华'，此文但少'曼殊沙华'句，而有'众宝尠华'句，通收诸华也。"（X31/826a）

摩诃弥楼山　山名。唐实叉难陀译《大方广入如来智德不思议经》：

“复有一切草木、丛林诸药神等及弥楼山、摩诃弥楼山、目真邻陀山、摩诃目真邻陀山、雪山、铁围山等一切山神……亦与眷属俱诣佛所。”（10/925c）

摩诃婆那　神名。宋宗晓撰《金光明经照解》卷下：“禅那英鬼、阿罗婆帝……针发鬼神、摩诃婆那……以上一十九鬼神名疏记不翻古今译梵亦不载。”（X31/831b）

摩诃提婆　王子名。宋绍德、慧询等译《菩萨本生鬘论》卷一：“乃往过去无量世时，有一国王，名曰大车，王有三子：摩诃波罗、摩诃提婆、摩诃萨埵。”（3/332c）

摩竭婆罗　神名。隋智顗说、灌顶记《金光明经文句》卷六：“‘摩竭婆罗’翻为‘除曲心’。”（39/80a）

摩那答陀　人名。北凉浮陀跋摩共道泰等译《阿毘昙毘婆沙论》卷二七：“有爱使以阿私陀、阿罗吒、优陀迦等知，慢使以摩那答陀等知，无明使以优楼频螺迦叶等知，疑使以摩勒迦子等知。”（28/200b）

摩尼跋陀　阿修罗王名。隋那连提耶舍译《莲华面经》卷上：“尔时大夜叉将般脂迦槃、折逻旃荼、娑多耆利、兮摩跋多、摩尼跋陀、富那跋陀，如是一切诸夜叉将顶礼佛足，却坐一面。”（12/1072a）

摩尼乾陀　神名。宋宗晓撰《金光明经照解》卷下：“禅那英鬼、阿罗婆帝、黄头大神、质多斯那……祈那娑婆、摩尼乾陀……以上一十九鬼神名疏记不翻古今译梵亦不载。”（X31/831b）

末利华　植物名。宋陈敬《陈氏香谱》卷一：“《法华经》云：须曼那华香、阇提华香、末利华香。”

母乳　母亲的乳汁。清田雯《重修白佛寺碑记》：“虽众魔列阵，散天华犹数十里；而群儿当前，飞母乳能五百道。”

目见菩萨　菩萨名。西晋竺法护译《渐备一切智德经》卷五：“菩萨如是，住近目见菩萨道地，则为屋宅，宣布度故，诸声闻等，无际果实，随时之宜。”（10/494a）

目邻　山名。西晋竺法护译《正法华经》卷六：“此诸佛土而皆平正，无有河海、众流、泉源，亦无诸山：目邻、大目邻、须弥山王、铁围、大铁围。”（9/103c）

目真邻王　龙王名。宋宗晓撰《金光明经照解》卷下："目真邻王，《法华》云'目真邻陀山'，《补注》翻为'石山'，《华严经音》云'目真'，此翻'解脱'。邻陀，此翻'处'。此龙因闻法而得解脱处也。"（X31/831b-832a）

募索　寻求。明董斯张《广博物志》卷一一："尔时预复募索，未得其女。"

那罗　村子名。刘宋求那跋陀罗译《杂阿含经》卷四："一时佛在拘萨罗人间游行，至一那罗聚落，住一那罗林中。"（2/27a）

那罗达多　人名。唐玄奘译《大宝积经》卷五四："尔时大众中有长者子，名那罗达多，从薄伽梵闻说如是大菩萨藏微妙法门。"（11/319b）

那罗罗阇　神名。宋宗晓撰《金光明经照解》卷下："禅那英鬼、阿罗婆帝、黄头大神、质多斯那、那罗罗阇……以上一十九鬼神名疏记不翻古今译梵亦不载。"（X31/831b）

那罗延天　天名。唐玄奘撰《大唐西域记》卷一一："彼大自在天、婆薮天、那罗延天、佛世尊者，人皆风靡，祖述其道。"（51/936a）

那婆摩利　花名。宋闻达撰《妙法莲华经句解》卷七："那婆摩利油灯。那婆，此云'杂华'；摩利，亦云'末利'，此方有之。"（X48/219b）

恼急　发怒。元魏般若流支译《正法念处经》卷五："彼诸罪人饥渴恼急，同业苦者唱唤走赴。"（17/28a）

尼犍子　裸露身体的修行人。宋释居简《书尼剌》："不然，何以制外道梵志、尼犍子等之所讥议云。"

尼连河　河流名。明王世贞《苦热篇》："赤龙频顿羲叔辔，金翅欲扫尼连河。"

逆路伽耶陀　义待考。唐吉藏撰《法华义疏》卷一〇："逆路伽耶陀者，是恶论义。"（34/595c）

怒害　发怒而危害他人。唐玄奘译《大宝积经》卷四五："无有忿怼，是菩萨忍；无诸怒害，是菩萨忍；不起怨诤，是菩萨忍。"（11/263b）

女夫　女婿。清朱彝尊《归安县儒学教谕冯君墓志铭》："言之善，行乃践；遇则蹇，施诸远；谁为铭，其女夫；彝尊名，姓者朱。"

女郎　指称年轻女子。清毛奇龄《夜到真州》："女郎归浣浦，太子去书楼。”

排置 安置。宋沈辽《任社娘传》：“社固辞不敢，即强引入闺中，排置榻上。”

槃头末帝 国王名。唐道世集《诸经要集》卷四：“时有王名槃头末帝，收其舍利，造四宝塔，高一由旬而供养之。”（54/35b）

刨 扒。元耶律铸《烧桃树根》：“依旧负薪人不断，采残枝叶更刨根。”

帔服 指帔子和裙袄。明葛昕《张安人》：“内禅贤德，声闻宸聪，翟冠帔服，锡命光荣。”

喷洒 喷射散落。明高启《宿汤氏江楼夜起观潮》：“震摇高山动，喷洒明月湿。”

毘沙门天 天名。唐义净译《根本说一切有部毘奈耶皮革事》卷上：“为求子故，即便祈请大自在天、四大海神、毘沙门天、帝释、梵王、诸天神等，悉皆祈请，求其男女。”（23/1048c）

毘舍阇 鬼。明徐应秋《玉芝堂谈荟》卷一三：“毗舍阇，颠鬼也；萨迦耶萨，无常也。”

毘舍阇鬼 鬼。明徐元太《喻林》卷六〇：“昔有二毗舍阇鬼共有一箧一杖一屐，二鬼共诤，各欲得二。”

疲厌 厌倦。宋李弥逊《大智禅师塔铭》：“然念我昔起心修行菩萨梵行，勤求如来无上正觉，于善知识生尊重心，恭事恳请无有疲厌。”

匹对 配偶。《晋书·刘毅传》：“自桓玄以来，驱蹙残败，至乃男不被养，女无匹对，逃亡去就，不避幽深。”

圮坼 毁坏，裂开。唐杨炯《唐同州长史宇文公神道碑》：“自中州圮坼，上国崩离，魏氏忘其宝图，齐人弄其神器。”

贫剧 贫穷，困苦。元刘敏中《许商老人九十贺序》：“知仲贤有英才，居省旁，贫剧。”

贫聚 贫穷的村落。姚秦佛陀耶舍共竺佛念译《长阿含经》卷三：“世尊，游化若诣波婆城，唯愿屈意过贫聚中。”（1/19b）

贫穷子 穷人。唐吕岩《敲爻歌》：“七窍眼睛皆迸血，贫穷子发誓切，待把凡流尽提接，同越蓬莱仙会中。”

婆利师迦　花名。唐义净译《根本说一切有部毘奈耶》卷三："于池四边种种陆生花树，所谓阿地木多、迦占博、迦波咤罗、婆利师迦、摩利迦。"（23/640b）

婆那利神　神名。宋宗晓撰《金光明经照解》卷下："禅那英鬼、阿罗婆帝、黄头大神……婆那利神、针发鬼神……以上一十九鬼神名疏记不翻古今译梵亦不载。"（X31/831b）

破落　残破；破败衰落。明李梦阳《明故中顺大夫衢州府知府李君墓志铭》："当正德辛未壬申间，霸州盗起，云扰中原，所过城破落。"

菩萨净三昧　三昧名。宋闻达撰《妙法莲华经句解》卷八："又得菩萨净三昧，内外无垢，净如琉璃，即清净定。"（X48/248a）

普各　都。总括副词。梁沈约《宋书·夷蛮传》："先帝建中兴及新安诸寺，所以长世垂范，弘宣盛化。顷遇昏虐，法像残毁，师徒奔迸，甚以矜怀，妙训渊谟，有扶名教，可招集旧僧，普各还本。"

普香天子　天子名。明徐应秋《玉芝堂谈荟》卷一六："复有明月天子、普香天子、宝光天子、四大天王与其眷属万天子俱。"

欺伪　欺骗，虚伪。清田雯《会试录后序》："功名之际，必先择术定志、老成持重、晓知治体者，上也；卓荦清节、不流欺伪者，次也。"

奇快　奇特而迅速。清潘天成《又示诸生》："又尝称英雄豪杰横绝一世、忠臣烈士称快千秋，子听之，为文可使雄猛壮烈、奇快纵横。"

祇桓林　即祇园。北凉浮陀跋摩共道泰等译《阿毘昙毘婆沙论》卷四六："尔时尊者舍利弗以日暮时从安陀林还祇桓林。"（28/348b）

乞索　① 乞讨。宋叶适《宋武翼郎新制造御前军器所监造官邵君墓志铭》："场监至贱也，走书乞索，日至州县。"② 化缘。姚秦佛陀耶舍共竺佛念等译《四分律》卷二四："时众多比丘尼为作房舍故，人间乞求，处处乞索，多得财物。"（22/731a）③索取。明黄淳耀《上座师王登水先生书》："是时督学有亲供之，召留江阴者，旬日家间复苦京报人乞索无厌。"

器杖　武器总称。明张羽《奉巡按察院议兵事状》："凡为父子兄弟者几人，令人具一器杖。"

牵捉　捉住。唐义净译《根本说一切有部毘奈耶杂事》卷三二："圣者

吐罗难陀，王家使人枉相牵捉，愿见出来。”（24/365b）

乾闼婆王 乾闼婆之王。明董斯张《广博物志》卷三五：“祇洹别有论师院，有一铜钟，形如腰鼓，是乾闼婆王之所造也。”

箧藏 宝藏。西晋竺法护译《离垢施女经》：“导利菩萨之妙箧藏，诵习三品诸佛经典；昼夜各三思惟觉寤，一切世间悉保信之。”（12/95c）

青莲花 人名。唐义净译《根本说一切有部毘奈耶》卷四九：“此孩子身如青莲花，应与立字，名青莲花。”（23/897a）

青目优钵罗华香山如来 如来名。隋宝贵合、北凉昙无谶译《合部金光明经》卷七：“汝等天子于当来世，过阿僧祇百千万亿那由他劫，于是世界当成阿耨多罗三藐三菩提，同共一家一姓一名，号曰青目优钵罗华香山如来。”（16/394b）

清德 高洁的品德。清蔡世远《先考武湖府君行状》：“以清德重望著于乡，为乡祭酒。”

情理 情况。明罗玘《奏议》：“群然悲号，自旦至暮，若不能生。臣等闻之，亦皆徬徨无措，即欲依其情理奏请分豁其如初告之时。”

丘坑 地上凸出和凹陷的地方。宋延寿集《宗镜录》卷二一：“弥勒下生，世界宽弘，四大海减；菩萨在会，无诸丘坑；声闻处中，秽恶充满。”（48/532a）

囚禁 关押；拘禁。明陆深《陆氏先茔碑》：“于是余庆役日满矣，复就囚禁。”

求名 菩萨名。清田雯《长河志籍考》：“求名，《法华经》弥勒佛称求名菩萨。”

求名菩萨 菩萨名。明徐应秋《玉芝堂谈荟》卷一五：“文殊八百弟子中有求名菩萨，贪著利养，虽复诵经而不通利，多所遗失。”

瞿弥 人名。唐道世撰《法苑珠林》卷四九：“时有长者，名曰瞿弥，见佛及僧，深生信敬，请来供养，日日如是。”（53/661c）

瞿沙 人名。唐道世撰《法苑珠林》卷三五：“佛在世时，迦毘罗卫城中有一长者，名曰瞿沙。”（53/557c）

曲齿 佛经中的罗刹女名。唐吉藏撰《法华义疏》卷一二：“蓝婆（此云'结缚')、毘蓝婆(此云'离结')、曲齿(此云'施积')、华齿(此云'施华')、黑齿(此云'施黑')、多发(此云'被发')、无厌足(此云'无著')、持璎珞(此云'持华')、皐帝(此云'何所')。"(34/630b)

券疏　记载财物状况的凭据。明董斯张《广博物志》卷二九:"申宪述兵,则有律命法制;朝市征信,则有符契券疏。"

染尘　尘世间的烦恼。刘宋佛陀什共竺道生等译《五分律》卷五:"欢喜施饮食,佛及圣弟子;设福破悭贪,受报常欣乐;生天寿命长,还此离染尘;行法之大果,长处净天乐。"(22/33a)

人根　人的根本。唐白居易《与济法师书》:"不观人根,不应说法。"

人吉遮　义待考。辽觉苑撰《大日经义释演秘钞》卷五:"若吉遮,若人吉遮,即其是也。"(X37/104a)

仁意　仁慈的意愿。宋俞德邻《灵乌》:"主人闵乌灵,遗食寓仁意。"

忍受　勉强承受。清蓝鼎元《论边省苗蛮事宜书》:"又复改还土属,丁壮举家屠戮,妻子没卖为奴,其他土部不得不吞声饮泣,忍受摧残。"

任当　任意。明董斯张《广博物志》卷二四:"面貌极丑,身体麁涩,头发麁强,王见不喜,勑闭深宫,不令出外,年渐长大,任当嫁娶。"

纴针　穿针。宋苏籀《耕者得古玉指环一首》:"巧梳堕马长扫眉,五色纴针工组绣。"

日星宿三昧　三昧名。隋智顗说《妙法莲华经文句》卷二:"本迹者,本住日星宿三昧,迹示此名。"(34/16c)

日旋三昧　三昧名。唐吉藏撰《法华义疏》卷一二:"日旋三昧者,如日天子乘日宫殿,照诸众生,周而复始。旧经名'日轮三昧'也。"(34/622b)

日月灯明佛　佛名。清《国朝宫史》卷一八:"大通智胜佛一尊、日月灯明佛一尊、妙光普照佛一尊。"

日月光　佛名。西晋竺法护译《无量清净平等觉经》卷一:"复次,有佛名曰琉璃光。复次,有佛名日月光。"(12/280a)

日月净明德如来　如来名。唐道世撰《法苑珠林》卷九六:"乃往过去无量殑伽河沙劫有佛,号日月净明德如来。"(53/991a)

濡首菩萨　菩萨名。姚秦竺佛念译《最胜问菩萨十住除垢断结经》卷一〇："世尊，甚奇甚特，今闻濡首菩萨得与最胜论无形法道无言教，未曾所闻，未曾所见，便为绍继佛种不断，又行佛事不思议法。"（10/1039b）

濡语　温暖的话语。唐义净译《根本说一切有部毘奈耶随意事》："若不得者，应出迎之，为取衣钵，安慰问讯，种种濡语。"（23/1048a）

汝等辈　你们。第二人称代词的复数。明曹学佺《蜀中广记》卷八一："道人浪语，为前王无识，留汝等辈得至于今。"

乳哺　乳汁。明王世贞《青浦屠侯去思记》："民之慕爱之，若赤子之恋乳哺而不忍失也。"

洒散　散布。陈真谛译《立世阿毘昙论》卷三："是中诸天须彼花时，应念来至，善果报故，雨众宝花，洒散诸天。"（32/186a）

色貌　相貌。明王慎中《陈启文墓志铭》："出见乡人，恂恂谨愊，不敢以色貌侮人。"

僧伽梨衣　僧佛大衣名。为比丘所服"三衣"之一种。宋道元纂《景德传灯录》卷一："吾将金缕僧伽梨衣传付于汝，转授补处，至慈氏佛出世勿令朽坏。"（51/205c）

山海慧自在通王佛　佛名。宋志磐撰《佛祖统纪》卷四："内秘菩萨外现声闻，佛为授记山海慧自在通王佛，当约此意以为之论。"（49/166a）

山海慧自在通王如来　如来名。唐怀感撰《释净土群疑论》卷五："彼阿难回心向大，佛与受记，名山海慧自在通王如来，至结集时取阿罗汉。"（47/62b）

善爱　① 乾闼婆王名。唐义净译《根本说一切有部毘奈耶杂事》卷三七："是时菩萨出母胎时，其天帝释复告善爱音乐王曰：'汝今当知，菩萨从母胎出，我等宜往而为侍从。'"（24/395b）② 人名。隋阇那崛多译《佛本行集经》卷四八："时兄善爱舍家出家，既出家已，即得成其辟支佛道。其妹善爱，于波离婆阇迦外道之中出家学道。"（3/878b）③ 比丘尼名。唐道世撰《法苑珠林》卷四二："尔时世尊将千二百五十比丘诣于他邦，到旷野中。食时已至，告善爱尼言：'汝今可设饮食，供养佛僧。'"（53/614c-615a）

善爱王　乾闼婆王名。唐义净译《根本说一切有部毘奈耶杂事》卷三七："尔时世尊告守门者：'汝可往报善爱王言："有健闼婆来至门首，欲

求相见。”’时守门者即入具报。其王高慢，报曰：‘除我更有健闼婆耶？’”（24/395c）

善多菩萨 菩萨名。唐道宣撰《广弘明集》卷一五：“善多菩萨赞：自大以跨小，小者亦骇大。所谓大道者，遗心形名外。都忘绝鄙当，冥默自玄会。善多体冲姿，豁豁高怀泰。”（52/197b）

善好 好好地。副词。刘宋京声译《治禅病秘要法》卷下：“若有行者，因水致下，动四百四病。欲得治者，当疾服是娑呵等药，除病无患，灭业障海，疾见道迹。是故汝等善好受持，慎莫忘失。”（15/338c）

善集 国王名。唐慧沼撰《金光明最胜王经疏》卷一：“何故但是正说？授记明弟子果。何故属流通？善集舍身明释迦了因。”（39/183b）

善集王 国王名。唐吉藏撰《金光明经疏》：“善集即是释迦本身，宝冥即是阿閦本身，品中正明善集王事，故以为名。”（39/170c）

善寂大城 寂静之处。比喻的说法。宋刘辰翁《善寂大城记》：“雪岩老禅与铁船瘿师翻经之次，指其中善寂大城者示之曰：‘是宜名归藏之墟。’”

善见 人名。姚秦佛陀耶舍共竺佛念译《长阿含经》卷二二：“大宝藏有子，名曰善见；善见有子，名曰大善见；大善见有子，名曰无忧。”（1/149a）

善面王 国王名。元魏菩提流支译《佛名经》卷九：“舍舌布施，如不退菩萨及善面王等；舍手布施，如常精进菩萨及坚意王等。”（14/166c）

善女天 天神名。宋志磐撰《佛祖统纪》卷四〇：“尹子化舍利弗、宾头卢、善女天九十五种等，此诸人自是释迦弟子，不应云尹子所化。”（49/372a）

善生 王子名。唐义净译《根本说一切有部毘奈耶皮革事》卷上：“彼王有子，名曰善生，立为太子。”（23/1053a-b）

善贤 人名。唐义净译《根本说一切有部毘奈耶杂事》卷二：“时此城中有一长者，名曰善贤，多有赀财，受用丰足。”（24/210c）

善宿 王子名。隋慧远撰《维摩义记》卷三：“第五人中‘初善宿曰’，标人别说，下明所说。”（38/493c）

善宿菩萨 菩萨名。唐道宣撰《广弘明集》卷一五：“善宿菩萨赞：体神在忘觉，有虑非理尽。色来投虚空，响朗生应轸。托荫游重冥，冥亡影迹

陨。三果皆勤求，善宿独玄泯。”（52/197b）

善眼菩萨 菩萨名。唐菩提流志译《大宝积经》卷九〇：“善眼菩萨曰：‘我能堪任与诸众生自性安乐。’”（11/514c）

善意 夫人名。隋达磨笈多译《大方等大集经菩萨念佛三昧分》卷二：“王大夫人名曰善意，其最大臣多曰无瞋，亦于八万四千劫中受胜果报。”（13/836a）

善意菩萨 菩萨名。唐菩提流志译《大宝积经》卷一一一：“复有菩萨摩诃萨一万人俱，其名曰：善意菩萨、增上意菩萨、坚固意菩萨……”（11/628a）

商主 商人的首领。唐顾况《广陵白沙大云寺碑》：“天宝末，长安僧绚避虏东土，画为像宫，以配梵帝。皇猷允塞，景福爰集，善来若干、商主若干与其眷属争欲奋迅。”

赏募 悬赏招募。明倪岳《论西北备边事宜状一》：“亟宜简命信实之臣，厚立赏募之格，赦其既往之失，开其自新之途。”

上律 好的戒律。唐道宣撰《广弘明集》卷一六：“表相异仪，传形匪壹。镂玉图光，雕金写质。亦有淑人，含芳上律。绚发绮情，幽摛宝术。”（52/212b）

上行 菩萨名。宋王安石《答蒋颖叔书》：“《妙法莲华经》说实相法，然其所说亦行而已，故导师曰：安立行、净行、无边行、上行也。”

上行意菩萨 菩萨名。宋闻达撰《妙法莲华经句解》卷七：“上行意菩萨，发大道心，修无上行。”（X48/224b）

绍嗣 继承。明郑真《拟故宋太师徽国公朱熹改封齐国公制》：“朕绍嗣丕基，寤怀前哲。”

奢罗蜜帝 神名。隋智𫖮说、灌顶记《金光明经文句》卷六：“‘剑摩舍帝’翻为‘伏众根’，‘奢罗蜜帝’翻为‘独处快’。”（39/80a）

阇提 肉豆蔻。宋王十朋《州宅即事》：“泉南古州宅，草木有遗芳。鹰爪冬犹绿，阇提夜更香。”

阇提华 肉豆蔻的花。明周嘉胄《香乘》卷六：“法华诸香：须曼那华香、阇提华香、波罗罗华香……”

设计　设下计谋。清蓝鼎元《上车学宪请补漳浦县乡贤书》："樊龙樊虎之变，亲援桴鼓以励将士，召女土司秦良玉设计擒之。"

射戏　通过射箭来角逐胜负的一种游戏。清储大文《襄阳论》："逊未答，方催人种葑豆，与诸将弈棋、射戏如常。"

涉路　进路。元谢应芳《送丁敬止携室人奉母往西流乃翁寓所完聚》："风雨舟车涉路难，爷娘妻子聚团圆。"

深妙菩萨　菩萨名。西晋竺法护译《离垢施女经》："离垢施菩萨从六十亿诸佛世尊行空三昧，从八十亿佛启受奉行不起法忍，从三十亿佛启问深妙菩萨道品。"(12/96c-97a)

深邃　精深；深奥。清汪琬《華凤超先生传》："自诸生时读忠宪公心性静坐诸说即深信不疑，及从公游，造诣益深邃。"

神容　神妙的姿容。宋吴泳《天基节贺表》："恭惟皇帝陛下睿性徇齐，神容郁嶷。"

神通游戏三昧　三昧名。唐吉藏撰《法华义疏》卷一二："神通游戏三昧者，入是三昧能八相成道。"(34/622b)

胜处　美好的地方。宋宗晓编《乐邦遗稿》卷下："其间虽有坐脱立亡之者，又未必托生胜处，岂非欲脱生死而返入生死乎？"(47/248b)

圣尊　指称佛。元王恽《镇国寺观迎佛》："九曜趋降世圣尊，象车香满绮罗尘。"

尸毘　国王名。宋沈括《梦溪笔谈》卷二一："庆历中，施昌言镇鄜延乃坏奉国寺为仓，发尸毗墓，得千馀秤炭。""毗"同"毘"。

尸毘王　国王名。宋沈括《梦溪笔谈》卷二一："延州天山顶有奉国寺，庭中有一墓，世传尸毗王之墓也。""毗"同"毘"。

尸婆　人名。刘宋求那跋陀罗译《杂阿含经》卷三五："尸婆白佛：'何所学？'佛告尸婆：'随时学增上戒、增上意，学增上慧。'"(2/252c)

师僧　僧人。元耶律楚材《法语示犹子淑卿》："古昔以来，有志师僧辞亲出家，寻师访道。"

师子雷音菩萨　菩萨名。西晋竺法护译《大宝积经》卷一一七："一时佛在罗阅祇灵鹫山，与大比丘众四万二千、菩萨八万四千俱。……其名曰：

光观菩萨、常明曜菩萨……师子雷音菩萨、尊意菩萨……”（11/657a-b）

师子响　佛名。西晋竺法护译《正法华经》卷四：“东南方现在二佛，号师子响、师子幢如来。”（9/92a）

师子相　佛名。明徐应秋《玉芝堂谈荟》卷一六：“东南方二佛：一名师子音，二名师子相。”

石磨王菩萨　菩萨名。姚秦竺佛念译《菩萨璎珞经》卷一：“一时佛在摩竭界普胜讲堂，与大比丘众俱。比丘十千，菩萨万五千人。……其名曰：……金刚菩萨、石磨王菩萨、雷震菩萨……”（16/1a）

石沙　沙子和石子。明孙承恩《次张阳峰壁间韵》：“白日流云走石沙，诸天隐隐落空花。”

释宫　净饭王的宫殿。元魏吉迦夜共昙曜译《杂宝藏经》卷一〇：“白净王渴仰于佛，遣往请佛。佛怜愍故，还归本国，来到释宫。”（4/497b）

誓愿　发誓。清厉鹗《游菁山常照寺》：“阅世如浮囊，誓愿栖云峰。”

首立菩萨　菩萨名。唐道宣撰《广弘明集》卷一五：“首立菩萨赞：为劳由无劳，应感无所思。悠然不知乐，物通非我持。浑形同色欲，思也谁及之。嘉会言玄志，首立必体兹。”（52/197b）

疏缺　稀少，缺少。清施闰章《齿落》：“疏缺亦何伤，啸歌犹称意。”

竖立　树立；建树。清陈廷敬《资政大夫刑部尚书致仕谥敏果魏公墓志铭》：“盖公十九在言官，言官有章疏，故其议论风采在人耳目间，恒易有所竖立。”

率合　率领。明倪元璐《陕西按察司副使顷阳刘公墓志铭》：“当是时，三省八路合力进攻，遂克海龙荎，然公所率合。”

水光菩萨　菩萨名。姚秦竺佛念译《最胜问菩萨十住除垢断结经》卷一：“一时佛在毘舍离城棕氏树园，与大比丘众八万四千、菩萨十万四千人俱。……其名曰：……造化菩萨、水光菩萨、施相菩萨……”（10/966a）

水空　人名。梁宝唱等集《经律异相》卷三六：“时长者共二子：水空、水藏，将其二子次第游行城邑聚落。”（53/192b）

水空龙藏　人名。唐道世撰《法苑珠林》卷六五：“时长者子有妻，名曰水空龙藏，而生二子：一名水空，二名水藏。”（53/782c-783a）

水生 河流名。唐义净译《金光明最胜王经》卷九:“复更推求是池中水从何处来？寻觅不已,见一大河,名曰水生。”(16/449a)

水音尊 城市名。隋宝贵合、北凉昙无谶译《合部金光明经》卷七:“其王有城名水音尊,于其城中止住治化。”(16/391b)

水藏 人名。唐义净译《金光明最胜王经》卷九:“时长者子妻名水肩藏,有其二子:一名水满,二名水藏。”(16/449a)

顺忍 顺从,忍耐。宋苏辙《次韵孔平仲著作见寄四首》之三:“顺忍为裳衣,供施谢荣禄。”

说法师 讲解佛法的人。明王绂《送实即中之杭州都纲》:“自是人天说法师,新承恩命授官资。”

思佛 人名。隋阇那崛多共笈多译《添品妙法莲华经》卷六:“尔时四众常轻是菩萨者,岂异人乎？今此会中跋陀婆罗等五百菩萨、师子月等五百比丘尼、思佛等五百优婆塞皆于阿耨多罗三藐三菩提不退转者是。”(9/185b)

斯等 这些。宋延寿集《宗镜录》卷二三:“醍醐上味,为世珍奇。遇斯等人,翻成毒药。”(48/546b)

死去 死。清田雯《碧峣书院歌吊杨升庵先生》:“高吟死去谁怜句,杲杲冬日朝在房。”

四归 四种归依。姚秦鸠摩罗什译《大庄严论经》卷六:“佛或远见斯事教出比丘打贼三下,使我不死,是故世尊唯说三归不说四归,佛愍我故说三归依不说四归。”(4/292b)

四魔 佛教所指的四种魔鬼。有三种观点:第一种观点认为“四魔”是指烦恼魔、阴魔、死魔、天魔。第二种观点认为“四魔”是指无常、苦、无我、不净。第三种观点认为“四魔”指烦恼魔、五众魔、死魔、天子魔。唐刘禹锡《袁州萍乡县杨岐山故广禅师碑》:“七叶无嗣,四魔潜扇;佛衣生尘,佛法如线。”

四思 思虑四恶趣。宋僧伽跋摩等译《杂阿毘昙心论》卷三:“四思能断白者,四思断白业,初禅离欲第九无阂道相应思,乃至第四禅离欲亦尔,以善有漏法最后无阂道断故。”(28/896c)

寺主　主管佛寺事务的僧人。清田雯《鸡鸣山古寺謌》："缚取老公作寺主，青丝白马来寿阳。"

送来　递送。清毛奇龄《饮刘氏赠送客以妇病归别》："何缘五载无家客，也望明河相送来。"

送与　送给。清田雯《种瓜行赠韩坡》："雨后累累岁丰稔，扛来送与山姜尝。"

苏摩那华　花名。唐实叉难陀译《大方广佛华严经》卷七八："譬如波利质多罗华一日熏衣，薝蔔迦华、婆利师华、苏摩那华虽千岁熏亦不能及。"（10/432b）

酥蜜　酥酪与蜂蜜。金赵秉文《松糕》："聊将酥蜜供，调戏引儿曹。"

俗利　世俗的利益。唐道宣撰《续高僧传》卷三〇："但为世接五昏、人缠九恼，俗利日隆而道弘颇踬。"（50/706a）

俗缘　佛教以因缘解释人事，因称尘世之事为俗缘。清汤右曾《晓游朝阳岩》："虚徐清风来，萧洒俗缘屏。"

宿习　佛教指前世具有的习性。清查慎行《半截塔次院长韵》："每逢陈迹辄徘徊，口业未停馀宿习。"

算师　负责计算的人。唐地婆诃罗译《方广大庄严经》卷四："时彼算师问菩萨言：'颇有了知百拘胝外数名以不？'菩萨报言：'我甚知之。'"（3/563a）

随喜　佛教语。谓见到他人行善而生欢喜之意。明娄坚《资善禅寺改建山门并盖一堂二庑募缘疏》："勿轻一念之随喜，可醒历劫之愚痴。"

孙陀利　① 太子名。唐道世撰《法苑珠林》卷三六："波罗奈国王有太子，字孙陀利，入山学道，获五神通。"（53/576b）② 比丘尼名。唐道世撰《法苑珠林》卷三五："欲知王女者，今孙陀利比丘尼是。"（53/558a）③ 普通人名。唐道世撰《法苑珠林》卷五〇："国王者，今父王悦头檀是也。时王夫人者，今孙陀利是也。"（53/666c）

娑伽罗王　龙王名。宋延寿集《宗镜录》卷四四："如天亢旱，河池悉干，万卉燋枯，百谷零落，娑伽罗王七日构云，四方霆雨，大地霑洽，一切种子皆萌芽。"（48/676c）字形又作"娑竭罗王"。唐澄观撰《大方广佛华严经疏

钞会本》卷一:"如龙中娑竭罗王,岂是天耶?"(L130/76b-77a[1])

娑罗花 即无花果。也称优昙钵花。清吴雯《宿少林寺》:"宝阁崔嵬明海霞,香林四月娑罗花。"字形又作"娑罗华"。宋道诚集《释氏要览》卷下:"于中设绳床,挂真影,香华供养,以时设食,用白纸作娑罗华,八树以簇绳床,表双林之相床。"(54/307c)

娑罗树王 佛名。高齐那连提耶舍译《月灯三昧经》卷一:"彼时最胜两足尊,号曰娑罗树王者,于其七亿六千年住寿世间弘道化。"(15/551a)

娑罗双树 释迦牟尼涅槃之处。在印度拘尸那拉城阿利罗跋提河边。清魏裔介《募修崇光寺藏经阁大藏经疏文》:"自汉明帝时,佛教始入中国。白马传经,乃有四十二章。其大指在于离欲寂静,娑罗双树将入涅槃,略说法要,以戒为正。"

索取 讨取。清于成龙《申饬保甲谕》:"功令孰敢不遵?奚必先假编查,然后按册索取乎?"

贪贫 贪婪而又贫穷。元魏毘目智仙译《三具足经忧波提舍》:"何故名施?彼义今说。若破贪贫,得大富乐,福德具足。是故名施。"(26/362b)

昙摩跋罗 神名。隋智顗说、灌顶记《金光明经文句》卷六:"'昙摩跋罗'翻为'学帝王','摩竭婆罗'翻为'除曲心'。"(39/80a)

檀智 义待考。唐波罗颇蜜多罗译《大乘庄严经论》卷八:"檀智者,以无分别智观察三轮,不分别施者受者财物故。"(31/632a)

弹扣 拉弓。元魏慧觉等译《贤愚经》卷七:"化王还取,以指张弓,复持与之,敕令引挽,金地国王殊不能挽。化王复取而弹扣之,三千世界皆为振动。"(4/398c)

唐自 徒然。唐道世集《诸经要集》卷七:"痴騃老公不达道理,寄住须臾,名人为子。勿妄多言,不如早去。今我此间自有父母,邂逅之间唐自手抱。"(54/64a)

涕哭 哭泣。宋陈舜俞《太平有为策》:"昔汉文帝之时,天下可谓治

---

[1] L表示《龙藏》。阿拉伯数字及英文字母表示引文在《龙藏》中的册数、页数和上下栏。台湾新文丰出版公司影印。

矣。河南贾生晓达国论，犹谓有可涕哭者三、长太息者六。"

天道　世界名。宋闻达撰《妙法莲华经句解》卷五："世界名天道。世界清净，修天之道，故曰天道。"（X48/99b）

天律　天界的律令。唐吉藏撰《金光明经疏》："初半行明以天律灭恶，故名为天；后半行明以天律生善，故名令生天为天；后半行明以天律令生天上，故名为天。"（39/169c-170a）

天自在光王　国王名。唐义净译《金光明最胜王经》卷九："彼天自在光王者，即汝菩提树神是。"（16/450c）

调化　降伏，教化。唐玄奘译《大般若波罗蜜多经》卷五六九："天王当知，甚深般若波罗蜜多如是自在是无尽相……自在随顺转妙法轮，自在调化一切有情，自在受位得法自在。"（7/938a）

调正　改变原有情况，使之适合标准。姚秦竺佛念译《出曜经》卷一九："譬马调正者，如彼王厩有三种马：一者上、二者中、三者下，餧食养育尽无差别。上马者，王数观视；中马者，遣人看视；下马者，遣奴看视。是故说，譬马调正也。"（4/712a）

跳踯　上下跳跃。清赵执信《江上阻风》："霆雷无节奏，龙怪有跳踯。"

通夜　整夜。清毛奇龄《月》："大江通夜落，高阁近天清。"

痛畏　痛苦和畏惧。东晋僧伽提婆译《增壹阿含经》卷二六："斯陀含比丘亦当思惟此五盛阴为苦、为恼、为多痛畏，亦当思惟苦、空、无我。"（2/689c-690a）

偷人　窃贼。宋吕南公《饶寺丞墓志》："尝夜卧堂中，有偷人入其隅，君寤寐觉之，起，援戈追击。"

头数　数量。宋朱熹《乞截留米纲充军粮赈粜赈给状》："窃虑将来减放之后，实纳苗米头数不多。"

涂治　涂抹，整治。明徐元太《喻林》卷一一二："譬如密室，内外涂治，坚闭户扃，无有风尘。"

团　圆形的物品。清朱彝尊《竹炉联句并序》："附以红泥团，其修僅扶寸。"

窊曲　卷缩。唐窥基撰《妙法莲华经玄赞》卷一〇："窊曲者，窊：音

《玉篇》于瓜、乌瓜二反，凹也。"（34/837a）

婉妙 美好；美妙。明危素《送董仲英琴所诗序》："君子听琴瑟之声，则思志义之臣。丝声婉妙，故能怨哀，故能立廉。"

尪弱 瘦弱；衰弱。明归有光《元忠张君家传》："元忠少尪弱，多疾，药饵不绝于口。"

亡没 死亡。明叶春及《秋草鹣鸰诗送黄箴卿扶兄榇归闽》："生者祇自苦，亡没宁讵知。"

惘然 疑惑不解貌。宋道原纂《景德传灯录》卷二五："一日净慧上堂，有僧问：'如何是曹源一滴水？'净慧曰：'是曹源一滴水。'僧惘然而退。"（51/407b）

威德炽王 天王名。宋宗晓编《四明尊者教行录》卷一："彼十千天子，威德炽王而为上首。"（46/863c）

威颜 威严的容颜。明陆深《经筵词序》："加以天纵圣神，威颜咫尺，奔趋莫及，进退踧然。"

威音王 佛名。宋晁公遡《又谢雨文》："自诸佛威音王，乃众生慈悲父。"

威音王佛 佛名。宋葛胜仲《跋道云刺血书经》："能仁所说法华，子既已书矣。不知威音王佛所说二十千万亿偈、洎日月净明德佛所说八百千万亿那由他偈、洎日月灯明大通智胜、文殊等佛及菩萨所说将何以书？"

威音王如来 如来名。宋志磐撰《佛祖统纪》卷一："最初威音王如来，有一比丘，名常不轻。"（49/136c）

微妙声佛 佛名。明徐应秋《玉芝堂谈荟》卷一六："北方莲花岩世界，微妙声佛也。"

微少 谓数量少。宋赵鼎《论防边第一疏》："然所谓兵者，不满数千，半皆老弱，不胜甲胄，疲瘵跛倚，可笑可怜。所贵金帛，至为微少。"

韦陀经 经典名。宋道原纂《景德传灯录》卷六："纵令诵得十二《韦陀经》，只成增上慢，却是谤佛，不是修行。"（51/250c）

韦陀罗 起尸鬼。宋戒环撰《妙法莲华经解》卷七："毗舍阇，恼害鬼；韦陀罗，厌祷鬼。"（X47/695a）

违驮天神　天神名。宋宗晓撰《金光明经照解》卷上："违驮天神。驮：唐贺切。违字，或经本单作韦。"（X31/757b）

乌摩勒伽　一种鬼。唐栖复撰《法华经玄赞要集》卷三五："乌摩勒伽，此云'食人精气鬼'，亦云'大煞鬼'。"（X54/915a）

污意　肮脏的想法。西晋无罗叉译《放光般若经》卷二〇："若魔波旬或持五乐，或以细滑色声香味来贡法师，法师以沤惒拘舍罗欲度众生能为受之，汝若见者，莫起污意。"（8/141c）

无边行　菩萨名。宋王安石《答蒋颖叔书》："《妙法莲华经》说实相法，然其所说亦行而已，故导师曰：安立行、净行、无边行、上行也。"

无等等阿耨多罗三藐三菩提心　义待考。唐般若译《大乘本生心地观经》卷一："一切众生遇此光明、见彼瑞相，皆发无等等阿耨多罗三藐三菩提心。"（3/294b）

无垢炽宝光明王相如来　如来名。唐阿地瞿多译《陀罗尼集经》卷一〇："并当至心礼如是等诸佛世尊，其名曰：宝胜如来、无垢炽宝光明王相如来、金焰光明如来……"（18/875c）

无量　佛名。隋慧远撰《无量寿经义疏》卷上："此佛从其寿命彰名。寿有真应，真即常住，性同虚空，应寿不定。或长或短，今此所论，是应非真。于应寿中，此佛寿长。凡夫、二乘不能测度知其限算，故曰无量。"（37/92a）

无量无数　数量大，不可计算。宋王炎《金刚经序》："是故福德无量无数，无有边际。"

无量义处　三昧名。唐王维《大唐大安国寺故大德净觉师碑铭》："小三千界，后五百年，空乘玉牒，莫睹金仙，无量义处，如来之禅，皆同目论，谁契心传。"

无量义处三昧　三昧名。宋李吕《书法华合论后》："佛说大乘经名无量义，又云入无量义处三昧。"

无胜　佛名。刘宋求那跋摩译《菩萨善戒经》卷一："南无无胜，南无无边身光，南无无边身。"（30/961a）

无厌足　佛经中的罗刹女名。唐吉藏撰《法华义疏》卷一二："蓝婆（此云'结缚'）、毘蓝婆（此云'离结'）、曲齿（此云'施积'）、华齿（此云'施华')、黑齿(此云'施黑')、多发(此云'被发')、无厌足(此云'无著')、持璎珞(此云'持华')、皐帝(此云'何所')。"(34/630b)

五热　五种苦行。梁萧衍《断酒肉文》:"又外道虽复五热炙身,投渊赴火,穷诸苦行,未必皆啖食众生。"

五衍　佛教语。谓人乘、天乘、声闻乘、缘觉乘、菩萨乘(或云佛乘)。清毛奇龄《宁州龙安山兜率寺重兴碑记》:"乃者龙安,亦有斯寺,阐兹五衍,开自六季,白马迁经,黄金布地。"

舞戏　跳舞戏乐。明倪岳《庆成宴再用前韵》:"伶官舞戏鱼龙队,力士班联剑佩光。"

兀手　人名。明董斯张《广博物志》卷二五:"昔佛在世时,舍卫城中有一长者,财宝无量,不可称计。其妇产一男儿,兀无有手,产便能语,作是唱言:'今此手者,甚为难得,深生爱惜。'父母怪之,因为立字,名曰兀手。"

喜不自胜　抑制不住内心的喜悦。明邹元标《答李复台》:"吾里言学者多,真正求适道者寡。一旦得来教,读之,喜不自胜。"

喜根菩萨　菩萨名。宋程俱《维摩诘所说经通论》:"常惨菩萨,大悲无量故;喜根菩萨、喜王菩萨,大喜无量故。"

喜满　劫名。唐栖复撰《法华经玄赞要集》卷二八:"劫名喜满者,简要云:见此佛土欢喜充足,故名喜满也。"(X54/660a)

遐鉴　理解深刻。明董斯张《广博物志》卷二一:"伟哉先生,玄览遐鉴,兴亡皎然。"

鲜白　鲜明洁白。明周是修《飞练诗序》:"喙若傅丹,眸若点漆,质鲜白如练,尾毛长尺,皎若银丝。"

贤面　人名。唐道世撰《法苑珠林》卷七八:"时彼城中有一长者,名曰贤面,财宝无量,不可称计。"(53/868b)

贤柔　贤明柔顺。宋慕容彦逢《婕妤刘氏可特授婉容制》:"惟九嫔掌教,四德名秩;隆显考择之慎,必惟贤柔。"

贤者子　称呼男性。唐道世撰《法苑珠林》卷七七:"此罗旬踰宿世为贤者子,作人嫉妬,见沙门来分卫,辄逆门户。"(53/863c)

显现　显露;呈现。明邹元标《新复巩昌府陇西县儒学记》:"乾之健者，我自健也；坤之顺者，我自顺也。坎陷艮止、震动巽入、离丽兑悦，悉自性显现。"

幰盖 帷盖。明王璲《杂诗》："平明朝谒散，幰盖溢亨衢。"

现一切色身 三昧名。宋戒环撰《妙法莲华经解》卷六："精进一心满万二千岁而后得现一切色身者，一切色身不离根尘中现。"（X47/672b）

现一切色身三昧 三昧名。梁宝唱等集《经律异相》卷八："无数求声闻众、无量人发菩提心，皆得住现一切色身三昧。"（53/40a）

现一切世间 国家名。唐法藏撰《华严经探玄记》卷一九："天竺本名现一切世间，前教化众生对见法门。"（35/477a）

香积 佛名。清汪琬《题藏佛寺》："香积馀烟在，禅灯旧焰稀。"

香积佛 佛名。明袁宏道撰《西方合论》卷一："诸方净土者，如东方药师佛、南方日月灯佛、上方香积佛，佛佛各有净土。"（47/391a）

香积如来 如来名。宋李弥逊《送秀化士还金陵序》："昔维摩诘遣化菩萨诣众香国，香积如来持众香钵盛满香饭而以与之。"

香身 人名。姚秦鸠摩罗什译《大庄严论经》卷一三："彼长者子于后命终，生于天上，或处人中，身常有香，身体支节皆有相好，父母立字，号曰香身。"（4/327c）

香水 芳香的水。清吴雯《文殊大士洗象图颂》："浮幢香水慈悲甚，洗尽恒河沙复沙。"

香烟 焚香所生的烟。清查慎行《微香阁次敬可韵》："一声清磬落何处，坐看香烟成翠微。"

香云 焚香所生烟形成的云。清吴雯《赠宋駿先》："佛火飞来轻似叶，香云生处白于绵。"

详序 安详肃穆。唐义净译《根本说一切有部毘奈耶》卷三四："是时独觉即往园中，长者遥见身心湛寂容仪详序，弥加信敬，起渴仰心。"（23/814a）

降弃 降伏，弃舍。明徐元太《喻林》卷八二："降弃一切众邪异学，若干法战坚跱幢旛，犹如勇将大军之师折伏严敌。"

降调 降伏，调伏。西晋安法钦译《道神足无极变化经》卷一："既施而

无悔，于戒不亏缺，忍辱及精进，禅慧不自大，布施与持戒，忍辱及精进，于禅定三昧，慧施而降调。"（17/803b）

邪观　不正确的观察。与"正观"相对。宋延寿集《宗镜录》卷八："见法实相，故为正观。若其异者，便为邪观。"（48/458b）

斜戾　歪斜不正。陈真谛译《无上依经》卷下："一者足下平满，所履践地悉皆平夷，称菩萨脚无有坑埳。二者行步平整，无有斜戾。"（16/473c）

欣庆　欢悦庆幸。明沈炼《答田副总兵书》："莫不赞扬将军昔日之英略而言今日麾下之兵甚枭健也，迁谪荒鄙之人深为欣庆。"

信命　传递命令的使者。北凉昙无谶译《大般涅槃经》卷二五："种种贩卖，手自作食；受使邻国，通致信命。如是之人，当知即是魔之眷属，非我弟子。"（12/517b）

信相　① 菩萨名。宋知礼述《金光明经玄义拾遗记》卷三："信相所梦既是佛世即现在，龙尊属过去。"（39/27a）② 王子名。隋智顗说、灌顶记《金光明经文句》卷六："此品是先王旧法，世世相传，先王传力尊相，力尊相传于信相，信相又传其子。"（39/78b）

信相菩萨摩诃萨　菩萨名。隋灌顶纂《国清百录》卷一："一心奉请信相菩萨摩诃萨。"（46/796b）

星像　指星体的明、暗及位置等现象。古人据以占测人事的吉凶祸福。"像"同"象"。唐王勃《梓州玄武县福会寺碑》："星像垂祉，川岳载灵，豫章七岁，麒麟千里。"

惺悟　清醒。宋延寿集《宗镜录》卷九二："譬如狂病，所作非法，惺悟之后，羞惭无颜。"（48/916c）

凶戏　危险的游戏。唐栖复撰《法华经玄赞要集》卷三三："二坏乱缘，亦不亲近诸有凶戏、相扠、相扑等。"（X54/779a）

修福　行善积德，以求来世及子孙之福。元吴澄《云峰院经藏记》："其下持戒修福，亦可成就种种福果。"

宿王戏三昧　三昧名。唐吉藏撰《法华义疏》卷一二："宿王戏三昧者，于诸三昧观达自在，故名戏，非爱结戏。"（34/622a）

绣利蜜多　神名。宋法云编《翻译名义集》卷二："'绣利蜜多'翻'有

功勋’。”（54/1086b）

须拔陀　人名。西晋安法钦译《阿育王传》卷四：“是诸仙人在恒河中受戒故，即名为摩田提。所作已办，得阿罗汉。礼阿难足，合掌而言：‘佛最后弟子须拔陀先佛涅槃。我今亦是阿难最后弟子，欲入涅槃，不忍见于和上涅槃。’”（50/116a-b）

须达多　古印度拘萨罗国舍卫城富商，波斯匿王的大臣，释迦的有力施主之一，号称给孤独。明徐应秋《玉芝堂谈荟》卷一六：“须达多出金布满，遂舍为伽蓝，故寺宇为宝坊。”

须曼那　人名。姚秦鸠摩罗什译《大智度论》卷七：“舍婆提有淫女人，名须曼那；王舍城淫女人，名优钵罗槃那。”（25/110b）

须弥灯王如来　如来名。宋道原纂《景德传灯录》卷二五：“昔古有言：作礼须弥灯王如来乃可得坐。且道须弥灯王如来今在何处？”（51/414c）

须弥顶　佛名。明徐应秋《玉芝堂谈荟》卷一六：“其二沙弥东方作佛：一名阿閦，在欢喜国；二名须弥顶。”

须弥幡　国家名。元魏吉迦夜译《称扬诸佛功德经》卷下：“上方有刹名须弥幡，其国有佛，号曰德手如来。”（14/102b）

须摩　人名。西晋竺法护译《贤劫经》卷四：“诸灭度佛犹安隐学，以闻外士名曰须摩，在于欲中，则以六事调护其意，使受道律，是持戒报。”（14/30a）

须摩那　人名。东晋僧伽提婆译《增壹阿含经》卷三：“善诲禁戒比丘尼僧，所谓须摩那比丘是。”（2/558a）

须提王　国王名。明弘赞辑《四分律名义标释》卷六：“彼乃过去无量世时，名须提王，设种种肴膳，供养辟支佛。”（X70/495a）

虚空藏菩萨　菩萨名。宋程俱《维摩诘所说经通论》：“辨音菩萨，常说是法故；虚空藏菩萨，法无尽故。”

虚空住　佛名。明徐应秋《玉芝堂谈荟》卷一六：“南方二佛：一名虚空住，二名赏灭。”

欻然　忽然。清李光地《闻东南得雨诗以志喜》：“楚粟千艘下来贩，近闻市直欻然平。”

宣护 宣扬，保护。宋戒环撰《妙法莲华经解》卷四："通颂三世宣护之行也。"（X47/615a）

悬岸 陡峭之地。唐道宣撰《续高僧传》卷一一："塔基之左有滢，名曰龙渊。其水不流，深湛悬岸。"（50/510a）

悬险 险峻。金元好问《库城》："踈林护悬险，绝壁入清深。"

学堂 学校。明周顺昌《与沈石帆别驾书》："三儿已入学堂读书，甚乐，皆邀岳翁之庇也。"

薰陆 香名。为橄榄科常绿乔木的凝固树脂。为薰香原料，又供药用。清吴绮《家镜秋侄香草词序》："所谓种自都梁，全无别味；烟吹薰陆，不杂馀滋。"

寻更 立即。宋道原纂《景德传灯录》卷二四："师以玄机一发，杂务俱捐；振锡南迈，抵福州长庆法会。虽缘心未息而海众推之，寻更结侣，拟之湖外。"（51/398b）

训化 教化，训诲。清蓝鼎元《书风俗志卷后》："夫风草之机，捷于影响，人非木石，岂有不可训化者哉？"

雅步 从容安闲地行走。清魏裔介《送友人归里》："诗才雅步西园后，侠气争如北海多。"

严土菩萨 菩萨名。宋程俱《维摩诘所说经通论》："严土菩萨，三千大千世界悉皆严净，法无不遍故；金髻菩萨、珠髻菩萨，至法顶故。"

阎浮金光 佛名。隋阇那崛多译《大威德陀罗尼经》卷二："如来名号十力，名号佛陀，……亦名离暗，亦名阎浮金光。"（21/761a）

阎浮那提金光如来 如来名。隋阇那崛多共笈多译《添品妙法莲华经》卷三："是大迦旃延……具菩萨道，当得作佛，号曰阎浮那提金光如来、应供、正遍知、明行足、善逝、世间解、无上士、调御丈夫、天人师、佛、世尊。"（9/156a）

阎浮檀金幢光照明如来 如来名。隋宝贵合、北凉昙无谶译《合部金光明经》卷七："世界尔时转名净幢，佛名阎浮檀金幢光照明如来、应供、正遍知、明行足、善逝、世间解、无上士、调御丈夫、天人师、佛、世尊。"（16/394a）

阎摩罗王 阎王。唐般若译《大乘理趣六波罗蜜多经》卷八："薜荔多、毕舍遮、鸠畔吒、补吅那、迦吒补吅那、阎摩罗王、饿鬼、傍生，各随本音，皆

言：‘如来为我说法。’”（8/901b）

演敷　陈述，讲解。宋苏籀《皇甫一首》：“演敷奇致开妙门，荡耀四海苏顽昏。”

厌恶　讨厌，憎恶。清田雯《芋》：“多怪厌恶鸟，僻事何曾见？”

厌离　厌恶离弃。明王世贞《周母薛太孺人塔铭》：“素好佛家言，厌离尘网，求生西方，安养弥陀。”

宴坐　佛教指坐禅。清吴雯《小善卷》：“焚香聊宴坐，独理朱丝弦。”

央掘摩罗　神名。宋从义撰《金光明经文句新记》卷七：“‘萨多琦棃、多醯波醯、阿伽跋罗、摩伽、央掘摩罗’四句亦后人妄加耳。”（X31/722a）

鸯掘摩罗　人名。北凉昙无谶译《大般涅槃经》卷三一：“云何气嘘旃陀罗而得生天，鸯掘摩罗得解脱果？”（12/550a）

妖姿　艳丽的姿容。元舒頔《芙蓉花盛开可爱》：“妖姿如美人，不与春争妍。”

药王佛　佛名。明徐应秋《玉芝堂谈荟》卷一：“廿八日，药王佛生。”

药王如来　如来名。唐僧祥撰《法华传记》卷一〇：“尔时有佛，号药王如来。世界名大清，劫曰净除。”（51/96b）

耶奢　人名。秦失译《萨婆多毘尼毘婆沙》卷二：“沙弥中正有二沙弥从佛得受：一者难提，二者耶奢。馀三众：比丘尼、式叉摩尼、沙弥尼，佛不受也，为止诽谤故。”（23/512b-c）

耶奢蜜多　人名。唐道世撰《法苑珠林》卷八一：“其妇生一男儿，端正殊妙，世所希有。当生之日，天降大雨，父母欢喜，举国闻知。相师占善，因为立字，名耶奢蜜多。”（53/887a）

业风　佛教语。谓善恶之业如风一般能使人飘转而轮回三界。明李昌祺《题祖来上人罗汉图》：“业风播荡苦海掀，流转沉溺畴能援。”

夜叉吉遮　义待考。明袾宏补注《修设瑜伽集要施食坛仪》：“三十六名者：一波吒薜荔多、二婆罗门仙、三婆吒远害大力、四若夜叉吉遮、五波罗刹食不净、六饥虚食粪……”（X104/885b）

夜光宝　夜晚能发光的宝珠。宋谢薖《成德不面逾月仆以病暑未能出谒辄和所寄藁字韵诗奉寄兼柬子中》：“我诗燕石初不如，浪欲珍为夜光宝。”

一切净功德庄严三昧 三昧名。宋张方平《皇考金紫光禄大夫太子少师墓志铭》:“是公岂所谓得一切净功德庄严三昧者耶? 我为善知识,应为发起宿世善根。”

一切众生喜见佛 佛名。宋闻达撰《妙法莲华经句解》卷五:“憍昙弥是一切众生喜见佛及六千菩萨,即六千尼。”(X48/108a)

一切众生喜见如来 如来名。唐栖复撰《法华经玄赞要集》卷六:“今汝欲知记者,将来之世当得作佛,号一切众生喜见如来。”(X53/622a)

一切众生憙见菩萨 菩萨名。梁法云撰《法华经义记》卷八:“第一是‘一切众生憙见菩萨’下明闻经修行,第二从‘满万二千岁已得现一切色身三昧’以下,明得现果。”(33/676c)

伊罗钵龙 龙名。东晋僧伽提婆译《增壹阿含经》卷四九:“有伊罗钵龙在乾陀卫,此名一藏,无数珍宝积满其宫。”(2/818c)

伊罗钵王 龙王名。宋宗晓撰《金光明经照解》卷下:“伊罗盋王,《法华》称‘优盋罗’,《添品法华》称‘沤盋罗’。”(X31/832a)“盋”同“钵”。

怡解 义待考。隋阇那崛多译《佛本行集经》卷一五:“时净饭王闻其太子作是言已,如象摇树,遍体战动,支节怡解,泪下盈目。”(3/724c)

义味 意味和情趣。元唐元《二十九日仲文教授生旦》:“晚岁朋侪少,清交义味醇。”

忆望 盼望。元王恽《送子初宗兄出镇阌台》:“两乡忆望三千里,一席亲情四十年。”

邑会 聚会。唐玄奘译《瑜伽师地论》卷四五:“或有来求共结婚媾,或有来求共作邑会,或有来求助营事业。”(30/541c)

益更 更加。清朱彝尊《熊氏后汉书年表序》:“史册既详,纲目汉功,益更昭明。”

意乐国 国家名。唐吉藏撰《法华义疏》卷八:“初五偈颂行因,‘于意乐国’下颂得果。”(34/567c)

意情 情意。宋韩琦《祈雪宿斋醴泉观》:“愆阳经腊恻皇情,遍走灵祠达意情。”

阴冥　阴暗。宋彭汝砺《塞外冬至》："阴冥丘壑云长暗，阳触渊泉冻欲销。"

姻婚　儿女姻亲。明唐桂芳《勉斋黄公》："惟公笃生南国，早登师门，文如李汉，缔于姻婚。"

殷重　恳切深厚。金元好问《送王彦华》："迂斋受学青衿日，殷重遗山为拊摩。"

银光　人名。唐义净译《金光明最胜王经》卷九："次子银光即补佛处，还于此界当得作佛，号曰金光明如来。"（16/447a）

银相　人名。唐义净译《金光明最胜王经》卷五："往时有二子：金龙及金光，即银相、银光，当授我所记。"（16/423b）

引伏　认罪，服罪。明林文俊《贺侍御陈君考最序》："始至，捕得逋寇数人，不烦榜笞，折以片辞，辄皆吐实引伏，君立毙之于市。"

引负　义待考。晋常璩《华阳国志》卷七："冬，维还，谢过引负，求自贬削。"

引挽　拉弓。元魏慧觉等译《贤愚经》卷七："化王还取，以指张弓，复持与之，敕令引挽，金地国王殊不能挽。"（4/398c）

营理　管理；料理。宋叶适《母杜氏墓志铭》："夫人无生事可治，然犹营理其微细者，至乃拾滞麻遗纻缉之，仅成端匹。"

营务　经营，从事。明张宁《王处士墓志铭》："饱食煖衣，无所营务，非所以示子孙。"

佣力　谓受雇出卖劳力。明孙承恩《悯己赋》："既不能佣力为工贾兮，又不能为胼胝之黔黎。"

勇意菩萨　菩萨名。隋达摩笈多译《大宝积经》卷一〇二："尔时复有四万二千菩萨摩诃萨，其名曰：……善思惟菩萨、思心菩萨、勇意菩萨、善思菩萨……"（11/571b）

踊悦　喜悦。明徐元太《喻林》卷一六："鲉鰕踊悦于泥泞，赤螭凌厉乎高冥。"

优钵罗花　植物名。即青莲花。多产于天竺，其花香洁。元耶律楚材《过天山和上人韵二绝》之二："无心对镜谁能识，优钵罗花火里开。"又写作

“优钵罗华”。明徐元太《喻林》卷四二：“譬如一切水生华中，优钵罗华而为最胜；陆生华中，瞻博迦华而为最胜。”

优昙钵罗 花名。清常安《红优昙花记》：“扶桑，则五色烂熳；杜鹃，则百本争妍。其馀水陆草木与中州互有异同，而优昙之奇逸又异于诸品，为天下所无。考贝叶经，载此花曰优昙钵罗。”

忧留频螺迦叶 人名。字形又作“优楼频螺迦叶”。唐义净译《根本说一切有部毘奈耶药事》卷一七：“尔时诸大声闻、耆宿苾刍告具寿优楼频螺迦叶、那提迦叶、伽耶迦叶等，作如是言：‘具寿尊者已说昔业报，次至仁等当说。’”（24/83a）

由故 仍然。唐义净译《根本说一切有部毘奈耶出家事》卷四：“然彼圣者有大威德，大海崄难，由故得存，平地无阂，岂容不达？”（23/1035b）

有意 人名。宋闻达撰《妙法莲华经句解》卷一：“佛昔在家为轮王时所生八王子即有意等，见大圣出家，见父出家成大圣人，亦随修梵行，子亦随父修诸净行。”（X47/872a-b）

浴洗 洗澡。明张介宾《景岳全书》卷三四：“外用七珍汤浴洗、发汗，则易愈。”

遇到 碰到。宋李曾伯《淮阃奉诏言边事奏》：“遇到秋防，冦至入城，迁避，惟有此策尚或可行。”

缘务 佛教语。与己有缘之世间俗务。隋灌顶纂《国清百录》卷一：“又断莫一切世间缘务，生活、人事、技能、作作勿使经怀，尽其根源，莫令恼乱。”（46/797a）

远彻 响彻远方。清徐乾学《资治通鉴后编》卷九七：“朕克笃前烈，告厥成功，远彻河源，奄有积石。”

怨嫉 不满，怨恨。明王慎中《与李中溪书一》：“方用世时，好行惊众之事，以召怨嫉。”

乐神 传说中的司乐之神。唐义净译《根本说一切有部毘奈耶杂事》卷三七：“时彼乐神见佛世尊身真金色、三十二相、八十种好，周匝庄严，赫奕光明，超逾千日。”（24/395c）

月盖 人名。梁僧伽婆罗译《舍利弗陀罗尼经》：“是时众中有长者子，

名曰月盖，从彼闻说取无边门陀罗尼，闻已随喜。”（19/697b）

云雷音宿王华智多陀阿伽度　佛名。唐栖复撰《法华经玄赞要集》卷六：“乃往古昔过无量无边不可思议阿僧祇劫，有佛名云雷音宿王华智多陀阿伽度、阿罗诃、三藐三佛陀。”（X53/616a-b）

云雷音宿王华智佛　佛名。梁宝唱等集《经律异相》卷八：“云雷音宿王华智佛今在七宝菩提树下法座上坐，说《法华经》，是我等师。”（53/40a）

云雷音王多陀阿伽度　佛名。隋阇那崛多共笈多译《添品妙法莲华经》卷七：“过去有佛，名云雷音王多陀阿伽度、阿罗呵、三藐三佛陀。”（9/190c）

云雷音王佛　佛名。唐湛然述《法华文句记》卷一〇：“下品亦有佛者，云雷音王佛、宝威德上王佛等。”（34/354a-b）

云自在　佛名。明徐应秋《玉芝堂谈荟》卷一六：“西北方二佛：一名云自在，二名云自在平。”

云自在灯王　佛名。唐窥基撰《妙法莲华经玄赞》卷一：“以是因缘，又值二千亿佛，同号云自在灯王，亦于此诸佛法中受持此经。”（34/651c）

殒死　死。《南齐书·张冲传》：“我家世忠贞，殒死不二。”

造化菩萨　菩萨名。姚秦竺佛念译《最胜问菩萨十住除垢断结经》：“一时佛在毘舍离城棕氏树园，与大比丘众八万四千、菩萨十万四千人俱。……其名曰：……持魔菩萨、造化菩萨、水光菩萨、施相菩萨……”（10/966a）

造诣　到达。宋宗晓编《乐邦文类》卷四：“若欲依经所说行之，自非大根大性、宿世缘熟，必难造诣，速得发悟，出离生死。”（47/208a）

增意　人名。唐栖复撰《法华经玄赞要集》卷一四：“言进善破恶者，由修一切善，故名增意。”（X54/81b）

债索　讨债。秦失译《别译杂阿含经》卷一四：“与财为亲厚，债索时忿诤。怪哉财义利，失财失亲友。”（2/471c）

旃陀　女神名。隋宝贵合、北凉昙无谶译《合部金光明经》卷七：“若睡若寤，旃陀、旃陀、利大鬼神、女等鸠罗、鸠罗檀提、噉人精气，如是等神皆有大力，常勤拥护十方世界受持经者。”（16/393b）

栴檀佛　佛名。北凉昙无谶译《悲华经》卷一〇：“复有坏诸魔佛、娑罗王佛、大力光明佛、莲华增佛、栴檀佛、弥楼王佛、坚沈水佛、火智大力佛，如

是无量诸佛如来。”（3/232b）

栴檀香　①佛名。西晋竺法护译《大哀经》卷三：“其土已更曾与千佛悉同一字，号曰栴檀香。以故，其劫名曰上香。栴檀香作佛事竟，然后乃当取般涅槃。”（13/425a-b）②人名。姚秦竺佛念译《出曜经》卷四：“然彼长者无常对至，唯有一子名栴檀香，即唤子前。”（4/630c）

瞻待　招待。北凉昙无谶译《大般涅槃经》卷九：“汝乳多水，不直尔许。正值我今瞻待宾客，是故当取。”（12/421c）

慞惶　忙乱，慌张。宋王质《寄题陆务观渔隐》：“欢喜奇特不可当，继以惊愕怀慞惶。”

长宿　年长而素有声望的人。唐义净译《根本说一切有部目得迦》卷八：“时有净信婆罗门及诸居士等以上妙瓶持吉祥水注苾刍手，并授施物，曾无一人辄敢受者。世尊告曰：‘长宿、耆年诸苾刍辈应展右手受吉祥水，并受施物。’”（24/446a）

长益　促进，增益。宋陈襄《与章衡秀才书》：“子平年少才俊，有大人之具，今者不获已，寄身无人之乡，恐其独居无朋，不能大有长益。”

针发鬼神　鬼神名。唐道世撰《法苑珠林》卷六：“爰及黄头大将、针发鬼神、绣利勒那、槃荼、罗刹三千眷属五百徒党悉为忏悔。”（53/311a）

针綖　针和线。唐段成式《酉阳杂俎续集》卷六：“太宗常赐三藏衲，约直百馀金，其工无针綖之迹。”

甄迦罗　数词名。千万亿。唐僧祥撰《法华传记》卷一：“宿王智佛说甄迦罗、频婆罗、阿閦婆等偈，威音王说二十千亿偈。”（51/49b）

征罚　讨伐。唐般若译《大方广佛华严经》卷一二：“刹帝利种，增修射御，政在养人，功存禁暴，弦歌悦众，征罚不庭。”（10/714c）

正观菩萨　菩萨名。东晋佛陀跋陀罗译《观佛三昧海经》卷二：“若能暂时舍离散乱、系心正观菩萨降魔白毫相者，灭无数劫黑业恶障。”（15/653b）

证际　义待考。西晋竺法护译《大宝积经》卷一一七：“善权方便，执御大哀，观于痛痒，了本无痛意止之行，消诸所见，明识于此，不以遇于三界诸痛灭取证际也。”（11/662b）

诤竞　竞争；争论。诤，通“争”。唐李延寿《北史·蒋少游传》：“二意相乖，时致诤竞。”

诤怒　斗争。东晋僧伽提婆译《中阿含经》卷四四：“若有男子、女人急性多恼，彼少所闻便大瞋恚，憎嫉生忧，广生诤怒，彼受此业，作具足已，身坏命终，必至恶处。”（1/705a-b）

执劳　操劳。清施闰章《石鹿山人传》：“山人贤而执劳，贫而不怨，非其力不食，不求人知，而间以艺见。”

智印三昧　三昧名。北凉昙无谶译《大般涅槃经》卷四〇：“四万五千菩萨得虚空三昧，是虚空三昧亦名广大三昧，亦名智印三昧。”（12/603c）

众香　世界名。姚秦僧肇撰《注维摩诘经》卷八：“时维摩诘即入三昧，以神通力示诸大众上方界分过四十二恒河沙佛土，有国名众香。”（38/400a）

周惠　普遍赏赐。元胡祗遹《张彦明世德碑铭》：“两世治生，商贾累资，富贵乡里。贫不给者，出有馀以周惠之；称贷而不能偿者，悉毁其券。”

周竟　圆满。梁法云撰《法华经义记》卷六：“若使说《法华》究竟明无三之义，三乘化功已废如死，说《法华》既未周竟，波若势由未尽，故名临终也而命其子并会亲族。”（33/640a）

周讫　结束。东晋僧伽提婆译《增壹阿含经》卷一三：“时彼如来教化周讫，便于无余涅槃界而般涅槃。”（2/610c）

周陀　人名。唐吉藏撰《法华义疏》卷九：“周陀者，翻为‘不乐’。”（34/580b）

珠鬘　真珠做的饰品。明徐一夔《瑞光井赞》：“视此下土，于以示现，珠鬘缤纷，有光孔炫。”

柱根　柱脚。唐白居易《早寒》：“黄叶聚墙角，青苔围柱根。”

转轮　即“转轮圣王”。西晋竺法护译《修行道地经》卷七：“譬如有人求圣王，及见一城谓是邦，诸小国王忆转轮，在中娱乐谓大通。”（15/227a）

庄严其身释迦如来　如来名。宋宗晓撰《金光明经照解》卷上：“‘南无无量百千亿那由佗庄严其身释迦如来’等文，此节经文疏中科为人王归敬三宝释迦佛也。”（X31/756a）

庄严王三昧　三昧名。唐吉藏撰《法华义疏》卷一二：“庄严王三昧者，

如恒沙等国土皆以七宝庄严，佛处其中。”（34/622b）

捉持　持。明朱橚《普济方》卷三七六：“凡诸痼正发，手足掣缩，慎勿捉持之，致令曲戾不随也。”

谘禀　请教。宋刘跂《夫人李氏墓志铭》：“宗族内外，事无剧易，多谘禀而后决。”

谘启　请教。北凉昙无谶译《大般涅槃经》卷一九：“若有众生造作诸罪，覆藏不悔，心无惭愧，不见因果及以业报，不能谘启有智之人，不近善友，如是之人一切良医乃至瞻病所不能治。”（12/477c）

自利利他　自己得到利益，也使他人得到利益。宋张元幹《祭老禅文》：“缁白俱涕，追怀曩游，福城东际，自利利他，普及一切。”

自然智　天生的智慧。宋延寿集《宗镜录》卷七二：“佛法虽有无师智、自然智，而是常住真理，要假缘显，则亦因缘矣。”（48/819b）

走诣　趣向。明吴宽《封承德郎户部江西司主事前滨州儒学训导陈公墓表》：“州人感之，走诣上司。”

族望　有声望的名门大族。清李光地《读明季魏孝子学洢赠鹿太公百韵诗摘四十韵》：“鹿氏传忠孝，燕台擅族望。”

族姓女　大种族的女性。东晋僧伽提婆译《中阿含经》卷二：“有信族姓男、族姓女，于房舍中施与一切新净妙衣，周那，是谓第三世间之福，得大福佑，得大果报。”（1/428a）

最后身　佛教指生死界中最后之身。宋吕本中《畜犬雪童黠甚胜人壬戌夏暴死作诗伤之》：“他生与我有微因，来见防家最后身。”

最胜　佛名。宋施护译《诸佛经》：“后复有佛，名曰最胜，出现于世。”（14/113c）

罪垢　佛教语。指罪孽。宋陆游《保安青词》：“伏念臣少多罪垢，晚乏功能。”

罪业　佛教语。谓身、口、意三业所造之罪。亦泛指应受恶报的罪孽。明文徵明《失解东归口占》：“向来罪业无人识，虚占时名二十年。”

作唱　演唱。萧齐僧伽跋陀罗译《善见律毘婆沙》卷一六：“七、不歌舞作唱严饰乐器，亦不故往观听，乃至鬬诤悉不得看。”（24/788c）

三、小　结

1. 魏晋南北朝时期四部汉译佛经《撰集百缘经》、《维摩诘经》、《金光明经》、《妙法莲华经》出现的新词新义在音节数、词语结构、词性方面的特点如下：

① 四部汉译佛经出现了876个新词，平均词长是3.13个音节，以双音节词居多，有454个，占51.8%。但这种情况在外来词[1]和本土词中表现出不均衡。在音节数量上，外来词的平均词长3.99个音节大于本土词的平均词长2.49个音节。在外来词内部也存在着不均衡：借词的平均词长4.12个音节大于仿译词的平均词长2.98个音节。外来词以四音节词居多，有152个，占40.6%；本土词以双音词居多，有392个，占78.1%。

② 四部汉译佛经有87个词语出现了新的义项，平均词长是2.13个音节，以双音节词居多，有77个，占88.5%。但这种情况在外来词和本土词中表现出不均衡。在音节数量上，外来词的平均词长2.62个音节大于本土词的平均词长2.04个音节。在外来词内部也存在着不均衡：借词的平均词长2.9个音节大于仿译词的平均词长2.0个音节。

③ 在四部汉译佛经出现的876个新词中，有127个单纯词、745个复合词、4个成语。在745个复合词中，存在着五种构词方式：主谓、并列、述宾、偏正、附加，以偏正构词方式构成的词语居多，有412个词，占55.3%。但这种情况在外来词和本土词中表现出不均衡。在数量上，外来词以偏正式构成的新词居多，有241个新词，占32.3%；本土词以并列式构成的新词居多，有267个，占35.8%。在构词方式上，本土词的构词方式多于外来

[1] 按照借用的方式分类，外来词可以分为：借词（loan-word）、仿译词（calque）、形译词。借词又分音译词和混合词（hybrid）。参看张永言《词汇学简论》，华中工学院出版社，1982年，第95–96页。“梵汉合璧词”即是属于“混合词”。关于“梵汉合璧词”，较早见于梁晓虹的论文《论梵汉合璧造新词》，载《福建师范大学学报（哲学社会科学版）》1986年第4期，第65–70页。

词的构词方式：外来词只有两种构词方式（主谓、偏正），本土词出现了五种构词方式。

④ 四部汉译佛经有87个词语出现了新义：8个单纯词、79个复合词。在79个复合词中，存在着六种构词方式：主谓、并列、述宾、偏正、叠音、附加，以偏正构词方式构成的词语居多，有42个词，占53.2%。这种情况在外来词和本土词中表现一致。在数量上，外来词以偏正式构成的词语居多，有7个词语，占8.9%；本土词以偏正式构成的词语居多，有35个，占44.3%。在构词方式上，外来词只有一种构词方式（偏正），本土词有六种构词方式。

⑤ 在四部汉译佛经出现的876个新词中，有7个类别，以名词、动词居多：名词635个，占72.5%；动词177个，占20.2%。这种情况在外来词和本土词中表现出不均衡。在数量上，外来词以名词居多，有370个，占42.2%；本土词以名词（265）和动词（174）居多，各占30.3%和19.9%。在新词的词类分布上，本土词的词类多于外来词的词类：外来词出现了3个词类（名词、动词、数词），本土词出现了5个词类和凝固结构。

⑥ 四部汉译佛经有87个词语出现了新的义项，有4个词类，以名词居多：名词有73个，占84%。外来词只出现了1个词类（名词），本土词出现了4个词类。

新词新义的音节数分布表：

新词新义 \ 数量 \ 词长		单音节	双音节	三音节	四音节	五音节	六音节	七音节
新词（876）	外来词（借词/仿译）（374）	1（1/0）	62（38/24）	74（66/8）	152（145/7）	43（41/2）	11（10/1）	12（11/1）
	本土词（502）	1	392	45	37	10	5	5
新义（87）	外来词（借词/仿译）（13）	0	8（4/4）	2（2/0）	3（3/0）	0	0	0
	本土词（74）	1	69	4	0	0	0	0

续 表

词长 / 数量 / 新词新义		八音节	九音节	十音节	十二音节	十三音节	平均词长
新词（876）	外来词（借词/仿译）（374）	9（8/1）	6（6/0）	2（2/0）	1（1/0）	1（1/0）	3.99（4.12/2.98）
	本土词（502）	3	1	1	0	2	2.49
新义（87）	外来词（借词/仿译）（13）	0	0	0	0	0	2.62（2.9/2.0）
	本土词（74）	0	0	0	0	0	2.04

新词新义的结构与词性分布表：

结构 / 词性 / 数量 / 新词新义		结构									词性						
		单纯词			复合词												
		双声	叠韵	非双声叠韵	主谓	并列	述宾	偏正	叠音	附加	名词	动词	形容词	代词	数词	副词	成语
新词（876）	外来（374）	0	0	124	10	0	0	241	0	0	370	3	0	0	1	0	0
	本土（502）	1	0	2	18	267	30	171	0	9	265	174	45	2	0	15	4
新义（87）	外来（13）	0	0	6	0	0	0	7	0	0	13	0	0	0	0	0	0
	本土（74）	0	1	1	3	20	11	35	1	2	60	8	5	0	0	1	0

2. 魏晋南北朝时期四部汉译佛经《撰集百缘经》、《维摩诘经》、《金光明经》、《妙法莲华经》出现的新词新义在后世文献中的留存情况：

① 876个新词，有746个词语仍然在后世文献中使用，占85.16%。其中，本土词占52.74%，外来词占32.42%，本土词的比例高于外来词。在外来词内部，借词的比例（28.2%）高于仿译词的比例（4.2%）。

② 87个词语出现新义，有75个仍然在后世文献中使用，占86.2%。其

中，本土词63个，占72.4%；外来词12个，占13.8%。本土词的比例高于外来词。在外来词内部，仿译词的比例（4.6%）低于借词的比例（9.2%）。

新词在后世的留存情况：

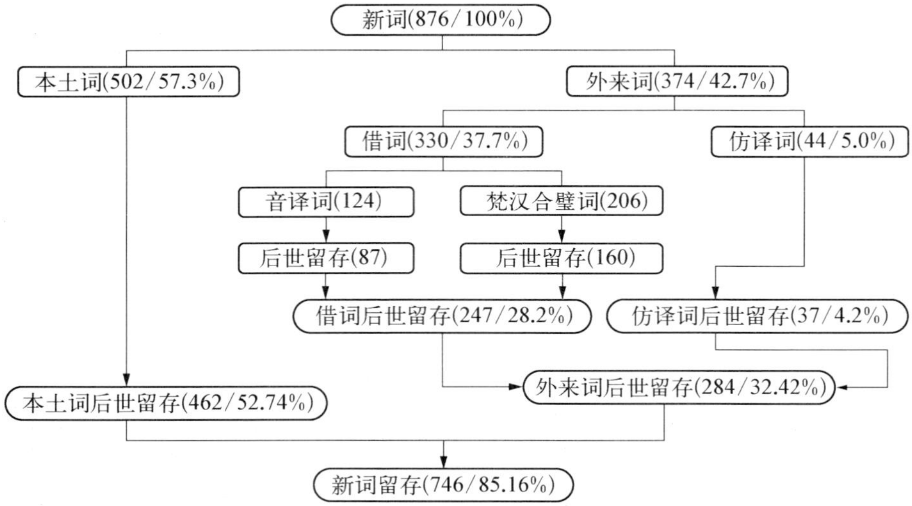

词语新义在后世的留存情况：

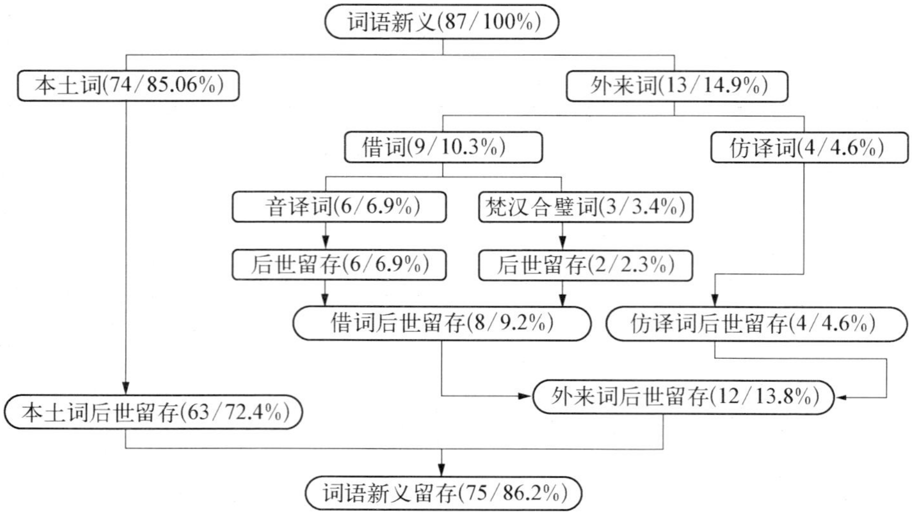

下编　语法专题

一、表示复数的人称代词

汉语的人称代词经历了单、复数同形，单、复数形式混用，区分单、复数形式的过程。在上古汉语中，表示人称的代词是单数、复数使用同样的形式，即“单、复数同形”，如：“我”既是第一人称代词的单数形式，又是第一人称代词的复数形式；“汝”既是第二人称代词的单数形式，又是第二人称代词的复数形式。在魏晋南北朝的汉译佛经中，人称代词出现了单、复数不同形的现象，如：“我”主要表示第一人称代词的单数，“我等”、“我辈”、“我曹”、“我等辈”表示第一人称代词的复数；“汝”主要表示第二人称代词的单数，“汝等”、“汝辈”、“汝曹”、“汝等辈”表示第二人称代词的复数。在魏晋南北朝时期的中土文献中[1]，“等”、“辈”、“曹”附于“我”、“汝”、“尔”之后较少见，它们的名词性强、意义明确、形式不固定、使用频率较低，学术界多数学者仍然不把“我等”、“我辈”、“我曹”、“汝等”、“汝辈”、“汝曹”等形式看作第一、第二人称代词的复数形式。

在汉译佛经中出现人称代词的复数形式，且严格区分单、复数形式，原因何在？据朱庆之（1993、2013、2014）、龙国富（2008）、陈秀兰（2010/2012）研究，佛经翻译对于汉语复数代词的发展起着重要的作用。为了进一步理清其中的脉络，我们选择不同时期、具有代表性的四部汉译佛经《撰集百缘

[1] 参看龙国富《从梵汉对勘看早期翻译对译经人称代词数的影响》，《外语教学与研究》2008年第5期，第218–223页。

经》、《维摩诘经》、《金光明经》、《妙法莲华经》及其平行梵文本作为考察的对象，穷尽性地调查其中表示复数的人称代词使用情况。

（一）汉译本《撰集百缘经》、《维摩诘经》、《金光明经》、《妙法莲华经》表示复数的人称代词

在汉译本《撰集百缘经》、《维摩诘经》、《金光明经》、《妙法莲华经》中，表示复数的人称代词有14个：① 第一人称代词5个：我、我等、我等辈、吾、吾等；② 第二人称代词5个：汝、汝等、汝等辈、卿、卿等；③ 第三人称代词4个：彼、彼等、其、之。

下表是汉译本《撰集百缘经》、《维摩诘经》、《金光明经》、《妙法莲华经》表示复数的人称代词使用频率和语法功能：

代词 \ 频率 \ 语法功能		主语		宾语	定语	兼语	介词短语
第一人称代词	我	74	+	+	+	+	
	我等	230	+	+	+	+	+
	我等辈	8	+			+	
	吾	9	+				
	吾等	2	+				
第二人称代词	汝	104	+	+	+	+	+
	汝等	203	+	+	+	+	+
	汝等辈	3	+			+	
	卿	1	+				
	卿等	7	+	+		+	
第三人称代词	彼	23	+	+	+	+	+
	彼等	1		+			
	其	162	+	+	+	+	+
	之	72		+			
合计		899					

从上表的统计数据来看，在这四部汉译佛经中使用了14个表示复数的人称代词。其中，单音节形式7个，445次；双音节形式5个，443次；三音节形式2个，11次。在使用频率上，单音节形式占49.5%，复音节形式占50.5%。其中，单音节形式主要集中在第三人称代词上，占28.6%（第一人称代词占9.2%，第二人称代词占11.7%）；复音节形式主要集中在第一、第二人称代词上，占50.4%（第一人称代词占26.7%，第二人称代词占23.7%）。从使用频率来看，复音节表示复数的人称代词略占优势，高1%，尤其是在第一、第二人称复数代词方面则占有明显优势。这说明在这四部汉译佛经中，表示复数的人称代词已经打破上古汉语单、复数同形的状况，出现了复音节形式表示复数，但又存在着单、复数混用的现象。

（二）梵、汉本《撰集百缘经》、《维摩诘经》、《金光明经》、《妙法莲华经》表示复数的人称代词对勘情况

梵、汉本《撰集百缘经》、《维摩诘经》、《金光明经》、《妙法莲华经》表示复数的人称代词对勘情况如下表：

表示复数的第一人称代词梵汉对勘情况：

汉译本情况 / 平行梵文本对译情况	我（74/56）	我等（230/179）	我等辈（8/5）	吾（9/9）	吾等（2/2）
第一人称代词复数（双数）	47	157	5	8	
第一人称代词单数		3			
动词第一人称复数（双数）	9	9		1	1
动词第一人称单数		2			
第二人称代词（bhavat）复数		3			1
第二人称代词单数		1			
名词复数		1			
形容词复数		3			

表示复数的第二人称代词梵汉对勘情况：

汉译本情况 / 平行梵文本对译情况	汝（104/44）	汝等（203/119）	汝等辈（3/1）	卿（1/1）	卿等（7/1）
第二人称代词（bhavat）复数（双数）	19	66	1	1	
第二人称代词（bhavat）单数		3			
动词第二人称复数（双数）	5	43			1
动词第二人称单数		1			
动词第一人称单数	16				
反身代词（ātman）单数	1				
指示代词复数		2			
名词复数	2	1			
名词单数	1	3			

表示复数的第三人称代词梵汉对勘情况：

汉译本情况 / 平行梵文本对译情况	彼（23/14）	彼等（1/0）	其（162/37）	之（72/39）
第三人称代词复数	6		20	6
动词第三人称复数			1	
第二人称代词复数	1			
第一人称代词双数			1	
关系代词复数			1	
指示代词复数	1		2	1
名词复数	6		12	31
形容词复数				1

具体对勘情况如下：

1. 我

“我”在汉译本《撰集百缘经》、《维摩诘经》、《金光明经》、《妙法莲华经》中有74例用作复数，56例有相应的梵文原典。其中，47例对译梵语第一人称代词的复数（双数），9例对译梵语动词第一人称的复数。如：

（1）以此作倡伎乐善根功德，使我来世得成正觉。（吴支谦译《撰集百缘经》卷三，4/216b）

它所对应的梵文原典是：

anena	**vayaṁ**	kuśalamūlena	pratyekāṁ	bodhiṁ
pron.n.sg.I.	pron.1.pl.N.	n.sg.I.	f.sg.Ac.	f.sg.Ac.
此	我们	善根功德	独觉	菩提

sākṣātkuryāma	iti |
sākṣāt-√kṛ, 1.pl.opt.P.	adv.
眼前获得	如是

（avadānaśataka, I/p.164）

vayaṁ（我们）是梵语第一人称代词的复数、体格形式，支谦译为“我”。汉语今译：由此善根功德，我们眼前获得辟支佛。

（2）居士，我闻佛不教人违亲为道。（吴支谦译《维摩诘经》卷上，14/523b）

它所对应的梵文原典是：

śrutaṁ	**asmābhir**	gṛhapate	na	tathāgato[1]	nava[2]
ppp.n.sg.N.	pron.1.pl.I.	m.sg.V.	indec.	m.sg.N.	m.sg.N.
被听闻	我们	长者	不	如来	新学

sṛṣṭaṁ	mātāpitṛbhyāṁ	pravrājayati	iti |
ppp.n.sg.N.	m.du.I.	pra-√vraj, caus.3.sg.pres.P.	adv.
被允许	父亲、母亲	出家	如是

（《梵藏汉对照〈维摩经〉》，p.126）

asmābhir（我们）是梵语第一人称代词的复数、具格形式，支谦译为“我”。黄宝生译：家主啊，我们听说，如来不准许父母不放行者出家。（《梵汉

[1] 参看：Buddhist Hybrid Sanskrit Grammar and Dictionary [Vol.1，简称BHSG], by Franklin Edgerton, Motilal Banarsidass Publishers Private Limited, Delhi, 2004。§ “8.18.Nom.sg.-o.”, p.49。

[2] 参看：BHSG，§ “8.22.Nom.sg.-a”，p.50。

对勘维摩诘所说经》[1],p.97)

(3)波旬,以此与我,如我应受,莫与释迦弟子。(吴支谦译《维摩诘经》卷上,14/524c)

它所对应的梵文原典是:

asmabhyaṁ	pāpīyan	etā	apsaraso[2]	niryātayā[3] |
pron.1.pl.D.	m.sg.V.	pron.f.pl.N.	f.pl.N.	ppp.f.pl.N.
我们	波旬	这些	天女	被给与

asmākaṁ	etāḥ	kalpyante	na
pron.1.pl.G.	pron.f.pl.N.	√kḷp, 3.pl.pres. pass.	indec.
我们	这些	分别	不

śramaṇānāṁ	śākyaputrīyāṇām	iti |
m.pl.G.	m.pl.G.	adv.
沙门	释迦弟子	如是

(《梵藏汉对照〈维摩经〉》,p.158)

asmabhyaṁ(我们)是梵语第一人称代词的复数、为格形式,支谦译为"我"。asmākaṁ(我们的)是梵语第一人称代词的复数、属格形式,支谦也译为"我"。

黄宝生译:恶魔啊,你把这些天女送给我们吧!她们适合我们,不适合沙门释子。(《梵汉对勘维摩诘所说经》,p.120)

(4)圣师子法雨,充我及一切。(姚秦鸠摩罗什译《妙法莲华经》卷三,9/26b)

它所对应的梵文原典是:

asmāṁś	ca	tarpehi[4]	imaṁ	ca
pron.1.pl.Ac.	conj.	√tṛp, caus.2.sg.imper.P.	pron.m.sg.Ac.	conj.
我们	和	充满	此	和

[1] 黄宝生译注《梵汉对勘维摩诘所说经》,中国社会科学出版社,2011年。

[2] 参看:BHSG, § "4.38.", p.34。

[3] 参看:BHSG, § "9.82.Nom.acc.pl.-ā.", p.66。

[4] 参看:BHSG, § "30.5.ehi(with e for Skt.a).", p.146。

lokaṁ	subhāṣitena	iha	narendrasiṁha[1] ‖
m.sg.Ac.	adj.m.sg.I.	adv.	m.sg.N.
世界	说妙法	此处	圣主狮子

（saddharmapuṇḍarīka, p.190）

asmān（我们）是梵语第一人称代词的复数、业格形式，鸠摩罗什译为“我”。

汉语今译：在这里，圣主狮子用微妙法充满我们和这个世界。

（5）是我等师，我是弟子。（姚秦鸠摩罗什译《妙法莲华经》卷七，9/60a）

它所对应的梵文原典是：

sa	āvayor	bhagavāñ	śāstā	tasya
pron.m.sg.N.	pron.1.du.G.	m.sg.N.	m.sg.N.	pron.3.m.sg.G.
那	我们二人	世尊	导师	他
āvāṁ	mahārāja	śiṣyau |		
pron.1.du.N.	m.sg.V.	m.du.N.		
我们二人	大王	弟子		

（saddharmapuṇḍarīka, p.461）

āvāṁ（我们二人）是梵语第一人称代词的双数、体格形式，鸠摩罗什译为“我”。

汉语今译：大王，那个世尊是我们二人的导师，我们二人是他的弟子。

（6）唯然世尊哀取我，惟世尊安立我。（吴支谦译《维摩诘经》卷下，14/535a）

它所对应的梵文原典是：

kriyāmahe	bhagavan	**kriyāmahe**	sugata
√kṛ, 1.pl.pres.pass.	m.sg.V.	√kṛ, 1.pl.pres.pass.	m.sg.V.
被带走	世尊	被带走	善逝

（《梵藏汉对照〈维摩经〉》, p.456）

kriyāmahe（我们被带走）是梵语动词√kṛ（做）的第一人称、复数、现在时直陈语气的被动语态，支谦译为“哀取我”、“安立我”。

---

[1] 参看：BHSG, § “8.22.Nom.sg.-a.”, p.50。

黄宝生译：我们被带走，世尊啊，我们被带走，善逝啊。(《梵汉对勘维摩诘所说经》,p.338）

2. 我等

“我等”在汉译本《撰集百缘经》、《维摩诘经》、《金光明经》、《妙法莲华经》中有230例用作复数，179例有相应的梵文原典。其中，157例对译梵语第一人称代词的复数（双数），3例对译梵语第一人称代词的单数，9例对译梵语动词第一人称的复数（双数），2例对译梵语动词第一人称的单数，3例对译梵语第二人称代词（bhavat）的复数，1例对译梵语第二人称代词的单数，1例对译梵语名词的复数，3例对译梵语形容词asmādṛśa、mādṛśa的复数。如：

（7）以我等与此居士，乐法之乐，我等甚乐，非复乐欲乐也。（吴支谦译《维摩诘经》卷上，14/524c）

它所对应的梵文原典是：

niryātitā[1]	idānīṁ	tvayā	**vayam**	asmai
ppp.f.pl.N.	adv.	pron.2.sg.I.	pron.1.pl.N.	pron.m.sg.D.
被给与	现在	你	我们	此
gṛhapataye	dharmārāmaratiratābhir		**asmābhir**	idānīṁ
m.sg.D.	pt.f.pl.I.		pron.1.pl.I.	adv.
长者	爱好法乐		我们	现在
bhavitavyaṁ	na	kāmaratiratābhiḥ ǀ		
fpp.n.sg.N.	indec.	pt.f.pl.I.		
应当有	不	爱好欲乐		

（《梵藏汉对照〈维摩经〉》,p.164）

vayam（我们）是梵语第一人称代词的复数、体格形式，支谦译为“我等”。asmābhir（我们）是梵语第一人称代词的复数、具格形式，支谦也译为“我等”。

[1] 参看：BHSG, §“9.82.Nom.-acc.pl.-ā.”, p.66。

黄宝生译：如今，你已把我们送给这位家主。现在，我们应该喜爱法乐，而不应该喜爱欲乐。(《梵汉对勘维摩诘所说经》,p.124)

（8）我等今者以贪惜故，于此身命不能放舍。(北凉昙无谶译《金光明经》卷四,16/354b)

它所对应的梵文原典是：

asmad	vidhāna[1]	duṣkara[2]	śarīra[3]	abhiyuktānāṁ
pron.1.pl.Ab.	n.sg.N.	adj.n.sg.N.	m.sg.N.	pt.m.pl.G.
我们	种类	难行	身体	专心于
eṣa	nayaḥ |			
pron.m.sg.N.	m.sg.N.			
此	真实			

(suvarṇaprabhāsasūtram,p.108)

asmad(我们)是梵语第一人称代词的复数、从格形式，昙无谶译为"我等"。

汉语今译：由于我们专注于此，难以舍弃身体，这是真实。

（9）复为我等解说甚深十二因缘。(北凉昙无谶译《金光明经》卷四,16/353b)

它所对应的梵文原典是：

gambhīraś	ca	**asmākaṁ**	pratītyasamutpādadharmo[4]	deśitaḥ |
adj.m.sg.N.	conj.	pron.1.pl.G.	m.sg.N.	caus.ppp.m.sg.N.
甚深	和	我们	缘起法	被演说

(suvarṇaprabhāsasūtram,p.102)

asmākaṁ(我们的)是梵语第一人称代词的复数、属格形式，昙无谶译为"我等"。

汉语今译：为我们演说甚深缘起法。

[1] 参看：BHSG, § "8.31.The ending -a", p.51。

[2] 同上。

[3] 参看：BHSG, § "8.22.Nom.sg.-a.", p.50。

[4] 参看：BHSG, § "8.18.Nom.sg.-o", p.49。

（10）虽闻佛音声，言我等作佛，心尚怀忧惧，如未敢便食。（姚秦鸠摩罗什译《妙法莲华经》卷三，9/21a）

它所对应的梵文原典是：

na	tāvad	**asmān**	saṁbuddho[1]	vyākaroti	mahāmuniḥ |
indec.	adv.	pron.1.pl.Ac.	m.sg.N.	vi-ā-√kṛ, 3.sg.pres.P.	m.sg.N.
没有	如是	我们	正觉	授记	大牟尼

yathā	hastasmi[2]	prakṣiptaṁ	na	tad
adv.	m.sg.L.	ppp.n.sg.N.	indec.	pron.n.sg.N.
如是	手	放置	没有	其

bhuñjita[3]	bhojaṇam ||
ppp.n.sg.N.	n.sg.N.
被吃	食物

（saddharmapuṇḍarīka, p.147）

asmān（我们）是梵语第一人称代词的复数、业格形式，鸠摩罗什译为“我等”。

汉语今译：如是，大牟尼正觉没有授记我们，如同放在手中的食物没有被吃。

（11）我等树神能令汝等到世尊所。（吴支谦译《撰集百缘经》卷四，4/221b）

它所对应的梵文原典是：

yadi	punar	**ahaṁ**	bhavantaṁ	bhagavatsakāśam
conj.	adv.	pron.1.sg.N.	pron.2.m.sg.Ac.	m.sg.Ac.
如果	又	我	你	世尊边

upanayeyaṁ	kiṁ	śakyam	iti ||
upa-√nī, 1.sg.opt.P.	pron.n.sg.N.	adv.	adv.
带	如何	能够	（引号）

（avadānaśataka, I/p.238）

ahaṁ（我）是梵语第一人称代词的单数、体格形式，支谦译为“我等”。

[1]　参看：BHSG, §“8.18.Nom.sg.-o”, p.49。

[2]　参看：BHSG, §“8.63.Loc.sg.-asmin, -asmiṃ, -asmi.”, p.54。

[3]　参看：BHSG, §“8.31.The ending -a”, p.51。

汉语今译：如果我能够带你到达世尊身边，怎么样？

（12）是我等师，我是弟子。（姚秦鸠摩罗什译《妙法莲华经》卷七，9/60a）

它所对应的梵文原典是：

sa	**āvayor**	bhagavāñ	śāstā	tasya
pron.m.sg.N.	pron.1.du.G.	m.sg.N.	m.sg.N.	pron.3.m.sg.G.
那	我们二人	世尊	导师	他
āvāṁ	mahārāja	śiṣyau |		
pron.1.du.N.	m.sg.V.	m.du.N.		
我们二人	大王	弟子		

（saddharmapuṇḍarīka，p.461）

āvayor（我们二人的）是梵语第一人称代词的双数、属格形式，鸠摩罗什译为"我等"。

汉语今译：大王，那个世尊是我们二人的导师，我们二人是他的弟子。

（13）我等是法王子，而生此邪见家。（姚秦鸠摩罗什译《妙法莲华经》卷七，9/60a）

它所对应的梵文原典是：

miṣṭyādṛṣṭikule	'sminn	āvāṁ	jātāv
n.sg.L.	pron.n.sg.L.	pron.1.du.N.	pt.m.du.N.
邪见家族	此	我们二人	出生
āvāṁ	punar	dharmarājaputrāv	iti ||
pron.1.du.N.	adv.	m.du.N.	adv.
我们二人	又	法王子	如是

（saddharmapuṇḍarīka，p.459）

āvāṁ（我们二人）是梵语第一人称代词的双数、体格形式，鸠摩罗什译为"我等"。

汉语今译：我们二人出生在这个邪见家族里面。然而，我们二人又是法王子。

（14）如来在世利安众生，我等当共一心称南无佛陀以求救济病苦之患。（吴支谦译《撰集百缘经》卷二，4/209c）

它所对应的梵文原典是：

eta	**yūyaṁ**	buddhaṁ	śaraṇaṁ
ā-√i, 2.pl.imper.P.	pron.2.pl.N.	m.sg.Ac.	n.sg.Ac.
去	你们	佛陀	归依
gacchata	tañ	ca	bhagavantam
√gam, 2.pl.imper.P.	pron.m.sg.Ac.	conj.	m.sg.Ac.
去	那	和	世尊
āyācadhvam	iha	āgamanāya	apy
ā-√yāc, 2.pl.imper.Ā.	adv.	n.sg.D.	adv.
请求	此处	到来	又
eva	bhagavatā	svalpakṛcchreṇa	asyā
adv.	m.sg.I.	m.sg.I.	pron.f.sg.G.
即	世尊	少量功力	此
īter	vyupaśamaḥ	syād	iti ‖
f.sg.G.	m.sg.N.	√as, 3.sg.opt.P.	adv.
疾病	平息	是	如是

（avadānaśataka, I/p.78）

yūyaṁ（你们）是梵语第二人称代词的复数、体格形式，支谦译为“我等”。

汉语今译：去吧！你们归依佛陀吧！祈请世尊来到这里吧！凭借世尊的少量功力，这种传染病或许平息。

（15）我等今者咸共至心称南无佛陀。（吴支谦译《撰集百缘经》卷二，4/209a）

它所对应的梵文原典是：

bhavanto[1]	buddhaṁ	śaraṇaṁ	gacchantv	iti ‖
pron.2.m.pl.N.	m.sg.Ac.	n.sg.Ac.	√gam, 3.pl.imper.P.	adv.
你们	佛陀	归依	去	如是

（avadānaśataka, I/p.72）

bhavantas（你们）是梵语表示敬称的bhavat（你）的复数、体格形式，支谦译为“我等”。

[1]　参看：BHSG, § “4.38.”, p.34。

汉语今译：你们归依佛陀吧！

（16）善男子，我等不见诸天、世人、魔众、梵众、沙门、婆罗门、人及非人有能思算如来寿量，知其齐限。（北凉昙无谶译《金光明经》卷一，16/336a）

它所对应的梵文原典是：

na	ca	vai	kulaputra	taṁ
indec.	conj.	indec.	m.sg.V.	pron.3.m.sg.Ac.
不	和	或者	族姓子	他

samanupaśyāmaḥ	sadevake	loke	samārake
sam-anu-√dṛś, 1.pl.pres.P.	adj.m.sg.L.	m.sg.L.	adj.m.sg.L.
看见	有 天	世人	有 魔众

sabrahmake	saśramaṇabrāhmaṇikāyāṁ	prajāyāṁ
adj.m.sg.L.	adj.f.sg.L.	f.sg.L.
有 梵众	有 沙门、婆罗门	人

sadevamānuṣāsurāyāṁ	yaḥ	samarthaḥ	syād
adj.f.sg.L.	pron.m.sg.N.	adj.m.sg.N.	√as, 3.sg.opt.P.
有 天、人、阿修罗	那	能够	是

bhagavataḥ	śākyamunes	tathāgatasya	āyuḥ
m.sg.G.	m.sg.G.	m.sg.G.	n.sg.Ac.
世尊	释迦牟尼	如来	寿命

pramāṇaparyantam	adhigantuṁ
m.sg.Ac.	adhi-√gam, inf.
测量边界	获得

（suvarṇaprabhāsasūtram, p.5）

samanupaśyāmaḥ（我们看见）是梵语动词sam-anu-√dṛś（看见）的第一人称、复数、现在时直陈语气的主动语态，昙无谶译为“我等……见”。

汉语今译：族姓子，在诸天、世人、魔众、梵众、沙门、婆罗门、人、天、阿修罗中，我们没有看见能够测量释迦牟尼如来的寿命的。

（17）呜呼深自责，云何而自欺？我等亦佛子，同入无漏法，不能于未来演说无上道。（姚秦鸠摩罗什译《妙法莲华经》卷二，9/10c）

它所对应的梵文原典是：

aho	**'smi**	parivañcitu[1]	pāpacittais	tulyeṣu
interj.	√as, 1.sg.pres.P.	caus.ppp.m.sg.N.	adj.m.pl.I.	adj.m.pl.L.
啊	是	被欺骗	邪恶心	等同
dharmeṣu	anāsraveṣu |	yan	nāma	traidhātuki[2]
m.pl.L.	m.pl.L.	pron.m.sg.Ac.	adv.	adj.m.sg.L.
法	无漏	其	名为	三界
agradharmaṁ	na	deśayiṣyāmi	anāgate	'dhve[3]||
m.sg.Ac.	indec.	√diś, caus.1.sg.fut.P.	pt.m.sg.L.	m.sg.L.
无上法	不	演说	未来	世

（saddharmapuṇḍarīka, p.61）

asmi（我是）是梵语动词√as（是）的第一人称、单数、现在时直陈语气的主动语态，鸠摩罗什译为“我等”。

汉语今译：啊，我被邪恶心欺骗。同在无漏法里，在未来世，我将不能演说三界无上法。

（18）愿母往诣云雷音宿王华智佛所，我等亦当侍从、亲近、供养、礼拜。（姚秦鸠摩罗什译《妙法莲华经》卷七，9/59c）

它所对应的梵文原典是：

ehy	amba[4]	**gamiṣyāvas**	tasya
ā-√i, 2.sg.imper.P.	f.sg.V.	√gam, 1.du.fut.P.	pron.m.sg.G.
来吧	阿母	前往	那

bhagavato[5]	jaladharagarjitaghoṣasusvaranakṣatrarājasaṁkusumitābhijñasya
m.sg.G.	m.sg.G.
世尊	云雷音宿王华智

[1] 参看：BHSG, § “8.20.Nom.sg.-u.”, p.49。

[2] 参看：BHSG, § “8.59.Loc.sg.-i for e”, p.53。

[3] 参看：BHSG, § “17.15.Loc.sg.-e.”, p.99。

[4] 参看：BHSG, § “9.15.Voc.sg.-a.”, p.62。

[5] 参看：BHSG, § “4.38.”, p.34。

tathāgatasya	arhataḥ	saṁyaksaṁbuddhasya	sakāśaṁ	taṁ
m.sg.G.	m.sg.G.	m.sg.G.	m.sg.Ac.	pron.m.sg.Ac.
如来	阿罗汉	等正觉	面前	那

bhagavantaṁ	jaladharagarjitaghoṣasusvaranakṣatrarājasaṁkusumitābhijñaṁ
m.sg.Ac.	m.sg.Ac.
世尊	云雷音宿王华智

tathāgatam	arhantaṁ	saṁyaksaṁbuddhaṁ	darśanāya
m.sg.Ac.	m.sg.Ac.	m.sg.Ac.	n.sg.D.
如来	阿罗汉	等正觉	瞻视

vandanāya	paryupāsanāya|
n.sg.D.	n.sg.D.
礼拜	亲近供养

（saddharmapuṇḍarīka, p.458）

gamiṣyāvas（我们二人将去）是梵语动词√gam的第一人称、双数、将来时、主动语态，鸠摩罗什译为“我等……当”。

汉语今译：阿母，你到云雷音宿王华智世尊、如来、阿罗汉、等正觉的面前来吧！为了瞻视、礼拜、亲近、供养云雷音宿王华智世尊、如来、阿罗汉、等正觉，我们二人将前往那里。

（19）我等今日得未曾有，非先所望，而今自得，如彼穷子得无量宝。（姚秦鸠摩罗什译《妙法莲华经》卷二，9/18c）

它所对应的梵文原典是：

āścaryaprāptā[1]	sahasā	sma	adya	yathā
pt.m.pl.N.	adj.m.sg. I.	indec.	adv.	adv.
得到稀有	突然	（表示过去）	今天	如同

daridro[2]	labhiyāna[3]	vittam |
m.sg.N.	ger.	n.sg.Ac.
穷人	得到	财物

（saddharmapuṇḍarīka, p.118）

[1] 参看：BHSG, § “8.78.Nom.pl.-ā.”, p.55。
[2] 参看：BHSG, § “8.18.Nom.sg.-o.”, p.49。
[3] 参看：BHSG, § “Gerunds in iyāna”, p.175。

āścaryaprāptā是复合词āścaryaprāpta（得到稀有）的复数、体格形式，鸠摩罗什译为“我等得未曾有”。

汉语今译：我们今天得到稀有之物，如同穷人突然得到财物。

（20）今此会中如我等比百千万亿世世已曾从佛受化。（姚秦鸠摩罗什译《妙法莲华经》卷一，9/6c）

它所对应的梵文原典是：

mādṛśānāṁ	bhagavann	iha	parṣadi	bahūni
adj.m.pl.G.	m.sg.V.	adv.	f.sg.L.	adj.n.pl.N.
如同我们	世尊	此处	众生	许多
prāṇiśatāni	saṁvidyante			
n.pl.N.	saṁ-√vid, 3.pl.pres. pass.			
成百众生	被教化			

（saddharmapuṇḍarīka, p.37）

mādṛśānāṁ（如同我们的）是梵语形容词mādṛśa的复数、属格形式，鸠摩罗什译为“如我等比”。

汉语今译：世尊，在大众中，如同我们一样，许多百千众生被教化。

（21）我等千二百及馀求佛者。（姚秦鸠摩罗什译《妙法莲华经》卷一，9/7a）

它所对应的梵文原典是：

asmādṛśā[1]	dvādaśiye[2]	ca	tāś	śatāś	ca
adj.m.pl.N.	num.f.pl.N.	conj.	pron.f.pl.N.	f.pl.N.	conj.
如同我们	十二	和	那些	百	和

ye	ca	api	te	prasthita[3]	agrabodhaye|
pron.m.pl.N.	conj.	adv.	pron.3.m.pl.N.	pt.m.pl.N.	f.sg.D.
那些	和	又	他们	住	妙菩提

（saddharmapuṇḍarīka, p.38）

asmādṛśā（如同我们）是梵语形容词asmādṛśa的复数、体格形式，鸠摩罗

[1] 参看：BHSG, §“8.78.Nom.pl.-ā.”, p.55。

[2] 参看：BHSG, §“10.176.Nom.-acc.pl.-iye”, p.81。

[3] 参看：BHSG, §“8.79.Nom.pl.-a.”, p.55。

什译为“我等”。

汉语今译：如同我们一样，那些一千二百人和他们都住在妙菩提里。

3. 我等辈

“我等辈”在汉译本《撰集百缘经》、《维摩诘经》、《金光明经》、《妙法莲华经》中有8例用作复数，5例有相应的梵文原典，它们都是对译梵语第一人称代词的复数。如：

（22）我等辈以不修善不好惠施，今受身形堕饿鬼中。……使我等辈脱饿鬼身。（吴支谦译《撰集百缘经》卷五，4/224a）

它所对应的梵文原典是：

vayaṁ	matsariṇaḥ	kuṭukuñcakā[1]	āgṛhītapariṣkārāḥ ‖‖‖‖‖	
pron.1.pl.N.	adj.m.pl.N.	adj.m.pl.N.	pt.m.pl.N.	
我们	悭贪	惜财	悭吝资财	
asmākaṁ	pretayoner	mokṣaḥ	syād	iti ‖
pron.1.pl.G.	m.sg.Ab.	m.sg.N.	√as, 3.sg.opt.P.	adv.
我们	饿鬼道	解脱	是	如是

（avadānaśataka, I/p.257）

vayaṁ（我们）是梵语第一人称代词的复数、体格形式，支谦译为“我等辈”。asmākaṁ（我们的）是梵语第一人称代词的复数、属格形式，支谦译为“我等辈”。

汉语今译：我们极为悭贪，吝惜财物。……或许我们能够从饿鬼道解脱出来。

（23）况我等辈今者是人，云何不修诸善法耶？（吴支谦译《撰集百缘经》卷六，4/232b）

它所对应的梵文原典是：

kathaṁ	nāma	**vayaṁ**	manuṣyabhūtā[2]	viśeṣaṁ
adv.	adv.	pron.1.pl.N.	adj.m.pl.N.	m.sg.Ac.
为什么	已成	我们	人性具足	殊胜

[1] 参看：BHSG, §“8.78.Nom.pl.-ā.”, p.55。

[2] 同上。

na	adhigacchema	iti ||
indec.	adhi-√gam, 1.pl.opt.P.	adv.
不	证得	如是

（avadānaśataka, I/p.334）

vayaṁ（我们）是梵语第一人称代词的复数、体格形式，支谦译为“我等辈”。

汉语今译：我们人性具足，为什么不能证得殊胜？

（24）以是因缘，令我等辈得生此天。（北凉昙无谶译《金光明经》卷四，16/353b）

它所对应的梵文原典是：

tena	kuśaladharmahetunā	tena	pratyayena	iha
pron.m.sg.I.	m.sg.I.	pron.m.sg.I.	m.sg.I.	adv.
那	善法因缘	那	因缘	此处
vayaṁ	deveṣu	upapannāḥ |		
pron.1.pl.N.	m.pl.L.	pt.m.pl.N.		
我们	天	托生		

（suvarṇaprabhāsasūtram, p.103）

vayaṁ（我们）是梵语第一人称代词的复数、体格形式，昙无谶译为“我等辈”。

汉语今译：由于这个善法因缘，我们托生在众天里面。

（25）唯愿如来以神通力，令我等辈俱处虚空。（姚秦鸠摩罗什译《妙法莲华经》卷四，9/33c）

它所对应的梵文原典是：

yan	nūnaṁ	**vayam**	api	tathāgatānubhāvena
pron.n.sg.Ac.	adv.	pron.1.pl.N.	adv.	m.sg.I.
其	现在	我们	也	如来威神力
vaihāyasam	abhyudgacchema	iti |		
n.sg.Ac.	abhi-ud-√gam, 1.pl.opt.P.	adv.		
虚空	到达	如是		

（saddharmapuṇḍarīka, p.250）

vayam（我们）是梵语第一人称代词的复数、体格形式，鸠摩罗什译为“我等辈”。

汉语今译：现在，我们凭借如来威神力到达虚空。

4. 吾

“吾”在汉译本《撰集百缘经》、《维摩诘经》、《金光明经》、《妙法莲华经》中有9例用作复数，它们都有相应的梵文原典。其中，8例对译梵语第一人称代词的复数（双数），1例对译梵语动词第一人称的复数。如：

（26）吾当往彼受其供养。（吴支谦译《撰集百缘经》卷一，4/203a）

它所对应的梵文原典是：

tatra	**asmābhir**	gantavyaṁ	sajjībhavantu	bhikṣava[1]	iti |
adv.	pron.1.pl.I.	fpp.n.sg.N.	sajji-√bhū, 3.pl.imper.P.	m.pl.V.	adv.
那里	我们	应当前往	准备	比丘	如是

（avadānaśataka, I/p.3）

asmābhir（我们）是梵语第一人称代词的复数、具格形式，支谦译为“吾”。

汉语今译：我们应当前往那里。“比丘们，准备吧！”

（27）吾欲诣如来，此诸大人可共见佛礼事供养。（吴支谦译《维摩诘经》卷下，14/533a）

它所对应的梵文原典是：

gamiṣyāmo[2]	**vayaṁ**	mañjuśrīr	bhagavato[3]	antikaṁ |
√gam, 1.pl.fut.P.	pron.1.pl.N.	m.sg.V.	m.sg.G.	n.sg.Ac.
前往	我们	文殊师利	世尊	旁边
ime	ca	mahāsattvās	tathāgataṁ	drakṣyanti
pron.m.pl.N.	conj.	m.pl.N.	m.sg.Ac.	√dṛś, 3.pl.fut.P.
这些	和	菩萨大士	如来	看望

---

[1] 参看：BHSG, §“4.34.”, p.34。

[2] 参看：BHSG, §“4.38.”, p.34; §“26.6.”, p.131。

[3] 参看：BHSG, §“4.38.”, p.34。

vandiṣyante	ca |
√vand, 3.pl.fut.Ā.	conj.
礼拜	和

（《梵藏汉对照〈维摩经〉》,p.394）

vayaṁ（我们）是梵语第一人称代词的复数、体格形式,支谦译为“吾”。

黄宝生译：文殊师利啊,我们和这些大士一起前往世尊身边,看望如来,向他致敬。(《梵汉对勘维摩诘所说经》,p.299）

（28）吾未曾闻,此从何来?（吴支谦译《维摩诘经》卷下,14/536b）

它所对应的梵文原典是:

ya[1]	ete	**asmābhiḥ**	pūrvaṁ	na
pron.m.pl.N.	pron.m.pl.N.	pron.1.pl.I.	adv.	indec.
那些	这些	我们	以前	没有
śrutapūrvāḥ	kuta	ime	adhunā	āgatāḥ
ppp.m.pl.N.	adv.	pron.m.pl.N.	adv.	pt.m.pl.N.
以前被听闻	何处	这些	现在	到来

（《梵藏汉对照〈维摩经〉》,p.498）

asmābhiḥ（我们）是梵语第一人称代词的复数、具格形式,支谦译为“吾”。

黄宝生译：我们以前没有听说过这些。今天它们来自哪里?（《梵汉对勘维摩诘所说经》,p.366）

（29）吾,贤者,未践迹,诚以为耻。(吴支谦译《维摩诘经》卷上,14/523a）

它所对应的梵文原典是:

āvāṁ	bhadanta	upāle[2]	āpattiṁ	āpannau
pron.1.du.N.	m.sg.V.	m.sg.V.	f.sg.Ac.	pt.m.du.N.
我们二人	尊者	优波离	过失	有

[1] 参看：BHSG, § “21.46.” , p.116。

[2] 参看：BHSG, § “8.28.Voc.sg.-o, -u, -e.” , p.51。

tāv	āvāṁ	paryapatrapamāṇau
pron.m.du.N.	pron.1.du.N.	pp.m.du.N.
那些	我们二人	羞愧

（《梵藏汉对照〈维摩经〉》,p.116）

āvāṁ（我们二人）是梵语第一人称代词的双数、体格形式,支谦译为“吾”。

黄宝生译：尊者优波离啊,我俩犯了过失,深感羞愧。（《梵汉对勘维摩诘所说经》,p.89）

（30）吾为众人作自省法,观以除其病而不除法。（吴支谦译《维摩诘经》卷上,14/526a）

它所对应的梵文原典是：

tathā	**karișyāmo**[1]	yathā	eṣāṁ	satvānāṁ	evaṁ
adv.	√kṛ, 1.pl.fut.P.	adv.	pron.m.pl.G.	m.pl.G.	adv.
如是	将会做	如是	这些	众生	如是

yoniśo[2]	nidhyaptyā	vyādhiṁ	apaneṣyāmaḥ
adv.	f.sg.I.	m.sg.Ac.	apa-√nī, 1.pl.fut.P.
如理	观察	疾病	除去

（《梵藏汉对照〈维摩经〉》,p.198）

karișyāmas（我们将会做）是梵语动词√kṛ（做）的第一人称、复数、将来时、主动语态,支谦译为“吾……作”。

黄宝生译：我们要这样如实思考,消除众生的病。（《梵汉对勘维摩诘所说经》,p.153）

5. 吾等

“吾等”在汉译本《撰集百缘经》、《维摩诘经》、《金光明经》、《妙法莲华经》中有2例用作复数,它们都有相应的梵文原典。其中,1例对译梵语动词第一人称的复数,1例对译梵语第二人称代词的复数。如：

---

[1] 参看：BHSG, § “4.38.”, p.34; § “26.6.”, p.131。

[2] 参看：BHSG, § “4.38.”, p.34。

（31）于此，贤者，吾等何为？永绝其根，于此大乘已如败种。（吴支谦译《维摩诘经》卷上，14/527c）

它所对应的梵文原典是：

tat	kiṁ	nu	bhūyaḥ
pron.n.sg.Ac.	pron.n.sg.Ac.	indec.	adv.
其	什么	现在	又
karișyāma[1]	'tyantopahatendriyā[2]	dagdhavinaṣṭāni	iva
√kṛ, 1.pl.fut.P.	adj.m.pl.N.	ppp.n.pl.N.	adv.
将会做	永远损毁诸根	被焚烧败坏	如同
bījāny	abhājanībhūtā[3]	iha	mahāyāne |
n.pl.N.	adj.m.pl.N.	adv.	n.sg.L.
种子	不堪承受	此处	大乘

（《梵藏汉对照〈维摩经〉》，p.244）

karișyāmas（我们将会做）是梵语动词√kṛ（做）的第一人称、复数、将来时、主动语态，支谦译为“吾等……为”。

黄宝生译：而我们还能做什么？我们的根器已灭绝，犹如烧焦的种子，不堪承受大乘。（《梵汉对勘维摩诘所说经》，p.187）

（32）诸仁者，此可患厌，当发清净不淫之行，如佛法身，吾等当学。（吴支谦译《维摩诘经》卷上，14/521b）

它所对应的梵文原典是：

tatra	**yuṣmābhir**	evaṁ	rūpe	kāye	nirvidvirāga[4]
adv.	pron.2.pl.I.	adv.	n.sg.L.	m.sg.L.	m.sg.N.
因此	你们	如是	色像	身体	远离欲望

[1] 参看：BHSG, §“26.6.”, p.131。
[2] 参看：BHSG, §“8.78.Nom.pl.-ā.”, p.55。
[3] 同上。
[4] 参看：BHSG, §“8.22. Nom.sg.-a”, p.50。

utpādayitavyas	tathāgatakāye	ca	spṛhotpādayitavyā[1]|
fpp.m.sg.N.	m.sg.L.	conj.	fpp.m.sg.N.
应当产生	如来身体	和	产生希望

（《梵藏汉对照〈维摩经〉》,p.68）

yuṣmābhir是梵语第二人称代词的复数、具格形式,支谦译为“吾等”。

黄宝生译：因此，你们应该厌弃这样的身体，而向往如来的身体。(《梵汉对勘维摩诘所说经》,p.56）

6. 汝

“汝”在汉译本《撰集百缘经》、《维摩诘经》、《金光明经》、《妙法莲华经》中有104例用作复数,44例有相应的梵文原典。其中,19例对译梵语第二人称代词(bhavat)的复数(双数),1例对译梵语反身代词ātman的单数,5例对译梵语动词第二人称的复数(双数),16例对译梵语动词第一人称的单数,2例对译梵语名词的复数,1例对译梵语名词的单数。如：

(33)魔以女与我,今汝当发无上正真道意。(吴支谦译《维摩诘经》卷上,14/524b)

它所对应的梵文原典是：

niryātitā[2]	**<u>yūyaṁ</u>**	mahyaṁ	māreṇa	pāpīyasā
ppp.f.pl.N.	pron.2.pl.N.	pron.1.sg.D.	m.sg.I.	m.sg.I.
被给与	你们	我	摩罗	波旬

utpādayata	idānīṁ	anuttarāyāṁ
ut-√pad, caus.2.pl.imper.P.	adv.	adj.f.sg.L.
产生	现在	无上

saṁyaksaṁbodhau	cittaṁ |
f.sg.L.	n.sg.Ac.
等正觉	心

（《梵藏汉对照〈维摩经〉》,p.160）

[1] 参看：BHSG, § “8.24.Nom.sg.-ā.” , p.50。

[2] 参看：BHSG, § “9.82.Nom.-acc.pl.-ā.” , p.66。

yūyaṁ（你们）是梵语第二人称代词的复数、体格形式，支谦译为“汝”。

黄宝生译：恶摩罗将你们交给了我。现在你们发起无上正等菩提心吧！（《梵汉对勘维摩诘所说经》，p.122）

（34）弥勒，是名为无数亿劫习佛道品。汝随分布，受是像经，佛所建立。如来灭后，广博此道。（吴支谦译《维摩诘经》卷下，14/536b）

它所对应的梵文原典是：

imāṁ	te	'haṁ	maitreya
pron.f.sg.Ac.	pron.2.sg.D.	pron.1.sg.N.	m.sg.V.
此	你	我	弥勒
asaṁkhyeyakalpakoṭīsamudānītāṁ		anuttarāṁ	saṁyaksaṁbodhiṁ
f.sg.Ac.		adj.f.sg.Ac.	f.sg.Ac.
无数亿劫聚集		无上	等正觉
anuparīkṣāmi	yathā	ime	evaṁ
anu-pari-√īkṣa，1.sg.pres.P.	adv.	pron.m.pl.N.	adv.
托付	如是	这些	如是
rūpā[1]	dharmaparyāyāḥ	**<u>yuṣmad</u>**	adhiṣṭhānena
n.pl.N.	m.pl.N.	pron.2.pl.Ab.	n.sg.I.
种类	法门	你们	威力
parigraheṇa	tathāgatasya	parinirvṛtasya	paścime
m.sg.I.	m.sg.G.	ppp.m.sg.G.	adj.m.sg.L.
护持	如来	涅槃	末后
kāle	paścime	samaye	jaṁbūdvīpe
m.sg.L.	adj.m.sg.L.	m.sg.L.	m.sg.L.
时	末后	时	赡部洲
vaistārikā[2]	bhaveyur	na	antardhīyeran |
adj.m.pl.N.	√bhū，3.pl.opt.P.	indec.	antar-√dhā，3.pl.opt.Ā.
广流布	是	不	消失

（《梵藏汉对照〈维摩经〉》，p.494）

[1]　参看：BHSG，§“8.100.Nom.-acc.pl.nt.-ā(-āḥ?).”，p.58。

[2]　参看：BHSG，§“8.78.Nom.pl.-ā.”，p.55。

yuṣmad（你们）是梵语第二人称代词的复数、从格形式，支谦译为“汝”。

黄宝生译：弥勒啊，我将这个无数亿劫积聚的无上正等菩提托付给你。这些法门依靠你们的威力护持，在如来涅槃后的末世，仍将在赡部洲广为流布，而不消失。（《梵汉对勘维摩诘所说经》，p.363）

（35）是香盖光明非但至汝四王宫殿。（北凉昙无谶译《金光明经》卷二，16/342c）

它所对应的梵文原典是：

na	kevalaṁ	**yuṣmākaṁ**	caturṇāṁ	mahārājānāṁ
indec.	adv.	pron.2.pl.G.	num.m.pl.G.	m.pl.G.
不	仅仅	你们	四	大王

svakasvakabhavanagatānām	uparyantarīkṣagatāni
pt.m.pl.G.	n.pl.N.
到达各自的宫殿	到达上空

nānāgandhadhūpalatāchatrāṇi	saṁsthāsyanti |
n.pl.N.	saṁ-√sthā, 3.pl.fut.P.
种种香盖	站立

（suvarṇaprabhāsasūtram, p.44）

yuṣmākaṁ（你们的）是梵语第二人称代词的复数、属格形式，昙无谶译为“汝”。

汉语今译：种种香盖不仅仅到达你们四大王的宫殿上空站立。

（36）我今安慰汝，勿得怀疑惧。（姚秦鸠摩罗什译《妙法莲华经》卷五，9/41a）

它所对应的梵文原典是：

vicikitsa[1]	mā	jātu	kurudhva[2]	sarve
f.sg.Ac.	indec.	adv.	√kṛ, 2.pl.imper.Ā.	pron.m.pl.N.
疑惑	不	曾经	做	所有

[1] 参看：BHSG, §“9.19.Acc.sg.-a”, p.62。

[2] 参看：BHSG, §“30.18.2.pl.dhva.”, p.147。

ahaṁ	hi	**yuṣmān**	parisaṁsthapemi[1] |
pron.1.sg.N.	indec.	pron.2.pl.Ac.	pari-saṁ-√sthā, caus.1.sg.pres.P.
我	故	你们	安慰

（saddharmapuṇḍarīka, p.308）

yuṣmān（你们）是梵语第二人称代词的复数、业格形式，鸠摩罗什译为“汝”。

汉语今译：因此，你们所有人不要疑惑，我安慰你们。

（37）汝可诣彼。（姚秦鸠摩罗什译《妙法莲华经》卷二，9/17a）

它所对应的梵文原典是：

gacchatāṁ	**bhavantau**
√gam, 3.du.imper.P.	pron.2.m.du.N.
去吧	你们二人

（saddharmapuṇḍarīka, p.105）

bhavantau（你们二人）是梵语第二人称代词敬称bhavat的双数、体格形式，鸠摩罗什译为“汝”。

汉语今译：你们二人去吧！

（38）作是教已，复至他国，遣使还告：“汝父已死。”（姚秦鸠摩罗什译《妙法莲华经》卷五，9/43a）

它所对应的梵文原典是：

sa	evaṁ	tān	putrān	upāyakauśalyena
pron.3.m.sg.N.	adv.	pron.m.pl.Ac.	m.pl.Ac.	n.sg.I.
他	如是	那些	儿子们	善巧方便

anuśiṣya	anyataraṁ	janapadapradeśaṁ	prakrāntaḥ|
ger.	m.sg.Ac.	m.sg.Ac.	pt.m.sg.N.
教导	别的	国土	前往

tatra	gatvā	**kālagatam**	**ātmānaṁ**	teṣāṁ
adv.	ger.	adj.m.sg.Ac.	m.sg.Ac.	pron.m.pl.G.
那里	到达	死亡	自己	那些

[1] 参看：BHSG, § “28.64.Weak for strong stem forms (rare).” , p.140。

glānānāṁ	putrāṇām	ārocayet |
n.pl.G.	m.pl.G.	ā-√ruc, caus.3.sg.opt.P.
生病	儿子们	告诉

（saddharmapuṇḍarīka, p.322）

kālagatam ātmānaṁ 义为“自己死了”，鸠摩罗什转译为“汝父已死”。

汉语今译：他用善巧方便教导了那些儿子之后就前往别的国土。到达那里之后，他告诉那些生病的儿子们：“自己死了。”

（39）是时诸佛即授其记：“汝于来世当得作佛。”（姚秦鸠摩罗什译《妙法莲华经》卷二，9/18b）

它所对应的梵文原典是：

te	vyākriyante	ca	kṣaṇasmi[1]
pron.3.m.pl.N.	vi-ā-√kṛ, 3.pl.pres. pass.	conj.	m.sg.L.
他们	被授记	和	须臾

tasmin	**bhaviṣyathā**[2]	buddha[3]	imasmi[4]	loke ||
pron.m.sg.L.	√bhū, 2.pl.fut.P.	m.pl.N.	pron.m.sg.L.	m.sg.L.
那	将会成为	佛	此	世界

（saddharmapuṇḍarīka, p.116）

bhaviṣyatha（你们将会成为）是梵语动词√bhū（成为）的第二人称、复数、将来时、主动语态，鸠摩罗什译为“汝……当……作”。

汉语今译：他们被授记：“在这个世界，你们将会瞬间成为佛。”

在汉译本《撰集百缘经》里，“汝”用作复数有60例。其中，16例有相应的梵文原典，它们都是对译梵语动词√bhāṣ（讲述）的第一人称、单数、将来时、中间语态，义为“我将讲述”。因为前面的动词皆用第二人称复数命令语气，因此，√bhāṣ所要面对的就是第二人称复数所指代的对象，可以意译为“我将为你们讲述”。如：

---

[1] 参看：BHSG, §“8.63.Loc.sg.-asmin, -asmiṃ, -asmi.”, p.54。

[2] 参看：BHSG, §“3.5.ā for a.”, p.23。

[3] 参看：BHSG, §“8.79.Nom.pl.-a”, p.55。

[4] 参看：BHSG, §“21.85.”, p.118。

（40）汝等谛听，吾当为汝分别解说。（吴支谦译《撰集百缘经》卷二，4/208b）

它所对应的梵文原典是：

tena	hi	bhikṣavaḥ	śṛṇuta	sādhu	ca
pron.n.sg.I.	indec.	m.pl.V.	√śru，2.pl.imper.P.	adv.	conj.
那	故	比丘们	听	好	和
suṣṭhu	ca	manasi	kuruta	**bhāṣiṣye** ‖	
adv.	conj.	n.sg.L.	√kṛ，2.pl.imper.P.	√bhāṣ，1.sg.fut.Ā.	
好	和	思想	做	讲述	

（avadānaśataka，I/p.65）

śṛṇuta（你们听着）是梵语动词√śru（听）的第二人称、复数、现在时命令语气的主动语态，kuruta（你们做）是梵语动词√kṛ（做）的第二人称、复数、现在时命令语气的主动语态，suṣṭhu ca manasi kuruta 义为“好好思考”，bhāṣiṣye（我将讲述）是梵语动词√bhāṣ（讲述）的第一人称、单数、将来时、中间语态，支谦译为“吾当为汝分别解说”。

汉语今译：因此，比丘们，你们好好听，好好思考，我将为你们讲述。

（41）汝今虽以此义问我，我要当为一切众生敷扬宣畅第一胜论。（北凉昙无谶译《金光明经》卷三，16/347a）

它所对应的梵文原典是：

yad	iha	**lokapālebhir**[1]	etarhi	mama
pron.n.sg.N.	adv.	m.pl.I.	adv.	pron.1.sg.G.
其	此处	世界主	现在	我
pṛcchitaḥ｜	sarvasattvahitārthāya		vakṣye	'haṁ
ppp.m.sg.N.	adj.m.sg.D.		√vac，1.sg.fut.Ā.	pron.1.sg.N.
被询问	为了所有众生的利益		解说	我
śāstram	uttamam ‖			
n.sg.Ac.	adj.n.sg.Ac.			
经论	殊胜			

（suvarṇaprabhāsasūtram，p.71）

[1] 参看：BHSG, §“8.110.Inst.pl.-ebhis”, p.59。

lokapālebhir（世界主们）是梵语名词lokapāla（世界主）的复数、具格形式，昙无谶转译为“汝”。

汉语今译：现在，世界主们询问我，为了所有众生的利益，我将会解说殊胜经论。

（42）汝等当忧念汝父，为现神变。（姚秦鸠摩罗什译《妙法莲华经》卷七，9/60a）

它所对应的梵文原典是：

sādhu	sādhu	kulaputrau	yuvāṁ	tasya	**svapitū**[1]
interj.	interj.	m.du.V.	pron.2.du.N.	pron.m.sg.G.	m.sg.G.
好啊	好啊	族姓子	你们二人	那	自己父亲

rājñaḥ	śubhavyūhasya	anukampāyai	kiṁcid	eva
m.sg.G.	m.sg.G.	f.sg.D.	pron.n.sg.Ac.	adv.
国王	妙庄严	悯愍	任何	即

prātihāryaṁ	saṁdarśayatam |
n.sg.Ac.	saṁ-√dṛś, caus.2.du.imper.P.
神通	呈现

（saddharmapuṇḍarīka, p.459）

svapitū（自己父亲的）是梵语名词svapitṛ（自己父亲）的单数、属格形式，鸠摩罗什转译为“汝父”。

汉语今译：好啊，好啊，族姓子，为了悯愍自己的父亲妙庄严王，你们二人显示神通吧！

7. 汝等

“汝等”在汉译本《撰集百缘经》、《维摩诘经》、《金光明经》、《妙法莲华经》中有203例用作复数，119例有相应的梵文原典。其中，66例对译梵语第二人称代词（bhavat）的复数（双数），3例对译梵语第二人称代词（bhavat）的单数，43例对译梵语动词第二人称的复数（双数），1例对译梵语

[1] 参看：BHSG, §“3.20.ū for u.”, p.24; §“13.39.Gen.sg.-u.”, p.92。

动词第二人称的单数，2例对译梵语指示代词的复数，1例对译梵语名词的复数，3例对译梵语名词的单数。如：

（43）汝等当从其受。魔界无数天子玉女未有可此道意如汝等者，于如来为有返复法。（吴支谦译《维摩诘经》卷上，14/525a）

它所对应的梵文原典是：

tatraḥ	**yuṣmābhir**	mārabhavane	sthitābhir	aparimāṇānāṁ
adv.	pron.2.pl.I.	n.sg.L.	pt.f.pl.I.	adj.m.pl.G.
那时	你们	摩罗宫殿	站立	无数
devaputrāṇāṁ	apsarasāṁ	ca	bodhicittaṁ	rocayitavyaṁ
m.pl.G.	f.pl.G.	conj.	n.sg.N.	fpp.n.sg.N.
天子	天女	和	菩提心	应当劝说
evaṁ	**yūyaṁ**	tathāgatasya	kṛtajñā[1]	bhaviṣyatha
adv.	pron.2.pl.N.	m.sg.G.	adj.m.pl.N.	√bhū, 2.pl.fut.P.
如是	你们	如来	知恩报答	将会有
sarvasatvānāṁ	ca	upajīvyā[2]	bhaviṣyatha |	
n.pl.G.	conj.	fpp.m.pl.N.	√bhū, 2.pl.fut.P.	
所有众生	和	利益	将会有	

（《梵藏汉对照〈维摩经〉》，p.166）

yuṣmābhir（你们）是梵语第二人称代词的复数、具格形式，支谦译为“汝等”。yūyaṁ（你们）是梵语第二人称代词的复数、体格形式，支谦译为“汝等”。

黄宝生译：你们在摩罗宫中应该劝说无量天子和天女发起菩提心。这样，你们就是对如来知恩图报，也做到救护一切众生。（《梵汉对勘维摩诘所说经》，p.126）

（44）诸善男子，今当分明宣语汝等。（姚秦鸠摩罗什译《妙法莲华经》卷五，9/42b）

[1] 参看：BHSG, §“8.78.Nom.pl.-ā.”, p.55。
[2] 同上。

它所对应的梵文原典是：

ārocayāmi	**vaḥ**	kulaputrāḥ
ā-√ruc, caus.1.sg.pres.P.	pron.2.pl.Ac.	m.pl.V.
告诉	你们	族姓子

（saddharmapuṇḍarīka, p.317）

vaḥ（你们）是梵语第二人称代词的复数、业格形式，鸠摩罗什译为“汝等”。

汉语今译：族姓子，我告诉你们。

（45）汝等当忧念汝父，为现神变。（姚秦鸠摩罗什译《妙法莲华经》卷七，9/60a）

它所对应的梵文原典是：

sādhu	sādhu	kulaputrau	**yuvāṁ**	tasya	svapitū[1]
interj.	interj.	m.du.V.	pron.2.du.N.	pron.m.sg.G.	m.sg.G.
好啊	好啊	族姓子	你们二人	那	自己父亲

rājñaḥ	śubhavyūhasya	anukampāyai	kiṁcid	eva
m.sg.G.	m.sg.G.	f.sg.D.	pron.n.sg.Ac.	adv.
国王	妙庄严	悯愍	任何	即

prātihāryaṁ	saṁdarśayatam |
n.sg.Ac.	saṁ-√dṛś, caus.2.du.imper.P.
神通	呈现

（saddharmapuṇḍarīka, p.459）

yuvāṁ（你们二人）是梵语第二人称代词的双数、体格形式，鸠摩罗什译为“汝等”。

汉语今译：好啊，好啊，族姓子，为了悯愍自己的父亲妙庄严王，你们二人显示神通吧！

（46）我今亦欲见汝等师。（姚秦鸠摩罗什译《妙法莲华经》卷七，9/60a）

它所对应的梵文原典是：

[1] 参看：BHSG, § “3.20.ū for u.”, p.24; § “13.39.Gen.sg.-u.”, p.92。

paśyāmo[1]	vayaṁ	kulaputrau	taṁ
√dṛś, 1.pl.pres.P.	pron.1.pl.N.	m.du.V.	pron.m.sg.Ac.
看望	我们	族姓子	那
yuvayoḥ	śāstāraṁ[2] |		
pron.2.du.G.	m.sg.Ac.		
你们二人	老师		

（saddharmapuṇḍarīka, p.461）

yuvayoḥ（你们二人的）是梵语第二人称代词的双数、属格形式，鸠摩罗什译为“汝等”。

汉语今译：族姓子，我们想要看望你们二人的老师。

（47）罣帝，汝等及眷属应当拥护如是法师。（姚秦鸠摩罗什译《妙法莲华经》卷七，9/59b）

它所对应的梵文原典是：

te	**tvayā**	kunti	saparivārayā	rakṣitavyāḥ ||
pron.3.m.pl.N.	pron.2.sg.I.	f.sg.V.	adj.f.sg.I.	fpp.m.pl.N.
他们	你	罣帝	与眷属	应当被保护

（saddharmapuṇḍarīka, p.403）

tvayā（你）是梵语第二人称代词的单数、具格形式，鸠摩罗什译为“汝等”。

汉语今译：罣帝，他们应当被你和眷属们保护。

（48）汝等诸鹿蹑我脊过，可达彼岸。（吴支谦译《撰集百缘经》卷四，4/221a）

它所对应的梵文原典是：

āgacchantu	**bhavanta**[3]	etasmāt	kūlād	utplutya
ā-√gam, 3.pl.imper.P.	pron.2.m.pl.N.	pron.n.sg.Ab.	n.sg.Ab.	ger.
来吧	你们	此	岸	跳

[1]　参看：BHSG, § “4.38.”, p.34; § “26.6.”, p.131。

[2]　参看：BHSG, § “3.5.ā for a.”, p.23。

[3]　参看：BHSG, § “4.34.”, p.34。

mama	pṛṣṭhe	pādān	sthāpayitvā	paratra
pron.1.sg.G.	n.sg.L.	m.pl.Ac.	ger.	adv.
我	背	脚	放置	别的

kūle	pratitiṣṭhata |
n.sg.L.	prati-√sthā, 2.pl.imper.P.
岸	站

（avadānaśataka, I/p.236）

bhavantas（你们）是梵语第二人称代词敬称bhavat的复数、体格形式，支谦译为“汝等”。

汉语今译：来吧！你们踩在我的背上，从此岸跳到河的对岸安住吧！

（49）我等树神能令汝等到世尊所。（吴支谦译《撰集百缘经》卷四，4/221b）

它所对应的梵文原典是：

yadi	punar	ahaṁ	**bhavantaṁ**	bhagavatsakāśam
conj.	adv.	pron.1.sg.N.	pron.2.m.sg.Ac.	m.sg.Ac.
如果	又	我	你	世尊边

upanayeyaṁ	kiṁ	śakyam	iti ||
upa-√nī, 1.sg.opt.P.	pron.n.sg.N.	adv.	adv.
带	如何	能够	（引号）

（avadānaśataka, I/p.238）

bhavantaṁ（你）是梵语第二人称代词敬称bhavat的单数、业格形式，支谦译为“汝等”。

汉语今译：如果我能够带你到达世尊身边，怎么样？

（50）汝等谛听，吾当为汝分别解说。（吴支谦译《撰集百缘经》卷二，4/209a）

它所对应的梵文原典是：

tena	hi	bhikṣavaḥ	**śṛṇuta**	sādhu	ca
pron.n.sg.I.	indec.	m.pl.V.	√śru, 2.pl.imper.P.	adv.	conj.
那	故	比丘们	听	好	和

suṣṭhu	ca	manasi	kuruta	bhāṣiṣye ||
adv.	conj.	n.sg.L.	√kṛ, 2.pl.imper.P.	√bhāṣ, 1.sg.fut.Ā.
好	和	思想	做	讲述

（avadānaśataka, I/p.69）

śṛṇuta（你们听着）是梵语动词√śru（听）的第二人称、复数、现在时命令语气的主动语态，支谦译为"汝等谛听"。

汉语今译：因此，比丘们，你们好好听，好好思考，我将为你们讲述。

（51）汝等观是妙乐世界阿閦如来。其土严好，菩萨行净，弟子清白。（吴支谦译《维摩诘经》卷下，14/535a）

它所对应的梵文原典是：

paśyata	mārṣā[1]	abhiratiṁ	lokadhātum	akṣobhyaṁ
√dṛś, 2.pl.imper.P.	m.pl.V.	f.sg.Ac.	m.sg.Ac.	m.sg.Ac.
看见	朋友们	妙乐	世界	阿閦
ca	tathāgataṁ	etāṁś	ca	kṣetravyūhān
conj.	m.sg.Ac.	pron.m.pl.Ac.	conj.	m.pl.Ac.
和	如来	这些	和	庄严国土
śrāvakāvyūhānn	bodhisatvavyūhāṁś |			
m.pl.Ac.	m.pl.Ac.			
庄严声闻	庄严菩萨			

（《梵藏汉对照〈维摩经〉》，p.458）

paśyata（你们看见）是梵语动词√dṛś（看见）的第二人称、复数、现在时命令语气的主动语态，支谦译为"汝等观"。

黄宝生译：诸位贤士啊，请看妙喜世界，阿閦如来，庄严美妙的佛土以及那些声闻和菩萨。（《梵汉对勘维摩诘所说经》，p.339）

（52）汝等勿有疑，我为诸法王。（姚秦鸠摩罗什译《妙法莲华经》卷一，9/10b）

它所对应的梵文原典是：

---

[1] 参看：BHSG, §"8.87.Voc.pl.-ā, -a.", p.56。

vyapanehi	kāṅkṣām	iha	saṁśayaṁ	ca
vi-apa-√nī, 2.sg.imper.P.	f.sg.Ac.	adv.	m.sg.Ac.	conj.
除去	疑惑	此处	疑惑	和
ārocayāmi	ahu[1]	dharmarājā |		
ā-√ruc, caus.1.sg.pres.P.	pron.1.sg.N.	m.sg.N.		
告诉	我	法王		

（saddharmapuṇḍarīka, p.58）

vyapanehi（你除去）是梵语动词vi-apa-√nī（除去）的第二人称、单数、现在时命令语气的主动语态，鸠摩罗什译为“汝等勿有”。

汉语今译：我说：“你除去疑惑吧！我是法王。”

（53）汝等所行，是菩萨道，渐渐修学，悉当成佛。（姚秦鸠摩罗什译《妙法莲华经》卷三，9/20b）

它所对应的梵文原典是：

caranti	**ete**	varabodhicārikāṁ	buddhā[2]
√car, 3.pl.pres.P.	pron.m.pl.N.	adj.f.sg.Ac.	m.pl.N.
修习	这些	最胜菩提行	佛陀
bhaviṣyanti	mi[3]	sarvaśrāvakāḥ ||	
√bhū, 3.pl.fut.P.	pron.1.sg.G.	adj.m.pl.N.	
将会成为	我	所有声闻	

（saddharmapuṇḍarīka, p.131）

ete（这些）是梵语指示代词etad的复数、体格形式，鸠摩罗什译为“汝等”。

汉语今译：这些修习最胜菩提行，我的所有声闻将会成为佛陀。

（54）为斯所轻言：“汝等皆是佛。”如此轻慢言，皆当忍受之。（姚秦鸠摩罗什译《妙法莲华经》卷四，9/36c）

它所对应的梵文原典是：

---

[1] 参看：BHSG, § “20.63.”, p.113。

[2] 参看：BHSG, § “8.78.Nom.pl.-ā.”, p.55。

[3] 参看：BHSG, § “20.63.”, p.113。

ye	ca	asmān	kutsayiṣyanti
pron.m.pl.N.	conj.	pron.1.pl.Ac.	√kutsaya, 3.pl.fut.P.
那些	和	我们	诽谤
tasmin	kālasmi[1]	durmatī[2] |	
pron.m.sg.L.	m.sg.L.	adj.m.pl.N.	
那	时	恶意	

ime	buddhā[3]	bhaviṣyanti	kṣamiṣyāmatha[4]	sarvaśaḥ||
pron.m.pl.N.	m.pl.N.	√bhū, 3.pl.fut.P.	√kṣam, 1.pl.fut.P.	adv.
这些	佛陀	将会成为	忍受	所有

（saddharmapuṇḍarīka, p.273）

ime（这些）是梵语指示代词idam的复数、体格形式，鸠摩罗什译为“汝等”。

汉语今译：那时，那些人恶意诽谤我们：“这些人将会成为佛陀。”我们都会忍受。

（55）汝等四王及馀眷属、无量百千那由他鬼神，是诸人王若能至心听是经典，供养、恭敬、尊重、赞叹，汝等四王正应拥护，灭其衰患，而与安乐。（北凉昙无谶译《金光明经》卷二，16/344a）

它所对应的梵文原典是：

tena	hi	**catvāro**[5]	**mahārājānaḥ**	sabalaparivārā[6]
pron.n.sg.I.	indec.	num.m.pl.N.	m.pl.N.	pref. m.pl.N.
那	故	四	大王	和 大力眷属

avaśyaṁ	teṣāṁ	manuṣyarājānām	asya
adv.	pron.m.pl.G.	m.pl.G.	pron.m.sg.G.
必定	那些	人王	此

[1] 参看：BHSG, §“8.63.Loc.sg.-asmin, -asmiṃ, -asmi.”, p.54。
[2] 参看：BHSG, §“10.177.Nom.-acc.pl.-ī.”, p.81。
[3] 参看：BHSG, §“8.78.Nom.pl.-ā.”, p.55。
[4] 参看：BHSG, §“First plural *matha*(*mathā*)”, p.131。
[5] 参看：BHSG, §“4.38.”, p.34。
[6] 参看：BHSG, §“8.78.Nom.pl.-ā”, p.55。

suvarṇaprabhāsottamasya	sūtrendrarājasya	śrotṝṇāṁ	pūjayitṝṇāṁ
m.sg.G.	m.sg.G.	m.pl.G.	m.pl.G.
最胜金光明	经中因陀罗王	听闻者	供养者
mahāntam[1]	autsukyaṁ	kariṣyanti	rakṣārtham
adj. n.sg.Ac.	n.sg.Ac.	√kṛ, 3.pl.fut.P.	m.sg.Ac.
大	欢喜	将会产生	保护

（suvarṇaprabhāsasūtram, p.50）

catvāras mahārājānaḥ（四大王）是梵语catur mahārājan的复数、体格形式，昙无谶译为“汝等四王”。

汉语今译：因此，四大王和大力眷属必定将会保护那些听闻、供养最胜金光明经王的人王，给予欢乐。

（56）汝等四天王，如是人王见如是等种种无量功德利益，是故此王应当躬出奉迎法师，若一由旬至百千由旬。（北凉昙无谶译《金光明经》卷二，16/342b）

它所对应的梵文原典是：

imāny	evaṁ	rūpāṇi	**mahārāja**	guṇānuśaṁsāni
pron.n.pl.Ac.	adv.	n.pl.Ac.	m.sg.V.	n.pl.Ac.
这些	如是	种类	大王	功德利益

saṁpaśyama[2]	anena	tena	rājñā
saṁ-√dṛś, 1.pl.pres.P.	pron.m.sg.I.	pron.m.sg.I.	m.sg.I.
看见	此	那	国王
dharmabhāṇako[3]	yojanāt	pratyutthātavyaḥ |	
m.sg.N.	n.sg.Ab.	fpp.m.sg.N.	
说法师	由旬	应当被迎接	

（suvarṇaprabhāsasūtram, p.42）

mahārāja（大王）是梵语名词mahārāja（大王）的单数、呼格形式，昙无谶译为“汝等四天王”。

---

[1]　参看：BHSG, §“18.12.Nom.-acc.sg.nt.-ntam”, p.102。

[2]　参看：BHSG, §“26.6.”, p.131。

[3]　参看：BHSG, §“8.18.Nom.sg.-o.”, p.49。

汉语今译：大王，我们看见种种功德利益。因此，那个国王应当到三十里之外迎接说法师。

8. 汝等辈

“汝等辈”在汉译本《撰集百缘经》、《维摩诘经》、《金光明经》、《妙法莲华经》中有3例用作复数，1例有相应的梵文原典，对译梵语第二人称代词的复数。如：

（57）并相营佐，共设大会，时汝等辈咸皆自来，至于会所。（吴支谦译《撰集百缘经》卷五，4/224b）

它所对应的梵文原典是：

śvo[1]	bhagavān	sabhikṣusaṃgho[2]	bhaktena	upanimantritaḥ
adv.	m.sg.N.	pref. m.sg.N.	n.sg.I.	ppp.m.sg.N.
明天	世尊	和 比丘众	食物	被邀请
tatra	**yuṣmābhir**	āgantavyam	iti |	
adv.	pron.2.pl.I.	fpp.n.sg.N.	adv.	
那里	你们	应当到来	如是	

（avadānaśataka，I/p.257）

yuṣmābhir（你们）是梵语第二人称代词的复数、具格形式，支谦译为“汝等辈”。

汉语今译：明天用食物邀请世尊和比丘众，你们都应当到来。

9. 卿

“卿”在汉译本《撰集百缘经》、《维摩诘经》、《金光明经》、《妙法莲华经》中有1例用作复数，它有相应的梵文原典，对译梵语第二人称代词敬称bhavat的复数。如：

（58）卿可往至彼长者家，善言诱喻，唤令使来。（北凉昙无谶译《金光明经》卷四，16/353c）

---

[1] 参看：BHSG, § “4.38.”, p.34。

[2] 参看：BHSG, § “8.18.Nom.sg.-o.”, p.49。

它所对应的梵文原典是：

bhavanto[1]	jalavāhanaṁ	śreṣṭhinaṁ	dārakaṁ	priyavacanena
pron.2.m.pl.N.	m.sg.Ac.	m.sg.Ac.	m.sg.Ac.	n.sg.I.
你们	流水	长者	子	可爱的言语

śabdāpayantu ‖
√śabdaya, caus.3.pl.imper.P.
呼唤

（suvarṇaprabhāsasūtram, p.103）

bhavantas（你们）是梵语第二人称代词敬称bhavat的复数、体格形式，昙无谶译为“卿”。

汉语今译：你们用可爱的言语呼唤流水长者子吧！

10. 卿等

“卿等”在汉译本《撰集百缘经》、《维摩诘经》、《金光明经》、《妙法莲华经》中有7例用作复数，1例有相应的梵文原典，对译梵语动词第二人称的复数。如：

（59）如卿等言，此土菩萨于五罚世以大悲利人民。（吴支谦译《维摩诘经》卷下，14/532c）

它所对应的梵文原典是：

evaṁ	eva	satpuruṣās	tathā	etad	yathā	**vadatha**
adv.	adv.	m.pl.V.	adv.	adv.	adv.	√vad, 2.pl.pres.P.
如是	即	贤士们	如是	如是	如是	说

ye	pi[2]	iha	bodhisatvāḥ	pratyājātāḥ
pron.m.pl.N.	adv.	adv.	m.pl.N.	pt.m.pl.N.
那些	又	此处	菩萨	已经出生

[1] 参看：BHSG, §“4.38.”, p.34。

[2] 参看：Buddhist Hybrid Sanskrit Grammar and Dictionary［Vol.2，简称BHSD］, by Franklin Edgerton, Motilal Banarsidass Publishers Private Limited, Delhi, 2004, p.344。

dṛḍhā[1]	teṣāṁ	mahākaruṇā[2]
pt.m.pl.N.	pron.3.m.pl.G.	adj.m.pl.N.
坚固	他们	大悲

（《梵藏汉对照〈维摩经〉》,p.382）

vadatha（你们说）是梵语动词√vad（说）的第二人称、复数、现在时直陈语气的主动语态，支谦译为“卿等言”。

黄宝生译：诸位贤士啊，正如你们所说，这些菩萨出生在这里，也具有坚定的大悲心。（《梵汉对勘维摩诘所说经》,p.293）

11. 彼

“彼”在汉译本《撰集百缘经》、《维摩诘经》、《金光明经》、《妙法莲华经》中有23例用作复数，14例有相应的梵文原典。其中，6例对译梵语第三人称代词的复数，1例对译梵语第二人称代词的复数，1例对译梵语指示代词的复数，6例对译梵语名词的复数。如：

（60）彼饿鬼等皆为业风之所吹去。（吴支谦译《撰集百缘经》卷五，4/224b）

它所对应的梵文原典是：

tatra	**te**	karmavāyunā	kṣiptāḥ |
adv.	pron.3.m.pl.N.	m.sg.I.	ppp.m.pl.N.
那里	他们	业风	飘坠

（avadānaśataka, I/p.258）

te（他们）是梵语第三人称代词的复数、体格形式，支谦译为“彼”。

汉语今译：在那里，他们被业风吹走。

（61）又，贤者，彼师说猗为道，从是师者。（吴支谦译《维摩诘经》卷上，14/522b）

它所对应的梵文原典是：

---

[1] 参看：BHSG, § “8.78.Nom.pl.-ā”, p.55。

[2] 同上。

te	ca	bhadantasya	śāstāras	tāṁś
pron.3.m.pl.N.	conj.	m.sg.G.	m.pl.N.	pron.3.m.pl.Ac.
他们	和	尊者	老师	他们
ca	niśritya	pravrajitaḥ	yad	gāminas
conj.	ger.	pt.m.sg.N.	rel.n.sg.Ac.	adj.m.pl.N.
和	依止	出家	那里	趣向
te	ṣaṭ	śāstāras	tad	gāmy
pron.3.m.pl.N.	num.m.pl.N.	m.pl.N.	rel.n.sg.Ac.	adj.m.sg.N.
他们	六	导师	那里	趣向
eva	ārya[1]	subhūtiḥ		
adv.	m.sg.N.	m.sg.N.		
即	尊者	须菩提		

（《梵藏汉对照〈维摩经〉》,p.96）

te（他们）是梵语第三人称代词的复数、体格形式，支谦译为“彼”。

黄宝生译：尊者你拜他们为师，随他们出家。这六位导师走向哪里，尊者须菩提你也走向哪里。（《梵汉对勘维摩诘所说经》,p.75）

（62）佛知彼心行，故为说大乘。（姚秦鸠摩罗什译《妙法莲华经》卷一，9/8a）

它所对应的梵文原典是：

punaś	ca	haṁ[2]	jāniya[3]	**teṣa**[4]	caryāṁ
adv.	conj.	pron.1.sg.N.	ger.	pron.3.m.pl.G.	f.sg.Ac.
又	和	我	知道	他们	行为

vaipulyasūtrāṇi	prakāśayāmi ‖
n.pl.Ac.	pra-√kāś, caus.1.sg.pres.P.
广大经典	演说

（saddharmapuṇḍarīka, p.46）

[1] 参看：BHSG, §“8.22.Nom.sg.-a.”, p.50。

[2] 参看：BHSG, §“20.63.”, p.113。

[3] 参看：BHSG, §“Gerunds in iya(iyā, ia)”, p.175。

[4] 参看：BHSG, §“21.46.”, p.116。

teṣa（他们的）是梵语第三人称代词的复数、属格形式，鸠摩罗什译为“彼”。

汉语今译：知道了他们的行为，我又演说广大经典。

（63）见彼衰老相，发白而面皱，齿疏形枯竭。（姚秦鸠摩罗什译《妙法莲华经》卷六，9/47b）

它所对应的梵文原典是：

so[1]	dṛṣṭvā	**teṣāṁ**	ca	jarām
pron.3.m.sg.N.	ger.	pron.3.m.pl.G.	conj.	f.sg.Ac.
他	看见	他们	和	衰老
upasthitāṁ	valī[2]	ca	khallī[3]	ca
pt.f.sg.Ac.	f.sg.Ac.	conj.	f.sg.Ac.	conj.
安住	面皱	和	齿疎	和
śiraś	ca	pāṇḍaram |		
n.sg.Ac.	conj.	adj.n.sg.Ac.		
头	和	白		

（saddharmapuṇḍarīka，p.351）

teṣāṁ（他们的）是梵语第三人称代词的复数、属格形式，鸠摩罗什译为“彼”。

汉语今译：他看见他们的衰老、面皱、齿疏和头白。

（64）如彼所言，皆各建行，于一切法如无所取。（吴支谦译《维摩诘经》卷下，14/531c-532a）

它所对应的梵文原典是：

subhāṣitaṁ	**yuṣmākaṁ**	satpuruṣāḥ	sarveṣām	api
n.sg.N.	pron.2.pl.G.	m.pl.V.	adj.m.pl.G.	adv.
妙言	你们	贤士	所有	又

---

[1] 参看：BHSG, §“21.46.”, p.116。

[2] 参看：BHSG, §“10.54.Acc.sg.-ī.”, p.73。

[3] 同上。

tu	yāvad	yuṣmābhir	nirdiṣṭaṁ
indec.	adv.	pron.2.pl.I.	ppp.n.sg.N.
然而	乃至	你们	所说
sarvam	etad	dvayam |	
adj.n.sg.N.	pron.n.sg.N.	n.sg.N.	
所有	此	二	

（《梵藏汉对照〈维摩经〉》,p.348）

yuṣmākaṁ（你们的）是梵语第二人称代词的复数、属格形式，支谦译为“彼”。

黄宝生译：诸位贤士啊，你们说得都很妙。但你们所说的一切都是二。（《梵汉对勘维摩诘所说经》,p.272）

（65）是为十德，而以发意取彼。（吴支谦译《维摩诘经》卷下，14/533a）

它所对应的梵文原典是：

imān	daśa	kuśaloccayān	dharmān
pron.m.pl.Ac.	num.m.pl.Ac.	m.pl.Ac.	m.pl.Ac.
这些	十	积善	法
pratigṛhṇanti	ye	tad	anyeṣu
prati-√grah, 3.pl.pres.P.	pron.m.pl.N.	pron.n.sg.N.	adj.n.pl.L.
摄取	那些	那	别的
buddhakṣetreṣu	na	saṁvidyante |	
n.pl.L.	indec.	saṁ-√vid, 3.pl.pres. pass.	
佛土	没有	被感知	

（《梵藏汉对照〈维摩经〉》,p.384）

imān（这些）是梵语指示代词idam的复数、业格形式，支谦译为“彼”。

黄宝生译：这些是他们执行的其他佛土没有的十种积善法。（《梵汉对勘维摩诘所说经》,p.294）

（66）彼必来者，为断其劳；以合道意，为彼大悲。（吴支谦译《维摩诘经》卷上，14/526b）

它所对应的梵文原典是：

anyatra	āgantukakleśaprahāṇābhiyuktyā	**satveṣu**
adv.	f.sg.I.	m.pl.L.
别处	修习断除烦恼客尘	众生
mahākaruṇā	utpadyate |	
f.sg.N.	ut-√pad, 3.sg.pres.Ā.	
大悲	产生	

（《梵藏汉对照〈维摩经〉》,p.202）

satveṣu（众生们）是梵语名词satva（众生）的复数、依格形式，支谦译为“彼”。

黄宝生译：努力消除客尘烦恼而对众生发起大悲心。（《梵汉对勘维摩诘所说经》,p.155）

（67）劫中设饥馑，则施食与浆；前救彼饥渴，却以法语人。（吴支谦译《维摩诘经》卷下,14/530b）

它所对应的梵文原典是：

durbhikṣāntarakalpeṣu	bhavanti	pānabhojanaṁ|
m.pl.L.	√bhū, 3.pl.pres.P.	n.sg.N.
饥馑劫中间	是	食物
kṣudhapipāsām	apanetvā	dharman
f.sg.Ac.	ger.	m.sg.Ac.
饥渴	断除	法
deśayanti	**prāṇināṁ** ||	
√diś, caus.3.pl.pres.P.	m.pl.G.	
宣讲	众生	

（《梵藏汉对照〈维摩经〉》,p.316）

prāṇināṁ（众生的）是梵语名词prāṇin（众生）的复数、属格形式，支谦译为“彼”。

黄宝生译：遇到饥荒劫，他们成为饮料食物，先解除众生饥渴，然后宣示正法。（《梵汉对勘维摩诘所说经》,p.243）

（68）非但今日救彼厄难，过去世时，我亦救彼脱诸厄难。（吴支谦译

《撰集百缘经》卷九，4/244c）

它所对应的梵文原典是：

kim	atra	bhikṣava[1]	āścaryaṁ	yad
pron.n.sg.N.	adv.	m.pl.V.	n.sg.N.	pron.n.sg.N.
什么	那时	比丘们	奇怪	其
idānīṁ	mayā	vigatarageṇa	vigatadveṣeṇa	vigatamohena
adv.	pron.1.sg.I.	adj.m.sg.I.	adj.m.sg.I.	adj.m.sg.I.
现在	我	离欲	离嗔	离痴

parimuktena	jātijarāvyādhimaraṇaśokaparidevaduḥkhadaurmanasyopāyāsaiḥ
ppp.m.sg.I.	m.pl.I.
解脱	生、老、病、死、忧、悲、痛苦、愁恼

imāni	samudrapramukhāni	**pañca**	**vaṇikchatāni**	iṣṭena
pron.n.pl.N.	n.pl.N.	num.n.pl.N.	n.pl.N.	ppp.n.sg.I.
这些	以海生为首	五	百商人	可爱
jīvitena	acchāditāni	vyasanāt	paritrātāni	atyantaniṣṭhe
n.sg.I.	ppp.n.pl.N.	n.sg.Ab.	ppp.n.pl.N.	adj.n.sg.L.
生命	被覆盖	烦恼	被救渡	究竟
ca	nirvāṇe	pratiṣṭhāpitāni |	yat	tu
conj.	n.sg.L.	ppp.n.pl.N.	pron.n.sg.N.	indec.
和	涅槃	被安置	其	然而
mayā	atīte	'dhvani	sarāgeṇa	sadveṣeṇa
pron.1.sg.I.	pt.m.sg.L.	m.sg.L.	pref. m.sg.I.	pref. m.sg.I.
我	过去	世	有　欲	有　嗔

samohena	aparimuktena	jātijarāvyādhimaraṇaśokaparidevaduḥkha-
pref. m.sg.I.	ppp.m.sg.I.	m.pl.I.
有　痴	没有解脱	生、老、病、死、忧、悲、痛苦、愁恼

[1] 参看：BHSG, § “4.34.” , p.34。

daurmanasyopāyāsaiḥ	**ime**	**vaṇijaḥ**[1]	paritrātās
	pron.m.pl.N.	m.pl.N.	ppp.m.pl.N.
	这些	商人	被救渡

（avadānaśataka，II/p.65）

imāni pañca vaṇikchatāni（这些五百商人）是梵语指示代词idam和名词pañca vaṇikchata的复数、体格形式，支谦译为“彼”。ime vaṇijaḥ（这些商人）是梵语指示代词idam和名词vaṇija的复数、体格形式，支谦译为“彼”。

汉语今译：奇怪吗？比丘们，现在我已经离欲、离嗔、离痴，从生、老、病、死、忧愁、苦恼中解脱出来，我庇护这些以海生为首的五百商人的可爱生命，把他们从危难中救渡出来，把他们安置于无穷的究竟涅槃之中。然而，在过去世时，我有欲、有嗔、有痴，没有从生、老、病、死、忧愁、苦恼中解脱出来，我也救渡这些商人。

12. 其

“其”在汉译本《撰集百缘经》、《维摩诘经》、《金光明经》、《妙法莲华经》中有162例用作复数，37例有相应的梵文原典。其中，20例对译梵语第三人称代词的复数，1例对译梵语动词第三人称的复数，1例对译梵语第一人称代词的双数，1例对译梵语关系代词的复数，2例对译梵语指示代词的复数，12例对译梵语名词的复数。如：

（69）比丘比丘尼，其数如恒沙，倍复加精进，以求无上道。（姚秦鸠摩罗什译《妙法莲华经》卷一，9/5a）

它所对应的梵文原典是：

bhikṣū[2]	bahū[3]	tatha[4]	pi[5]	ca
m.pl.N.	adj.m.pl.N.	adv.	adv.	conj.
比丘	无数	如是	也	和

[1] 参看：BHSG, § “8.83.Nom.pl.-aḥ, -o”, p.56。
[2] 参看：BHSG, § “12.59.Nom.-acc.pl.-ū and -u”, p.88。
[3] 同上。
[4] 参看：BHSG, § “3.27.a for ā.”, p.24。
[5] 参看：BHSD, p.344。

bhikṣuṇīyo[1]	ye	prasthitā[2]	uttamam[3]	agrabodhim|
f.pl.N.	pron.m.pl.N.	pt.m.pl.N.	adj.f.sg.Ac.	f.sg.Ac.
比丘尼	那些	安住	无上	妙菩提
analpakās	**te**	yatha[4]	gaṅgavālikā[5]	abhiyukta[6]
adj.m.pl.N.	pron.3.m.pl.N.	adv.	f.pl.N.	pt.m.pl.N.
众多	他们	如是	恒河沙	精进
tasya	sugatasya	śāsane ||		
pron.m.sg.G.	m.sg.G.	n.sg.L.		
那	善逝	教化		

（saddharmapuṇḍarīka, p.26）

te（他们）是梵语第三人称代词的复数、体格形式，鸠摩罗什译为"其"。

汉语今译：无数比丘、比丘尼安住无上妙菩提，他们众多，如同恒河沙一样，在善逝的教化里精进。

（70）过去无数劫，无量灭度佛，百千万亿种，其数不可量。（姚秦鸠摩罗什译《妙法莲华经》卷一，9/8c）

它所对应的梵文原典是：

ye	ca	apy	abhūvan	purimās
pron.m.pl.N.	conj.	adv.	√bhū, 3.pl.aor.P.	adj.m.pl.N.
那些	和	也	是	从前
tathāgatāḥ	parinirvṛtā[7]	buddhasahasraneke[8] |		
m.pl.N.	pt.m.pl.N.	adj.m.pl.N.		
如来	灭度	无量千佛		

[1] 参看：BHSG, § "10.172.Nom.-acc.pl.-īyo", p.80。
[2] 参看：BHSG, § "8.78.Nom.pl.-ā", p.55。
[3] 参看：BHSG, § "9.16.Acc.sg.-am,-aṃ", p.62。
[4] 参看：BHSG, § "3.27.a for ā.", p.24。
[5] 参看：BHSG, § "9.82.Nom.-acc.pl.-ā", p.66。
[6] 参看：BHSG, § "8.79.Nom.pl.-a", p.55。
[7] 参看：BHSG, § "8.78.Nom.pl.-ā", p.55。
[8] 参看：BHSG, § "8.80.Nom.pl.-e", p.56; § "3.27.a for ā.", p.24。

atītam	adhvānam	asaṁkhyakalpe	**teṣāṁ**	pramāṇaṁ
pt.m.sg.Ac.	m.sg.Ac.	m.sg.L.	pron.3.m.pl.G.	n.sg.N.
过去	世	无数劫	他们	数量
na	kadāci	vidyate ||		
indec.	adv.	√vid, 3.sg.pres. pass.		
不	任何时候	被知道		

（saddharmapuṇḍarīka, p.49）

teṣāṁ（他们的）是梵语第三人称代词的复数、属格形式，鸠摩罗什译为“其”。

汉语今译：过去世无数劫，那些灭度如来无数千万，任何时候不知道他们的数量。

（71）令其生渴仰，因其心恋慕，乃出为说法。（姚秦鸠摩罗什译《妙法莲华经》卷五，9/43c）

它所对应的梵文原典是：

spṛhentu[1]	tāvan	mama	darśanasya	tṛṣitāna[2]
√spṛh, 3.pl.imper.P.	adv.	pron.1.sg.G.	n.sg.G.	pt.m.pl.Ac.
产生恋慕	那时	我	示现	渴望
saddharmu[3]	prakāśayiṣye ||			
m.sg.Ac.	pra-√kāś, caus.1.sg.fut.Ā.			
妙法	开示			

（saddharmapuṇḍarīka, p.324）

spṛhentu（他们产生恋慕吧）是梵语动词√spṛh（渴望）的第三人称、复数、现在时命令语气的主动语态，鸠摩罗什译为“令其生渴仰”。

汉语今译：当他们对于我的示现产生恋慕、渴望时，我将会宣说妙法。

（72）愿贤者解其意。（吴支谦译《维摩诘经》卷上，14/523a）

它所对应的梵文原典是：

[1] 参看：BHSG, §“24.10.Stems in -e-.”, p.128。
[2] 参看：BHSG, §“8.99.Acc.pl.-āna?”, p.58。
[3] 参看：BHSG, §“8.30.The ending -u”, p.51。

āyuṣmann	upāle[1]	vinodayasva
adj.m.sg.V.	m.sg.V.	vi-√nud, caus.2.sg.imper.Ā.
尊者	优波离	解除
<u>āvayoḥ</u>	kaukṛtyaṁ	vyutthāpasva
pron.1.du.G.	n.sg.Ac.	vi-ut-√sthā, caus.2.sg.imper.Ā.
我们二人	懊悔	拔济
āvām	āpatteḥ	
pron.1.du.Ac.	f.sg.Ab.	
我们二人	过失	

（《梵藏汉对照〈维摩经〉》,p.116）

āvayoḥ（我们二人的）是梵语第一人称代词的双数、属格形式，支谦译为“其”。

黄宝生译：尊者优波离啊，请你给予勉励，消除我俩的懊恼，让我俩摆脱过失。（《梵汉对勘维摩诘所说经》,p.89）

（73）未来诸世尊，其数无有量。（姚秦鸠摩罗什译《妙法莲华经》卷一，9/9a）

它所对应的梵文原典是：

anāgatā	pi[2]	bahubuddhakoṭyo[3]	acintiyā	**<u>yeṣu</u>**
pt.f.sg.N.	adv.	f.pl.G.	f.sg.N.	pron.m.pl.L.
未来	也	无数亿佛陀	不可思议	那些
pramāṇu[4]	na	asti |		
n.sg.N.	indec.	√as, 3.sg.pres.P.		
数量	不	是		

（saddharmapuṇḍarīka, p.52）

yeṣu（那些）是梵语关系代词的复数、依格形式，鸠摩罗什译为“其”。

[1] 参看：BHSG, §“8.28.Voc.sg.-o, -u, -e.”, p.51。

[2] 参看：BHSD, p.344。

[3] 参看：BHSG, §“10.138.Gen.-yas, -yo”, p.77。

[4] 参看：BHSG, §“8.30.The ending -u”, p.51。

汉语今译：未来无数亿佛陀，他们的数量是不可思议的。

（74）吾为众人作自省法，观以除其病而不除法。（吴支谦译《维摩诘经》卷上，14/526a）

它所对应的梵文原典是：

tathā	kariṣyāmo[1]	yathā	**eṣāṁ**	**satvānām**
adv.	√kṛ, 1.pl.fut.P.	adv.	pron.m.pl.G.	m.pl.G.
如是	将会做	如是	这些	众生
evaṁ	yoniśo[2]	nidhyaptyā	vyādhim	apaneṣyāmaḥ
adv.	adv.	f.sg.I.	m.sg.Ac.	apa-√nī, 1.pl.fut.P.
如是	如理	观察	疾病	除去

（《梵藏汉对照〈维摩经〉》，p.198）

eṣāṁ satvānām（这些众生）是梵语 idam satva 的复数、属格形式，支谦译为“其”。

黄宝生译：我们要这样如实思考，消除众生的病。（《梵汉对勘维摩诘所说经》，p.153）

（75）我为众生之父，应拔其苦难，与无量无边佛智慧乐，令其游戏。（姚秦鸠摩罗什译《妙法莲华经》卷二，9/13a）

它所对应的梵文原典是：

ahaṁ	khalv	eṣāṁ	sattvānāṁ	pitā |
pron.1.sg.N.	indec.	pron.m.pl.G.	m.pl.G.	m.sg.N.
我	确实	这些	众生	父亲
mayā	hy	ete	sattvā[3]	asmād[4]
pron.1.sg.I.	indec.	pron.m.pl.N.	m.pl.N.	pron.1.pl.Ab.
我	故	这些	众生	我们

[1] 参看：BHSG, §“4.38.”, p.34; §“26.6.”, p.131。

[2] 参看：BHSG, §“4.38.”, p.34。

[3] 参看：BHSG, §“8.78.Nom.pl.-ā”, p.55。

[4] 参看：BHSG, §“20.63.”, p.113。

evaṁ	rūpān	mahato[1]	duḥkhaskandhāt
adv.	n.sg.Ab.	adj.m.sg.Ab.	m.sg.Ab.
如是	种类	巨大	苦聚

parimocayitavyā[2]	mayā	ca	eṣāṁ	sattvānām
fpp.m.pl.N.	pron.1.sg.I.	conj.	pron.m.pl.G.	m.pl.G.
解脱	我	和	这些	众生

aprameyam	acintyaṁ	buddhajñānasukhaṁ	dātavyaṁ
fpp.n.sg.N.	fpp.n.sg.N.	n.sg.N.	fpp.n.sg.N.
无限量	不可思议	佛智快乐	应当给予

yena	**ete**	**sattvāḥ**	krīḍiṣyanti	ramiṣyanti
pron.m.sg.I.	pron.m.pl.N.	m.pl.N.	√krīḍ, 3.pl.fut.P.	√ram, 3.pl.fut.P.
此	这些	众生	游戏	欢乐

paricārayiṣyanti	vikrīḍitāni	ca	kariṣyanti ||
pari-√car, caus.3.pl.fut.P.	pt.n.pl.Ac.	conj.	√kṛ, 3.pl.fut.P.
实行	快乐	和	产生

（saddharmapuṇḍarīka, p.78）

ete sattvāḥ（这些众生）是梵语etad satva的复数、体格形式，鸠摩罗什译为“其”。

汉语今译：确实，我是这些众生的父亲。因此，我把这些众生从种种巨大的痛苦中解脱出来，应当给予这些众生无限量、不可思议的佛智快乐。这些众生将会游戏、玩乐，产生快乐。

（76）其志念坚固，有大忍辱力，众生所乐见，为从何所来？（姚秦鸠摩罗什译《妙法莲华经》卷五，9/40b）

它所对应的梵文原典是：

dhṛtimantāś[3]	ca	**ime**	**sarve**	smṛtimanto[4]
adj.m.pl.N.	conj.	pron.m.pl.N.	pron.m.pl.N.	adj.m.pl.N.
心坚固	和	这些	所有	志念坚固

[1] 参看：BHSG, §“4.38.”, p.34。

[2] 参看：BHSG, §“8.78.Nom.pl.-ā”, p.55。

[3] 参看：BHSG, §“18.17.Nom.pl.masc.-ntās”, p.103。

[4] 参看：BHSG, §“18.70.Nom.pl.-tas, -to”, p.104。

maharṣayaḥ |	
m.pl.N.	
大仙人	

priyadarśanāś	ca	rūpeṇa	kuta	eteṣa[1]	āgamaḥ[2] ||
adj.m.pl.N.	conj.	n.sg.I.	adv.	pron.m.pl.N.	m.pl.N.
众人喜欢看见	和	种类	何处	这些	到来

（saddharmapuṇḍarīka，p.303）

“其志念坚固”的“其”指“这些所有大仙人”，对译原文ime sarve maharṣayaḥ。

汉语今译：所有这些大仙人志念坚固，众人喜欢看见，这些人从何处来到？

（77）我必定知是十千鱼其命已终。（北凉昙无谶译《金光明经》卷四，16/353c）

它所对应的梵文原典是：

jānāmi	deva	niyataṁ	**daśamatsyasahasrāṇi**	kālagatāni |
√jñā，1.sg.pres.P.	m.sg.V.	adv.	n.pl.Ac.	adj.n.pl.Ac.
知道	陛下	必定	十千鱼	命终

（suvarṇaprabhāsasūtram，p.104）

“其命已终”的“其”指“十千鱼”，对译原文daśamatsyasahasrāṇi。

汉语今译：陛下，我知道，十千鱼必定死了。

（78）是故我今为其授阿耨多罗三藐三菩提记。（北凉昙无谶译《金光明经》卷四，16/353c）

它所对应的梵文原典是：

tena	kuśaladharmahetunā	mama	antika[3]	iha
pron.m.sg.I.	m.sg.I.	pron.1.sg.G.	n.sg.Ac.	adv.
那	善法因缘	我	旁边	此处

[1] 参看：BHSG, §“21.46.”，p.116。

[2] 参看：BHSG, §“8.83.Nom.pl.-ah，o.”，p.56。

[3] 参看：BHSG, §“8.31.The ending -a”，p.51。

āgatāni	yena	etarhy	anuttarāyāṁ	saṁyaksaṁbodhau
pt.n.pl.N.	pron.m.sg.I.	adv.	f.sg.L.	f.sg.L.
到来	此	现在	无上	三藐三菩提

vyākṛtāni |
ppp.n.pl.N.
被授记

（suvarṇaprabhāsasūtram, p.105）

vyākṛtāni（他们被授记）是梵语过去被动分词vyākṛta（被授记）的复数、体格形式，昙无谶译为"为其授……记"。

汉语今译：由此善法因缘，他们来到我这里，被授记无上三藐三菩提。

13. 之

"之"在汉译本《撰集百缘经》、《维摩诘经》、《金光明经》、《妙法莲华经》中有72例用作复数，39例有相应的梵文原典。其中，6例对译梵语第三人称代词的复数，1例对译梵语指示代词的复数，31例对译梵语名词的复数，1例对译梵语形容词的复数。如：

（79）我已救之。（姚秦鸠摩罗什译《妙法莲华经》卷二，9/14c）

它所对应的梵文原典是：

mayā	ca	**te**	mocita[1]	adya
pron.1.sg.I.	conj.	pron.3.m.pl.N.	ppp.m.pl.N.	adv.
我	和	他们	被解救	今天

（saddharmapuṇḍarīka, p.88）

te（他们）是梵语第三人称代词的复数、体格形式，鸠摩罗什译为"之"。

汉语今译：今天，他们所有人已经被我解救。

（80）阿閦佛以方便受众人而解之曰。（吴支谦译《维摩诘经》卷下，14/535a）

它所对应的梵文原典是：

[1] 参看：BHSG, § "8.79.Nom.pl.-a.", p.55。

tān	bhagavān	vinayanārtham	evam	āha |
pron.3.m.pl.Ac.	m.sg.N.	adv.	adv.	√ah, 3.sg.perf.P.
他们	世尊	为了调伏	如是	说

（《梵藏汉对照〈维摩经〉》, p.456）

tān（他们）是梵语第三人称代词的复数、业格形式，支谦译为“之”。

黄宝生译：为了调伏他们，世尊说道。（《梵汉对勘维摩诘所说经》, p.338）

（81）我当以佛法而训导之。（姚秦鸠摩罗什译《妙法莲华经》卷五, 9/46c）

它所对应的梵文原典是：

yan	nv	aham	**etāṁ**s	tathāgatapravedite
pron.n.sg.N.	indec.	pron.1.sg.N.	pron.m.pl.Ac.	ppp.m.sg.L.
其	现在	我	这些	如来所证

dharmavinaye	'vatārayeyam	anuśāsayeyam |
m.sg.L.	ava-√tṝ, caus.1.sg.opt.P.	anu-√śās, caus.1.sg.opt.P.
戒法	使悟解	教化

（saddharmapuṇḍarīka, p.347）

etāṁ（这些）是梵语指示代词etad（此）的复数、业格形式，鸠摩罗什译为“之”。

汉语今译：现在，我教化他们，使他们悟解如来所证的戒法。

（82）尔时世尊知诸菩萨三请不止而告之言。（姚秦鸠摩罗什译《妙法莲华经》卷五, 9/42b）

它所对应的梵文原典是：

atha	khalu	bhagavāṁs	teṣāṁ	bodhisattvānāṁ
adv.	indec.	m.sg.N.	pron.m.pl.G.	m.pl.G.
那时	确实	世尊	那些	菩萨
yāvat	tṛtīyakam	apy	adhyeṣaṇāṁ	viditvā
adv.	adv.	adv.	f.sg.Ac.	ger.
如是	三次	又	劝请	知道

tān	**bodhisattvān**	āmantrayate	sma |
pron.m.pl.Ac.	m.pl.Ac.	ā-√mantraya, 3.sg.pres.Ā.	indec.

那些	菩萨	对……说	（表示过去）

（saddharmapuṇḍarīka，pp.315-316）

tān bodhisattvān（那些菩萨）是梵语tad bodhisattva的复数、业格形式，鸠摩罗什译为“之”。

汉语今译：确实，世尊知道那些菩萨三次劝请之后，对那些菩萨说。

（83）劫中若兵起，己为作慈利，化之以不诤，兆民得休济。（吴支谦译《维摩诘经》卷下，14/530b）

它所对应的梵文原典是：

śastra-antarakalpeṣu	maitryādhyāyī[1]	bhavanti	te |
m.pl.L.	m.pl.N.	√bhū，3.pl.pres.P.	pron.3.m.pl.N.
刀兵劫	修习慈定	是	他们
avyāpāde	niyojenti[2]	**satvakoṭīśatān**	bahūn ||
m.sg.L.	ni-√yuj，caus.3.pl.pres.P.	m.pl.Ac.	adj.m.pl.Ac.
不嗔	安住	百千万亿众生	无数

（《梵藏汉对照〈维摩经〉》，p.316）

satvakoṭīśatān（百千万亿众生）是梵语名词satvakoṭīśata的复数、业格形式，支谦译为“之”。

黄宝生译：遇到刀兵劫，他们满怀慈悲，让数百亿众生摆脱仇恨愤怒。（《梵汉对勘维摩诘所说经》，p.244）

（84）示之以涅槃。（姚秦鸠摩罗什译《妙法莲华经》卷一，9/8b）

它所对应的梵文原典是：

duḥkhena	saṁpīḍita[3]	dṛṣṭva[4]	**sattvān**	nirvāṇa[5]
n.sg.I.	ppp.m.pl.Ac.	ger.	m.pl.Ac.	n.sg.Ac.
痛苦	被逼迫	看见	众生	涅槃

[1] 参看：BHSG，§“10.177.Nom.-acc.pl.-ī”，p.81。
[2] 参看：BHSG，§“24.10.Stems in -e-.”，p.128。
[3] 参看：BHSG，§“8.94.Acc.pl.-a”，p.57。
[4] 参看：BHSG，§“3.27.a for ā”，p.24。
[5] 参看：BHSG，§“8.31.The ending -a”，p.51。

tatra	apy	upadarśayāmi ‖
adv.	adv.	upa-√dṛś, caus.1.sg.pres.P.
那里	又	示现

(saddharmapuṇḍarīka, p.48)

sattvān（众生们）是梵语名词sattva（众生）的复数、业格形式，鸠摩罗什译为“之”。

汉语今译：看见了众生被痛苦逼迫，我又为众生示现涅槃。

（85）我于伽耶城菩提树下坐，得成最正觉，转无上法轮，尔乃教化之，令初发道心。（姚秦鸠摩罗什译《妙法莲华经》卷五，9/41b）

它所对应的梵文原典是：

mayā	ca	prāpya	imam[1]	agrabodhiṁ
pron.1.sg.I.	conj.	ger.	pron.f.sg.Ac.	f.sg.Ac.
我	和	得到	此	妙菩提
nagare	gayāyāṁ	drumamūli[2]	tatra |	
n.sg.L.	f.sg.L.	n.sg.L.	adv.	
城	伽叶	树下	那里	
anuttaraṁ	vartiya[3]	dharmacakraṁ	paripācitāḥ	**sarvi**[4]
adj.n.sg.Ac.	ger.	n.sg.Ac.	ppp.m.pl.N.	adj.m.pl.N.
无上	转动	法轮	被教化	所有
iha	agrabodhau‖			
adv.	f.sg.L.			
此处	妙菩提			

(saddharmapuṇḍarīka, p.310)

sarvi（所有）是梵语形容词sarva的复数、体格形式，鸠摩罗什译为“之”。

汉语今译：我在伽叶城树下得到妙菩提之后，转动无上法轮，用妙菩提教化所有人。

---

[1] 参看：BHSG, § “21.85.”, p.118。

[2] 参看：BHSG, § “8.59.Loc.sg.-i”, p.53。

[3] 参看：BHSG, § “Gerunds in iya(iyā, ia)”, p.175。

[4] 参看：BHSG, § “8.81.Nom.pl.-i”, p.56。

（三）梵汉对勘的结论

汉译本《撰集百缘经》、《维摩诘经》、《金光明经》、《妙法莲华经》有表示复数的人称代词14个，使用了899次。其中，第一人称复数代词有5个，使用了323次；第二人称复数代词有5个，使用了318次；第三人称复数代词有4个，使用了258次。在第一人称复数代词里面，单音节形式2个，使用了83次；复音节形式3个，使用了240次。在第二人称复数代词里面，单音节形式2个，使用了105次；复音节形式3个，使用了213次；在第三人称复数代词里面，单音节形式3个，使用了257次；复音节形式1个，使用了1次。在14个表示复数的人称代词中，单音节形式7个，445次；复音节形式7个，454次（双音节形式5个，443次；三音节形式2个，11次）。在使用频率上，单音节形式占49.5%，复音节形式占50.5%。其中，单音节形式主要集中在第三人称代词上，占28.6%（第一人称代词占9.2%，第二人称代词占11.7%）；复音节形式主要集中在第一、第二人称代词上，占50.4%（第一人称代词占26.7%，第二人称代词占23.7%）。从使用频率来看，复音节表示复数的人称代词略占优势，高1%，尤其是在第一、第二人称复数代词方面则占有明显优势。这说明在这四部汉译佛经中，表示复数的人称代词已经打破上古汉语单、复数同形的状况，出现了复音节形式表示复数，但又存在着单、复数混用的现象。

从梵汉对勘《撰集百缘经》、《维摩诘经》、《金光明经》、《妙法莲华经》表示复数的人称代词来看，表示复数的第一人称代词主要对译梵语第一人称代词的复数（双数），占86.5%；对译梵语动词的第一人称复数（双数），占8%。表示复数的第二人称代词主要对译梵语第二人称代词的复数（双数），占52.4%；对译梵语动词的第二人称复数（双数），占29.5%。表示复数的第三人称代词主要对译梵语第三人称代词的复数，占35.6%；对译梵语名词的复数，占54.4%。也有少数情况例外。比如，表示复数的“其”、“之”、“彼”，它们有对译梵语第一人称代词的双数，对译梵语第二人称代词的复数，对译梵语指示代词的复数、单数，对译梵语关系代词复数的情况；表示第一人称复数的“我等”有对译梵语第一人称代词单数，对译梵语第二人称代词单数，对译梵语动词第一人称单数，对译梵语形容词asmādṛśa、mādṛśa复数的情况；表示第二人称复数的“汝”有对译梵语动词第一人称单数，对译梵语名词单数、复数的情况；表示第二人称复数的“汝等”有对译梵语第二人称代词的单数，对译梵语动词第二人称的单数，对译梵语名词单数、复数的情况。这些例外是可以分析的。除了文本的原因之外，译者在处理梵文原典上下文的关系时，出现了一些汉译与原典不相符合的情况。如“汝”表示复数，在《撰集百缘经》里对译的是梵语动词√bhāṣ的第一人称、单数、将来时、中间语态，义为“我将讲说”，支谦译为“吾当为汝分别解说”，这是由于原典上文提到讲述的对象是复数。因此，“汝”就表示复数。又如“我等”、“汝等”对译梵语人称代词的单数、对译梵语动词的单数，这只出现在鸠摩罗什、昙无谶的译经中，用例很少，没有出现在支谦的译经中，这或许与译者的汉语水平有关。鸠摩罗什、昙无谶都是来自异域的译者，支谦是生长在汉地的译者。

从《撰集百缘经》、《维摩诘经》、《金光明经》、《妙法莲华经》这四部汉译佛经的梵汉对勘来看，汉译佛经中表示复数的人称代词的确与梵文原典有着直接的关系，是梵文原典表示复数的多种语法形式的对译。

二、“S,N是”句型

汉译佛经有如下的语言现象：

（1）尔时高行梵志，则吾身是也；五百弟子，今若曹是。（后汉昙果共康孟详译《中本起经》卷下，4/163c）

例中的“是”后置。

这样的句子多出现在讲解佛、菩萨的本生故事中，如《六度集经》、《撰集百缘经》、《生经》，或者是出现在通过打比方来讲道理的佛经中，如《贤愚经》、《杂宝藏经》。下面我们将此类“是”后置的句子进行整理、归类。

（一）汉译佛经“S,N是”句型的种类

汉译佛经“S,N是”句型有四种类型[1]：

1. N_1者，N_2是也。如：

（2）时和默王者，吾身是也。（三国吴康僧会编译《六度集经》卷三，3/11c）

2. N_1，N_2是也。如：

（3）善光梵天，今持心梵天是也。（西晋竺法护译《持心梵天所问经》卷三，15/21b）

3. N_1者，N_2是。如：

（4）时王者，吾身是。（三国吴康僧会编译《六度集经》卷一，3/3c）

4. N_1，N_2是。如：

（5）欲知彼时老耄比丘，今此耶奢蜜多是。（三国吴支谦译《撰集百缘经》卷九，4/246c）

---

[1] 江蓝生先生在《语言接触与元明时期的特殊判断句》一文中将汉文佛经的特殊判断句分为三类：a. N_1者，N_2是也；b. N_1者，N_2是；c. N_1，N_2是。《语言学论丛》第二十八辑，商务印书馆，2003年，第56页。我们利用语料库，调查了从东汉到南北朝时期的124部汉译佛经，466卷，约460万字。

其中，S可以是名词N，也可以是"N+者"。关于这种"是"应该如何理解，学术界的看法不一致，有两种观点，一种观点认为其中的"是"表示判断（刘世儒1957，香坂顺一1983，张华文2000，江蓝生2003，张美兰2003，陈秀兰2003/2004/2008、2013/2016，朱冠明2005，龙国富2005，蒋绍愚2009），另一种观点则认为其中的"是"表示复指，是指示代词（姜南2008/2011、2010）。到底哪一种观点更加接近历史的真实？为了回答这个问题，我们觉得有必要再次利用梵汉对勘的方法，对勘不同历史时期、更多数量的汉译佛经与它的平行梵文本，看看汉译佛经"S，N是"句在梵文佛经中的情况。下面我们选择《撰集百缘经》、《维摩诘经》、《金光明经》、《妙法莲华经》梵、汉文本作为考察对象，将汉译本的"S，N是"句与其平行梵文本进行对勘，探讨它们对译梵文原典的情况。

（二）梵、汉本《撰集百缘经》、《维摩诘经》、《金光明经》、《妙法莲华经》"S，N是"句型的对勘情况

汉译本《撰集百缘经》、《维摩诘经》、《金光明经》、《妙法莲华经》有"S，N是"句160例，126例有相应的梵文原文，对勘情况如下表：

平行梵文本对译情况 / 汉译本情况	有判断动词（√as/√bhū）				无判断动词
	N_1，N_2 √as（√bhū）		N_1，√as（√bhū）N_2		N_1，N_2
	N_1，N_2 √as	N_1，N_2 √bhū	N_1，√as N_2	N_1，√bhū N_2	
S，N是	19	32	4	8	63

这些平行梵文本的句子都是梵文的判断句。有些判断句有判断动词√as或√bhū，有些判断句没有判断动词√as或√bhū。判断动词√as或√bhū的位置，既可以在N_1之后，也可以在N_2之后。具体而言，有以下三种类型。

[一] N_1，N_2 √as（19例）；N_1，N_2 √bhū（32例）

1. N_1，N_2 √as（19例）。分为两种情况，一是带有判断动词√as的主从复合词，二是带有判断动词√as的简单判断句。

① 带有判断动词√as的主从复合句。如：

（6）bhagavān	āha|	kiṁ	manyadhve
m.sg.N.	√ah, 3.sg.perf.P.	pron.n.sg.Ac.	√man, 2.pl.pres.Ā.
世尊	说	什么	思考
bhikṣavo[1]	yo[2]	'sau	tena
m.pl.V.	rel.m.sg.N.	pron.m.sg.N.	pron.m.sg.I.
比丘们	其	那	那
kālena	tena	samayena	śaśa[3]
m.sg.I.	pron.m.sg.I.	m.sg.I.	m.sg.N.
时	那	时	兔子
āsīd	ahaṁ	saḥ |	
√as, 3.sg.imperf.P.	pron.1.sg.N.	pron.3.m.sg.N.	
是	我	他	

（avadānaśataka, I/p.211）

此例是带有判断动词的主从复合句，判断动词āsīd（āsīt）是主句saḥ的关系从句N_2 śaśa（兔子）的判断动词，“兔子”是主语[4]。

支谦译：佛告诸比丘：“欲知彼时菩萨兔王，则我身是。”（《撰集百缘经》卷四，4/221c）

支谦译文“菩萨兔王”是主语，“我身”是表语。

汉语今译：世尊说：“比丘们，你们怎么想？那时那个兔子是我。”

---

[1] 参看：BHSG, §“12.63.Voc.pl.-o”, p.89。

[2] 参看：BHSG, §“4.38.”, p.34。

[3] 参看：BHSG, §“8.22.Nom.sg.-a.”, p.50。

[4] 姜南在《汉译佛经“S，N是”句非系词判断句》一文中将此类主从复合句分析为“yad……tad……”型主从复合句，认为原文省去了主句中与从句相重复的主语和系词部分，只保留指代词“saḥ”。《中国语文》2010年第1期，第64页。我们以为此类主从复合句当是“yad”引导的主从复合句，主句的“saḥ”不是指代词，而是第三人称代词“他”，“yad”所引导的从句就是“saḥ”的从句。参看拙文《“S，N是”句型在梵、汉本〈撰集百缘经〉中的对勘》，《中国语文》2009年第6期，第568–570页。关于梵文关系从句的位置问题，吴汝钧在《梵文入门》里说：“在梵文，关系词所领引的附属语句，必须放在相关关系词所在的主句的前面。相关关系词所指涉的前述词，可以放在关系词之后，或放在相关关系词之后。……倘若前述词是第三身代名词，则只用相关关系词便足够了。”鹅湖出版社印行，2001年，第52页。

（7）	bhagavān	āha |	kiṁ	manyadhve
	m.sg.N.	√ah, 3.sg.perf.P.	pron.n.sg.Ac.	√man, 2.pl.pres.Ā.
	世尊	说	什么	思考
	bhikṣavo[1]	yo[2]	'sau	tena
	m.pl.V.	rel.m.sg.N.	pron.m.sg.N.	pron.m.sg.I.
	比丘们	其	那	那
	kālena	tena	samayena	mṛgapatiḥ
	m.sg.I.	pron.m.sg.I.	m.sg.I.	m.sg.N.
	时	那	时	鹿王
	āsīd	ahaṁ	saḥ|	
	√as, 3.sg.imperf.P.	pron.1.sg.N.	pron.3.m.sg.N.	
	是	我	他	

（avadānaśataka, I/p.237）

此例是带有判断动词的主从复合句，判断动词āsīd（āsīt）是主句saḥ的关系从句N_2 mṛgapatiḥ（鹿王）的判断动词，“鹿王”是主语。

支谦译：佛告诸比丘：“欲知彼时鹿王者，则我身是。”（《撰集百缘经》卷四，4/221a）

支谦译文“鹿王”是主语，“我身”是表语。

汉语今译：世尊说：“比丘们，你们怎么想？那时那个鹿王是我。”

（8）	bhagavān	āha |	kiṁ	manyase
	m.sg.N.	√ah, 3.sg.perf.P.	pron.n.sg.Ac.	√man, 2.sg.pres.Ā.
	世尊	说	什么	思考
	maudgalyāyana	yo[3]	'sau	tena
	m.sg.V.	rel.m.sg.N.	pron.m.sg.N.	pron.m.sg.I.
	目乾连	其	那	那

[1] 参看：BHSG, §“12.63.Voc.pl.-o”, p.89。

[2] 参看：BHSG, §“4.38.”, p.34。

[3] 同上。

kālena	tena	samayena	bhṛtakapuruṣa[1]
m.sg.I.	pron.m.sg.I.	m.sg.I.	m.sg.N.
时	那	时	客作人
āsīd	ayaṁ	sa	pretaḥ |
√as, 3.sg.imperf.P.	pron.m.sg.N.	pron.m.sg.N.	m.sg.N.
是	此	那	饿鬼

（avadānaśataka, I/p.245）

此例是带有判断动词的主从复合句，判断动词āsīd（āsīt）是主句sa pretaḥ的关系从句N_2 bhṛtakapuruṣa（客作人）的判断动词，"客作人"是主语。

支谦译：佛告目连："欲知尔时彼长者妇[2]，今富那奇饿鬼是。"（《撰集百缘经》卷五，4/222c）

支谦译文"长者妇"是主语，"富那奇饿鬼"是表语。

汉语今译：世尊说："目乾连，你怎么想？那时那个客作人是这个饿鬼。"

（9）

bhagavān	āha |	kiṁ	manyadhve
m.sg.N.	√ah, 3.sg.perf.P.	pron.n.sg.Ac.	√man, 2.pl.pres.Ā.
世尊	说	什么	思考

bhikṣavo[3]	yo[4]	'sau	tena	kālena
m.pl.V.	rel.m.sg.N.	pron.m.sg.N.	pron.m.sg.I.	m.sg.I.
比丘们	其	那	那	时
tena	samayena	pāradārika[5]	**āsīd**	ayaṁ
pron.m.sg.I	m.sg.I.	m.sg.N.	√as, 3.sg.imperf.P.	pron.m.sg.N.
那	时	奸夫	是	此

[1] 参看：BHSG, §"8.22.Nom.sg.-a", p.50。

[2] 平行梵文本此处是bhṛtakapuruṣa（客作人）。avadānaśataka, I/p.245。

[3] 参看：BHSG, §"12.63.Voc.pl.-o", p.89。

[4] 参看：BHSG, §"4.38.", p.34。

[5] 参看：BHSG, §"8.22.Nom.sg.-a", p.50。

sa	brāhmaṇaḥ
pron.m.sg.N.	m.sg.N.
那	梵天

（avadānaśataka, I/p.301）

此例是带有判断动词的主从复合句，判断动词āsīd（āsīt）是主句sa brāhmaṇaḥ 的关系从句N_2 pāradārika（奸夫）的判断动词，"奸夫"是主语。

支谦译：佛告诸比丘："欲知彼时作贼人者，今天子父是。"（《撰集百缘经》卷六，4/229b）

支谦译文"作贼人"是主语，"天子父"是表语。

汉语今译：世尊说："比丘们，你们怎么想？那时那个奸夫是这个梵天。"

（10）

bhagavān	āha |	kiṁ	manyadhve
m.sg.N.	√ah, 3.sg.perf.P.	pron.n.sg.Ac.	√man, 2.pl.pres.Ā.
世尊	说	什么	思考
bhikṣavo[1]	yo[2]	'sau	tena
m.pl.V.	rel.m.sg.N.	pron.m.sg.N.	pron.m.sg.I.
比丘们	其	那	那
kālena	tena	samayena	gṛhapatir
m.sg.I.	pron.m.sg.I.	m.sg.I.	m.sg.N.
时	那	时	长者
<u>**āsīd**</u>	ayaṁ	sa	suvarṇābhaḥ |
√as, 3.sg.imperf.P.	pron.m.sg.N.	pron.m.sg.N.	adj.m.sg.N.
是	此	那	金光

（avadānaśataka, I/p.349）

此例是带有判断动词的主从复合句，判断动词āsīd（āsīt）是主句sa suvarṇābhaḥ 的关系从句N_2 gṛhapatir（长者）的判断动词，"长者"是主语。

支谦译：佛告诸比丘："欲知彼时钻金薄人者，今现在金色比丘是。"（《撰集百缘经》卷七，4/235a）

---

[1] 参看：BHSG, § "12.63.Voc.pl.-o", p.89。

[2] 参看：BHSG, § "4.38.", p.34。

支谦译文“钻金薄人”（即“长者”）是主语，“金色比丘”（即“金光”）是表语。

汉语今译：世尊说：“比丘们，你们怎么想？那时那个长者是这个金光。”

（11）

bhagavān	āha |	kiṁ	manyadhve
m.sg.N.	√ah, 3.sg.perf.P.	pron.n.sg.Ac.	√man, 2.pl.pres.Ā.
世尊	说	什么	思考
bhikṣavo[1]	yo[2]	'sau	tena
m.pl.V.	rel.m.sg.N.	pron.m.sg.N.	pron.m.sg.I.
比丘们	其	那	那
kālena	tena	samayena	gṛhapatir
m.sg.I.	pron.m.sg.I.	m.sg.I.	m.sg.N.
时	那	时	长者
āsīd	ayaṁ	sa	sugandhiḥ |
√as, 3.sg.imperf.P.	pron.m.sg.N.	pron.m.sg.N.	adj.m.sg.N.
是	此	那	芳香

（avadānaśataka, I/p.353）

此例是带有判断动词的主从复合句，判断动词āsīd（āsīt）是主句sa sugandhiḥ 的关系从句N_2 gṛhapatir（长者）的判断动词，“长者”是主语。

支谦译：佛告诸比丘：“欲知彼时以栴檀香坌散地者，今香身比丘是。”（《撰集百缘经》卷七，4/235b）

支谦译文“以栴檀香坌散地者”（即“长者”）是主语，“香身比丘”（即“芳香”）是表语。

汉语今译：世尊说：“比丘们，你们怎么想？那时那个长者是这个芳香。”

（12）

bhagavān	āha |	kiṁ	manyadhve
m.sg.N.	√ah, 3.sg.perf.P.	pron.n.sg.Ac.	√man, 2.pl.pres.Ā.
世尊	说	什么	思考

[1] 参看：BHSG, §“12.63.Voc.pl.-o”, p.89。

[2] 参看：BHSG, §“4.38.”, p.34。

bhikṣavo[1]	yo[2]	'sau	tena
m.pl.V.	rel.m.sg.N.	pron.m.sg.N.	pron.m.sg.I.
比丘们	其	那	那
kālena	tena	samayena	daridraḥ
m.sg.I.	pron.m.sg.I.	m.sg.I.	adj.m.sg.N.
时	那	时	贫穷
puruṣa[3]	**āsīd**	ayaṁ	sa
m.sg.N.	√as, 3.sg.imperf.P.	pron.m.sg.N.	pron.m.sg.N.
人	是	此	那
vapuṣmān |			
adj.m.sg.N.			
威颜			

（avadānaśataka, I/p.358）

此例是带有判断动词的主从复合句，判断动词āsīd（āsīt）是主句sa vapuṣmān的关系从句N_2 daridraḥ puruṣa（贫穷人）的判断动词，“贫穷人”是主语。

支谦译：佛告诸比丘：“欲知彼时拂拭花人，今威德比丘是。”（《撰集百缘经》卷七，4/235c）

支谦译文“拂拭花人”（即“贫穷人”）是主语，“威德比丘”（即“威颜”）是表语。

汉语今译：世尊说：“比丘们，你们怎么想？那时那个贫穷人是这个威颜。”

（13）

bhagavān	āha |	kiṁ	manyadhve
m.sg.N.	√ah, 3.sg.perf.P.	pron.n.sg.Ac.	√man, 2.pl.pres.Ā.
世尊	说	什么	思考
bhikṣavo[4]	yo[5]	'sau	tena
m.pl.V.	rel.m.sg.N.	pron.m.sg.N.	pron.m.sg.I.
比丘们	其	那	那

[1] 参看：BHSG, §“12.63.Voc.pl.-o”, p.89。
[2] 参看：BHSG, §“4.38.”, p.34。
[3] 参看：BHSG, §“8.22.Nom.sg.-a”, p.50。
[4] 参看：BHSG, §“12.63.Voc.pl.-o”, p.89。
[5] 参看：BHSG, §“4.38.”, p.34。

kālena	tena	samayena	sārthavāha[1]
m.sg.I.	pron.m.sg.I.	m.sg.I.	m.sg.N.
时	那	时	商主
āsīd	ayaṁ	sa	padmākṣaḥ |
√as, 3.sg.imperf.P.	pron.m.sg.N.	pron.m.sg.N.	adj.m.sg.N.
是	此	那	莲花眼

（avadānaśataka, I/p.370）

此例是带有判断动词的主从复合句，判断动词āsīd（āsīt）是主句sa padmākṣaḥ的关系从句N_2 sārthavāha（商主）的判断动词，"商主"是主语。

支谦译：佛告诸比丘："欲知彼时商主奉上摩尼宝珠者，今此宝盖[2]比丘是。"（《撰集百缘经》卷七，4/236c）

支谦译文"商主"是主语，"宝盖比丘"是表语。

汉语今译：世尊说："比丘们，你们怎么想？那时那个商主是这个莲花眼。"

② 带有判断动词√as的简单判断句。如：

（14）

ahaṁ	ca	sa	śākyamunis	tathāgataḥ
pron.1.sg.N.	conj.	pron.m.sg.N.	m.sg.N.	m.sg.N.
我	和	那	释迦牟尼	如来

pūrvaṁ	mahāsattvavaro[3]	babhūva |
adv.	m.sg.N.	√bhū, 3.sg.perf.P.
从前	殊胜摩诃萨埵	是

putraś	ca	rājño[4]	hi	mahārathasya	yena
m.sg.N.	conj.	m.sg.G.	indec.	m.sg.G.	pron.m.sg.I.
儿子	和	国王	故	摩诃罗陀	此

[1] 参看：BHSG, § "8.22.Nom.sg.-a", p.50。
[2] 平行梵文本此处是padmākṣaḥ（莲花眼）。avadānaśataka, I/p.370。
[3] 参看：BHSG, § "8.18.Nom.sg.-o", p.49。
[4] 参看：BHSG, § "4.38.", p.34。

eva	vyāghrī	sukhitā	kṛtā	<u>**āsīt**</u> ||
adv.	f.sg.N.	f.sg.N.	ppp.f.sg.N.	√as, 3.sg.imperf.P.
即	母虎	快乐	所做	是

（suvarṇaprabhāsasūtram, p.122）

此例是带有判断动词的简单判断句，判断动词āsīt是N_2 putras（儿子）的判断动词，“儿子”是主语。

昙无谶译：尔时王子摩诃萨埵舍身饲虎，今我身是。（《金光明经》卷四，16/356c）

昙无谶译文“王子摩诃萨埵舍身饲虎”是主语，“我身”是表语。

汉语今译：以前的释迦牟尼如来、让母虎快乐的摩诃罗陀国王的儿子，殊胜摩诃萨埵是我。

（15）

anupūrvapuṇyena	kṛtena	tena	prakāśayitvā
adj.m.sg.I.	ppp.m.sg.I.	pron.3.m.sg.I.	caus.ger.
渐具功德	所做	他	演说
imu[1]	sūtra[2]	nityam |	
pron.n.sg.Ac.	n.sg.Ac.	adv.	
此	经典	常常	
bodhiṁ[3]	sa	saṁprāpta[4]	jinasya
m.sg.N.	pron.3.m.sg.N.	pt.m.sg.N.	m.sg.G.
菩提	他	证得	佛陀
putro[5]	aham	eva	so[6]
m.sg.N.	pron.1.sg.N.	adv.	pron.m.sg.N.
儿子	我	即	那

[1] 参看：BHSG, § “21.85.”, p.118。
[2] 参看：BHSG, § “8.31.The ending -a”, p.51。
[3] 参看：BHSG, § “10.23.Nom.sg.-iṃ or im.”, p.71。
[4] 参看：BHSG, § “8.22.Nom sg.-a.”, p.50。
[5] 参看：BHSG, § “8.18.Nom.sg.-o”, p.49。
[6] 参看：BHSG, § “21.46.”, p.116。

śākyamunis	tadā	**āsīt** ||
m.sg.N.	adv.	√as, 3.sg.imperf.P.
释迦牟尼	那时	是

（saddharmapuṇḍarīka, p.384）

此例是带有判断动词的简单判断句，判断动词āsīt是N_2 so śākyamunis（那个释迦牟尼）的判断动词，“那个释迦牟尼”是主语。

鸠摩罗什译：说是经故，得无量福，渐具功德，疾成佛道。彼时不轻，则我身是。（《妙法莲华经》卷六，9/51b）

鸠摩罗什译文“不轻”是主语，“我身”是表语。

汉语今译：常常演说了这个经典，他渐渐具有功德，证得菩提，是佛陀的儿子。那时那个释迦牟尼即是我。

2. N_1，N_2 √bhū（32例）。分为两种情况：一是带有判断动词√bhū的主从复合词，二是带有判断动词√bhū的简单判断句。

① 带有判断动词√bhū的主从复合句。如：

（16）

bhagavān	āha |	kiṁ	manyadhve
m.sg.N.	√ah, 3.sg.perf.P.	pron.n.sg.Ac.	√man, 2.pl.pres.Ā.
世尊	说	什么	思考
bhikṣavo[1]	yo[2]	'sau	tena
m.pl.V.	rel.m.sg.N.	pron.m.sg.N.	pron.m.sg.I.
比丘们	其	那	那
kālena	tena	samayena	sārthavāho[3]
m.sg.I.	pron.m.sg.I.	m.sg.I.	m.sg.N.
时	那	时	商主
babhūva	ahaṁ	saḥ |	
√bhū, 3.sg.perf.P.	pron.1.sg.N.	pron.3.m.sg.N.	
是	我	他	

（avadānaśataka, I/p.66）

---

[1] 参看：BHSG, §“12.63.Voc.pl.-o”, p.89。

[2] 参看：BHSG, §“4.38.”, p.34。

[3] 参看：BHSG, §“8.18.Nom.sg.-o”, p.49。

此例是带有判断动词的主从复合句，判断动词babhūva是主句saḥ的关系从句N_2 sārthavāho（商主）的判断动词，“商主”是主语。

支谦译：佛告诸比丘：“欲知彼时商主者，则我身是。”（《撰集百缘经》卷二，4/208c）

支谦译文“商主”是主语，“我身”是表语。

汉语今译：世尊说：“比丘们，你们怎么想？那时那个商主是我。”

（17）

bhagavān	āha |	kiṁ	manyadhve
m.sg.N.	√ah, 3.sg.perf.P.	pron.n.sg.Ac.	√man, 2.pl.pres.Ā.
世尊	说	什么	思考
bhikṣavo[1]	yo[2]	'sau	tena
m.pl.V.	rel.m.sg.N.	pron.m.sg.N.	pron.m.sg.I.
比丘们	其	那	那
kālena	tena	samayena	rājā
m.sg.I.	pron.m.sg.I.	m.sg.I.	m.sg.N.
时	那	时	国王
kṣatriyo[3]	mūrdhnābhiṣikto[4]	**babhūva**	ahaṁ
m.sg.N.	adj.m.sg.N.	√bhū, 3.sg.perf.P.	pron.1.sg.N.
刹帝利	灌顶	是	我
saḥ |			
pron.3.m.sg.N.			
他			

（avadānaśataka, I/p.70）

此例是带有判断动词的主从复合句，判断动词babhūva是主句saḥ的关系从句N_2 rājā kṣatriyo mūrdhnābhiṣikto（刹帝利灌顶王）的判断动词，“刹帝利灌顶王”是主语。

---

[1] 参看：BHSG, §“12.63.Voc.pl.-o”, p.89。

[2] 参看：BHSG, §“4.38.”, p.34。

[3] 参看：BHSG, §“8.18.Nom.sg.-o”, p.49。

[4] 同上。

支谦译：佛告诸比丘："欲知彼时观顶王[1]者，则我身是。"(《撰集百缘经》卷二，4/209a）

支谦译文"观顶王"是主语，"我身"是表语。

汉语今译：世尊说："比丘们，你们怎么想？那时那个刹帝利灌顶王是我。"

（18）

bhagavān	āha |	kiṁ	manyadhve
m.sg.N.	√ah，3.sg.perf.P.	pron.n.sg.Ac.	√man，2.pl.pres.Ā.
世尊	说	什么	思考
bhikṣavo[2]	yo[3]	'sau	tena
m.pl.V.	rel.m.sg.N.	pron.m.sg.N.	pron.m.sg.I.
比丘们	其	那	那
kālena	tena	samayena	rājā
m.sg.I.	pron.m.sg.I.	m.sg.I.	m.sg.N.
时	那	时	国王
<u>babhūva</u>	ahaṁ	saḥ |	
√bhū，3.sg.perf.P.	pron.1.sg.N.	pron.3.m.sg.N.	
是	我	他	

（avadānaśataka，I/p.82）

此例是带有判断动词的主从复合句，判断动词babhūva是主句saḥ的关系从句N_2 rājā（国王）的判断动词，"国王"是主语。

支谦译：佛告诸比丘："欲知彼时梵摩王者，则我身是。"(《撰集百缘经》卷二，4/210a）

支谦译文"梵摩王"是主语，"我身"是表语。

汉语今译：世尊说："比丘们，你们怎么想？那时那个国王是我。"

（19）

bhagavān	āha |	kiṁ	manyadhve
m.sg.N.	√ah，3.sg.perf.P.	pron.n.sg.Ac.	√man，2.pl.pres.Ā.
世尊	说	什么	思考

---

[1] 平行梵文本此处是rājā kṣatriyo mūrdhnābhiṣikto（刹帝利灌顶王）。avadānaśataka, I/p.70。

[2] 参看：BHSG, §"12.63.Voc.pl.-o", p.89。

[3] 参看：BHSG, §"4.38.", p.34。

bhikṣavo[1]	yo[2]	'sau	tena
m.pl.V.	rel.m.sg.N.	pron.m.sg.N.	pron.m.sg.I.
比丘们	其	那	那
kālena	tena	samayena	padmako[3]
m.sg.I.	pron.m.sg.I.	m.sg.I.	m.sg.N.
时	那	时	莲花
nāma	rājā	**babhūva**	ahaṁ
adv.	m.sg.N.	√bhū, 3.sg.perf.P.	pron.1.sg.N.
名为	国王	是	我
saḥ |			
pron.3.m.sg.N.			
他			

（avadānaśataka, I/p.172）

此例是带有判断动词的主从复合句，判断动词babhūva是主句saḥ的关系从句N_2 padmako rājā（莲花王）的判断动词，“莲花王”是主语。

支谦译：佛告阿难：“欲知尔时莲华王者，则我身是。”（《撰集百缘经》卷四，4/217c）

支谦译文“莲华王”是主语，“我身”是表语。

汉语今译：世尊说：“比丘们，你们怎么想？那时那个莲花王是我。”

（20）bhagavān	āha |	kiṁ	manyadhve
m.sg.N.	√ah, 3.sg.perf.P.	pron.n.sg.Ac.	√man, 2.pl.pres.Ā.
世尊	说	什么	思考
bhikṣavo[4]	yo[5]	'sau	tena
m.pl.V.	rel.m.sg.N.	pron.m.sg.N.	pron.m.sg.I.
比丘们	其	那	那

[1] 参看：BHSG, §“12.63.Voc.pl.-o”, p.89。

[2] 参看：BHSG, §“4.38.”, p.34。

[3] 参看：BHSG, §“8.18.Nom.sg.-o”, p.49。

[4] 参看：BHSG, §“12.63.Voc.pl.-o”, p.89。

[5] 参看：BHSG, §“4.38.”, p.34。

kālena	tena	samayena	brahmadatto[1]
m.sg.I.	pron.m.sg.I.	m.sg.I.	m.sg.N.
时	那	时	梵摩达多
nāma	rājā	**babhūva**	ahaṁ
adv.	m.sg.N.	√bhū, 3.sg.perf.P.	pron.1.sg.N.
名为	国王	是	我
saḥ |			
pron.3.m.sg.N.			
他			

（avadānaśataka, I/p.176）

此例是带有判断动词的主从复合句，判断动词babhūva是主句saḥ的关系从句N_2 brahmadatto rājā（梵摩达多王）的判断动词，“梵摩达多王”是主语。

支谦译：佛告诸比丘：“欲知彼时梵豫王者，则我身是。”（《撰集百缘经》卷四，4/218a）

支谦译文“梵豫王”是主语，“我身”是表语。

汉语今译：世尊说：“比丘们，你们怎么想？那时那个梵摩达多王是我。”

（21）

bhagavān	āha |	kiṁ	manyadhve
m.sg.N.	√ah, 3.sg.perf.P.	pron.n.sg.Ac.	√man, 2.pl.pres.Ā.
世尊	说	什么	思考
bhikṣavo[2]	yo[3]	'sau	tena
m.pl.V.	rel.m.sg.N.	pron.m.sg.N.	pron.m.sg.I.
比丘们	其	那	那
kālena	tena	samayena	śibir
m.sg.I.	pron.m.sg.I.	m.sg.I.	m.sg.N.
时	那	时	尸毘

[1] 参看：BHSG, §“8.18.Nom.sg.-o”, p.49。

[2] 参看：BHSG, §“12.63.Voc.pl.-o”, p.89。

[3] 参看：BHSG, §“4.38.”, p.34。

nāma	rājā	**babhūva**	ahaṁ	saḥ |
adv.	m.sg.N.	√bhū, 3.sg.perf.P.	pron.1.sg.N.	pron.3.m.sg.N.
名为	国王	是	我	他

（avadānaśataka, I/p.186）

此例是带有判断动词的主从复合句，判断动词babhūva是主句saḥ的关系从句N_2 śibir rājā（尸毘王）的判断动词，“尸毘王”是主语。

支谦译：佛告诸比丘：“欲知彼时尸毘王者，则我身是。”（《撰集百缘经》卷四，4/218c）

支谦译文“尸毘王”是主语，“我身”是表语。

汉语今译：世尊说：“比丘们，你们怎么想？那时那个尸毘王是我。”

（22）

bhagavān	āha |	kiṁ	manyadhve
m.sg.N.	√ah, 3.sg.perf.P.	pron.n.sg.Ac.	√man, 2.pl.pres.Ā.
世尊	说	什么	思考
bhikṣavo[1]	yo[2]	'sau	tena
m.pl.V.	rel.m.sg.N.	pron.m.sg.N.	pron.m.sg.I.
比丘们	其	那	那
kālena	tena	samayena	surūpo[3]
m.sg.I.	pron.m.sg.I.	m.sg.I.	m.sg.N.
时	那	时	善面
nāma	rājā	**babhūva**	ahaṁ
adv.	m.sg.N.	√bhū, 3.sg.perf.P.	pron.1.sg.N.
名为	国王	是	我
saḥ |			
pron.3.m.sg.N.			
他			

（avadānaśataka, I/p.191）

[1] 参看：BHSG, §“12.63.Voc.pl.-o”, p.89。
[2] 参看：BHSG, §“4.38.”, p.34。
[3] 参看：BHSG, §“8.18.Nom.sg.-o”, p.49。

此例是带有判断动词的主从复合句，判断动词babhūva是主句saḥ的关系从句N_2 surūpo rājā（善面王）的判断动词，“善面王”是主语。

支谦译：佛告诸比丘：“欲知尔时善面王者，则我身是。”（《撰集百缘经》卷四，4/219b）

支谦译文“善面王”是主语，“我身”是表语。

汉语今译：世尊说：“比丘们，你们怎么想？那时那个善面王是我。”

（23）

bhagavān	āha |	kiṁ	manyadhve
m.sg.N.	√ah，3.sg.perf.P.	pron.n.sg.Ac.	√man，2.pl.pres.Ā.
世尊	说	什么	思考
bhikṣavo[1]	yo[2]	'sau	tena
m.pl.V.	rel.m.sg.N.	pron.m.sg.N.	pron.m.sg.I.
比丘们	其	那	那
kālena	tena	samayena	ṛṣikumāro[3]
m.sg.I.	pron.m.sg.I.	m.sg.I.	m.sg.N.
时	那	时	仙人童子
babhūva	ahaṁ	saḥ |	
√bhū，3.sg.perf.P.	pron.1.sg.N.	pron.3.m.sg.N.	
是	我	他	

（avadānaśataka，II/p.28）

此例是带有判断动词的主从复合句，判断动词babhūva是主句saḥ的关系从句N_2 ṛṣikumāro（仙人童子）的判断动词，“仙人童子”是主语。

支谦译：佛告大众：“欲知彼时王子学仙道者，则我身是。”（《撰集百缘经》卷八，4/240c）

支谦译文“王子学仙道者”是主语，“我身”是表语。

汉语今译：世尊说：“比丘们，你们怎么想？那时那个仙人童子是我。”

② 带有判断动词√bhū的简单判断句。如：

---

[1] 参看：BHSG, §“12.63.Voc.pl.-o”, p.89。

[2] 参看：BHSG, §“4.38.”, p.34。

[3] 参看：BHSG, §“8.18.Nom.sg.-o”, p.49。

（24）

ratnārcciḥ	sa	tathāgatas	tena	kālena
m.sg.N.	pron.m.sg.N.	m.sg.N.	pron.m.sg.I.	m.sg.I.
宝炎	那	如来	那	时
tena	samayena	ratnacchatro[1]	nāma	rājā
pron.m.sg.I.	m.sg.I.	m.sg.N.	adv.	m.sg.N.
那	时	宝盖	名为	国王
abhūc	cakravartī |	yat	punas	tad
√bhū, 3.sg.aor.P.	m.sg.N.	pron.n.sg.N.	adv.	pron.3.n.sg.N.
是	转轮	那	又	他
rājño[2]	ratnacchatrasya	putrasahasram	abhūd |	
m.sg.G.	m.sg.G.	n.sg.N.	√bhū, 3.sg.aor.P.	
国王	宝盖	千子	是	
ime	te	bhādrakalpikā[3]	bodhisatvā[4]	
pron.m.pl.N.	pron.3.m.pl.N.	adj.m.pl.N.	m.pl.N.	
这些	他们	贤劫	菩萨	
abhūvan |				
√bhū, 3.pl.aor.P.				
是				

（《梵藏汉对照〈维摩经〉》，p.490）

此例是带有判断动词的简单判断句，判断动词abhūvan是N_2 bodhisatvā（菩萨）的判断动词，“菩萨”是主语。

支谦译：在昔异时王宝盖者，于今得佛名宝成如来。……其馀诸子于是贤劫皆得如来至真等正觉，此贤劫中千佛兴者是也。（《维摩诘经》卷下，14/536b）

支谦译文“其馀诸子”是主语，“千佛兴者”是表语。

[1] 参看：BHSG, §“8.18.Nom.sg.-o”，p.49。
[2] 参看：BHSG, §“4.38.”，p.34。
[3] 参看：BHSG, §“8.78.Nom.pl.-ā”，p.55。
[4] 同上。

黄宝生译：宝焰如来就是那时名为宝盖的转轮王。宝盖王有一千个儿子，他们全都成贤劫中的菩萨。(《梵汉对勘维摩诘所说经》,p.361)

(25)

ahaṁ	sa	tena	kālena	tena
pron.1.sg.N.	pron.m.sg.N.	pron.m.sg.I.	m.sg.I.	pron.m.sg.I.
我	那	那	时	那
samayena	jalavāhanaḥ	śreṣṭhidārako[1]	**'bhūt** |	
m.sg.I.	m.sg.N.	m.sg.N.	√bhū, 3.sg.aor.P.	
时	流水	长者子	是	

(suvarṇaprabhāsasūtram, p.105)

此例是带有判断动词的简单判断句，判断动词abhūt是N_2 jalavāhanaḥ śreṣṭhidārako（流水长者子）的判断动词，“流水长者子”是主语。

昙无谶译：欲知尔时流水长者子，今我身是。(《金光明经》卷四，16/353c)

昙无谶译文“流水长者子”是主语，“我身”是表语。

汉语今译：那时那个流水长者子是我。

(26)

rāhulabhadras	tena	kālena	tena	samayena
m.sg.N.	pron.m.sg.I.	m.sg.I.	pron.m.sg.I.	m.sg.I.
贤善罗睺罗	那	时	那	时
jalāmbaro[2]	nāma	dārako[3]	**'bhūt** |	
m.sg.N.	adv.	m.sg.N.	√bhū, 3.sg.aor.P.	
水空	名为	儿子	是	

(suvarṇaprabhāsasūtram, p.105)

此例是带有判断动词的简单判断句，判断动词abhūt是N_2 jalāmbaro dārako（儿子水空）的判断动词，“儿子水空”是主语。

昙无谶译：长子水空，今罗睺罗是。(《金光明经》卷四，16/353c)

昙无谶译文“长子水空”是主语，“罗睺罗”是表语。

---

[1] 参看：BHSG, § “8.18.Nom.sg.-o”, p.49。

[2] 同上。

[3] 同上。

汉语今译：那时那个名为水空的儿子是贤善罗睺罗。

（27）

ānandaḥ	sa	tena	kālena	tena
m.sg.N.	pron.m.sg.N.	pron.m.sg.I.	m.sg.I.	pron.m.sg.I.
阿难陀	那	那	时	那
samayena	jalagarbho[1]	nāma	dārako[2]	**'bhūt** |
m.sg.I.	m.sg.N.	adv.	m.sg.N.	√bhū, 3.sg.aor.P.
时	水藏	名为	儿子	是

（suvarṇaprabhāsasūtram, p.105）

此例是带有判断动词的简单判断句，判断动词abhūt是N_2 jalagarbho dārako（儿子水藏）的判断动词，“儿子水藏”是主语。

昙无谶译：次子水藏，今阿难是。（《金光明经》卷四，16/353c）

昙无谶译文“次子水藏”是主语，“阿难”是表语。

汉语今译：那时那个名为水藏的儿子是阿难陀。

（28）

amūni	tāni	jvalanāntaratejorājapramukhāni	
pron.n.pl.N.	pron.n.pl.N.	n.pl.N.	
这些	那些	以威德炽王为上首	
daśadevaputrasahasrāṇi	tena	kālena	tena
n.pl.N.	pron.m.sg.I.	m.sg.I.	pron.m.sg.I.
十千天子	那	时	那
samayena	daśamatsyasahasrāṇi	**babhūvuḥ** |	
m.sg.I.	n.pl.N.	√bhū, 3.pl.perf.P.	
时	十千鱼	是	

（suvarṇaprabhāsasūtram, p.105）

此例是带有判断动词的简单判断句，判断动词babhūvuḥ是N_2 daśamatsyasahasrāṇi（十千鱼）的判断动词，“十千鱼”是主语。

昙无谶译：时十千鱼者，今十千天子是。（《金光明经》卷四，16/353c）

---

[1] 参看：BHSG, §“8.18.Nom.sg.-o”, p.49。

[2] 同上。

昙无谶译文“十千鱼”是主语,“十千天子”是表语。

汉语今译:那时十千鱼是那些以威德炽王为上首的十千天子。

(29)

mahāpraṇādas	tatha[1]	maitriyo[2]	**'bhūt** ‖
m.sg.N.	adv.	m.sg.N.	√bhū, 3.sg.aor.P.
摩诃波罗	如是	弥勒	是

(suvarṇaprabhāsasūtram, p.122)

此例是带有判断动词的简单判断句,判断动词abhūt是N_2 maitriyo(弥勒)的判断动词,“弥勒”是主语。

昙无谶译:第一王子,今弥勒是。(《金光明经》卷四,16/356c)

昙无谶译文“第一王子”(即“摩诃罗陀”)是主语,“弥勒”是表语。

汉语今译:如是,弥勒是摩诃波罗。

(30)

yūyaṁ	te	bhikṣavas	tena	kālena
pron.2.pl.N.	pron.m.pl.N.	m.pl.N.	pron.m.sg.I.	m.sg.I.
你们	那些	比丘	那	时
tena	samayena	sattvā[3]	**abhūvan** ‖	
pron.m.sg.I.	m.sg.I.	m.pl.N.	√bhū, 3.pl.aor.P.	
那	时	众生	是	

(saddharmapuṇḍarīka, p.186)

此例是带有判断动词的简单判断句,判断动词abhūvan是N_2 sattvā(众生)的判断动词,“众生”是主语。

鸠摩罗什译:尔时所化无量恒河沙等众生者,汝等诸比丘及我灭度后未来世中声闻弟子是也。(《妙法莲华经》卷三,9/25c)

鸠摩罗什译文“众生”是主语,“汝等诸比丘及我灭度后未来世中声闻弟子”是表语。

汉语今译:那时众生是你们和那些比丘。

---

[1] 参看:BHSG, § “3.27.a for ā”, p.24。

[2] 参看:BHSG, § “8.18.Nom.sg.-o”, p.49。

[3] 参看:BHSG, § “8.78.Nom.pl.-ā”, p.55。

（31）

ahaṁ	sa	tena	kālena
pron.1.sg.N.	pron.m.sg.N.	pron.m.sg.I.	m.sg.I.
我	那	那	时
tena	samayena	rājā	**abhūvam** |
pron.m.sg.I.	m.sg.I.	m.sg.N.	√bhū, 1.sg.aor.P.
那	时	国王	是

（saddharmapuṇḍarīka, p.258）

此例是带有判断动词的简单判断句，判断动词abhūvam是N_1 ahaṁ（我）的判断动词，“我”是主语。

鸠摩罗什译：尔时王者，则我身是。（《妙法莲华经》卷四，9/34c）

鸠摩罗什译文“王”是主语，“我身”是表语。

汉语今译：我是那时的那个国王。

[二] N_1，√as N_2（4例）；N_1，√bhū N_2（8例）

1. N_1，√as N_2（4例）

这些判断动词√as位于N_1 N_2之间的例句都是简单判断句。如：

（32）

akṣobhya[1]	**āsīt**	sa	tathāgataś	ca
m.sg.N.	√as, 3.sg.imperf.P.	pron.m.sg.N.	m.sg.N.	conj.
阿閦婆	是	那	如来	和
rantoccayo[2]	bhikṣu[3]	sa	dharmabhāṇakaḥ |	
m.sg.N.	m.sg.N.	pron.m.sg.N.	m.sg.N.	
宝集	比丘	那	说法师	

（suvarṇaprabhāsasūtram, p.81）

此例是带有判断动词的简单判断句，判断动词āsīt是N_1 akṣobhya（阿閦婆）的判断动词，“阿閦婆”是主语。

---

[1] 参看：BHSG, §“8.22.Nom sg.-a.”, p.50。

[2] 参看：BHSG, §“8.18.Nom.sg.-o”, p.49。

[3] 参看：BHSG, §“12.13.Nom.sg.masc.-u”, p.85。

昙无谶译：尔时为王说法比丘，于今现在阿閦佛是。(《金光明经》卷三，16/349a)

昙无谶译文“说法比丘”是主语，“阿閦佛”是表语。

汉语今译：阿閦婆如来是那个说法比丘宝集。

(33) mahiṣī ca **āsīd** varamāyadevī
f.sg.N. conj. √as, 3.sg.imperf.P. f.sg.N.
王妃 和 是 殊胜摩耶夫人
(suvarṇaprabhāsasūtram, p.122)

此例是带有判断动词的简单判断句，判断动词āsīd(āsīt)是N_1 mahiṣī(王妃)的判断动词，“王妃”是主语。

昙无谶译：尔时王妃，今摩耶是。(《金光明经》卷四，16/356c)

昙无谶译文“王妃”是主语，“摩耶”是表语。

汉语今译：王妃是殊胜摩耶夫人。

(34) ahaṁ ca **āsīt** tada[1] dharmabhāṇakaḥ ||
pron.1.sg.N. conj. √as, 3.sg.imperf.P. adv. m.sg.N.
我 和 是 当时 法师
(saddharmapuṇḍarīka, p.28)

此例是带有判断动词的简单判断句，判断动词āsīt是N_2 dharmabhāṇakaḥ(法师)的判断动词，“法师”是主语，“我”是表语。

鸠摩罗什译：妙光法师者，今则我身是。(《妙法莲华经》卷一，9/5b)

鸠摩罗什译文“法师”是主语，“我身”是表语。

汉语今译：当时，法师是我。

(35) ye ca api bhikṣū[2] tada[3] opalambhikā[4]
pron.m.pl.N. conj. adv. m.pl.N. adv. adj.m.pl.N.
那些 和 又 比丘 那时 有所得

[1] 参看：BHSG, § “3.27.a for ā”, p.24。

[2] 参看：BHSG, § “12.59.Nom.-acc.pl.-ū and -u”, p.88。

[3] 参看：BHSG, § “3.27.a for ā”, p.24。

[4] 参看：BHSG, § “8.78.Nom.pl.-ā”, p.55。

yā	bhikṣuṇī[1]	ye	ca	upāsakā[2]	vā |
pron.f.pl.N.	f.pl.N.	pron.m.pl.N.	conj.	m.pl.N.	indec.
那些	比丘尼	那些	和	优婆塞	或者

upāsikās	tatra	ca	yāvad	**<u>āsīd</u>**
f.pl.N.	adv.	conj.	adv.	√as, 3.sg.imperf.P.
优婆夷	那里	和	以至于	是

ye	bodhi[3]	saṁśrāvita[4]	paṇḍitena ||
pron.m.pl.N.	m.pl.N.	caus.pt.m.sg.N.	m.sg.I.
那些	悟道者	听法者	智者

（saddharmapuṇḍarīka, p.384）

此例是带有判断动词的简单判断句，判断动词āsīd(āsīt)是N_2 saṁśrāvita（听法者）的判断动词，“听法者”是主语，“那些比丘、比丘尼、优婆塞、优婆夷和悟道者”是表语。

鸠摩罗什译：此会菩萨五百之众并及四部清信士女，今于我前听法者是。(《妙法莲华经》卷六，9/51b）

鸠摩罗什译文“菩萨五百之众并及四部清信士女”是主语，“听法者”是表语。

汉语今译：听智者讲法的人是那些比丘、比丘尼、优婆塞、优婆夷和那些悟道者。

2. N_1, √bhū N_2（8例）

这些判断动词√bhū位于N_1 N_2之间的例句都是简单判断句。如：

（36）ahaṁ	ca	saḥ	śākyamunis	tathāgataḥ
pron.1.sg.N.	conj.	pron.m.sg.N.	m.sg.N.	m.sg.N.
我	和	那	释迦牟尼	如来

---

[1] 参看：BHSG, §“10.177.Nom.-acc.pl.-ī”, p.81。

[2] 参看：BHSG, §“8.78.Nom.pl.-ā”, p.55。

[3] 参看：BHSG, §“10.189.Nom.-acc.pl.-i”, p.81。

[4] 参看：BHSG, §“8.22.Nom.sg.-a.”, p.50。

susaṁbhavo[1]	nāma	**babhūva**	rājā |
m.sg.N.	adv.	√bhū, 3.sg.perf.P.	m.sg.N.
善集	名为	是	国王

（suvarṇaprabhāsasūtram, p.80）

此例是带有判断动词的简单判断句，判断动词babhūva是N_2 susaṁbhavo rājā（善集王）的判断动词，“善集王”是主语，“我”是表语。

昙无谶译：时善集王听受法者，今则我身释迦文是。（《金光明经》卷三，16/349a）

昙无谶译文“善集王”是主语，“我身释迦文”是表语。

汉语今译：那个名为善集的国王是我释迦牟尼如来。

（37）

tvam	**abhūḥ**	kuladevate	tena	kālena
pron.2.sg.N.	√bhū, 2.sg.aor.p.	f.sg.V.	pron.m.sg.I.	m.sg.I.
你	是	善女天	那	时
tena	samayena	vṛkṣadevatā |		
pron.m.sg.I.	m.sg.I.	f.sg.N.		
那	时	树神		

（suvarṇaprabhāsasūtram, p.105）

此例是带有判断动词的简单判断句，判断动词abhūḥ是N_1 tvam（你）的判断动词，“你”是主语，“树神”是表语。

昙无谶译：尔时树神现半身者，今汝身是。（《金光明经》卷四，16/353c）

昙无谶译文“树神”是主语，“你”是表语。

汉语今译：善女天，你是那时的树神。

（38）

śuddhodano[2]	hi	varapārthivendro[3]	mahāratho[4]
m.sg.N.	indec.	m.sg.N.	m.sg.N.
输头檀	因此	大地人王	摩诃罗陀

[1] 参看：BHSG, § “8.18.Nom.sg.-o”, p.49。

[2] 同上。

[3] 同上。

[4] 同上。

nāma	**babhūva**	rājā |
adv.	√bhū, 3.sg.perf.P.	m.sg.N.
名为	是	国王

（suvarṇaprabhāsasūtram, p.122）

此例是带有判断动词的简单判断句，判断动词babhūva是N_2 mahāratho rājā（摩诃罗陀国王）的判断动词，“摩诃罗陀国王”是主语，“输头檀”是表语。

昙无谶译：尔时大王摩诃罗陀，于今父王输头檀是。（《金光明经》卷四，16/356c）

昙无谶译文“摩诃罗陀”是主语，“输头檀”是表语。

汉语今译：因此，名为摩诃罗陀的国王是大地人王输头檀。

（39）

vyāghrī	**abhūt**	tatra	mahāprajāpatī
f.sg.N.	√bhū, 3.sg.aor.P.	adv.	f.sg.N.
母虎	是	那里	瞿夷

（suvarṇaprabhāsasūtram, p.122）

此例是带有判断动词的简单判断句，判断动词abhūt是N_1 vyāghrī（母虎）的判断动词，“母虎”是主语，“瞿夷”是表语。

昙无谶译：尔时虎者，今瞿夷是。（《金光明经》卷四，16/356c）

昙无谶译文“虎”是主语，“瞿夷”是表语。

汉语今译：那时母虎是瞿夷。

（40）

ahaṁ	sa	tena	kālena
pron.1.sg.N.	pron.m.sg.N.	pron.m.sg.I.	m.sg.I.
我	那	那	时
tena	samayena	varaprabho[1]	nāma
pron.m.sg.I.	m.sg.I.	m.sg.N.	adv.
那	时	妙光	名为

[1] 参看：BHSG, §“8.18.Nom.sg.-o”, p.49。

bodhisattvo[1]	mahāsattvo[2]	**'bhūd**	dharmabhāṇakaḥ |
m.sg.N.	m.sg.N.	√bhū, 3.sg.aor.P.	m.sg.N.
菩萨	摩诃萨	是	说法师

（saddharmapuṇḍarīka, p.22）

此例是带有判断动词的简单判断句，判断动词abhūd是N_2 varaprabho bodhisattvo mahāsattvo（妙光菩萨摩诃萨）的判断动词，“妙光菩萨摩诃萨”是主语，“我”是表语。

鸠摩罗什译：尔时妙光菩萨岂异人乎？我身是也。(《妙法莲华经》卷一，9/4b）

鸠摩罗什译文“妙光菩萨”是主语，“我”是表语。

汉语今译：那时那个名为妙光菩萨摩诃萨的说法师是我。

（41）

tvam	eva	ājita	sa	tena
pron.2.sg.N.	adv.	m.sg.V.	pron.m.sg.N.	pron.m.sg.I.
你	即	阿逸多	那	那
kālena	tena	samayena	yaśaskāmo[3]	nāma
m.sg.I.	pron.m.sg.I.	m.sg.I.	m.sg.N.	adv.
时	那	时	求名	名为

bodhisattvo[4]	**abhūt**	kauśīdyaprāptaḥ ||
m.sg.N.	√bhū, 3.sg.aor.P.	m.sg.N.
菩萨	是	懈怠者

（saddharmapuṇḍarīka, p.22）

此例是带有判断动词的简单判断句，判断动词abhūt是N_2 yaśaskāmo bodhisattvo（求名菩萨）的判断动词，“求名菩萨”是主语，“你”是表语。

鸠摩罗什译：求名菩萨，汝身是也。(《妙法莲华经》卷一，9/4b）

鸠摩罗什译文“求名菩萨”是主语，“汝身”是表语。

汉语今译：阿逸多，那时那个名为求名菩萨的懈怠者是你。

[1] 参看：BHSG, § “8.18.Nom.sg.-o”, p.49。

[2] 同上。

[3] 同上。

[4] 同上。

[三] N_1，N_2（63例）

N_1，N_2（63例）。分为两种情况，一是没有判断动词的主从复合句，二是没有判断动词的简单判断句。

1. 没有判断动词的主从复合句“N_1，N_2”。如：

（42）

bhagavān	āha |	kiṁ	manyase
m.sg.N.	√ah，3.sg.perf.P.	pron.n.sg.Ac.	√man，2.sg.pres.Ā.
世尊	说	什么	思考
maudgalyāyana	yo[1]	'sau	tena
m.sg.V.	rel.m.sg.N.	pron.m.sg.N.	pron.m.sg.I.
目乾连	那	那	那
kālena	tena	samayena	śreṣṭhivadhukā
m.sg.I.	pron.m.sg.I.	m.sg.I.	f.sg.N.
时	那	时	长者妇
iyaṁ	sā	pretī |	
pron.f.sg.N.	pron.f.sg.N.	f.sg.N.	
此	那	饿鬼	

（avadānaśataka，I/p.255）

此例是没有判断动词的主从复合句，从句yo 'sau tena kālena tena samayena śreṣṭhivadhukā是主句sā pretī（那个饿鬼）的关系从句，“长者妇”是主语。

支谦译：佛告目连：“欲知尔时彼长者妇大便钵中施辟支佛者，今饿鬼是。”（《撰集百缘经》卷五，4/224a）

支谦译文“长者妇”是主语，“饿鬼”是表语。

汉语今译：世尊说：“目乾连，你怎么想？那时那个长者妇是这个饿鬼。”

（43）

kiṁ	manyase	nandaka	yā	sā
pron.n.sg.Ac.	√man，2.sg.pres.Ā.	m.sg.V.	rel.f.sg.N.	pron.f.sg.N.
什么	思考	难陀迦	那	那

[1] 参看：BHSG，§“4.38.”，p.34。

śreṣṭhiduhitā	iyaṁ	sā	pretī |
f.sg.N.	pron.f.sg.N.	pron.f.sg.N.	f.sg.N.
长者女	此	那	饿鬼

（avadānaśataka, I/p.269）

此例是没有判断动词的主从复合句，从句yā sā śreṣṭhiduhitā是主句sā pretī（那个饿鬼）的关系从句，“长者女”是主语。

支谦译：欲知尔时彼长者女出家入道、驱令出寺、恶口诽谤，今生盲饿鬼是。（《撰集百缘经》卷五，4/226a）

支谦译文“长者女”是主语，“饿鬼”是表语。

汉语今译：难陀迦，你怎么想？那个长者女是这个饿鬼。

（44）kiṁ	manyadhve	bhikṣavo[1]	yo[2]	'sau
pron.n.sg.Ac.	√man, 2.pl.pres.Ā.	m.pl.V.	rel.m.sg.N.	pron.m.sg.N.
什么	思考	比丘们	其	那
tena	kālena	tena	samayena	āvāsiko[3]
pron.m.sg.I	m.sg.I.	pron.m.sg.I.	m.sg.I.	adj.m.sg.N.
那	时	那	时	有住处
bhikṣur	ayam	eva	asau	jāmbālaḥ |
m.sg.N.	pron.m.sg.N.	adv.	pron.m.sg.N.	m.sg.N.
比丘	此	即	那	嚪婆罗

（avadānaśataka, I/p.287）

此例是没有判断动词的主从复合句，从句yo 'sau tena kālena tena samayena āvāsiko bhikṣur是主句asau jāmbālaḥ（那个嚪婆罗）的关系从句，“有住处比丘”是主语。

支谦译：欲知彼时寺主比丘恶口骂者，今嚪婆罗比丘是。（《撰集百缘经》卷五，4/228a）

支谦译文“寺主比丘恶口骂者”是主语，“嚪婆罗”是表语。

汉语今译：比丘们，你们怎么想？那时那个有住处比丘是这个嚪婆罗。

---

[1] 参看：BHSG, §“12.63.Voc.pl.-o”, p.89。

[2] 参看：BHSG, §“4.38.”, p.34。

[3] 参看：BHSG, §“8.18.Nom.sg.-o”, p.49。

（45）

bhagavān	āha |	kiṁ	manyadhve
m.sg.N.	√ah, 3.sg.perf.P.	pron.n.sg.Ac.	√man, 2.pl.pres.Ā.
世尊	说	什么	思考
bhikṣavo[1]	yo[2]	'sau	mahiṣaḥ
m.pl.V.	rel.m.sg.N.	pron.m.sg.N.	m.sg.N.
比丘	那	那	水牛
ayam	asau	tripiṭaḥ	
pron.m.sg.N.	pron.m.sg.N.	m.sg.N.	
此	那	三藏	

（avadānaśataka, I/p.335）

此例是没有判断动词的主从复合句，从句yo 'sau mahiṣaḥ是主句asau tripiṭaḥ（那个三藏）的关系从句，“水牛”是主语。

支谦译：佛告诸比丘：“欲知彼时三藏比丘者，今此群中恶水牛是。”（《撰集百缘经》卷六，4/232c）

支谦译文“三藏比丘”是主语，“水牛”是表语。

汉语今译：世尊说：“比丘们，你们怎么想？那个水牛是这个三藏。”

（46）

bhagavān	āha |	kiṁ	manyadhve
m.sg.N.	√ah, 3.sg.perf.P.	pron.n.sg.Ac.	√man, 2.pl.pres.Ā.
世尊	说	什么	思考
bhikṣavo[3]	yo[4]	'sau	tena
m.pl.V.	rel.m.sg.N.	pron.m.sg.N.	pron.m.sg.I.
比丘	那	那	那
kālena	tena	samayena	gṛhapatir
m.sg.I.	pron.m.sg.I.	m.sg.I.	m.sg.N.
时	那	时	长者

[1] 参看：BHSG, §“12.63.Voc.pl.-o”, p.89。

[2] 参看：BHSG, §“4.38.”, p.34。

[3] 参看：BHSG, §“12.63.Voc.pl.-o”, p.89。

[4] 参看：BHSG, §“4.38.”, p.34。

ayaṁ	sa	balavān |
pron.m.sg.N.	pron.m.sg.N.	m.sg.N.
此	那	力士

（avadānaśataka, I/p.362）

此例是没有判断动词的主从复合句，从句yo 'sau tena kālena tena samayena gṛhapatir是主句sa balavān（那个力士）的关系从句，“长者”是主语。

支谦译：佛告诸比丘：“欲知彼时唱唤众人竖立栎者，今此大力比丘是。”（《撰集百缘经》卷七，4/236a）

支谦译文“唱唤众人竖立栎者”（即“长者”）是主语，“大力比丘”是表语。

汉语今译：世尊说：“比丘们，你们怎么想？那时那个长者是这个力士。”

（47）

bhagavān	āha |	kiṁ	manyadhve
m.sg.N.	√ah, 3.sg.perf.P.	pron.n.sg.Ac.	√man, 2.pl.pres.Ā.
世尊	说	什么	思考
bhikṣavo[1]	yā	asau	preṣyadārikā
m.pl.V.	rel.f.sg.N.	pron.f.sg.N.	f.sg.N.
比丘	那	那	仆女
iyam	asau	supriyā |	
pron.f.sg.N.	pron.f.sg.N.	f.sg.N.	
此	那	善爱	

（avadānaśataka, II/p.13）

此例是没有判断动词的主从复合句，从句yā asau preṣyadārikā是主句asau supriyā（那个善爱）的关系从句，“仆女”是主语。

支谦译：佛告诸比丘：“欲知彼时婢使比丘尼者，今此善爱比丘尼是。”（《撰集百缘经》卷八，4/239b）

支谦译文“婢使”是主语，“善爱”是表语。

汉语今译：世尊说：“比丘们，你们怎么想？那个仆女是这个善爱。”

---

[1] 参看：BHSG, §“12.63.Voc.pl.-o”, p.89。

（48）

kiṁ	manyadhve	bhikṣavo[1]	yā	sā
pron.n.sg.Ac.	√man，2.pl.pres.Ā.	m.pl.V.	rel.f.sg.N.	pron.f.sg.N.
什么	思考	比丘	那	那
rājaduhitā	iyaṁ	sā	kāśisundarī	dārikā |
f.sg.N.	pron.f.sg.N.	pron.f.sg.N.	f.sg.N.	f.sg.N.
王女	此	那	迦尸孙陀利	女儿

（avadānaśataka，II/p.35）

此例是没有判断动词的主从复合句，从句yā sā rājaduhitā是主句sā kāśisundarī dārikā（那个迦尸孙陀利女儿）的关系从句，“王女”是主语。

支谦译：欲知彼时王女者，今孙陀利比丘尼是。（《撰集百缘经》卷八，4/241a）

支谦译文“王女”是主语，“孙陀利”是表语。

汉语今译：比丘们，你们怎么想？那个国王女儿是这个迦尸孙陀利女子。

（49）

bhagavān	āha |	kiṁ	manyadhve
m.sg.N.	√ah，3.sg.perf.P.	pron.n.sg.Ac.	√man，2.pl.pres.Ā.
世尊	说	什么	思考
bhikṣavo[2]	yā	asau	tena
m.pl.V.	rel.f.sg.N.	pron.f.sg.N.	pron.m.sg.I.
比丘	那	那	那
kālena	tena	samayena	śreṣṭhiduhitā
m.sg.I.	pron.m.sg.I.	m.sg.I.	f.sg.N.
时	那	时	长者女
iyaṁ	sā	kṣemā	bhikṣuṇī |
pron.f.sg.N.	pron.f.sg.N.	f.sg.N.	f.sg.N.
此	那	差摩	比丘尼

（avadānaśataka，II/p.51）

---

[1]　参看：BHSG, § “12.63.Voc.pl.-o”, p.89。

[2]　同上。

此例是没有判断动词的主从复合句，从句yā asau tena kālena tena samayena śreṣṭhiduhitā是主句sā kṣemā bhikṣuṇī（那个差摩比丘尼）的关系从句，“长者女”是主语。

支谦译：佛告诸比丘：“欲知……彼时妇者，今王女是。”（《撰集百缘经》卷八，4/242b）

支谦译文“妇”是主语，“王女”是表语。

汉语今译：世尊说：“比丘们，你们怎么想？那时那个长者女是这个差摩比丘尼。”

（50）

ye	te	vaṇija[1]	ime
pron.m.pl.N.	pron.m.pl.N.	m.pl.N.	pron.m.pl.N.
那些	那些	商人	这些
te	samudrapramukhās		
pron.m.pl.N.	adj.m.pl.N.		
那些	以海生为首的		

（avadānaśataka，II/p.66）

此例是没有判断动词的主从复合句，从句ye te vaṇija是主句te samudrapramukhās（那些以海生为首的众人）的关系从句，“商人”是主语。

支谦译：彼时五百商人者，今五百比丘是。（《撰集百缘经》卷九，4/244c）

支谦译文“商人”是主语，“五百比丘”（即“以海生为首的众人”）是表语。

汉语今译：那些商人是这些以海生为首的众人。

（51）

kiṁ	manyadhve	bhikṣavo[2]	yo[3]
pron.n.sg.Ac.	√man，2.pl.pres.Ā.	m.pl.V.	rel.m.sg.N.
什么	思考	比丘	那
'sau	sārthavāha[4]	eṣa	eva
pron.m.sg.N.	m.sg.N.	pron.m.sg.N.	adv.
那	商主	此	即

[1] 参看：BHSG，§“8.79.Nom.pl.-a.”，p.55。

[2] 参看：BHSG，§“12.63.Voc.pl.-o”，p.89。

[3] 参看：BHSG，§“4.38.”，p.34。

[4] 参看：BHSG，§“8.22.Nom.sg.-a.”，p.50。

asau	kapphiṇo[1]	rājā	tena
pron.m.sg.N.	m.sg.N.	m.sg.N.	pron.m.sg.I.
那	罽宾宁	国王	那
kālena	tena	samayena |	
m.sg.I.	pron.m.sg.I.	m.sg.I.	
时	那	时	

（avadānaśataka, II/p.109）

此例是没有判断动词的主从复合句，从句yo 'sau sārthavāha是主句asau kapphiṇo rājā（那个罽宾宁王）的关系从句，“商主”是主语。

支谦译：欲知彼时槃头末帝王[2]者，今此罽宾宁比丘是。（《撰集百缘经》卷九，4/248c）

支谦译文“槃头末帝王”是主语，“罽宾宁”是表语。

汉语今译：比丘们，你们怎么想？那时那个商主是这个罽宾宁王。

（52）bhagavān	āha |	kiṁ	manyadhve
m.sg.N.	√ah, 3.sg.perf.P.	pron.n.sg.Ac.	√man, 2.pl.pres.Ā.
世尊	说	什么	思考
bhikṣavo[3]	yo[4]	'sau	tena
m.pl.V.	rel.m.sg.N.	pron.m.sg.N.	pron.m.sg.I.
比丘	那	那	那
kālena	tena	samayena	koṭṭamallako[5]
m.sg.I.	pron.m.sg.I.	m.sg.I.	m.sg.N.
时	那	时	贫穷人
'yam	asau	bhadrikaḥ |	
pron.m.sg.N.	pron.m.sg.N.	m.sg.N.	
此	那	跋提罗	

（avadānaśataka, II/p.117）

[1] 参看：BHSG, §“8.18.Nom.sg.-o”, p.49。

[2] 平行梵文本此处是asau sārthavāha（那个商主）。avadānaśataka, II/p.109。

[3] 参看：BHSG, §“12.63.Voc.pl.-o”, p.89。

[4] 参看：BHSG, §“4.38.”, p.34。

[5] 参看：BHSG, §“8.18.Nom.sg.-o”, p.49。

此例是没有判断动词的主从复合句，从句yo 'sau tena kālena tena samayena koṭṭamallako是主句asau bhadrikaḥ（那个跋提罗）的关系从句，“贫穷人”是主语。

支谦译：佛告阿难：“欲知彼时施饼人者，今此拔提释王比丘是。”（《撰集百缘经》卷九，4/249b）

支谦译文“施饼人”（即“贫穷人”）是主语，“拔提释王”是表语。

汉语今译：世尊说：“比丘们，你们怎么想？那时那个贫穷人是这个跋提罗。”

（53）

bhagavān	āha |	kiṁ	manyadhve
m.sg.N.	√ah, 3.sg.perf.P.	pron.n.sg.Ac.	√man, 2.pl.pres.Ā.
世尊	说	什么	思考
bhikṣavo[1]	yo[2]	'sau	tena
m.pl.V.	rel.m.sg.N.	pron.m.sg.N.	pron.m.sg.I.
比丘	那	那	那
kālena	tena	samayena	gṛhapariputro[3]
m.sg.I.	pron.m.sg.I.	m.sg.I.	m.sg.N.
时	那	时	长者子
'yaṁ	sa	lekuñcikaḥ |	
pron.m.sg.N.	pron.m.sg.N.	m.sg.N.	
此	那	梨军支	

（avadānaśataka, II/p.159）

此例是没有判断动词的主从复合句，从句yo 'sau tena kālena tena samayena gṛhapariputro是主句sa lekuñcikaḥ（那个梨军支）的关系从句，“长者子”是主语。

支谦译：佛告诸比丘：“欲知彼时断母食者，今梨军支比丘是。”（《撰集百缘经》卷一〇，4/252b）

支谦译文“断母食者”（即“长者子”）是主语，“梨军支”是表语。

---

[1] 参看：BHSG, §“12.63.Voc.pl.-o”, p.89。

[2] 参看：BHSG, §“4.38.”, p.34。

[3] 参看：BHSG, §“8.18.Nom.sg.-o”, p.49。

汉语今译：世尊说："比丘们，你们怎么想？那时那个长者子是这个梨军支。"

(54)	bhagavān	āha |	kiṁ	manyadhve
	m.sg.N.	√ah, 3.sg.perf.P.	pron.n.sg.Ac.	√man, 2.pl.pres.Ā.
	世尊	说	什么	思考
	bhikṣavo[1]	yo[2]	'sau	tena
	m.pl.V.	rel.m.sg.N.	pron.m.sg.N.	pron.m.sg.I.
	比丘	那	那	那
	kālena	tena	samayena	taruṇabhikṣur
	m.sg.I.	pron.m.sg.I.	m.sg.I.	m.sg.N.
	时	那	时	沙弥
	ayaṁ	saṁsāraḥ |		
	pron.m.sg.N.	m.sg.N.		
	此	生死		

（avadānaśataka, II/p.164）

此例是没有判断动词的主从复合句，从句 yo 'sau tena kālena tena samayena taruṇabhikṣur 是主句 saṁsāraḥ（生死）的关系从句，"沙弥"是主语。

支谦译：佛告诸比丘："欲知彼时骂师沙弥者，今生死比丘是。"（《撰集百缘经》卷一〇，4/252c-253a）

支谦译文"沙弥"是主语，"生死"是表语。

汉语今译：世尊说："比丘们，你们怎么想？那时那个沙弥是这个生死。"

(55)	bhagavān	āha |	kiṁ	manyadhve
	m.sg.N.	√ah, 3.sg.perf.P.	pron.n.sg.Ac.	√man, 2.pl.pres.Ā.
	世尊	说	什么	思考
	bhikṣavo[3]	yo[4]	'sau	tena
	m.pl.V.	rel.m.sg.N.	pron.m.sg.N.	pron.m.sg.I.
	比丘	那	那	那

[1] 参看：BHSG, § "12.63.Voc.pl.-o", p.89。
[2] 参看：BHSG, § "4.38.", p.34。
[3] 参看：BHSG, § "12.63.Voc.pl.-o", p.89。
[4] 参看：BHSG, § "4.38.", p.34。

kālena	tena	samayena	śmaśānamoṣako[1]
m.sg.I.	pron.m.sg.I.	m.sg.I.	m.sg.N.
时	那	时	劫夺尸陀林
mātaṅgo[2]	'yaṁ	sa	gaṅgikaḥ |
m.sg.N.	pron.m.sg.N.	pron.m.sg.N.	m.sg.N.
旃陀罗	此	那	恒迦达

（avadānaśataka, II/p.185）

此例是没有判断动词的主从复合句，从句yo 'sau tena kālena tena samayena śmaśānamoṣako mātaṅgo是主句sa gaṅgikaḥ（那个恒迦达）的关系从句，“劫夺尸陀林的旃陀罗”是主语。

支谦译：佛告王曰：“时彼大臣救活一人令得脱者[3]，今恒伽达是。”(《撰集百缘经》卷一〇，4/255a）

支谦译文“大臣救活一人令得脱者”是主语，“恒伽达”是表语。

汉语今译：世尊说：“比丘们，你们怎么想？那时那个劫夺尸陀林的旃陀罗是这个恒迦达。”

（56）

bhagavān	āha |	kiṁ	manyadhve
m.sg.N.	√ah, 3.sg.perf.P.	pron.n.sg.Ac.	√man, 2.pl.pres.Ā.
世尊	说	什么	思考
bhikṣavo[4]	yo[5]	'sau	tena
m.pl.V.	rel.m.sg.N.	pron.m.sg.N.	pron.m.sg.I.
比丘	那	那	那
kālena	tena	samayena	caurasenāpatir
m.sg.I.	pron.m.sg.I.	m.sg.I.	m.sg.N.
时	那	时	贼帅首领

[1] 参看：BHSG, § “8.18.Nom.sg.-o”, p.49。
[2] 同上。
[3] 平行梵文本此处是śmaśānamoṣako mātaṅgo（劫夺尸陀林的旃陀罗）。avadānaśataka, II/p.185。
[4] 参看：BHSG, § “12.63.Voc.pl.-o”, p.89。
[5] 参看：BHSG, § “4.38.”, p.34。

ayam	eva	asau	koṣṭhilaḥ |
pron.m.sg.N.	adv.	pron.m.sg.N.	m.sg.N.
此	即	那	拘瑟蒂罗

（avadānaśataka，II/p.196）

此例是没有判断动词的主从复合句，从句yo 'sau tena kālena tena samayena caurasenāpatir是主句asau koṣṭhilaḥ（那个拘瑟蒂罗）的关系从句，"贼帅首领"是主语。

支谦译：佛告诸比丘："欲知彼时贼帅人者，今长爪梵志比丘[1]是。"（《撰集百缘经》卷一〇，4/256b）

支谦译文"贼帅人"是主语，"长爪梵志"是表语。

汉语今译：世尊说："比丘们，你们怎么想？那时那个贼帅首领是这个拘瑟蒂罗。"

（57）

kiṁ	manyase	mahārāja	yo[2]
pron.n.sg.Ac.	√man，2.sg.pres.Ā.	m.sg.V.	rel.m.sg.N.
什么	思考	大王	那
'sau	tena	kālena	tena
pron.m.sg.N.	pron.m.sg.I.	m.sg.I.	pron.m.sg.I.
那	那	时	那
samayena	daridrakarṣako[3]	'yaṁ	sa
m.sg.I.	m.sg.N.	pron.m.sg.N.	pron.m.sg.N.
时	贫穷农夫	此	那
sundaro[4]	bhikṣuḥ |		
m.sg.N.	m.sg.N.		
孙陀利	比丘		

（avadānaśataka，II/p.205）

---

[1] 平行梵文本此处是asau koṣṭhilaḥ（那个拘瑟蒂罗）。avadānaśataka，II/p.196。

[2] 参看：BHSG, § "4.38.", p.34。

[3] 参看：BHSG, § "8.18.Nom.sg.-o", p.49。

[4] 同上。

此例是没有判断动词的主从复合句，从句yo 'sau tena kālena tena samayena daridrakarṣako是主句sa sundaro bhikṣuḥ（那个孙陀利比丘）的关系从句，“贫穷农夫”是主语。

支谦译：欲知彼时大长者子澡浴众僧设供养故常得端正者[1]，今孙陀利比丘是。（《撰集百缘经》卷一〇，4/256c）

支谦译文“大长者子”是主语，“孙陀利比丘”是表语。

汉语今译：大王，你怎么想？那时那个贫穷农夫是这个孙陀利比丘。

2. 没有判断动词的简单判断句“N_1，N_2”。如：

（58）

sundaraḥ	kumāra[2]	ānandaḥ |	sundarikā	eṣā
m.sg.N.	m.sg.N.	m.sg.N.	f.sg.N.	pron.f.sg.N.
孙陀利	童子	阿难陀	孙陀利女	此

eva	yaśodharā |
adv.	f.sg.N.
即	耶输陀罗

（avadānaśataka，I/p.191）

此例是没有判断动词的简单判断句，sundaraḥ kumāra（孙陀利童子）、sundarikā（孙陀利女）是主语，ānandaḥ（阿难陀）、yaśodharā（耶输陀罗）是表语。

支谦译：时太子者，今阿难是。王夫人者，今耶输陀罗是。（《撰集百缘经》卷四，4/219b）

支谦译文“（孙陀利）太子”、“王夫人”（即“孙陀利女”）是主语，“阿难”、“耶输陀罗”是表语。

汉语今译：孙陀利童子是阿难陀，孙陀利女即是这个耶输陀罗。

（59）

mṛgā[3]	ime	kauśīnāgarā[4]	mallā[5]	mṛgaśāvako[6]
m.pl.N.	pron.m.pl.N.	adj.m.pl.N.	m.pl.N.	m.sg.N.
群鹿	这些	憍尸城	力士	鹿子

[1] 平行梵文本此处是daridrakarṣako（贫穷农夫）。avadānaśataka，II/p.205。

[2] 参看：BHSG, §“8.22.Nom.sg.-a.”，p.50。

[3] 参看：BHSG, §“8.78.Nom.pl.-ā.”，p.55。

[4] 同上。

[5] 同上。

[6] 参看：BHSG, §“8.18.Nom.sg.-o”，p.49。

'yam	eva	subhadraḥ ||
pron.m.sg.N.	adv.	m.sg.N.
此	即	须拔陀

（avadānaśataka, I/p.237）

此例是没有判断动词的简单判断句，mṛgā（群鹿）、mṛgaśāvako（鹿子）是主语，mallā（力士）、subhadraḥ（须拔陀）是表语。

支谦译：彼时群鹿者，今须拔陀等五百比丘是。(《撰集百缘经》卷四，4/221a）

支谦译文“群鹿”是主语，“五百比丘”是表语。

汉语今译：群鹿是这些憍尸城力士，鹿子即是这个须拔陀。

（60）ṛṣir	eṣa	eva	kulaputraḥ |
m.sg.N.	pron.m.sg.N.	adv.	m.sg.N.
仙人	此	即	族姓子

（avadānaśataka, I/p.211）

此例是没有判断动词的简单判断句，ṛṣir（仙人）是主语，eṣa kulaputraḥ（这个族姓子）是表语。

支谦译：彼时仙人者，今拔提比丘是。(《撰集百缘经》卷四，4/221c）

支谦译文“仙人”是主语，“族姓子”（即“拔提”）是表语。

汉语今译：仙人即是这个族姓子。

（61）kinnarakanyā	iyam	eva	kuvalayā ||
f.sg.N.	pron.f.sg.N.	adv.	f.sg.N.
紧那罗女	此	即	青莲花

（avadānaśataka, II/p.28）

此例是没有判断动词的简单判断句，kinnarakanyā（紧那罗女）是主语，kuvalayā（青莲花）是表语。

支谦译：彼时紧那罗女，今青莲花比丘尼是。(《撰集百缘经》卷八，4/240c）

支谦译文“紧那罗女”是主语，“青莲花”是表语。

汉语今译：紧那罗女即是这个青莲花。

（62） sa	mām	evam	āha |
pron.3.m.sg.N.	pron.1.sg.Ac.	adv.	√ah，3.sg.perf.P.
他	我	这样	说
āgacchāmi	bodhimaṇḍād	iti	tam
ā-√gam，1.sg.pres.p.	m.sg.Ab.	adv.	pron.3.m.sg.Ac.
到来	道场	如是	他
aham	etad	avocaṁ	bodhimaṇḍa[1]
pron.1.sg.N.	adv.	√vac，1.sg.aor.P.	m.sg.N.
我	这样	说	道场
iti	ka(a4)sya	etan	nāma
adv.	pron.m.sg.G.	adv.	n.sg.N.
这样	什么	这样	名
sa	mām	etad	avocat
pron.3.m.sg.N.	pron.1.sg.Ac.	adv.	√vac，3.sg.aor.P.
他	我	这样	说
bodhimaṇḍa[2]	iti	kulaputra	āśayamaṇḍa[3]
m.sg.N.	adv.	m.sg.V.	m.sg.N.
道场	这样	善男子	阿世耶心
eṣo[4]	'kṛtrimatayā	prayogamaṇḍa[5]	eṣa[6]
pron.m.sg.N.	f.sg.I.	m.sg.N.	pron.m.sg.N.
此	不欺骗	修行心	此
āraṁbhottāraṇatayā |			
f.sg.I.			
无上修行			

（《梵藏汉对照〈维摩经〉》，p.146，p.148）

[1] 参看：BHSG, § “8.22.Nom.sg.-a.” , p.50。
[2] 同上。
[3] 同上。
[4] 参看：BHSG, § “21.5.Nom.sg.masc.” , p.114。
[5] 参看：BHSG, § “8.22.Nom.sg.-a.” , p.50。
[6] 参看：BHSG, § “21.6.” , p.114。

此例是没有判断动词的简单判断句，bodhimaṇḍa（道场）是主语，āśayamaṇḍa（阿世耶心）、prayogamaṇḍa（修行心）是表语。

支谦译：答我言："吾从道场来。"我问："道场者，何所是？"言："道场者，无生之心是，检一恶意故；淳淑之心是，习增上故。"（《维摩诘经》卷上，14/524a）

支谦译文"道场"是主语，"无生之心"、"淳淑之心"是表语。

黄宝生译：他对我说道："我从菩提道场来。"我对他说道："何为菩提道场？"他对我说道："善男子啊，所谓菩提道场，那是意愿道场，因为不虚假。那是修行道场，因为能成事。"（《梵汉对勘维摩诘所说经》，p.112）

（63）

vyāghrīsutā[1]	pañcaka[2]	amī	hi	bhikṣavaḥ ‖
m.pl.N.	adj.m.pl.N.	pron.m.pl.N.	indec.	m.pl.N.
母虎儿子	五	这些	故	比丘

（suvarṇaprabhāsasūtram，p.122）

此例是没有判断动词的简单判断句，vyāghrīsutā（母虎儿子）是主语，pañcaka amī bhikṣavaḥ（这五个比丘）是表语。

昙无谶译：时虎七子，今五比丘及舍利弗、目犍连是。（《金光明经》卷四，16/356c）

昙无谶译文"虎七子"是主语，"五比丘"是表语。

汉语今译：因此，母虎的儿子是这五个比丘。

（64）

katamac	ca	bhaiṣajyarāja	tathāgatalayanam |	sarvasattvamaitrīvihāraḥ
pron.n.sg.N.	conj.	m.sg.V.	n.sg.N.	m.sg.N
什么	和	药王	如来室	所有众生慈悲处
khalu	punar	bhaiṣajyarāja	tathāgatalayanam |	tatra
indec.	adv.	m.sg.V.	n.sg.N.	adv.
的确	又	药王	如来室	那里
tena	kulaputreṇa	praveṣṭavyam |	katamac	ca
pron.m.sg.I.	m.sg.I.	fpp.n.sg.N.	pron.n.sg.N.	conj.
那	族姓子	应当进入	什么	和

[1] 参看：BHSG, §"8.78.Nom.pl.-ā.", p.55。

[2] 参看：BHSG, §"8.79.Nom.pl.-a.", p.55。

bhaiṣajyarāja	tathāgatacīvaram|	mahākṣāntisauratyaṁ	khalu
m.sg.V.	n.sg.N.	n.sg.N.	indec.
药王	如来衣	忍辱柔和	的确
punar	bhaiṣajyarāja	tathāgatacīvaram|	tat
adv.	m.sg.V.	n.sg.N.	pron.n.sg.N.
又	药王	如来衣	其
tena	kulaputreṇa	vā	kuladuhitrā
pron.m.sg.I.	m.sg.I.	indec.	f.sg.I.
那	族姓子	或者	族姓女
vā	prāvaritavyam |	katamac	ca
indec.	fpp.n.sg.N.	pron.n.sg.N.	conj.
或者	应当进入	什么	和
bhaiṣajyarāja	tathāgatasya	dharmāsanam|	sarvadharmaśūnyatāpraveśaḥ
m.sg.V.	m.sg.G.	n.sg.N.	m.sg.N.
药王	如来	法座	进入所有法空

khalu	punar	bhaiṣajyarāja	tathāgatasya	dharmāsanam |
indec.	adv.	m.sg.V.	m.sg.G.	n.sg.N.
的确	又	药王	如来	法座

（saddharmapuṇḍarīka, p.234）

此例是没有判断动词的简单判断句，sarvasattvamaitrīvihāraḥ（所有众生慈悲处）、mahākṣāntisauratyaṁ（忍辱柔和）、sarvadharmaśūnyatāpraveśaḥ（进入所有法空）是主语，tathāgatalayanam（如来室）、tathāgatacīvaram（如来衣）、tathāgatasya dharmāsanam（如来法座）是表语。

鸠摩罗什译：如来室者，一切众生中大慈悲心是。如来衣者，柔和忍辱心是。如来座者，一切法空是。（《妙法莲华经》卷四，9/31c）

鸠摩罗什译文"如来室"、"如来衣"、"如来法座"是主语，"一切众生中大慈悲心"、"柔和忍辱心"、"一切法空"是表语。

汉语今译：药王，什么是如来室？确实，药王，所有众生慈悲处是如来室。族姓子应当进入那里。药王，什么是如来衣？确实，药王，忍辱柔和是如来衣。族姓子或者族姓女应当进入那里。药王，什么是如来的法座？确实，药王，进入所有法空是如来的法座。

（三）梵汉对勘的结论

从梵、汉本《撰集百缘经》、《维摩诘经》、《金光明经》、《妙法莲华经》“S，N是”句型的对勘来看，有些“S，N是”对译的是梵文带有判断动词的简单判断句，有些对译的是梵文带有判断动词的主从复合句，有些对译的是梵文没有判断动词的简单判断句，有些对译的是梵文没有判断动词的主从复合句。带有判断动词的判断句有63例，没有带判断动词的判断句有63例。

在63例带有判断动词的判断句中，判断动词位于N_2之后的判断句有51例，判断动词位于N_1之后的判断句有12例。从这里可以看出，梵文带有判断动词的判断句以判断动词位于N_2之后或者是不带判断动词的用例居多，也就是我们所列出的第一类和第三类居多。这与判断句在古典梵语文学作品中所表现出来的情况相类似[1]。带有判断动词的判断句，无论判断动词是在N_2之后，还是在N_1、N_2之间，如果判断动词是N_2的判断动词，那么译文的主语就是N_2的有52例；当判断动词是N_2的判断动词，译文的主语是N_1的只有2例；如果判断动词是N_1的判断动词，那么译文的主语是N_1的只有3例；如果判断动词是N_1的判断动词，译文的主语是N_2的有6例。也就是说，原典的N是主语、译文仍然是主语的情况居多，有52例，占82.5%；原典的N是主语、译文是表语的情况比较少，有11例，占17.5%。当我们将汉译本“S，N是”句与占有优势的梵文原典“N_1，N_2 √as（√bhū）”比较一下，很明显，汉译本的“S，N是”句就是对译梵文判断句“N_1，N_2 √as（√bhū）”，句中的“是”表示判断。由于类推的作用，那种不占优势的“N_1，√as（√bhū）N_2”也汉译成

[1] 梵语判断句的判断动词，通常以as或bhū表示，或者被省略。我们调查了*upaniṣads*（《奥义书》）、*raghuvaṃśam*（《罗怙世系》）、*kumārasambhavam*（《鸠摩罗出世》），判断句有四种类型：1. N_1，√as；2. N_1，N_2 √as（√bhū）；3. N_1，√as（√bhū）N_2；4. N_1，N_2。从梵语判断句的四种类型来看，有三种类型都带有判断动词（其中，有两种类型的判断动词置于句末，一种类型的判断动词置于句中），一种类型没有判断动词。梵语判断句以第二种类型和第四种类型居多。

“S，N是”。

在63例“N_1，N_2”判断句中，有23例“N_1，N_2”的汉语译文是N_2作主语（19例是主从复合句，4例是简单句），有40例“N_1，N_2”的汉语译文是N_1作主语（全部是简单句）。那么，汉语译文是按照什么原则翻译的？在19例主从复合句中，从句都是N_2的从句。在40例简单句中，有32例是属于$N_1N_2N_3N_4$-$N_5N_6N_7N_8$……这种类型，汉语译文N_1是主语，其他全是表语。虽然说“N_1，N_2”型判断句原典没有判断动词，但是汉语译文均于表语之后添加了一个表示判断的“是”，这是翻译的需要。无论梵语判断句是否有判断词，翻译时我们都必须把省略的判断词补足[1]。梵文“N_1，N_2”型判断句既可以汉译成“N_1主N_2表”，也可以汉译成“N_2主N_1表”，这是由于梵文判断句的主语、表语均是体格，翻译时，既可以N_1作主语，也可以N_2作主语。但从所调查的文献用例来看，多数以N_1作主语，占64%。

综上所述，我们认为：汉译佛经的“S，N是”句型就是梵文原典判断句“N_1，N_2 √as（√bhū）”的对译，句中的“是”表示判断。由于类推的作用，梵文原典判断动词位于N_1、N_2之间的判断句“N_1，√as（√bhū）N_2”与梵文原典未带判断动词的判断句“N_1，N_2”也汉译成“S，N是”，句中的“是”表示判断。

（四）问题讨论

1. 关于“S，N是”对译的是梵文带有判断动词的简单判断句，比如例（25）那种类型，有学者[2]认为汉译佛经的“S，N是”对译的不是一个简单的梵文判断句，而是对译的一组成对使用的句子。我们持不同的观点。为了说明这个问题，举例如下：

（65）syātkhalu punaḥ kulaputrā yuṣmākaṁ kāṅkṣā vā vimatirvā vicikitsā vā anyā sā tena kālena tena samayena vimaladattā nāma rājabhāryābhūt| na khalu punaḥ kulaputrā yuṣmābhirevaṁ draṣṭavyam|

[1] 参看《新修梵语学》，原著者，榊亮三郎，新修者，工藤成树，编译者，如实佛学研究室，第21页。

[2] 参看姜南《基于梵汉对勘的〈法华经〉语法研究》，商务印书馆，2011年，第163–166页；姜南《汉译佛经“S，N是”句非系词判断句》，《中国语文》2010年第1期，第59–66页。

tatkasya hetoḥ| ayaṁ sa vairocanaraśmipratimaṇḍitadhvajarājo nāma bodhisattvo mahāsattvastena kālena tena samayena vimaladattā nāma rājabhārya **abhūt** tasya rājñaḥ śubhavyūhasyānukampāyai teṣāṁ ca sattvānāṁ rājñaḥ śubhavyūhasya bhāryātramabhyupagato 'bhūt| syātkhalu punaḥ kulaputrā yuṣmākaṁ kāṅkṣā vā vimatirvā vicikitsā vā anyau tau tena kālena tena samayena dvau dārakāvabhūvatām| na khalu punaḥ kulaputrā yuṣmābhirevaṁ draṣṭavyam| tatkasya hetoḥ| imau tau bhaiṣajyarājaśca bhaiṣajyasamudgataśca tena kālena tena samayena tasya rājñaḥ śubhavyūhasya putrau **abhūvatām**|（saddharmapuṇḍarīka，p.470）

上面这段梵文原典，鸠摩罗什只翻译了下画横线的句子，其他的句子都没有译出。然而他所翻译的句子都是完整的梵文句子，这些句子都是带有判断动词的完整的判断句，并不是繁琐的句型。很明显，汉译“S，N是”就是原典“N_1，N_2 √bhū（是）”的对译，句中的“是”表示判断。

鸠摩罗什译：其净德夫人，今佛前光照庄严相菩萨是。哀愍妙庄严王及诸眷属故，于彼中生。其二子者，今药王菩萨药上菩萨是。（《妙法莲华经》卷七，9/60c）

汉语今译：那么，善男子，你们感到疑惑，或许那时那个名叫净德的国王妻子是其他人。善男子，你们的确不应当这样认为。什么原因？那时那个名叫净德的国王妻子是这个名叫净光庄严相国王菩萨大士。因为哀愍妙庄严王和他的眷属、妻子而来到此处。那么，善男子，你们感到疑惑，或许那时那两个儿子是其他人。善男子，你们的确不应当这样认为。什么原因？那时妙庄严国王的两个儿子是这药王菩萨和药上菩萨两个人。

像这种情况的翻译在其他汉译佛经里也有，如：

（66）atha khalu bhagavānpunastāṁ bodhisattvasamuñcayāṁ kuladevatāmetadavocat|| syāt khalu punar yuṣmākaṁ kuladevate 'nyaḥ sa tena kālena tena samayena sureśvaraprabho nāma rājā babhūva| na khalu punarevaṁ draṣṭavyam|tatkasya hetoḥ|daṇḍapāṇiḥ śākyastena kālena tena samayena sureśvaraprabho nāma rājā babhūva| syātkhalu punaḥ kuladevate 'nyaḥ sa tena kālena tena samayena jaṭiṁdharo nāma śreṣṭhī babhūva| na khalu punarevaṁ draṣṭavyam| tatkasya hetoḥ|rājā śuddhodanaḥ sa tena kālena tena samayena jaṭiṁdharo nāma śreṣṭhi abhūt||

syātkhalu punaste kuladevate 'nyaḥ sa tena kālena tena samayena jalavāhanaḥ śreṣṭhidārako 'bhūt| na khalu punarevaṁ draṣṭavyam| tatkasya hetoḥ|ahaṁ sa tena kālena tena samayena jalavāhanaḥ śreṣṭhidārako **'bhūt**||syātkhalu punaste kuladevate 'nyā sā tena kālena tena samayena jalavāhanasya jalāmbujagarbhā nāma bhāryābhūt| na khalu punarevaṁ draṣṭavyam| tatkasya hetoḥ| gopā nāma śākyakanyā tena kālena tena samayena jalavāhanasya jalāmbujagarbhā nāma bhāryābhūt| rāhulabhadrastena kālena tena samayena jalāmbaro nāma dārako **'bhūt**| ānandaḥ sa tena kālena tena samayena jalagarbho nāma dārako **'bhūt**| syātkhalu punaste kuladevate 'nyāni tāni tena kālena tena samayena daśamatsyasahasrāṇi babhūvuḥ| na punarevaṁ draṣṭavyam| tatkasya hetoḥ| amūni tāni jvalanāntaratejorājapramūkhāni daśadevaputrasahasrāṇi tena kālena tena samayena daśamatsyasahasrāṇi **babhūvuḥ**| yāni mayodakena saṁtarpitāni| bhojanavareṇa ca gambhīraśca pratītyasamutpādo dharmo deśitaḥ| ratnaśikhinastathāgatasyārhataḥ saṁyaksaṁbudhasya nāmadheyaṁ śrāvitaḥ| tena kuśaladharmahetunā mamāntika ihāgatāni yenaitarhyanuttarāyām saṁyaksaṁbodhau vyākṛtāni| atīva prītiprāsādaprāmodyena dharmaśrutigauraveṇa sarvavyākaraṇanāmadheyāni pratilabdhānīti||(suvarṇaprabhāsasūtram, pp.104-105)

对于上面这两段梵文原典，昙无谶在翻译时只翻译了下画横线的句子，其他的句子都没有译出。然而，他所翻译的句子也都是完整的梵文句子，这些句子都是带有判断动词的完整的判断句，并不是繁琐的句型。很明显，汉译“S,N是”就是原典“N_1, N_2 √bhū(是)”的对译，句中的“是”表示判断。

昙无谶译：尔时世尊告道场菩提树神：“善女天，欲知尔时流水长者子，今我身是。长子水空，今罗睺罗是。次子水藏，今阿难是。时十千鱼者，今十千天子是。”(《金光明经》卷三，16/353c)

汉语今译：于是世尊又对菩提树神善女天这样说：“那么，善女天，或许那时那个名叫天自在光的国王是其他人。的确不应当这样认为。什么原因？那时那个名叫天自在光的国王是释迦持杖。那么，善女天，或许那时那个名叫持髻的长者是其他人。的确不应当这样认为。什么原因？那时那个名叫持髻的长者是净饭王。

“那么，善女天，或许那时那个流水长者子是其他人。的确不应当这样认为。什么原因？那时那个流水长者子是我。那么，善女天，或许那时那个名叫水莲藏的流水的妻子是其他人。的确不应当这样认为。什么原因？那时名叫水莲藏的流水的妻子是名叫俱夷的释迦女。那时名叫水空的儿子是罗睺罗，那时那个名叫水藏的儿子是阿难。那么，善女天，或许那时那些十千鱼是其他人。的确不应当这样认为。什么原因？那时那些十千鱼是这些以火光中王为首的十千天子。我用水和美味的食物喂饱它们，开示了甚深缘起法，宣说了宝髻如来阿罗汉三藐三佛陀的名号。由于善法的原因，它们来到我身边。因此，我为它们授记阿耨多罗三藐三菩提。由于听法极喜悦、极尊重，它们得到了所有的授记名号。”

2. 原典没有判断动词的“N_1，N_2”汉译为“S，N是”，其中的“是”在原典中没有对应词。应该如何看待这种现象？有学者[1]以为此类“S，N是”中的“是”也是用作代词，复指主语，并以本土化程度更高的鸠摩罗什译《妙法莲华经》的“如来衣者，柔和忍辱心是；如来座者，一切法空是”为例。关于这种现象，前文已有说明。我们以为：翻译的需要和类推的作用，使得原典没有判断动词的判断句也汉译成“S，N是”，句中的“是”表示判断。这种现象在支谦译《维摩诘经》中比较突出，有33例。其中，有32例是用在$N_1N_2N_3N_4N_5N_6N_7N_8$……的句子中。如：

（67）bodhimaṇḍa iti kulaputra āśayamaṇḍa eṣo 'kṛtrimatayā prayogamaṇḍa eṣa āraṁbhottāraṇatayā| adhyāśayamaṇḍa (a5) eṣa viśeṣāvigamatayā bodhicittamaṇḍa eṣa asaṁpramoṣaṇatayā dānamaṇḍa eṣa vipākāpratikāmkṣaṇatayā | śīlamaṇḍa eṣa praṇidhānaparipūraṇa(a6)tayā kṣāntimaṇḍa eṣa sarvasatvapratihatacittatayā vīryamaṇḍa eṣa avinivarttanatayā | | | | | | | | | | | （《梵藏汉对照〈维摩经〉》,p.148）

上面这个例子就只有一个N_1“bodhimaṇḍa”，后面的是$N_2N_3N_4N_5N_6$-N_7N_8……，所以支谦译为：

道场者，无生之心是，检一恶意故；淳淑之心是，习增上故；圣贤之心是，往殊胜故；道意之心是，不忘舍故；布施之心是，不望报故；持戒之心是，得

[1] 参看姜南《基于梵汉对勘的〈法华经〉语法研究》，商务印书馆，2011年，第163–166页；姜南《汉译佛经“S，N是”句非系词判断句》，《中国语文》2010年第1期，第59–66页。

愿具故；忍辱之心是，不乱众人故；精进之心是，无退意故；……（《维摩诘经》卷上，14/524a—b）

如果说其中的“是”复指前文，是代词，那么，像这种连续使用32个“是”复指前文的代词的语言现象可能在中土文献中不太能够见得到。后来的译师鸠摩罗什和玄奘都是译为常式判断句：

直心是道场，无虚假故；发行是道场，能办事故；深心是道场，增益功德故；菩提心是道场，无错谬故；布施是道场，不望报故；持戒是道场，得愿具故；忍辱是道场，于诸众生心无碍故；精进是道场，不懈退故；……（姚秦鸠摩罗什译《维摩诘所说经》卷上，14/542c）

淳直意乐是妙菩提，由此意乐不虚假故；发起加行是妙菩提，诸所施为能成办故；增上意乐是妙菩提，究竟证会殊胜法故；大菩提心是妙菩提，于一切法无忘失故；清净布施是妙菩提，不悕世间异熟果故；固守净戒是妙菩提，诸所愿求皆圆满故；忍辱柔和是妙菩提，于诸有情心无恚故；勇猛精进是妙菩提，炽然勤修无懈退故；……（唐玄奘译《说无垢称经》卷二，14/565b）

当代梵文学家黄宝生先生也是译为常式判断句：

善男子啊，所谓菩提道场，那是意愿道场，因为不虚假。那是修行道场，因为能成事。那是诚心道场，因为获得殊胜法。那是菩提心道场，因为不会忘却。那是布施道场，因为不期望回报。那是持戒道场，因为圆满实现愿望。那是忍辱道场，因为对一切众生不怀恶意。那是精进道场，因为不会退缩。（黄宝生译注《梵汉对勘维摩诘所说经》，p.112、113）

其实，像玄奘这样的本土译经大师也有将“N_1，N_2√bhū”这种判断句译为“S，N是”句的情况。如：

（68）ahaṁ sa tena kālena tena samayena śomacchatro nāma rājakumāro **'bhūvaṁ**|（《梵藏汉对照〈维摩经〉》，p.492）

abhūvaṁ是N_1“我”的判断动词，“我”是主语，“月盖王子”是表语。

支谦没有译出此句，鸠摩罗什和玄奘都译为“S，N是”句：

月盖比丘即我身是。（姚秦鸠摩罗什译《维摩诘所说经》卷下，14/557a）

彼时护法月盖王子，岂异人乎？即我身是。（唐玄奘译《说无垢称经》卷六，14/587b）

三、“V已”结构

关于汉语的时态助词“已”，朱庆之（1993）在《汉译佛典语文中的原典影响初探》一文中指出：时态助词“已”在汉译佛典中大量使用，通过对勘材料，发现这种“已”的大量使用与原典有直接的关系，例如梵语的过去分词常常被译成汉语的“V已”。辛岛静志（1998a）在《汉译佛典的语言研究》（二）一文中认为：汉译佛经句末用“已”的例子很常见，与梵文的绝对分词对应。后来，蒋绍愚（2001）在《〈世说新语〉、〈齐民要术〉、〈洛阳伽蓝记〉、〈贤愚经〉、〈百喻经〉中的“已”、“竟”、“讫”、“毕”》一文中认为：时态助词“已”可以放在持续性动词之后，也可以放在非持续性动词之后。放在持续性动词之后的“已”是汉语中固有的，放在非持续性动词之后的“已”（即“已$_2$”）不是汉语中所固有的，它来自梵语，来自梵语的绝对分词（即“梵语的持续体”）。王继红（2004/2014）在《基于梵汉对勘的〈阿毗达磨俱舍论〉语法研究》一书中认为：时态助词“已”可以对应梵语的过去被动分词、独立式。龙国富（2007）在《汉语完成貌句式和佛经翻译》一文中认为：时态助词“已”可以对应梵语绝对分词、过去分词、现在时和现在时主动分词。姜南（2008/2011）在《基于梵汉对勘的〈法华经〉语法研究》一书中认为：时态助词“已”可以对应梵语的绝对分词、过去被动分词、动词现在时、动词将来时、不定过去时、现在分词、名词变格。陈秀兰（2009/2014）在《梵汉对勘研究〈撰集百缘经〉的“已”——兼论汉语完成貌词尾“已$_2$”的来源》一文中认为：时态助词“已”可以对应梵语的绝对分词、过去分词、过去分词所构成的复合词、名词从格、动词的完成时、动词的不定过去时。

随着梵汉对勘方法在汉译佛经语言研究方面的广泛使用和深入开展，随着梵汉佛经对勘数量的增加，我们发现汉译佛经的“V已”结构不仅仅译自梵语的这几种形式，还有其他形式：译自梵语表示动作行为发生在过去时间的多种语法形式。

汉语、梵语是属于不同类型的两种语言。汉语是典型的孤立语，缺乏丰富的词形变化，词与词之间的语法关系主要依靠词序和虚词来表达[1]。梵语是典型的屈折语，具有丰富的词形变化，词与词之间的语法关系主要依靠这种词形变化来表示[2]。梵语的形态变化很丰富，比如：名词有性、数、格，性分阳性、中性、阴性，数分单数、双数、复数，格分体格、呼格、业格、具格、为格、从格、属格、依格[3]；动词有时、体、态，时态有现在时、未完成时、完成时、不定过去时、未来时、假定时，体有持续体、完成体，语态有主动语态、中间语态、被动语态[4]。当我们把富于形态变化的梵语翻译成缺乏形态变化的汉语时，就面临着如何处理梵语的这种形态变化。

在梵语里，表示过去发生的事情可以有多种形式，如动词现在时[5]，动词现在时+sma[6]，动词不定过去时，动词未完成时，动词完成时，动词的过去分词，过去分词所构成的复合词，动词的绝对分词等。

下面我们来看看梵、汉本《撰集百缘经》、《维摩诘经》、《金光明经》、《妙法莲华经》“V已”结构的对勘情况。

（一）梵、汉本《撰集百缘经》、《维摩诘经》、《金光明经》、《妙法莲华经》“V已”结构的对勘情况

汉译本《撰集百缘经》、《维摩诘经》、《金光明经》、《妙法莲华经》有578例“V+（O）+已”，226例有相应的梵文原文，对勘情况如下表：

<table>
<tr><td rowspan="3">平行梵文本对译情况 / 汉译本情况</td><td colspan="3" rowspan="2">分词</td><td colspan="6">动词</td><td rowspan="3">名词</td><td rowspan="3">形容词</td><td rowspan="3">副词</td></tr>
<tr><td colspan="5">主动态</td><td>被动态</td></tr>
<tr><td>绝分</td><td>过分</td><td>现分</td><td>现在时</td><td>将来时</td><td>完成时</td><td>不定过</td><td>未完成</td><td>现在时</td></tr>
<tr><td>V已</td><td>136</td><td>45</td><td>2</td><td>8</td><td>1</td><td>3</td><td>4</td><td>1</td><td>1</td><td>17</td><td>7</td><td>1</td></tr>
</table>

[1] 参看叶蜚声、徐通锵《语言学纲要》，北京大学出版社，1988年，第120页。

[2] 参看叶蜚声、徐通锵《语言学纲要》，北京大学出版社，1988年，第121页。

[3] 参看A.F.斯坦茨勒《梵文基础读本》，季羡林译，段晴、钱文忠续补，北京大学出版社，1996年，第56条。

[4] 参看A.F.斯坦茨勒《梵文基础读本》，季羡林译，段晴、钱文忠续补，北京大学出版社，1996年，第129条、第130条。

[5] 参看金克木《梵文文法》，收于《梵语文学读本》，黄宝生编著，中国社会科学出版社，2010年，第680页。

[6] 同上。

四部汉译佛经的“V已”结构，有81%对译分词（60%对译绝对分词，20%对译过去分词，1%对译现在分词），8%对译动词的各种时态，11%对译名词、形容词的变格。

具体对勘情况如下。

1. 对译梵语的绝对分词，如：

（1）

atha	yaśomatī	dārikā	tad	atyadbhutaṁ
adv.	f.sg.N.	f.sg.N.	pron.n.sg.Ac.	adj.n.sg.Ac.
这时	名称	女	那	未曾有
devamanuṣyāvarjanakaraṁ	prātihāryaṁ	**dṛṣṭvā**	mūlanikṛtta[1]	
adj.n.sg.Ac.	n.sg.Ac.	ger.	adj.m.sg.N.	
能够启发天、人	神变	看见了	折断根	
iva	drumaḥ	sarvaśarīreṇa	bhagavataḥ	pādayor
adv.	m.sg.N.	n.sg.I.	m.sg.G.	m.du.L.
如同	树	整个身体	世尊	双脚
nipatya	praṇidhānaṁ	kartuṁ	ārabdhā |	
ger.	n.sg.Ac.	√kṛ, inf.	pt.f.sg.N.	
落	誓愿	发	开始	

（avadānaśataka, I/pp.9-10）

支谦译：（名称）见是变已，喜不自胜，五体投地，发大誓愿。（《撰集百缘经》卷一，4/203c）

dṛṣṭvā是梵语动词√dṛś（看见）的绝对分词，支谦译为“见……已”，用“已”表示“看见”这个行为的完成。

汉语今译：这时，名称女看见了那从未有过的能够启发神、人的神通变化，就像大树折断树根一样，整个身体伏在世尊的双脚下，开始发誓。

（2）

ity	**uktvā**	yena	bhagavāns	tena	upasaṁkrāntaḥ |
adv.	ger.	pron.m.sg.I.	m.sg.N.	pron.3.m.sg.I.	pt.m.sg.N.
如是	说	其	世尊	他	到达

（avadānaśataka, I/p.89）

[1] 参看：BHSG, §“8.22.Nom.sg.-a.”, p.50。

支谦译：作是唱已，即往佛所。(《撰集百缘经》卷二，4/210b)

uktvā是梵语动词√vac（说）的绝对分词，支谦译为“作是唱已”，用“已”表示“说”这个行为的完成。

汉语今译：说了之后，他前往世尊那里。

(3)

atha	ratnākaro[1]	licchavikumāro[2]	bhagavantam	ābhir
adv.	m.sg.N.	m.sg.N.	m.sg.Ac.	pron.f.pl.I.
尔时	宝事	离车族童子	世尊	这些
gāthābhir	**abhistutya**	bhagavantam	etad	avocat |
f.pl.I.	ger.	m.sg.Ac.	adv.	√vac, 3.sg.aor.P.
偈颂	称赞	世尊	如是	说

(《梵藏汉对照〈维摩经〉》，p.28)

支谦译：童子宝事说此偈赞佛已，以恭肃敬意长跪叉手白佛言。(《维摩诘经》卷上，14/520a)

abhistutya是梵语动词abhi-√stu（赞美）的绝对分词，支谦译为“赞……已”，用“已”表示“赞美”这个行为的完成。

黄宝生译：这样，离车族童子宝积用这些偈颂称赞世尊后，对世尊说道：(《梵汉对勘维摩诘所说经》，p.28)

(4)

abhijānāmy	ahaṁ	bhagavamn	ekasmin[3]
abhi-√jñā, 1.sg.pres.P.	pron.1.sg.N.	m.sg.V.	num.m.sg.L.
忆念	我	世尊	一
samaye	svake	vihāre	viharāmi
m.sg.L.	adj.m.sg.L.	m.sg.L.	vi-√hṛ, 1.sg.pres.P.
时	自己	住宅	安住
atha	māraḥ	pāpīyān	dvādaśabhir[4]
adv.	m.sg.N.	m.sg.N.	num.n.pl.I.
尔时	魔罗	波旬	十二

[1] 参看：BHSG, § “8.18.Nom.sg.-o.”, p.49。

[2] 同上。

[3] 参看：BHSG, § “8.63.Loc.sg.-asmin, -asmiṃ, -asmi.”, p.54。

[4] 参看：BHSG, § “8.113.Inst.pl.-abhis.”, p.59。

apsaraḥsahasraiḥ	parivṛtaḥ	śakraveṣeṇa	tūryasaṁgītisaṁpravāditena
n.pl.I.	ppp.m.sg.N.	m.sg.I.	ppp.m.sg.I.
千天女	被围绕	帝释形象	奏乐、歌唱
yena	ahaṁ	tena	upasaṁkramya
pron.m.sg.I.	pron.1.sg.N.	pron.3.m.sg.I.	ger.
其	我	他	到达
mama	pādau	śirasā	vanditvā
pron.1.sg.G.	m.du.Ac.	n.sg.I.	ger.
我	双足	头	礼拜
sa-parivāro[1]	māṁ	**puraskṛtya**	ekānte
pref. m.sg.N.	pron.1.sg.Ac.	ger.	m.sg.L.
俱　侍从	我	恭敬	一旁
'sthāt |			
√sthā, 3.sg.aor.P.			
站立			

（《梵藏汉对照〈维摩经〉》,p.156）

支谦译：忆念我昔自于室住，天魔波旬从玉女万二千，状如帝释，鼓乐弘歌来诣我室，稽首我足，与其眷属共供养我已，于一面住。(《维摩诘经》卷上，14/524b）

puraskṛtya是梵语动词puras-√kṛ（尊敬）的绝对分词，支谦译为“供养……已”，用“已”表示“供养”这个行为的完成。

黄宝生译：世尊啊，记得有一次，我住在自己家中。恶摩罗乔装帝释天，在一万二千天女围绕下，奏乐歌唱，来到我那里。他俯首向我行触足礼，然后偕同随从向我表示恭敬，侍立一旁。(《梵汉对勘维摩诘所说经》,p.118）

（5）

anusmaramāṇas	tasyā[2]	rātryā[3]	atyayena	rājagṛhān
pp.m.sg.N.	pron.f.sg.G.	f.sg.G.	m.sg.I.	n.sg.Ab.
忆念	那	夜晚	之后	王舍

---

[1] 参看：BHSG, §“8.18.Nom.sg.-o.”, p.49。

[2] 参看：BHSG, §“3.5. ā for a.”, p.23；§“21.46.”, p.116。

[3] 参看：BHSG, §“10.123.-yā,Gen”, p.77。

mahānagarān	niṣkramya	anekaiḥ	prāṇisahasraiḥ	sārdhaṁ
n.sg.Ab.	ger.	adj.n.pl.I.	n.pl.I.	adv.
大城	出来	许多	千众生	一起
yena	gṛdhrakūṭaḥ	parvatarājo[1]	yena	bhagavāṁs
pron.m.sg.I.	m.sg.N.	m.sg.N.	pron.m.sg.I.	m.sg.N.
其	耆阇崛	山王	其	世尊

tena	upasaṁkrānta[2]	**upasaṁkramya**	bhagavataḥ
pron.3.m.sg.I.	pt.m.sg.N.	ger.	m.sg.G.
他	前往	到达	世尊
pādau	śirasā	vanditvā	bhagavantaṁ
m.du.Ac.	n.sg.I.	ger.	m.sg.Ac.
双脚	头	礼拜	世尊
tripradakṣiṇīkṛtya	ekānte	nyaṣīdat |	
ger.	m.sg.L.	ni-√sad, 3.sg. imperf.P.	
右绕三匝	一边	坐下	

（suvarṇaprabhāsasūtram, p.10）

昙无谶译：过夜至旦出王舍城，尔时亦有无量无边百千众生与菩萨俱往耆阇崛山至于佛所，至佛所已，顶礼佛足，右绕三匝，却坐一面。(《金光明经》卷一，16/336b）

upasaṁkramya是梵语动词upa-saṁ-√kram（到达）的绝对分词，昙无谶译为“至……已”，用“已”表示“到达”这个行为的完成。

汉语今译：忆念了，那个夜晚之后，同许多百千众生一起从王舍大城出来，前往耆阇崛山王世尊那里，到达之后，用头礼拜世尊的双脚，在绕三匝之后，在一旁坐下。

（6）

te	ca	sattvās	tāni	pānabhojanāni
pron.m.pl.N.	conj.	m.pl.N.	pron.n.pl.Ac.	n.pl.Ac.
那些	和	众生	那些	食物

[1] 参看：BHSG, §“8.18.Nom.sg.-o.”, p.49。

[2] 参看：BHSG, §“8.22.Nom.sg.-a”, p.50。

nānāvidhāny	**upamuktvā**	āyurbalavarṇendriyāṇi	vivardhayiṣyanti |
adj.n.pl.Ac.	ger.	n.pl.Ac.	vi-√vṛdh, caus.3.pl.fut.P.
种种	吃	诸根色力、寿命	增长

（suvarṇaprabhāsasūtram, p.64）

昙无谶译：众生食已，增长寿命色力辩安。(《金光明经》卷二，16/345c）

upamuktvā是梵语动词upa-√muc（吃）的绝对分词，昙无谶译为“食已”，用“已”表示“吃”这个行为的完成。

汉语今译：那些众生吃了那些种种食物之后，他们将会增长诸根的寿命、色力。

（7）

yan	nūnaṁ	ahaṁ	etān
pron.n.sg.N.	adv.	pron.1.sg.N.	pron.m.pl.Ac.
其	必定	我	这些
saṁcodayeyaṁ		iti	**pratisaṁkhyāya**
saṁ-√cud, caus.1.sg.opt.P.		adv.	ger.
使觉悟		如是	思维
tān	kumārakān	āmantrayate	sma |
pron.m.pl.Ac.	m.pl.Ac.	ā-√mantraya, 3.sg.pres.Ā.	indec.
那些	孩子们	对……说	（表示过去）
āgacchata	bhavantaḥ	kumārakā[1]	nirgacchata |
ā-√gam, 2.pl.imper.P.	pron.2.m.pl.N.	m.pl.V.	nir-√gam, 2.pl.imper.P.
出去	你们	孩子们	出去

（saddharmapuṇḍarīka, p.73）

鸠摩罗什译：作是念已，如所思惟，具告诸子：“汝等速出。”(《妙法莲华经》卷二，9/12b）

pratisaṁkhyāya是梵语动词prati-saṁ-√khyā（思维）的绝对分词，鸠摩罗什译为“作是念已”，用“已”表示“思考”这个行为的完成。

汉语今译：“我必定使他们意识到这些。”这样思考之后，他对孩子们

[1] 参看：BHSG, § “8.87.Voc.pl.-ā, -a.”, p.56。

说:“你们出去吧!孩子们,你们出去吧!”

(8)	**abhyavakīrya**	tāni	brāhmāṇi[1]	vimānāni
	ger.	pron.n.pl.Ac.	m.pl.Ac.	n.pl.Ac.
	散	那些	梵天	宫殿
	tasya	bhagavato[2]	niryātayāmāsuḥ |	
	pron.m.sg.G.	m.sg.G.	nir-√yat, caus.3.pl.pperf.P.	
	那	世尊	奉上	

(saddharmapuṇḍarīka, p.165)

鸠摩罗什译:华供养已,各以宫殿奉上彼佛。(《妙法莲华经》卷三,9/23b)

abhyavakīrya是梵语动词abhi-ava-√kṝ(散)的绝对分词,鸠摩罗什译为“华供养已”,用“已”表示“散花”这个行为的完成。

汉语今译:散花之后,他们向世尊奉上梵天宫殿。

2. 对译梵语的过去分词,如:

(9)	yāvad	rājñaḥ	prasenajitaḥ	**śrutaṁ** |
	adv.	m.sg.G.	m.sg.G.	pt.n.sg.N.
	乃至	国王	波斯匿	听到了

(avadānaśataka, I/p.48)

支谦译:时波斯匿王闻其二大梵志语已。(《撰集百缘经》卷一,4/206b)

śruta是梵语动词√śru(听)的过去分词,支谦译为“闻……已”,用“已”表示“听”这个行为的完成。

汉语今译:以至于波斯匿王听到了。

(10)	tataḥ	somayā	bhikṣuṇyā	maraṇakāle	praṇidhānaṁ	**kṛtaṁ** |
	adv.	f.sg.I.	f.sg.I.	m.sg.L.	n.sg.N.	pt.n.sg.N.
	然后	须漫	比丘尼	命终时	誓愿	发

(avadānaśataka, II/p.23)

[1] 参看:BHSG, §“8.98.Acc.pl.-āni”, p.58。

[2] 参看:BHSG, §“4.38.”, p.34。

支谦译：发是愿已，便取命终。(《撰集百缘经》卷八，4/240a)

kṛta是梵语动词√kṛ(做)的过去分词，支谦译为“发……已”，用“已”表示“发”这个动作的完成。

汉语今译：然后，须漫比丘尼命终时发了誓愿。

(11)

yair	upakaraṇaviśeṣais	tasmād	vyādheḥ	**<u>parimocitaḥ</u>** ‖
pron.m.pl.I.	m.pl.I.	pron.m.sg.Ab.	m.sg.Ab.	caus.pt.m.sg.N.
那些	种种资具	那	痛苦	解脱

(avadānaśataka，II/p.171)

支谦译：时彼长者既得免已。(《撰集百缘经》卷一〇，4/253b)

parimocita是梵语动词pari-√muc(解脱)的使役形式的过去分词，支谦译为“免已”，用“已”表示“解脱”这种行为的完成。

汉语今译：通过那些种种资具，长者从痛苦中解脱了。

(12)

pāṇidvaye	ca	asya	lakṣaṇāhataṁ	karmavipākajaṁ
n.sg.L.	conj.	pron.n.sg.G.	n.sg.N.	n.sg.N.
两手	和	此	殊胜	业报成熟
dīnāradvayam |	yadā	tad	**<u>apanītaṁ</u>**	bhavati
n.sg.N.	conj.	pron.n.sg.N.	pt.n.sg.N.	√bhū，3.sg.pres.P.
两金钱	那时	那	取走	是
tadā	anyat	prādurbhavati ‖		
conj.	n.sg.N.	prādur-√bhū，3.sg.pres.P.		
那时	另一个	出现		

(avadānaśataka，II/p.74)

支谦译：其两手中有金钱出，取已还有。(《撰集百缘经》卷九，4/245b)

apanīta是梵语动词apa-√nī(取走)的过去分词，支谦译为“取已”，用“已”表示“取”这种行为的完成。

汉语今译：殊胜业报成熟，两枚金钱在他的两手中。当取走了一个，又出现另一个。

<table>
<tr><td>（13）atha</td><td>tato[1]</td><td>bhojanāt</td><td>sarvā</td><td>sā</td></tr>
<tr><td>adv.</td><td>adv.</td><td>n.sg.Ab.</td><td>f.sg.N.</td><td>pron.f.sg.N.</td></tr>
<tr><td>那时</td><td>那时</td><td>食物</td><td>所有</td><td>那</td></tr>
<tr><td>parṣat</td><td>tṛptā</td><td>kṛtā|</td><td>na</td><td>ca</td></tr>
<tr><td>f.sg.N.</td><td>ppp.f.sg.N.</td><td>ppp.f.sg.N.</td><td>indec.</td><td>conj.</td></tr>
<tr><td>大众</td><td>饱足</td><td>所做</td><td>没有</td><td>和</td></tr>
<tr><td>tāvad</td><td>bhojanaṁ</td><td>kṣīyate |</td><td>yaiś</td><td>ca</td></tr>
<tr><td>adv.</td><td>n.sg.N.</td><td>√kṣi, 3.sg.pres. pass.</td><td>pron.m.pl.I.</td><td>conj.</td></tr>
<tr><td>如是</td><td>食物</td><td>减少</td><td>那些</td><td>和</td></tr>
<tr><td>bodhisatvaiḥ</td><td>śrāvakaiḥ</td><td colspan="2">śakrabrahmalokapālais</td><td>tad</td></tr>
<tr><td>m.pl.I.</td><td>m.pl.I.</td><td colspan="2">m.pl.I.</td><td>pron.n.sg.N.</td></tr>
<tr><td>菩萨们</td><td>声闻们</td><td colspan="2">帝释天、梵天、护世天王</td><td>那</td></tr>
<tr><td>anyaiś</td><td>ca</td><td>satvais</td><td>tad</td><td>bhojanaṁ</td></tr>
<tr><td>adj.m.pl.I.</td><td>conj.</td><td>m.pl.I.</td><td>pron.n.sg.N.</td><td>n.sg.N.</td></tr>
<tr><td>其他</td><td>和</td><td>众生</td><td>那</td><td>食物</td></tr>
<tr><td>bhuktaṁ</td><td>teṣāṁ</td><td>tādṛśaṁ</td><td>sukhaṁ</td><td>kāye</td></tr>
<tr><td>pt.n.sg.N.</td><td>pron.3.m.pl.G.</td><td>adj.n.sg.N.</td><td>n.sg.N.</td><td>m.sg.L.</td></tr>
<tr><td>享用</td><td>他们</td><td>如同</td><td>快乐</td><td>身体</td></tr>
<tr><td>'vakrāntaṁ</td><td>yādṛśaṁ</td><td colspan="2">sarvasukhapratimaṇḍite</td><td>lokadhātau</td></tr>
<tr><td>pt.n.sg.N.</td><td>adj.n.sg.N.</td><td colspan="2">ppp.m.sg.L.</td><td>m.sg.L.</td></tr>
<tr><td>进入</td><td>如同</td><td colspan="2">被所有快乐庄严</td><td>世界</td></tr>
<tr><td>bodhisatvānāṁ</td><td>sukhaṁ</td><td colspan="2">sarvaromakūpebhyaś</td><td>ca</td></tr>
<tr><td>m.pl.G.</td><td>n.sg.N.</td><td colspan="2">m.pl.Ab.</td><td>conj.</td></tr>
<tr><td>菩萨们</td><td>快乐</td><td colspan="2">所有毛孔</td><td>和</td></tr>
<tr><td>teṣāṁ</td><td>tādṛśo[2]</td><td>gandhaḥ</td><td>pravāti |</td><td>tadyathāpi</td></tr>
<tr><td>pron.3.m.pl.G.</td><td>adj.m.sg.N.</td><td>m.sg.N.</td><td>pra-√vā, 3.sg.pres.P.</td><td>adv.</td></tr>
<tr><td>他们</td><td>如同</td><td>香气</td><td>发出</td><td>譬如</td></tr>
</table>

[1] 参看：BHSG, § “4.38.” , p.34。

[2] 参看：BHSG, § “8.18.Nom.sg.-o.” , p.49。

nāma	tasminn	eva	sarvagandhasugandhe	lokadhātau
adv.	pron.m.sg.L.	adv.	m.sg.L.	m.sg.L.
名为	那里	即	所有妙香	世界
vṛkṣāṇāṁ	gandhaḥ |			
m.pl.G.	m.sg.N.			
树	香气			

（《梵藏汉对照〈维摩经〉》,p.376）

支谦译：于是钵饭悉饱众会，饭故不尽，诸菩萨、大弟子、天与人食此饭已，气走安身。譬如一切安养国中诸菩萨也。其香所薰，毛孔皆安。亦如众香之国，香彻八难。（《维摩诘经》卷下，14/532c）

bhukta是梵语动词√bhuj（吃）的过去分词，支谦译为“食……已”，用“已”表示“吃”这个行为的完成。

黄宝生译：然后，所有的会众都已吃饱，而食物并不减少。菩萨、声闻、帝释天、梵天、护世天王和其他众生都已进食。他们的身体感到安乐，如同一切安乐庄严世界中菩萨的安乐。他们的所有毛孔溢出香气，如同一切妙香世界中那些树的香气。（《梵汉对勘维摩诘所说经》，p.288）

（14）

atha	khalu	ruciraketur	bodhisattvaḥ	**pratibuddhaḥ**
adv.	indec.	m.sg.N.	m.sg.N.	pt.m.sg.N.
那时	确实	信相	菩萨	醒

samanantaraṁ	tāṁ	dharmadeśanāgāthāṁ
adv.	pron.f.sg.Ac.	f.sg.Ac.
那时	那	宣扬法义的偈颂
anusmarati	sma |	
anu-√smṛ, 3.sg.pres.P.	indec.	
忆念	（表示过去）	

（suvarṇaprabhāsasūtram, p.10）

昙无谶译：时信相菩萨从梦寤已，至心忆念梦中所闻忏悔偈颂。（《金光明经》卷一，16/336b）

pratibuddha是动词prati-vi-√budh（醒）的过去分词，昙无谶译为“寤已”,用“已”表示“醒”这个行为的完成。

汉语今译:确实,那时信相菩萨醒了,忆念宣扬法义的偈颂。

(15)	evaṁ	hi	lokapālebhir[1]	brahmendraḥ	**paripṛcchitaḥ** ‖
	adv.	indec.	m.pl.I.	m.sg.N.	pt.m.sg.N.
	如是	故	护世王	梵天王	被询问

(suvarṇaprabhāsasūtram, p.71)

昙无谶译:护世四王问是事已。(《金光明经》卷三,16/347a)

paripṛcchita是梵语动词pari-√prach(询问)的过去分词,昙无谶译为“问……已”,用“已”表示“询问”这个行为的完成。

汉语今译:因此,护世王如是询问梵天王。

(16)	bodhiṁ	ca	**prāptas**	tatu	vyutthahitvā
	f.sg.Ac.	conj.	pt.m.sg.N.	adv.	ger.
	菩提	和	获得	然后	站起来
	pravartayī[2]	cakraṁ	anāsravaṁ	hi|	
	ger.	n.sg.Ac.	adv.	indec.	
	转动	轮子	顺从	故	
	catasṛṇāṁ	parṣāṇa[3]	sa	dharma[4]	deśayī[5]
	num.f.pl.G.	f.pl.G.	pron.3.m.sg.N.	m.sg.Ac.	ger.
	四	众	他	法	开示
	acintiyā[6]	kalpasahasrakoṭyaḥ[7] ‖			
	f.pl.Ac.	f.pl.Ac.			
	不可思议	千万亿劫			

(saddharmapuṇḍarīka, p.295)

[1] 参看:BHSG, §“8.110.Inst.pl.-ebhis”, p.59。

[2] 参看:BHSG, §“Gerunds in i,ī”, p.175。

[3] 参看:BHSG, §“4.34.”, p.34。

[4] 参看:BHSG, §“8.31.The ending -a”, p.51。

[5] 参看:BHSG, §“Gerunds in i,ī”, p.175。

[6] 参看:BHSG, §“9.82.Nom.-acc.pl.-ā.”, p.66。

[7] 参看:BHSG, §“10.162.Nom.-acc.pl.-yas”, p.79。

鸠摩罗什译：成无上道已，起而转法轮，为四众说法，经千万亿劫。(《妙法莲华经》卷五，9/39c）

prāpta是梵语动词pra-√āp（得到）的过去分词，鸠摩罗什译为“成……已”，用“已”表示“成就”的获得。

汉语今译：获得菩提之后，站起来，转动轮子，他为四众开示法，经过不可思议千万亿劫。

（17）

te	ca	sarve	tasmāt	karmāvaraṇāt
pron.3.m.pl.N.	conj.	pron.m.pl.N.	pron.n.sg.Ab.	n.sg.Ab.
他们	和	所有	那	罪业
parimuktās	tena	eva	bodhisattvena	mahāsattvena
pt.m.pl.N.	pron.m.sg.I.	adv.	m.sg.I.	m.sg.I.
解脱	那	即	菩萨	摩诃萨
paripācitā[1]	anuttarāyāṁ	saṁyaksaṁbodhau |		
caus.ppp.m.pl.N.	adj.f.sg.L.	f.sg.L.		
被教化	无上	等正觉		

（saddharmapuṇḍarīka，p.382）

鸠摩罗什译：毕是罪已，复遇常不轻菩萨教化阿耨多罗三藐三菩提。(《妙法莲华经》卷六，9/51a-b）

parimuktās是梵语动词pari-√muc（解脱）的过去分词parimukta的阳性、复数、体格形式，鸠摩罗什译为“毕……已”，用“已”表示“解脱”的实现。

汉语今译：他们所有人从罪业中解脱出来之后，被菩萨摩诃萨用无上等正觉教化。

3. 对译梵语的现在分词。如：

（18）

atha	evaṁ	**cintayantyāś**
adv.	adv.	pp.f.sg.I.
那时	如是	思考

（suvarṇaprabhāsasūtram，p.111）

[1] 参看：BHSG，§“8.78.Nom.pl.-ā”，p.55。

昙无谶译：于是王妃说是偈已。(《金光明经》卷四,16/355a)

cintayantyā是梵语动词√cint(思考)的现在分词cintayantī(阴性)的单数、具格形式,昙无谶译为“说……已”[1],用“已”表示“说话”这个行为的完成。

汉语今译：那时,王后如是思考之后。

(19)

anucintayantaḥ[2]	sa	palāyate	naro[3]
pp.m.sg.N.	pron.m.sg.N.	palā-√i, 3.sg.pres.Ā.	m.sg.N.
思考	那	逃走	人
daridravīthīṁ	paripṛcchamānaḥ ‖		
f.sg.Ac.	pp.m.sg.N.		
贫穷的地方	询问		

(saddharmapuṇḍarīka, p.113)

鸠摩罗什译：思惟是已,驰走而去,借问贫里,欲往佣作。(《妙法莲华经》卷二,9/18a)

anucintayantaḥ是梵语动词anu-√cint(思考)的现在分词anu-cintayat的单数、体格形式,昙无谶译为“思维……已”,用“已”表示“思考”这个行为的完成。

汉语今译：思考之后,那个人逃走了,询问贫穷的地方。

4. 对译梵语动词现在时的直陈语气,如：

(20)

tatra	śāriputra	tathāgata[4]	evaṁ	**paśyati** |
adv.	m.sg.V.	m.sg.N.	adv.	√dṛś, 3.sg.pres.P.
当时	舍利弗	如来	如此	看见
ahaṁ	khalv	eṣāṁ	sattvānāṁ	pitā |
pron.1.sg.N.	indec.	pron.m.pl.G.	m.pl.G.	m.sg.N.
我	确实	这些	众生	父亲

(saddharmapuṇḍarīka, p.78)

[1] 平行梵文本的偈颂就是王妃心里思考的内容。

[2] 参看：BHSG, §“18.6.Nom.sg.masc.-ntaḥ, -nto ete.”, p.102。

[3] 参看：BHSG, §“8.18.Nom.sg.-o.”, p.49。

[4] 参看：BHSG, §“8.22.Nom.sg.-a”, p.50。

鸠摩罗什译：舍利弗，佛见此已，便作是念："我为众生之父。"(《妙法莲华经》卷二，9/13a）

paśyati是梵语动词√dṛś（看见）的第三人称、单数、现在时直陈语气的主动语态，鸠摩罗什译为"见……已"，用"已"表示"看见"这个行为的完成。

汉语今译：舍利弗，当时如来看见如此："我确实是这些众生的父亲。"

5. 对译梵语动词现在时的直陈语气+sma，如：

（21）	atha	sa	brahmā	iman	nirdeśaṁ
	adv.	pron.m.sg.N.	m.sg.N.	pron.m.sg.Ac.	m.sg.Ac.
	当时	那	梵天	此	演说

śrutvā	daśasahasraparicāro[1]	dhyāśayena	anuttarāyāṁ
ger.	n.sg.N.	m.sg.I.	adj.f.sg.L.
听	百千眷属	禅心	无上
saṁyaksaṁbodhau	cittaṁ	**utpādayati**	**sma** |
f.sg.L.	n.sg.Ac.	ut-√pad, caus.3.sg.pres.P.	indec.
三藐三菩提	心	产生	（表示过去）

（《梵藏汉对照〈维摩经〉》，p.116）

支谦译：于是众中五百梵具足发无上正真道意已。(《维摩诘经》卷上，14/523a）

utpādayati是梵语动词ut-√pad（产生）的使役形式、第三人称、单数、现在时直陈语气的主动语态，它后面加上一个不变词sma，表示"产生"这个行为发生在过去的时间，支谦译为"发……已"，用"已"表示"产生"这个行为的完成。

黄宝生译：这位梵天听了这种说法后，与一万随从一同衷心发起无上正等菩提心。(《梵汉对勘维摩诘所说经》，p.88）

（22）	iti	hi	kuladevate	tena	kālena
	adv.	indec.	f.sg.V.	pron.m.sg.I.	m.sg.I.
	如是	故	善女天	那	时

[1] 参看：BHSG, § "8.36.The nom.sg.masc.ending -o", p.51。

tena	samayena	jalavāhanaḥ	śreṣṭhiputras	teṣāṁ
pron.m.sg.I.	m.sg.I.	m.sg.N.	m.sg.N.	pron.m.pl.G.
那	时	流水	长者子	那些

tiryagyonigatānāṁ	imāṁ	dhārmikakathāṁ	**kathayati**
adj.m.pl.G.	pron.f.sg.Ac.	f.sg.Ac.	√kathaya, 3.sg.pres.P.
畜生	此	说法	讲说

sma|	sārdhaṁ	putrābhyāṁ	jalāmbareṇa	jalagarbheṇa
indec.	adv.	m.du.I.	m.sg.I.	m.sg.I.
（表示过去）	与	两个儿子	水空	水藏

ca	punar	api	svagṛhaṁ	anuprāptaḥ ||
conj.	adv.	adv.	n.sg.Ac.	pt.m.sg.N.
和	又	又	自己家	返回

（suvarṇaprabhāsasūtram, p.102）

昙无谶译：善女天，尔时流水长者子及其二子说是法已，即共还家。（《金光明经》卷四，16/353b）

kathayati是梵语名动词√kathaya（说）的第三人称、单数、现在时直陈语气的主动语态，它后面加上一个不变词sma，表示“讲说”这个行为发生在过去的时间，昙无谶译为“说……已”，用“已”表示“说”这个行为的完成。

汉语今译：因此，善女天，那时流水长者子向那些畜生讲说这个正法之后，他同那两个儿子水空、水藏一起返回自己家。

6. 对译梵语动词现在时的祈愿语气，如：

（23）

yadā	ca	bhadanta	bhagavaṁs	tasya	sāmantakasya
conj.	conj.	m.sg.V.	m.sg.V.	pron.n.sg.G.	n.sg.G.
那时	和	尊者	世尊	那	邻国

pratiśatrurājasya	svaviṣayagatāny	evaṁ	rūpāṇi
m.sg.G.	pt.n.pl.N.	adv.	n.pl.N.
敌王	自己国境	如是	种类

nānopadravaśatāni	nānāvyakṣepaśatāni	**bhaveyuḥ** |	sa
n.pl.N.	n.pl.N.	√bhū, 3.pl.opt.P.	pron.m.sg.N.
百种苦难	百种苦恼	具有	那
ca	bhadanta	bhagavan	sāmantakapratiśatrurājaś
conj.	m.sg.V.	m.sg.V.	m.sg.N.
和	尊者	世尊	邻国敌王
caturaṅgiṇīṁ	senāṁ	yojayitvā	paracakragamanāya
f.sg.Ac.	f.sg.Ac.	ger.	n.sg.D.
四种	军队	准备	到达敌人的军队
svaviṣayān	niṣkrānto[1]	bhavet |	
m.sg.Ab.	pt.m.sg.N.	√bhū, 3.sg.opt.P.	
自己国境	出来	是	

（suvarṇaprabhāsasūtram, p.39）

昙无谶译：尔时怨敌起如是等诸恶事已，备具四兵，发向是国，规往讨罚。(《金光明经》卷二，16/341b）

bhaveyuḥ 是梵语动词 √bhū（具有）的第三人称、复数、现在时祈愿语气的主动语态，昙无谶译为“起……已”，用“已”表示“产生”这个行为的完成。

汉语今译：世尊，那时邻国敌王的国境拥有各种各样的苦难和痛苦，他准备了四种军队，从自己的国境出发，前往对手的军队。

（24）

santi	sattvāḥ	suvarṇaprabhāsottamaṁ	sūtrendrarājaṁ
√as, 3.pl.pres.P.	m.pl.N.	adj.m.sg.Ac.	m.sg.Ac.
存在	众生	殊胜金光明	经王
śṛṇuyuḥ |	anekāni	ca	kalpakoṭīniyutaśatasahasrāṇy
√śru, 3.pl.opt.P.	adj.n.pl.Ac.	conj.	n.pl.Ac.
听	许多	和	百千万亿那由它劫

[1] 参看：BHSG, §“8.18.Nom.sg.-o.”, p.49。

acintyāni	divyamānuṣyakāni	sukhāni	pratyanubhaveyuḥ |
fpp.n.pl.Ac.	adj.n.pl.Ac.	n.pl.Ac.	prati-anu-√bhū, 3.pl.opt.P.
不可思议	天、人	快乐	经历

（suvarṇaprabhāsasūtram, p.60）

昙无谶译：是诸众生听是经已，于未来世无量百千那由他劫常在天上人中受乐。（《金光明经》卷二，16/345a）

śṛṇuyuḥ 是梵语动词 √śru（听）的第三人称、复数、现在时祈愿语气的主动语态，昙无谶译为“听……已”，用“已”表示“听”这个行为的完成。

汉语今译：众生听了殊胜金光明经王，将会经历无数百千万亿那由它劫不可思议的天、人快乐。

（25）

sattvāni[1]	ca	imaṁ	suvarṇaprabhāsottamaṁ
m.pl.N.	conj.	pron.m.sg.Ac.	adj.m.sg.Ac.
众生	和	此	殊胜金光明

sūtrendrarājaṁ	**śṛṇuyuḥ** |	anāgate	'dhvany	anekāni
m.sg.Ac.	√śru, 3.pl.opt.P.	pt.m.sg.L.	m.sg.L.	adj.n.pl.Ac.
经王	听	未来	世	许多

kalpakoṭiniyutaśatasahasrāṇy	acintyāni	divyamānuṣyakāni
n.pl.Ac.	fpp.n.pl.Ac.	adj.n.pl.Ac.
百千万亿那由它劫	不可思议	天、人

sukhāny	anubhaveyuḥ |
n.pl.Ac.	anu-√bhū, 3.pl.opt.P.
快乐	经历

（suvarṇaprabhāsasūtram, p.67）

昙无谶译：是诸众生听是经已，未来之世无量百千那由他劫于天上人中常受快乐。（《金光明经》卷二，16/346b）

śṛṇuyuḥ 是梵语动词 √śru（听）的第三人称、复数、现在时祈愿语气的主动语态，昙无谶译为“听……已”，用“已”表示“听”这个行为的完成。

---

[1] 参看：BHSG, § “8.86.Nom.pl.-āni”, p.56。

汉语今译：众生听了这个殊胜金光明经王，在未来世，将会经历百千万亿那由它劫不可思议的天、人快乐。

（26）

sattvāś	ca	imaṁ	suvarṇprabhāsottamaṁ
m.pl.N.	conj.	pron.m.sg.Ac.	adj. m.sg.Ac.
众生	和	此	殊胜金光明
sūtrendrarājaṁ	**śṛṇuyuḥ** |	acintyaṁ	ca
m.sg.Ac.	√śru，3.pl.opt.P.	fpp.m.sg.Ac.	conj.
经王	听	不可思议	和
jñānaskandhaṁ	pratilabheyuḥ |		
m.sg.Ac.	prati-√labh，3.pl.opt.P.		
智聚	得到		

（suvarṇaprabhāsasūtram，p.69）

昙无谶译：无量众生闻是经已，当得不可思议智聚。（《金光明经》卷三，16/346c）

śṛṇuyuḥ是梵语动词√śru（听）的第三人称、复数、现在时祈愿语气的主动语态，昙无谶译为“闻……已”，用“已”表示“听”这个行为的完成。

汉语今译：众生听了那个殊胜金光明经王，将会得到不可思议智聚。

（27）

yaḥ	kaścid	ajita	kulaputro[1]	vā
pron.m.sg.N.	pron.m.sg.N.	m.sg.V.	m.sg.N.	indec.
那	任何人	阿逸多	族姓子	或者
kuladuhitā	vā	tathāgatasya	parinirvṛtasya	imaṁ
f.sg.N.	indec.	m.sg.G.	pt.m.sg.G.	pron.m.sg.Ac.
族姓女	或者	如来	灭度	此

dharmaparyāyaṁ	deśyamānaṁ	saṁprakāśyamānaṁ	śṛṇuyād
m.sg.Ac.	caus.ppt.m.sg.Ac.	ppt.m.sg.Ac.	√śru，3.sg.opt.P.
法门	演说	宣说	听

[1] 参看：BHSG, §“8.18.Nom.sg.-o.”, p.49。

<table>
<tr><td>bhikṣur</td><td>vā</td><td>bhikṣuṇī</td><td>vā</td><td>upāsako[1]</td></tr>
<tr><td>m.sg.N.</td><td>indec.</td><td>f.sg.N.</td><td>indec.</td><td>m.sg.N.</td></tr>
<tr><td>比丘</td><td>或者</td><td>比丘尼</td><td>或者</td><td>优婆塞</td></tr>
<tr><td>vā</td><td>upāsikā</td><td>vā</td><td>vijñapuruṣo[2]</td><td>vā</td></tr>
<tr><td>indec.</td><td>f.sg.N.</td><td>indec.</td><td>m.sg.N.</td><td>indec.</td></tr>
<tr><td>或者</td><td>优婆夷</td><td>或者</td><td>智者</td><td>或者</td></tr>
<tr><td>kumārako[3]</td><td>vā</td><td>kumārikā</td><td>vā</td><td>śrutvā</td></tr>
<tr><td>m.sg.N.</td><td>indec.</td><td>f.sg.N.</td><td>indec.</td><td>ger.</td></tr>
<tr><td>男童</td><td>或者</td><td>女童</td><td>或者</td><td>听</td></tr>
<tr><td>ca</td><td colspan="2"><u>abhyanumodayet</u> |</td><td>sacet</td><td>tato[4]</td></tr>
<tr><td>conj.</td><td colspan="2">abhi-anu-√mud, caus.3.sg.opt.P.</td><td>adv.</td><td>adv.</td></tr>
<tr><td>和</td><td colspan="2">随喜</td><td>如果</td><td>那时</td></tr>
<tr><td>dharmaśravaṇād</td><td>utthāya</td><td colspan="2">prakrāmet</td><td>sa</td></tr>
<tr><td>n.sg.Ab.</td><td>ger.</td><td colspan="2">pra-√kram, 3.sg.opt.P.</td><td>pron.3.m.sg.N.</td></tr>
<tr><td>听法</td><td>站起来</td><td colspan="2">前往</td><td>他</td></tr>
<tr><td>ca</td><td>vihāragato[5]</td><td>vā</td><td>gṛhagato[6]</td><td>vā</td></tr>
<tr><td>conj.</td><td>pt.m.sg.N.</td><td>indec.</td><td>pt.m.sg.N.</td><td>indec.</td></tr>
<tr><td>和</td><td>到僧房</td><td>或者</td><td>到屋子</td><td>或者</td></tr>
<tr><td>araṇyagato[7]</td><td>vā</td><td>vīthīgato[8]</td><td>vā</td><td>grāmagato[9]</td></tr>
<tr><td>pt.m.sg.N.</td><td>indec.</td><td>pt.m.sg.N.</td><td>indec.</td><td>pt.m.sg.N.</td></tr>
<tr><td>到阿练若处</td><td>或者</td><td>到街巷</td><td>或者</td><td>到村落</td></tr>
</table>

[1] 参看：BHSG, § “8.18.Nom.sg.-o.” , p.49。
[2] 同上。
[3] 同上。
[4] 参看：BHSG, § “4.38.” , p.34。
[5] 参看：BHSG, § “8.18.Nom.sg.-o.” , p.49。
[6] 同上。
[7] 同上。
[8] 同上。
[9] 同上。

vā	janapadagato[1]	vā	tān	hetūṁs
indec.	pt.m.sg.N.	indec.	pron.m.pl.Ac.	m.pl.Ac.
或者	到聚落	或者	那些	原因
tāni	kāraṇāni	taṁ	dharmaṁ	yathā
pron.n.pl.Ac.	n.pl.Ac.	pron.m.sg.Ac.	m.sg.Ac.	adv.
那些	因缘	那	法	如是
śrutaṁ[2]	yathā	udgṛhītaṁ[3]	yathā	balam
pt.m.sg.N.	adv.	pt.m.sg.N.	adv.	n.sg.N.
听闻	如是	摄持	如是	力
aparasya	sattvasthā[4]	cakṣet	mātur	vā
adj.m.sg.G.	adj.m.sg.N.	√cakṣ, 3.sg.opt.P.	f.sg.G.	indec.
别的	坚持	演说	母亲	或者
pitur	vā	jñāter	vā	saṁmodikasya
m.sg.G.	indec.	m.sg.G.	indec.	adj.m.sg.G.
父亲	或者	亲戚	或者	好朋友
vā	anyasya	vā	saṁstutasya	kasyacit
indec.	adj.m.sg.G.	indec.	pt.m.sg.G.	pron.m.sg.G.
或者	别的	或者	认识的人	任何人

（saddharmapuṇḍarīka, pp.345-346）

鸠摩罗什译：阿逸多，如来灭后，若比丘、比丘尼、优婆塞、优婆夷及馀智者，若长若幼闻是经随喜已，从法会出至于馀处，若在僧坊，若空闲地，若城邑、巷陌、聚落、田里，如其所闻，为父母、宗亲、善友、知识随力演说。(《妙法莲华经》卷六，9/46b-c）

abhyanumodayet是梵语动词abhi-anu-√mud（随喜）的使役形式、第三人称、单数、现在时祈愿语气的主动语态，鸠摩罗什译为“随喜已”，用“已”表

[1] 参看：BHSG, §“8.18.Nom.sg.-o.”, p.49。
[2] 参看：BHSG, §“8.26.Nom.sg.-aṃ”, p.50。
[3] 同上。
[4] 参看：BHSG, §“8.24.Nom.sg.-ā.”, p.50。

示“随喜”这种状态的实现。

汉语今译：阿逸多，族姓子、族姓女在如来灭度时听闻宣说此法，或者比丘、比丘尼、优婆塞、优婆夷、智者、男孩、女孩听了之后随喜。如果那时从听法处站起来之后，他离开，或者前往僧房，或者前往屋子，或者前往阿练若处，或者前往街巷，或者前往村落，或者前往城邑。如是听法，如是摄持，如是坚持随力为别的人讲说法因法缘——或者为母亲，或者为父亲，或者为亲戚，或者为好朋友，或者为别的认识的任何人。

7. 对译梵语动词的将来时，如：

（28）tāni	sattvāni	tejobalavarṇarūpasamanvāgatāni	ca
pron.n.pl.N.	n.pl.N.	pt.n.pl.N.	conj.
那些	众生	具足威力、色力	和

bhaviṣyanti |
√bhū，3.pl.fut.P.
具有

（suvarṇaprabhāsasūtram，p.65）

昙无谶译：是诸众生得是威德大势力已。（《金光明经》卷二，16/345c）

bhaviṣyanti 是梵语动词 √bhū（具有）的第三人称、复数、将来时、主动语态，昙无谶译为“得……已”，用“已”表示“具有”这种状态的实现。

汉语今译：那些众生将会具足威力、色力。

8. 对译梵语动词的完成时，如：

（29）ekānte	niṣaṇaṁ	rājānaṁ	kṣatriyaṁ	mūrdhnābhiṣīktaṁ
m.sg.L.	m.sg.Ac.	m.sg.Ac.	m.sg.Ac.	pt.m.sg.Ac.
一旁	坐下	国王	刹帝利	灌顶

kṣemaṅkaraḥ	saṁyaksaṁbuddo[1]	bodhikarakair
m.sg.N.	pt.m.sg.N.	m.pl.I.
差摩	三藐三菩提	成就菩提

[1] 参看：BHSG, § “8.18.Nom.sg.-o”, p.49。

dharmaiḥ	samādāpayati ‖	atha	sa
m.pl.I.	sam-ā-√dā, caus.3.sg.pres.P.	adv.	pron.m.sg.N.
法门	教导	然后	那
rājā	labdhaprasādaḥ	kṣemaṅkaraṁ	saṁyaksaṁbuddaṁ
m.sg.N.	pt.m.sg.N.	m.sg.Ac.	pt.m.sg.Ac.
国王	得到敬信	差摩	三藐三菩提
rājakule	nimantrya	śatarasena	āhāreṇa
n.sg.L.	ger.	adj.m.sg.I.	m.sg.I.
王宫	邀请了	百味	饮食
pratipādayāmāsa	śatasāhasreṇa	ca	vastreṇa
prati-√pad, caus.3.sg.pperf.P.	n.sg.I.	conj.	n.sg.I.
供养	百千	和	衣服
ācchādayāmāsa	parinirvṛtasya	ca	samantayojanaṁ
ā-√chad, caus.3.sg.pperf.P.	pt.m.sg.G.	conj.	n.sg.Ac.
覆盖	灭度	和	周围三十里
stūpaṁ	kāritavān	krośaṁ	uccatvena ‖
m.sg.Ac.	m.sg.N.	m.sg.Ac.	n.sg.I.
塔	建造	一牛吼	高

（avadānaśataka, I/pp.110-111）

支谦译：设诸肴膳供养佛已，渴仰闻法，佛即为王种种说法，心怀欢喜。(《撰集百缘经》卷二, 4/212c）

pratipādayāmāsa是梵语动词prati-√pad（供养）的使役形式、第三人称、单数、迂回完成时、主动语态，支谦译为“供养……已”，用“已”表示“供养”这个行为的完成。

汉语今译：差摩三藐三菩提用成就菩提法教导坐在一旁的刹帝利灌顶王。然后，那国王得到了敬信，在王宫里邀请了差摩三藐三菩提，用百味食物供养了他，又用百千衣服覆盖他，建造高一牛吼、周匝三十里的灭度塔。

<table>
<tr><td>（30）tataś</td><td>cetanāṁ</td><td>puṣṇāti</td><td>sma</td><td>praṇidhiṁ</td></tr>
<tr><td>adv.</td><td>f.sg.Ac.</td><td>√puṣ, 3.sg.pres.P.</td><td>indec.</td><td>m.sg.Ac.</td></tr>
<tr><td>然后</td><td>誓愿</td><td>发</td><td>（表示过去）</td><td>誓愿</td></tr>
<tr><td>ca</td><td><u>cakāra</u> |</td><td>anena</td><td>ahaṁ</td><td>kuśalamūlena</td></tr>
<tr><td>conj.</td><td>√kṛ, 3.sg.perf.P.</td><td>pron.n.sg.I.</td><td>pron.1.sg.N.</td><td>n.sg.I.</td></tr>
<tr><td>和</td><td>发</td><td>此</td><td>我</td><td>善根</td></tr>
</table>

<table>
<tr><td>cittotpādena</td><td>deyadharmaparityāgena</td><td>yathā</td><td>eva</td></tr>
<tr><td>m.sg.I.</td><td>m.sg.I.</td><td>adv.</td><td>adv.</td></tr>
<tr><td>随念</td><td>布施财物</td><td>如是</td><td>即</td></tr>
</table>

<table>
<tr><td>ahaṁ</td><td>bhagavatā</td><td>anuttareṇa</td><td>vaidyarājena</td><td>cikitsita[1]</td></tr>
<tr><td>pron.1.sg.N.</td><td>m.sg.I.</td><td>adj.m.sg.I.</td><td>m.sg.I.</td><td>pt.m.sg.N.</td></tr>
<tr><td>我</td><td>世尊</td><td>无上</td><td>医王</td><td>治疗</td></tr>
<tr><td>evaṁ</td><td>ahaṁ</td><td>apy</td><td>anāgate</td><td>'dhvani</td></tr>
<tr><td>adv.</td><td>pron.1.sg.N.</td><td>adv.</td><td>pt.m.sg.L.</td><td>m.sg.L.</td></tr>
<tr><td>如是</td><td>我</td><td>即</td><td>未来</td><td>世</td></tr>
<tr><td>andhe</td><td>loke</td><td>anāyake</td><td>apariṇāyake</td><td>buddho[2]</td></tr>
<tr><td>adj.m.sg.L.</td><td>m.sg.L.</td><td>adj.m.sg.L.</td><td>adj.m.sg.L.</td><td>m.sg.N.</td></tr>
<tr><td>盲冥</td><td>世界</td><td>没有导师</td><td>没有指导者</td><td>佛陀</td></tr>
<tr><td>bhūyāsaṁ[3]</td><td>atīrṇānāṁ</td><td>sattvānāṁ</td><td>tārayitā</td><td>amuktānāṁ</td></tr>
<tr><td>adj.m.pl.G.</td><td>ppp.m.pl.G.</td><td>m.pl.G.</td><td>m.sg.N.</td><td>ppp.m.pl.G.</td></tr>
<tr><td>许多</td><td>未渡的人</td><td>众生</td><td>救护者</td><td>未解脱的人</td></tr>
</table>

<table>
<tr><td>mocayitā</td><td>anāśvastānāṁ</td><td>āśvāsayitā</td><td>aparinirvṛtānāṁ</td></tr>
<tr><td>m.sg.N.</td><td>ppp.m.pl.G.</td><td>m.sg.N.</td><td>ppp.m.pl.G.</td></tr>
<tr><td>解脱者</td><td>未安隐的人</td><td>安隐者</td><td>未涅槃的人</td></tr>
</table>

---

[1] 参看：BHSG, § "8.22.Nom.sg.-a.", p.50。

[2] 参看：BHSG, § "8.18.Nom.sg.-o.", p.49。

[3] 参看：BHSG, § "3.5.ā for a", p.23；"3.27.a for ā", p.24。

parinirvāpayitā	iti ‖
adj.m.sg.N.	adv.
使得涅槃	（放在直接引语之后）

（avadānaśataka, I/p.32）

支谦译：发大誓愿："以此供养善根功德，如今世尊治我身心一切众病，快得安乐。使我来世治诸众生身心俱病，使得安乐。"发是愿已。（《撰集百缘经》卷一，4/205c）

cakāra 是梵语动词 √kṛ（做）的第三人称、单数、完成时、主动语态，支谦译为"发……已"，用"已"表示"发"这个行为的完成。

汉语今译：然后，他发誓："凭借这个随心布施财物的善根功德，我如同世尊一样成为无上医王，治疗疾病。在未来世的盲冥世界里，没有导师，没有救护者，我成为佛陀，我是许多没有过渡的众生的救护者，是没有解脱者的解脱者，是没有安隐者的安隐者，是没有涅槃者的涅槃者。"他发了誓愿。

9. 对译梵语动词的不定过去时，如：

（31）idaṁ	**avocad**	bhagavān	āttamanasas	te
pron.n.sg.Ac.	√vac, 3.sg.aor.P.	m.sg.N.	adj.m.pl.N.	pron.m.pl.N.
此	说	世尊	极欢喜	那些
bhikṣavo[1]	bhagavato[2]	bhāṣitaṁ	abhyanandan ‖	
m.pl.N.	m.sg.G.	n.sg.Ac.	abhi-√nand, 3.pl.imperf.P.	
比丘们	世尊	话语	赞赏	

（avadānaśataka, II/p.185）

支谦译：佛说此已，诸在会者信敬欢喜，顶戴奉行。（《撰集百缘经》卷一〇，4/255a）

avocad（avocat）是梵语动词 √vac（说）的第三人称、单数、不定过去时、主动语态，支谦译为"说……已"，用"已"表示"说"这个行为的完成。

汉语今译：世尊说了这样的话，那些比丘们极欢喜，他们赞赏世尊的话语。

---

[1] 参看：BHSG, § "12.48.Nom.-acc.pl.-avaḥ(-avo)", p.88。

[2] 参看：BHSG, § "4.38.", p.34。

（32）

idaṁ	**avocad**	bhagavān|	āttamanāḥ
pron.n.sg.Ac.	√vac, 3.sg.aor.P.	m.sg.N.	adj.m.sg.N.
此	说	世尊	皆大欢喜
vimalakīrtir	licchaviḥ	mañjuśrīś	ca
m.sg.N.	m.sg.N.	m.sg.N.	conj.
维摩诘	离车族	文殊师利	和
kumārabhūtaḥ	āyuṣmāṁś	ca	ānandas
m.sg.N.	m.sg.N.	conj.	m.sg.N.
童子	尊者	和	阿难
te	ca	mahāśrāvakāḥ	sā
pron.m.pl.N.	conj.	m.pl.N.	pron.f.sg.N.
那些	和	大声闻众	那

ca	sarvāvatī	parṣat	sadevamānuṣāsuragandharvaś	
conj.	adj.f.sg.N.	f.sg.N.	pref.	m.sg.N.
和	所有	大众	和	天、人、阿修罗、乾达婆
ca	loko[1]	bhagavato[2]	bhāṣitaṁ	
conj.	m.sg.N.	m.sg.G.	n.sg.Ac.	
和	世界	世尊	话语	

abhyanandann	iti ||
abhi-√nand, 3.pl.imperf.P.	adv.
赞赏	如是

（《梵藏汉对照〈维摩经〉》, p.508）

支谦译：佛说是已，莫不劝受。尊者维摩诘、文殊师利为上首，众菩萨大弟子一切魔众闻佛所说，皆大欢喜。（《维摩诘经》卷下，14/536c）

avocad（avocat）是梵语动词√vac（说）的第三人称、单数、不定过去时、主动语态，支谦译为"说……已"，用"已"表示"说"这个行为的完成。

---

[1] 参看：BHSG, §"8.18.Nom.sg.-o.", p.49。

[2] 参看：BHSG, §"4.38.", p.34。

黄宝生译：世尊说完这些话后，离车族维摩诘、文殊师利真童子、尊者阿难、诸大声闻、所有会众以及天神、凡人、阿修罗和乾达婆，整个世界皆大欢喜，赞赏世尊所说的话。(《梵汉对勘维摩诘所说经》,p.371）

（33）

jambudvīpe	ca	rātrīprabhāta[1]	**abhūt** ||
m.sg.L.	conj.	pt.m.sg.N.	√bhū, 3.sg.aor.P.
阎浮提	和	夜之后	是
atha	khalu	rājā	sureśvaraprabho[2]
adv.	indec.	m.sg.N.	m.sg.N.
那时	确实	王	天自在光
gaṇakamahāmātyān	pṛcchati |		
m.pl.Ac.	√prach, 3.sg.pres.P.		
大臣们	询问		

（suvarṇaprabhāsasūtram, p.103）

昙无谶译：时阎浮提过是夜已，天自在光王问诸大臣。(《金光明经》卷四,16/353b）

abhūt是梵语动词√bhū的第三人称、单数、不定过去时、主动语态，它与名词rātrīprabhāta（夜之后）搭配，表示“这个夜晚”是以前的时间，昙无谶译为“过是夜已”，用“已”表示“夜晚”这个时间的过去。

汉语今译：在阎浮提，过了这一夜之后，天自在光王询问大臣们。

（34）

atha	khalu	mañjuśrīḥ	kumārabhūto[3]
adv.	indec.	m.sg.N.	m.sg.N.
尔时	的确	文殊师利	童子
maitreyaṁ	bodhisattvaṁ	mahāsattvaṁ	taṁ
m.sg.Ac.	m.sg.Ac.	m.sg.Ac.	pron.m.sg.Ac.
弥勒	菩萨	摩诃萨	那

[1] 参看：BHSG, § “8.22.Nom.sg.-a.”, p.50。
[2] 参看：BHSG, § “8.18.Nom.sg.-o.”, p.49。
[3] 同上。

ca	sarvāvantaṁ	bodhisattvagaṇaṁ	āmantrayate
conj.	adj.m.sg.Ac.	m.sg.Ac.	ā-√mantraya, 3.sg.pres.Ā.
和	所有	菩萨众	告诉

sma|	mahādharmaśravaṇasāṁkathyaṁ	idaṁ	kulaputrās
indec.	n.sg.Ac.	pron.n.sg.Ac.	m.pl.V.
（表示过去）	宣说大法	此	族姓子

tathāgatasya	kartum	abhiprāyo[1]	mahādharmavṛṣṭyabhipravarṣaṇaṁ
m.sg.G.	√kṛ, inf.	m.sg.N.	n.sg.Ac
如来	做	意图	雨大法雨

ca	mahādharmadundubhisaṁpravādanaṁ	ca
conj.	n.sg.Ac.	conj.
和	击大法鼓	和

mahādharmadhvajasamucchrayaṇaṁ	ca	mahādharmolkāsaṁprajvālanaṁ
n.sg.Ac.	conj.	n.sg.Ac.
竖大法旗	和	燃大法炬

ca	mahādharmaśaṅkhābhiprapūraṇaṁ	ca	mahādharmabherīparāhaṇanaṁ
conj.	n.sg.Ac	conj.	n.sg.Ac.
和	吹大法螺	和	击大法鼓

ca |	mahādharmanirdeśaṁ	ca	adya	kulaputrās	tathāgatasya
conj.	n.sg.Ac.	conj.	adv.	m.pl.V.	m.sg.G.
和	演说大法	和	今天	族姓子	如来

kartum	abhiprāyaḥ |	yathā	mama	kulaputrāḥ	pratibhāti
√kṛ, inf.	m.sg.N.	adv.	pron.1.sg.G.	m.pl.V.	prati-√bhā, 3.sg.pres.P.
做	意图	如是	我	族姓子	解说

yathā	ca	mayā	pūrvakāṇāṁ	tathāgatānāṁ	arhatāṁ
adv.	conj.	pron.1.sg.I.	adj.m.pl.G.	m.pl.G.	m.pl.G
如是	和	我	从前	如来	阿罗汉

[1] 参看：BHSG, § "8.18.Nom.sg.-o", p.49。

saṁyaksaṁbuddhānām	idam	evaṁ	rūpaṁ	pūrvanimittaṁ
pt.m.pl.G.	pron.n.sg.N	adv.	n.sg.N.	n.sg.N.
等正觉	此	如是	色相	瑞相
dṛṣṭam	abhūt |	teṣāṁ	api	pūrvakāṇāṁ
ppp.n.sg.N.	√bhū, 3.sg.aor.P.	pron.m.pl.G.	adv.	adj.m.pl.G.
被看见	是	那些	也	从前

tathāgatānāṁ	arhatāṁ	saṁyaksaṁbuddhānāṁ	evaṁ
m.pl.G.	m.pl.G.	pt.m.pl.G.	adv.
如来	阿罗汉	等正觉	如是

raśmipramocanāvabhāso[1]	**'bhūt** |
m.sg.N.	√bhū, 3.sg.aor.P.
放出光明	是

（saddharmapuṇḍarīka, pp.16-17）

鸠摩罗什译：尔时文殊师利语弥勒菩萨摩诃萨及诸大士："善男子等，如我惟忖，今佛世尊欲说大法、雨大法雨、吹大法螺、击大法鼓、演大法义，诸善男子，我于过去诸佛曾见此瑞，放斯光已，即说大法。"（《妙法莲华经》卷一，9/3c）

abhūt是梵语动词√bhū的第三人称、单数、不定过去时、主动语态，它与名词raśmipramocanāvabhāso（放出光明）搭配，表示"放出光明"这种行为是在过去的时间发生的，鸠摩罗什译为"放……光已"，用"已"表示"放出光明"这种行为的完成。

汉语今译：那时，文殊师利童子告诉弥勒菩萨摩诃萨和所有菩萨众："如来想要宣说大法，族姓子，如来想要雨大法雨，击大法鼓，竖大法旗，燃大法炬，吹大法螺，演说大法。族姓子，现在如来想要如是做。族姓子，我这样解说。从前，我曾经看见如来、阿罗汉、等正觉的这种瑞相，那些如来、阿罗汉、等正觉也是这样放出了光明。"

[1] 参看：BHSG, § "8.18.Nom.sg.-o", p.49。

10. 对译梵语动词的未完成时，如：

（35）

sa	tatra	**apaśyad**	bahūni	matsyaśatāni
pron.3.m.sg.N.	adv.	√dṛś, 3.sg.imperf.P.	adj.n.pl.Ac.	n.pl.Ac.
他	那里	看见	许多	鱼
jalaviprahīṇāni	tatra	asya	kāruṇyacittaṁ	utpannaṁ |
ppp.n.pl.Ac.	adv.	pron.m.sg.G.	n.sg.N.	pt.n.sg.N.
失去水	那里	此	怜悯心	产生

（suvarṇaprabhāsasūtram, p.98）

昙无谶译：时长者子见是鱼已，生大悲心。(《金光明经》卷四，16/352c）

apaśyad（apaśyat）是梵语动词√dṛś（看见）的第三人称、单数、未完成时、主动语态，昙无谶译为“见……已”，用“已”表示“看见”这个行为的完成。

汉语今译：他看见许多失去水的鱼，产生怜悯心。

11. 对译梵语动词的被动语态。如：

（36）

avatīrya	āsanād	eva	anyadeśe	gato[1]	bhavet|
ger.	n.sg.Ab.	adv.	adj.m.sg.L.	pt.m.sg.N.	√bhū, 3.sg.opt.P.
越过	座位	即	别的地方	前往	是

dṛśyante	pratihāryāṇi	tatra	āsanagatāni	ca ||
√dṛś, 3.pl.pres. pass.	n.pl.N.	adv.	pt.n.pl.N.	conj.
被看见	变化	那里	到座位	和
dharmabhāṇakarūpaṁ	ca	kadācit	tatra	dṛśyate |
n.sg.N.	conj.	adv.	adv.	√dṛś, 3.sg.pres. pass.
说法师形象	和	有时	那里	被看见

kadācid	buddha[2]	rūpaṁ	ca	bodhisattvaṁ[3]	kadācana ||
adv.	m.sg.N.	n.sg.N.	conj.	m.sg.N.	adv.
有时	佛陀	形象	和	菩萨	有时

[1] 参看：BHSG, §“8.18.Nom.sg.-o.”, p.49。

[2] 参看：BHSG., §“8.22.Nom.sg.-a.”, p.50。

[3] 参看：BHSG., §“8.26.Nom.sg.-aṃ.”, p.50。

samantabhadrarūpāṇi	kvacin	mañjuśriyas[1]	tathā|
n.pl.N.	adv.	m.pl.N.	adv.
普贤形象	有时	文殊师利	如是

kvacin	maitraiyarūpāṇi	dṛśyante	tatra	āsane ||
adv.	n.pl.N.	√dṛś, 3.pl.pres. pass.	adv.	n.sg.L.
有时	弥勒形象	被看见	那里	座位
kvacit	kevalam	ābhāsaṁ[2]	kvacid	devopadarśanaṁ |
adv.	adv.	m.sg.N.	adv.	n.sg.N.
有时	只	照明	有时	天神显现

muhūr	tena	**abhidṛśyante**	punaś
adv.	pron.3.m.sg.I.	abhi-√dṛś, 3.pl.pres. pass.	adv.
片刻	其	被看见	又
ca	antarahāyiṣu ||		
conj.	n.pl.L.		
和	消失		

（suvarṇaprabhāsasūtram, p.84）

昙无谶译：是说法者若下法座，尔时大众犹见坐处故有说者，或佛世尊，或见佛像、菩萨色像、普贤菩萨、文殊师利、弥勒大士及诸形像。见如是等种种事已，寻复灭尽，如前无异。(《金光明经》卷三，16/349b-c）

abhidṛśyante（被看见）是梵语动词abhi-√dṛś的第三人称、复数、现在时直陈语气的被动语态，昙无谶译为“见……已”，用“已”表示“看见”这种行为的完成。

汉语今译：他离开座位，就前往别的地方。那些座位上的变化被看见：有时，说法师的形象被看见；有时，佛陀形象、菩萨形象被看见；有时，普贤形象、文殊师利形象被看见；有时，弥勒形象被看见；有时，座位上光明照耀；有时，天神显现。一会儿被看见，一会儿又消失。

[1] 参看：BHSG., §“10.168.Nom.-acc.pl.-iyas, -iyo”, p.80。
[2] 参看：BHSG., §“8.26.Nom.sg.-aṃ.”, p.50。

12. 对译梵语名词的体格，如：

（37）

yasya	dāyakasya	dānapater	yādṛśī	tathāgate
pron.m.sg.G.	m.sg.G.	m.sg.G.	adj.f.sg.N.	m.sg.L.
其	施主	施主	如同	如来
dakṣiṇīyasaṁjñā	tādṛśī	nagaradaridre	nirnānātvena	samā
f.sg.N.	adj.f.sg.N.	adj.n.sg.L.	n.sg.I.	f.sg.N.
福田想	如此	城市穷人	无差别	平等

mahākaruṇācittena	vipākāpratikāṅkṣaṇatayā	parityāgaḥ	iyan
n.sg.I.	f.sg.I.	m.sg.N.	pron.f.sg.N.
大悲心	渴望果报	舍离	此
dharmayajñasya	**paripūris**/		
m.sg.G.	f.sg.N.		
法施	具足		

（《梵藏汉对照〈维摩经〉》，p.176）

支谦译：如是仁人施者得近如来，而上达嚫不以想；施贫亦等，无若干念；有大悲意，不望其报；惠此法祠，为具足已。（《维摩诘经》卷上，14/525b）

paripūris是梵语名词paripūri（具足，圆满）的单数、体格形式，支谦译为“具足已”，用“已”表示“圆满”这种状态的实现。

黄宝生译：如果施主布施城中穷人，觉得就像如来值得供养，平等无分别，怀有大悲心，不期望回报，那么，这样的法祭达到圆满。（《梵汉对勘维摩诘所说经》，p.135）

（38）

sarvatra	**saṁsiddhikaraṁ**	praśastaṁ	buddhaśāsanaṁ |
adv.	n.sg.N.	ppp.n.sg.N.	n.sg.N.
一切地方	成就	被赞美	佛法

（suvarṇaprabhāsasūtram，p.85）

昙无谶译：成就如是诸功德已，而为诸佛之所赞叹。（《金光明经》卷三，16/349c）

saṁsiddhikaraṁ是梵语名词saṁsiddhikara（成就）的单数、体格形式，昙无谶译为“成就……已”，用“已”表示“成就”的实现。

汉语今译：在一切地方，成就如是功德，被佛法赞美。

13. 对译梵语名词的具格，如：

（39）

ātmānaṁ	ca	anena	**dharmaśravaṇena**
m.sg.Ac.	conj.	pron.n.sg.I.	n.sg.I.
自身	和	此	听法
dharmāmṛtarasena	saṁtarpayiṣyāmi |		
m.sg.I.	saṁ-√tṛp, caus.1.sg.fut.P.		
甘露味	满足		

（suvarṇaprabhāsasūtram, p.64）

昙无谶译：我闻法已，得服甘露无上法味。（《金光明经》卷二，16/345c）

dharmaśravaṇena是梵语名词dharmaśravaṇa（听法）的单数、具格形式，昙无谶译为“闻法已”，用“已”表示“听”这个行为的完成。

汉语今译：由于听了法，我将用甘露法味满足自己。

（40）

asti	kuladevate	sahetur	asti
√as, 3.sg.pres.P.	f.sg.V.	pref. m.sg.N.	√as, 3.sg.pres.P.
是	善女天	有原因	是
tat	kāraṇaṁ |	asti	tad
pron.n.sg.N.	n.sg.N.	√as, 3.sg.pres.P.	pron.n.sg.N.
那	因缘	是	那
uptaṁ	kuśalamūlaṁ	yasya	kṛtatvād
ppp.n.sg.N.	n.sg.N.	pron.n.sg.G.	n.sg.Ab.
被种植	善根	其	所作
upacitatvād	etāni	jvalanāntaratejorājapramukhāni	
n.sg.Ab.	pron.n.pl.N.	n.pl.N.	
积聚	这些	以威德炽王为上首	
daśadevaputrasahasrāṇy	etarhi	trāyastriṁśad[1]	
n.pl.N.	adv.	m.sg.Ab.	
十千天子	现在	三十三天	

[1] 参看：BHSG, § “3.27. a for ā”, p.24。

bhavanād	iha	dharmaśravaṇāya	upasaṁkrāmanti|	eteṣāṁ
n.sg.Ab.	adv.	n.sg.D.	upa-saṁ-√kram, 3.pl.pres.P.	pron.m.pl.G.
宫殿	此处	听法	前往	这些

trayāṇāṁ	satpuruṣāṇāṁ	idaṁ	bodhivyākaraṇaṁ	śrutvā
m.pl.G.	m.pl.G.	pron.n.sg.Ac.	n.sg.Ac.	ger.
三	大士	此	菩提授记	听

saha	**śravaṇena**	kuladevate	'sya
adv.	n.sg.I.	f.sg.V .	pron.m.sg.G.
共同	听法	善女天	此

suvarṇaprabhāsottamasya	sūtrendrarājasya	antike
adj.m.sg.G.	m.sg.G.	n.sg.L.
殊胜金光明	经王	边

citrīkāraprītiprasādapratilabdhā[1]	bhavanti |
pt.m.pl.N.	√bhū, 3.pl.pres.P.
得到快乐、清净、稀有相	是

（suvarṇaprabhāsasūtram, pp.91-92）

昙无谶译：善女天，皆有因缘，有妙善根，以随相修。何以故？以是天子于所住处舍五欲乐，故来听是《金光明经》。既闻法已，于是经中净心殷重如说修行，复得闻此三大菩萨受于记莂。(《金光明经》卷三，16/351b）

śravaṇena是梵语名词śravaṇa（听）的单数、具格形式，昙无谶译为“闻……已”，用“已”表示“听”这个行为的完成。

汉语今译：善女天，那是有原因、有因缘的。由于积聚了所作的殊胜善根，这些以威德炽王为上首的十千天子为了听法，从三十三天宫殿前往。他们听了三大士的菩提授记。善女天，由于共同听法，他们从殊胜金光明经王处得到快乐、清净、稀有相。

[1] 参看：BHSG, § “8.78.Nom.pl.-ā”, p.55。

（41）	atha	khalu	bhikṣavaḥ	sa	bhagavān
	adv.	indec.	m.pl.V.	pron.m.sg.N.	m.sg.N.
	那时	确实	比丘们	那	世尊

mahābhijñājñānābhibhūs	tathāgato[1]	'rhan	saṁyaksaṁbuddhas
m.sg.N.	m.sg.N.	m.sg.N.	m.sg.N.
大通智胜	如来	阿罗汉	等正觉

teṣāṁ	śrāmaṇerāṇāṁ	adhyāśayaṁ	viditvā	viṁśateḥ
pron.m.pl.G.	m.pl.G.	m.sg.Ac.	ger.	f.sg.G.
那些	沙弥	愿望	知道	第二十

kalpasahasrāṇāṁ	**atyayena**	saddharmapuṇḍarīkaṁ	nāma
n.pl.G.	m.sg.I.	n.sg.Ac.	adv.
千劫	之后	妙法莲华	名为

dharmaparyāyaṁ	sūtrāntaṁ	mahāvaipulyaṁ	bodhisattvāvavādaṁ
m.sg.Ac.	m.sg.Ac.	n.sg.Ac.	m.sg.Ac.
法门	经典	广大	菩萨教法

sarvabuddhaparigrahaṁ	vistareṇa	saṁprakāśayāmāsa
m.sg.Ac.	adj.m.sg.I.	saṁ-pra-√kāś, caus.3.sg.pperf.P.
一切佛陀所护念	详细	演说

tāsāṁ	sarvāsāṁ	catasṛṇāṁ	parṣadāṁ ‖
pron.f.pl.G.	adj.f.pl.G.	num.f.pl.G.	f.pl.G.
那些	所有	四	徒众

（saddharmapuṇḍarīka, p.181）

鸠摩罗什译：尔时彼佛受沙弥请，过二万劫已，乃于四众之中说是大乘经，名《妙法莲华》，教菩萨法，佛所护念。（《妙法莲华经》卷三，9/25a）

atyayena是梵语名词atyaya（之后）的单数、具格形式，鸠摩罗什译为“过……已”，用“已”表示时间的过去。

---

[1] 参看：BHSG, §“8.18.Nom.sg.-o.”, p.49。

汉语今译：的确，比丘们，那时那个大通智胜佛、如来、阿罗汉、等正觉知道了那些沙弥们的愿望，经过二万劫之后，为那些所有的四部众如理演说名为《妙法莲华》的经典，是广大菩萨教法，是一切佛陀所护念。

（42）atha	khalu	bhikṣavaḥ	sa	bhagavān
adv.	indec.	m.pl.V.	pron.m.sg.N.	m.sg.N.
那时	确实	比丘们	那	世尊

mahābhijñājñānābhibhūs	tathāgato[1]	'rhan	saṁyaksaṁbuddhas
m.sg.N.	m.sg.N.	m.sg.N.	m.sg.N.
大通智胜	如来	阿罗汉	等正觉

teṣāṁ	caturaśīteḥ	kalpasahasrāṇāṁ	**atyayena**
pron.n.pl.G.	f.sg.G.	n.pl.G.	m.sg.I.
那些	第八十四	千劫	之后

smṛtimān	saṁprajānaṁs[2]	tasmāt	samādher
adj.m.sg.N.	pp.m.sg.N.	pron.m.sg.Ab.	m.sg.Ab.
正见	正智	那	禅定

vyuttiṣṭhet

vi-ut-√sthā，3.sg.opt.P.

站起来

（saddharmapuṇḍarīka，p.182）

鸠摩罗什译：大通智胜佛过八万四千劫已，从三昧起。（《妙法莲华经》卷三，9/25b）

atyayena是梵语名词atyaya（之后）的单数、具格形式，鸠摩罗什译为“过……已”，用“已”表示时间的过去。

汉语今译：的确，比丘们，那时那个大通智胜佛、如来、阿罗汉、等正觉正见、正智，经过八万四千劫之后，他从禅定中站起来。

[1] 参看：BHSG, § “8.18.Nom.sg.-o.” , p.49。

[2] 参看：BHSG., § “8.26.Nom.sg.-aṃ.” , p.50。

14. 对译梵语名词的从格,如:

(43)

atha	sārthavāho[1]	dviguṇajātaprasādas	**tatprātihāryadarśanān**	
adv.	m.sg.N.	pt.m.sg.N.	n.sg.Ab.	
那时	商人	二倍敬信产生	看见了那神变	
mūlanikṛtta[2]	iva	drumo[3]	bhagavataḥ	pādayor
adj.m.sg.N.	adv.	m.sg.N.	m.sg.G.	m.du.L.
折断根	像	树	世尊	双脚
nipatya	praṇidhānaṁ	kartuṁ	ārabdhaḥ |	
ger.	n.sg.Ac.	√kṛ, inf.	pt.m.sg.N.	
落	誓愿	发	开始	

(avadānaśataka, I/pp.24-25)

支谦译:见是变已,即便己身五体投地,发大誓愿。(《撰集百缘经》卷一,4/204c)

tatprātihāryadarśanān是梵语名词tatprātihāryadarśana的单数、从格形式,表示原因,支谦译为“见是变已”,用“已”表示“看见”这个动作行为的完成。

汉语今译:那时,由于看见了神变,商人产生二倍净信,就像大树折断树根,伏在世尊的双脚下,开始发誓。

(44)

saha	**cittotpādāc**	chakro[4]	devendro[5]	marudgaṇaparivṛta[6]
adv.	m.sg.Ab.	m.sg.N.	m.sg.N.	m.sg.N.
俱	发心	帝释	因陀罗	天众眷属
āgato[7]	yatra	viśvakarmā	catvāraś	ca
pt.m.sg.N.	adv.	m.sg.N.	num.m.pl.N.	conj.
到来	那里	自在天王	四	和

[1] 参看:BHSG, § “8.18.Nom.sg.-o.” , p.49。

[2] 参看:BHSG, § “8.22.Nom.sg.-a.” , p.50。

[3] 参看:BHSG, § “8.18.Nom.sg.-o.” , p.49。

[4] 同上。

[5] 同上。

[6] 参看:BHSG, § “8.22.Nom.sg.-a.” , p.50。

[7] 参看:BHSG, § “8.18.Nom.sg.-o.” , p.49。

mahārājā[1]	anekadevanāgayakṣakumbhāṇḍaparivṛtā[2]
m.pl.N.	m.pl.N.
大王	许多天、蛇、夜叉、究槃荼、眷属

gośīrṣacandanastambhaṁ	ādāya |
m.sg.Ac.	ger.
牛头旃檀柱子	取

（avadānaśataka，I/p.67）

支谦译：作是念已，时天帝释知佛心念，即共天、龙、夜叉、究槃荼等各各赍持牛头栴檀树。(《撰集百缘经》卷二，4/208c）

cittotpādāc 是梵语名词 cittotpāda（随念，发心）的单数、从格形式，支谦译为“作是念已”，用“已”表示“作念”这种心理活动的完成。

汉语今译：当这种念头产生时，帝释因陀罗、天众眷属到来了。在那里，自在天王、四大天王和许多天、蛇、夜叉、究槃荼、眷属取了牛头旃檀柱子。

（45）

tac	<u>**chravaṇāc**</u>	ca	rājā	prītamanās	taṁ
pron.n.sg.Ac.	n.sg.Ab.	conj.	m.sg.N.	adj.m.sg.N.	pron.m.sg.Ac.
那	听了	和	国王	高兴	那

guhyakaṁ	uvāca |	evaṁ	astv	iti ||
m.sg.Ac.	√vac，3.sg.perf.P.	adv.	√as，3.sg.imper.P.	adv.
罗刹	说	这样	是	（放在直接引语之后）

（avadānaśataka，I/p.220）

支谦译：尔时太子闻是语已，心怀欢喜。(《撰集百缘经》卷四，4/220a）

chravaṇāc 是梵语名词 śravaṇa（听）的单数、从格形式，支谦译为“闻是语已”，用“已”表示“听”这个行为的完成。

汉语今译：听了那话语，国王[3]高兴，对罗刹说：“就这样吧。”

---

[1] 参看：BHSG，§“8.78.Nom.pl.-ā”，p.55。

[2] 同上。

[3] 指原来的太子。老国王去世后太子成为国王。sa pituratyayādrājye pratiṣṭhitaḥ（他在父亲之后登上王位）。avadānaśataka, I/p.220。

（46）tatra **putrahataśravaṇāc** ca devī saṁkampitāhṛdayā
adv. n.sg.Ab. conj. f.sg.N. f.sg.N.
那里 听到失去儿子 和 王后 心里悲伤
vāṣpakulanayanavadanā rājānaṁ abhigamya uvāca |
f.sg.N. m.sg.Ac. ger. √vac, 3.sg.perf.P.
泪流满面 国王 到达 说
deva naṣṭo[1] me priyasutaḥ śrūyate |
m.sg.V. pt.m.sg.N. pron.1.sg.G. m.sg.N. √śru, 3.sg.pres. pass.
陛下 失去 我 可爱的儿子 被听到
（suvarṇaprabhāsasūtram, pp.111-112）

昙无谶译：王妃闻已，生大忧恼，涕泣满目，至大王所："我于向者传闻外人，失我最小所爱之子。"（《金光明经》卷四，16/355a）

putrahataśravaṇāc是梵语名词putrahataśravaṇa（听到失去儿子）的单数、从格形式，昙无谶译为"闻已"，用"已"表示"听"这个行为的完成。

汉语今译：当听到儿子丢失了，王后心里悲伤，泪流满面，到国王那里，说："陛下，听说我的可爱的儿子不见了。"

（47）saha **pratilambhāc** ca tasya samādheḥ
adv. m.sg.Ab. conj. pron.m.sg.G. m.sg.G.
同时 得到 和 那 三昧
sa sarvasattvāpriyadarśano[2] bodhisattvo[3] mahāsattvas
pron.m.sg.N. m.sg.N. m.sg.N. m.sg.N.
那 一切众生乐见 菩萨 摩诃萨
tuṣṭa[4] udagra[5] āttamanāḥ pramuditaḥ
pt.m.sg.N. adj.m.sg.N. adj.m.sg.N. pt.m.sg.N.
高兴 欢喜 喜悦 高兴

[1] 参看：BHSG, § "8.18.Nom.sg.-o.", p.49。
[2] 同上。
[3] 同上。
[4] 参看：BHSG, § "8.22.Nom.sg.-a.", p.50。
[5] 同上。

prītisaumanasyajātas	tasyāṁ	velāyāṁ	evaṁ	cintayāmāsa |
adj.m.sg.N.	pron.f.sg.L.	f.sg.L.	adv.	√cint, 3.sg.pperf.P.
欢喜	那	时候	如是	思考

（saddharmapuṇḍarīka, p.406）

鸠摩罗什译：得此三昧已，心大欢喜，即作念言。（《妙法莲华经》卷六，9/53a）

pratilambhāc是梵语名词pratilambha（得到）的单数、从格形式，鸠摩罗什译为"得……已"，用"已"表示"得到"这个行为的实现。

汉语今译：由于得到呈现一切色身三昧，那个一切众生喜见菩萨摩诃萨非常高兴，那时他这样思考。

15. 对译梵语名词的属格，如：

（48）saha	**upapannānāṁ**	ca	eṣāṁ	evaṁ	rūpa[1]
adv.	pt.m.pl.G.	conj.	pron.m.pl.G.	adv.	n.sg.N.
一起	托生	和	这些	如是	种类

cetasaḥ	parivitarka[2]	utpannaḥ |
n.sg.Ab.	m.sg.N.	pt.m.sg.N.
心	思考	产生

（suvarṇaprabhāsasūtram, p.102）

昙无谶译：既生天已，作是思惟。（《金光明经》卷四，16/353b）

upapannānāṁ是梵语名词upapanna[3]（托生）的复数、属格形式，昙无谶译为"生……已"，表示"托生"这种行为的完成。

汉语今译：一起托生之后，他们在心里如是思考。

16. 对译梵语的形容词，如：

（49）evaṁ	**pravyāhṛtamātre**	tāni	puṣpāṇi	bhūmau
adv.	adj.m.sg.L.	pron.n.pl.N.	n.pl.N.	f.sg.L.
如是	说的时候	那些	花	地上

[1] 参看：BHSG, §"8.31.The ending -a", p.51。

[2] 参看：BHSG, §"8.22.Nom.sg.-a.", p.50。

[3] upapanna是由upa+√pad的过去分词panna构成的词语。

patitāny	agnir	nirvṛtaḥ	pānīyaṁ	pṛthivyāṁ
pt.n.pl.N.	m.sg.N.	ppp.m.sg.N.	n.sg.N.	f.sg.L.
堕落	火	被覆盖	水	地上
astaṁ[1]	parikṣayaṁ[2]	paryādānaṁ	gatam ‖	
m.sg.N.	m.sg.N.	n.sg.N.	pt.n.sg.N.	
消失	消失	散灭	走向	

（avadānaśataka, I/p.48）

支谦译：作是誓已，寻散香花并及净水，皆住不去，即便堕地。(《撰集百缘经》卷一，4/206c）

pravyāhṛtamātre是梵语形容词pravyāhṛtamātra（说话时）的单数、依格形式，pravyāhṛtamātra是由梵语动词pra-vi-ā-√hṛ的过去分词pravyāhṛta与名词mātra构成的复合词，支谦译为“作……已”，用“已”表示“说话”这个行为的完成。

汉语今译：这样说的时候，那些花落在地上，火熄了，地上的水消失了。

（50）	sa	evaṁ	**kṛtavyavasāyaḥ**	punar	api
	pron.3.m.sg.N.	adv.	adj.m.sg.N.	adv.	adv.
	他	如是	做了决定	又	又
	mahāsamudram	avatīrṇo[3]	buddhānubhāvena	ca	ratnadvīpaṁ
	m.sg.Ac.	pt.m.sg.N.	m.sg.I.	conj.	m.sg.Ac.
	大海	进入	佛陀威力	和	宝地
	samprāpya	mahāratnasaṁgrahaṁ	kṛtvā	kuśalasvastinā	
	ger.	m.sg.Ac.	ger.	n.sg.I.	
	到达了	得到大量珍宝	做	平安吉祥	
	svagṛham	anuprāptaḥ ‖			
	n.sg.Ac.	pt.m.sg.N			
	自己屋子	到达			

（avadānaśataka, I/p.23）

[1] 参看：BHSG, § “8.26.Nom.sg.-aṃ.”, p.50。
[2] 同上。
[3] 参看：BHSG, § “8.18.Nom.sg.-o.”, p.49。

支谦译：作是念已，即集商人，共入大海，称佛名号，大获珍宝，安隐回还，达到家中。(《撰集百缘经》卷一，4/204c）

kṛtavyavasāyaḥ是梵语形容词kṛtavyavasāya（做决定）的单数、体格形式，kṛtavyavasāya是由动词√kṛ的过去分词kṛta与名词vyavasāya构成的复合词，支谦译为“作是念已”，用“已”表示“作决定”这个心理行为的完成。

汉语今译：他做了这样的决定，又进入了大海。由于佛陀的威力，他到达了宝地，获得了大量珍宝，平安吉祥地到达了自己家。

（51） sa	**jātamātra**[1]	eva	gṛhaṁ	avalokya
pron.3.m.sg.N.	adj.m.sg.N.	adv.	m.sg.Ac.	ger.
他	出生了	即	屋子	环顾

vācaṁ	niścārayati	sma |	duḥkho[2]
f.sg.Ac.	niś-√car, caus.3.sg.pres.P.	indec.	n.sg.N.
言语	说出	（表示过去）	痛苦

bhavantaḥ	saṁsāraḥ	paramaduḥkhaḥ	saṁsāraḥ |
m.pl.V.	m.sg.N.	adj.m.sg.N.	m.sg.N.
尊者们	生死	极痛苦	生死

（avadānaśataka, II/p.161）

支谦译：产一男儿，自忆宿命，产已唱言：“生死极苦。”(《撰集百缘经》卷一〇，4/252b）

梵语形容词jātamātra（出生时）是由梵语动词√jan的过去分词jāta与名词mātra构成的复合词，支谦译为“产已”，用“已”表示“出生”这个行为的完成。

汉语今译：他出生了，环视屋子之后，说出话语：“尊者们啊，生死痛苦啊！生死极为痛苦啊！”

（52） iti	hi	kulaputra	yāvanto[3]	bodhisatvāḥ
adv.	indec.	m.sg.V.	adj.m.pl.N.	m.pl.N.
如是	故	善男子	乃至	菩萨们

[1] 参看：BHSG, § “8.22.Nom.sg.-a” , p.50。

[2] 参看：BHSG, § “8.36.The nom.sg.masc.ending -o” , p.51。

[3] 参看：BHSG, § “4.38.” , p.34。

pāramitāpratisaṁyuktaṁ	satvaparipākapratisaṁyuktaṁ
adj.m.sg.Ac.	adj.m.sg.Ac.
具有波罗蜜	教化众生
saddharmaparigrahapratisaṁyuktaṁ	kuśalamūlapratisaṁyuktaṁ
adj.m.sg.Ac.	adj.m.sg.Ac.
掌握妙法	具有善根

kramaṁ	utkṣipanti	nikṣipanti	ca |
m.sg.Ac.	ut-√kṣip, 3.pl.pres.P.	ni-√kṣip, 3.pl.pres.P.	conj.
步子	抬	踩	和
sarve	bodhimaṇḍād	āgacchanti	buddhadharmebhya[1]
pron.m.pl.N.	m.sg.Ab.	ā-√gam, 3.pl.pres.P.	m.pl.Ab.
所有	菩提道场	来	佛法
āgacchanti	buddhadharmeṣu	ca	pratiṣṭhante |
ā-√gam, 3.pl.pres.P.	m.pl.L.	conj.	pra-√sthā, 3.pl.pres.Ā.
来	佛法	和	住

（《梵藏汉对照〈维摩经〉》,p.152）

支谦译：如是，仁者，菩萨若应诸度无极，如应化人，如应受法已，得本祠护不堕欲者，是为一切从佛心来，立于一切佛法矣。（《维摩诘经》卷上，14/524b）

saddharmaparigrahapratisaṁyuktaṁ（掌握妙法）是梵语形容词saddharmaparigrahapratisaṁyukta的单数、业格形式，saddharmaparigrahapratisaṁyukta是梵语名词saddharmaparigraha与梵语动词prati-saṁ-√yuj的过去分词pratisaṁyukta构成的复合词，支谦译为“如应受法已”，用“已”表示“掌握法”这个行为的完成。

黄宝生译：善男子啊，只要菩萨们运用波罗蜜，教化众生，掌握妙法，具有善根，无论抬步或踩步，他们都来自菩提道场，来自佛法，住于佛法。（《梵汉对勘维摩诘所说经》,p.116）

---

[1] 参看：BHSG, §“4.34.”, p.34。

17. 对译梵语的副词。如：

（53）mā　bhaiṣīs　tvaṁ　gṛhapate　mā　bhaiṣīḥ
indec.　√bhī,2.sg.aor.P.　pron.2.sg.N.　m.sg.V.　indec.　√bhī,2.sg.aor.P.
不　惊慌　你　长者　不　惊慌

suvihite　karpāse　māṁsapeśīṁ　sthāpayitvā　trirdivasasya
adj.m.sg.L.　m.sg.L.　f.sg.Ac.　ger.　m.sg.G.
殊好　棉　肉团　放置　三天

pāṇinā　apamṛjya　kṣīreṇa　punaḥ　pariprokṣasva
m.sg.I.　ger.　n.sg.I.　adv.　pari-pra-√ukṣ, 2.sg.imper.Ā.
手　抚摸　乳汁　又　浇灌

yāvatsaptāhaṁ　tataḥ　sphuṭiṣyati　kumāraśataṁ
adv.　adv.　√sphuṭ, 3.sg.fut.P.　n.sg.N.
以至于七天　然后　裂开　百个男孩

utpatsyate　te　ca　sarve
ut-√pad, 3.sg.fut.Ā.　pron.3.m.pl.N.　conj.　pron.m.pl.N.
出现　他们　和　所有

mahānagnabalino[1]　bhaviṣyanti |
m.pl.N.　√bhū, 3.pl.fut.P.
大力士　成为

（avadānaśataka, I/pp.375-376）

支谦译：汝莫疑怪，但好养育。满七日已，汝当自见。（《撰集百缘经》卷七，4/237a）

yāvatsaptāham（以至于七天）是一个由yāvat和saptāham组成的复合副词，支谦译为"满七日已"，用"已"表示时间的过去。

汉语今译：不要惊慌，长者，你不要惊慌，放置肉团在殊好的棉布里面，用手抚摸三天，又用乳汁浇灌，以至于七天，肉团将会裂开，一百个男孩儿将会出现，他们都将成为大力士。

[1] 参看：BHSG, § "4.38.", p.34。

（二）梵汉对勘的结论

从上面梵、汉本《撰集百缘经》、《维摩诘经》、《金光明经》、《妙法莲华经》"V已"结构的对勘情况来看，我们可以看到：汉译本出现的"V+（O）+已"的"已"不仅对译梵语的绝对分词、过去分词、现在分词，还对译梵语动词现在时的直陈语气、动词现在时的直陈语气+sma、动词现在时的祈愿语气，还对译梵语动词的将来时、完成时、不定过去时、未完成时，还对译梵语动词的被动语态，还对译梵语名词的具格、从格、体格等形式，还对译梵语的形容词，还对译梵语的副词。其中的动词V既可以是持续性动词，也可以是非持续性的瞬间动词，如例（5）、例（11）、例（14）、例（17）、例（47）、例（51）。

当汉译佛经的"V已"结构对译梵语的绝对分词时，前后行为的主体是同一个行为者。当"V已"结构对译梵语的其他形式时，前后行为的主体有时不是同一个行为者，如例（31）、例（44）。

当汉译佛经的"V已"结构对译梵语的过去分词时，前后行为的主体可以是同一个行为者，如例（10），也可以不是同一个行为者，如例（12）；可以是体格，如例（10），也可以是属格，如例（48）。

当汉译佛经的"V已"结构对译梵语名词的从格、具格时，"已"的前后连接具有原因或条件的两个小句，如例（39）、例（40）、例（43）、例（44）、例（45）、例（46）、例（47）。

（三）问题讨论

关于汉语完成貌词尾"已$_2$"的来源问题，蒋绍愚（2001）在《〈世说新语〉、〈齐民要术〉、〈洛阳伽蓝记〉、〈贤愚经〉、〈百喻经〉中的"已"、"竟"、"讫"、"毕"》一文中认为，可以放在非持续性动词之后的"已"（即"已$_2$"）来自梵语，来自梵语的绝对分词（即"梵语的持续体"）。通过穷尽性地调查、分析梵、汉本《撰集百缘经》、《维摩诘经》、《金光明经》、《妙法莲华经》中的"V已"结构，我们认为蒋先生的这种看法是正确的，但是不够全面。我们的观点是：可以放在非持续性动词之后的"已"（即"已$_2$"）来自梵语，来自梵语表示动作行为发生在过去时间的多种语法形式，有绝对分词，过去分词，现在分词，动词的完成时、不定过去时、将来时、祈愿语气、未完成时、现在时、现在时+sma、被动语态，名词的体格、具格、从格，形容词，副词等形式。

虽然说梵语的动词现在时+sma、动词不定过去时、动词未完成时、动词完成时、名词的具格形式、名词的从格形式、动词的过去分词、动词的独立式、动词的完成分词是属于不同的语法形式，但是它们表示的语法范畴具有某种相似之处，那就是它们所表示的动作行为发生的时间是在过去。比如：不定过去时是一种近过去时，指当天的过去事件，或仅指一般的过去已完成的行为。未完成时是一种远过去时，指当天以前的过去事件。完成时也是一种远过去时，指当天以前发生的事情。过去分词表示过去的事实，常代替动词过去时变化。动词的连续体表示同一行为主体在某一行动之前已经发生的行为[1]。当译经师在翻译梵语里面这些表示发生在过去时间的动作行为时，使用了汉语中已有的表示动作行为完成的"已"，但是汉语中已有的这种"已"只能放在持续性动词之后。所以，由于佛经翻译工作的开展，"已"出现了也可以放在非持续性动词之后的用法，而且，"已"的前后可以是两个不同的行为者，或者是表示一种状态，或者是连接具有条件或因果关系的两个小句。这是一种新的用法，这种新的用法就是用于翻译梵语里面表示动作行为发生在过去时间的多种语法形式。

从梵、汉本《撰集百缘经》、《维摩诘经》、《金光明经》、《妙法莲华经》中"V已"结构的对勘来看，我们还可以看到：翻译是一种比较复杂的语言对译工作，尤其是用缺乏形态变化的汉语对译具有丰富形态变化的梵语，一些语法形式的对译不是一对一的，而是多对一，或者是多对多的情况。因此，当我们从事佛经的梵、汉对勘研究时，一定要把每部汉译佛经里面的某类语言现象所对应的所有的梵语语法形式都找出来，逐一地分析、对勘。只有这样，才能真实地找出它们的对译规律，也才能使得出的结论更加接近于历史上的真实情况。

---

[1] 参看金克木《梵文文法》，收于《梵语文学读本》，黄宝生编著，中国社会科学出版社，2010年，第680、681、682、683页。

四、表示被动的“N所V”结构及相关形式

在上古汉语有一种“N所V”结构，如：

（1）背施幸灾，民所弃也。（《左传·僖公十四年》）

（2）嗜欲在外，则明所蔽矣。（《淮南子·说林》）

（3）易初本由兮，君子所鄙。（《史记·屈原贾生列传》）

（4）由所杀蛇白帝子，杀者赤帝子，故上赤。（《史记·高祖本纪》）

关于这种结构的性质，在学术界有两种不同的观点，一种观点认为上面的“N所V”结构是一种表示施动关系的叙述句，如程亚恒（2012a、2012b）；一种观点认为上面的“N所V”结构既可以表示判断（如例（1）、（4）），也可以表示被动（如例（2）、（3）），如董秀芳（1998）、方有国（2000）、何亮（2007）、朱冠明（2013）。

关于表示被动的“N所V”结构的来源，学术界有两种观点。一种观点认为它是汉语“为……所……”式被动句的一个变式，是“为”和“所”结合起来表示被动时偶然用“所”不用“为”的个别情况，如刘景农（1994）、何亮（2007）；另一种观点认为它是佛经原典语言影响的产物，是汉外混合型结构，如朱庆之（1995）。

通过梳理“N所V”结构在古代汉语中的发展演变轨迹，我们可以看到：“N所V”结构在上古汉语中主要用于表示判断，表示被动的用法是后来才出现的。最早的确切无歧义的“N所V”结构表示被动的用例当是见于《淮南子·说林》，同期的中土文献少见而较多见于汉译佛经。从王继红（2004/2014）、姜南（2008/2011）、龙国富（2013）等学者梵汉对勘研究的成果也的确可以看到梵文原典的被动语态、过去被动分词、未来被动分词、动词中间语态翻译成汉语时多选用“N所V”结构。

为了进一步弄清楚表示被动的“N所V”结构的来源问题，我们觉得有必要选取更多数量、时代可靠的汉译佛经和它的平行梵文本进行对勘。下面我们对勘梵、汉本《撰集百缘经》、《维摩诘经》、《金光明经》、《妙法莲华经》中表示被动的“N所V”结构以及含有“所”字的被动句式。

（一）梵、汉本《撰集百缘经》、《维摩诘经》、《金光明经》、《妙法莲华经》表示被动的“N所V”结构对勘情况

汉译本《撰集百缘经》、《维摩诘经》、《金光明经》、《妙法莲华经》有表示被动的“N所V”结构200例，158例有相应的梵文原文，对勘情况如下表：

平行梵文本 对译情况 / 汉译本情况	分词			动词			名词	形容词	不定式
	被动语态的现在分词	过去被动分词	未来被动分词	主动语态	中间语态	被动语态			
N所V结构	4	102	15	5	3	4	14	7	4

四部汉译佛经表示被动的“N所V”结构，有76.6%对译分词（64.6%对译过去被动分词，9.5%对译未来被动分词，2.5%对译被动语态的现在分词），7.6%对译动词的主动语态、中间语态、被动语态，8.9%对译名词，4.4%对译形容词，2.5%对译动词不定式。

具体对勘情况如下。

1. 对译梵语动词被动语态的现在分词，如：

（5）是维摩诘所接也。（吴支谦译《维摩诘经》卷下，14/535a）

它所对应的梵文原典是：

na	mama	atra	vṛṣabhitā[1]	vimalakīrttinā
indec.	pron.1.sg.G.	adv.	adj.m.pl.V.	m.sg.I.
不	我	现在	牛王	维摩诘

bodhisatvena	**kriyamāṇānāṁ**
m.sg.I.	ppt.m.pl.G.
菩萨	被接引

（《梵藏汉对照〈维摩经〉》，p.456）

[1] 参看：BHSG, §“8.87.Voc.pl.-ā, -a.”, p.56。

kriyamāṇānāṁ（被接引）是梵语动词√kṛ被动语态的现在分词kriyamāṇa的复数、属格形式，施动者vimalakīrtti bodhisatva（维摩诘菩萨）以具格形式出现，支谦译为“维摩诘所接”，即“被维摩诘菩萨接引”，“所”是对译梵语动词被动语态的现在分词的标记。

黄宝生译：诸位雄牛啊，这不是我的事。维摩诘菩萨正在带走你们。（《梵汉对勘维摩诘所说经》，p.338）

（6）头发蓬乱，残害凶险；饥渴所逼，叫唤驰走。（姚秦鸠摩罗什译《妙法莲华经》卷二，9/14a）

它所对应的梵文原典是：

prakīrṇakeśāś	ca	karonti[1]	śabdam	**āhāratṛṣṇāparidahyamānāḥ** ||
adj.m.pl.N.	conj.	√kṛ，3.pl.pres.P.	m.sg.Ac.	ppt.m.pl.N.
头发蓬乱	和	制造	叫声	被饥渴逼迫

（saddharmapuṇḍarīka，p.84）

āhāratṛṣṇāparidahyamānāḥ（被饥渴逼迫）是āhāratṛṣṇāparidahyamāna的复数、体格形式，āhāratṛṣṇāparidahyamāna是由梵语名词āhāratṛṣṇā（饥渴）+paridahyamāna（被逼迫，被焚烧）构成的复合词。paridahyamāna是梵语动词pari-√dah（燃烧，逼迫）被动语态的现在分词，鸠摩罗什译为“所逼”，“所”是对译梵语动词被动语态的现在分词的标记。

汉语今译：头发蓬乱，被饥饿逼迫，发出叫唤声。

（7）汝诸人等皆是吾子，我则是父。汝等累劫众苦所烧，我皆济拔，令出三界。（姚秦鸠摩罗什译《妙法莲华经》卷二，9/15a）

它所对应的梵文原典是：

putrā[2]	mama	yūyam	ahaṁ	pitā
m.pl.N.	pron.1.sg.G.	pron.2.pl.N.	pron.1.sg.N.	m.sg.N.
儿子	我	你们	我	父亲

[1] 参看：BHSG, § “1.29.”, p.4。

[2] 参看：BHSG, § “8.78.Nom.pl.-ā”, p.55。

vo[1]	mayā	ca	niṣkāsita[2]	yūya[3]	duḥkhāt |
pron.2.pl.G.	pron.1.sg.I.	conj.	ppp.m.pl.N.	pron.2.pl.N.	n.sg.Ab.
你们	我	和	拔济令出	你们	痛苦

paridahyamānā[4]	bahukalpakoṭyas[5]	traidhātukāto[6]	bhayabhairavātaḥ[7] ||
ppt.m.pl.N.	adj.f.pl.G.	adj.m.sg.Ab.	adj.m.sg.Ab.
被焚烧	许多劫	三界	恐惧

（saddharmapuṇḍarīka, p.91）

paridahyamānā（被焚烧）是paridahyamāna的复数、体格形式，paridahyamāna是梵语动词pari-√dah（焚烧）被动语态的现在分词，鸠摩罗什译为“所烧”，“所”是对译梵语动词被动语态的现在分词的标记。

汉语今译：你们是我的儿子，我是你们的父亲。你们许多劫被焚烧，我解救你们，脱离三界恐惧。

（8）众生见劫尽，大火所烧时。（姚秦鸠摩罗什译《妙法莲华经》卷五，9/43c）

它所对应的梵文原典：

yadā	api	sattvā[8]	ima[9]	lokadhātuṁ	paśyanti
conj.	adv.	m.pl.N.	pron.m.sg.Ac.	m.sg.Ac.	√dṛś, 3.pl.pres.P.
那时	又	众生	此	世界	看见

kalpenti[10]	ca	**dahyamānaṁ** |
√kḷp, 3.pl.pres.P.	conj.	ppt.m.sg.Ac.
分别	和	被焚烧

（saddharmapuṇḍarīka, p.324）

[1] 参看：BHSG, § “4.38.”, p.34。
[2] 参看：BHSG, § “8.79.Nom.pl.-a”, p.55。
[3] 参看：BHSG, § “20.63.”, p.113。
[4] 参看：BHSG, § “8.78.Nom.pl.-ā.”, p.55。
[5] 参看：BHSG, § “10.138.Gen.-yas, -yo”, p.77。
[6] 参看：BHSG, § “8.50.Abl.sg.-āta(ḥ), -āto, -ātu.”, p.53。
[7] 同上。
[8] 参看：BHSG, § “8.78.Nom.pl.-ā.”, p.55。
[9] 参看：BHSG, § “21.85.”, p.118。
[10] 参看：BHSG, § “Presents in eti”, p.139。

dahyamānaṁ（被焚烧）是dahyamāna的单数、业格形式，dahyamāna是梵语动词√dah（焚烧）被动语态的现在分词，鸠摩罗什译为“所烧”，“所”是对译梵语动词被动语态的现在分词的标记。

汉语今译：那时，众生看见这个世界劫尽被焚烧。

2. 对译梵语动词的过去被动分词，如：

（9）一切所化。（吴支谦译《维摩诘经》卷上，14/519a）

它所对应的梵文原典是：

sarvaparapravādyanabhibhūtaiḥ ||||||

ppp.m.pl.I.

不被一切外道邪说制伏

（《梵藏汉对照〈维摩经〉》，p.4）

sarvaparapravādyanabhibhūtaiḥ（所有外道邪说被制伏）是sarvaparapravādyanabhibhūta的复数、具格形式，sarvaparapravādyanabhibhūta是由sarva + parapravādy+an+abhibhūta构成的复合词。abhibhūta（被降伏）是梵语动词abhi-√bhū（降伏）的过去被动分词，支谦译为“所化”，“所”是对译梵语动词的过去被动分词的标记。

黄宝生译：制伏一切外道邪说。（《梵汉对勘维摩诘所说经》，p.5）

（10）本所不见，本所不闻，今佛国土好净悉现。（吴支谦译《维摩诘经》卷上，14/520c）

它所对应的梵文原典是：

paśyami	bhagavan	**adṛṣṭāśrutapūrvā**[1]	ime	vyūhāḥ
√dṛś, 1.sg.pres.P.	m.sg.V.	ppp.m.pl.N.	pron.m.pl.N.	m.pl.N.
看见	世尊	从前不被看见不被听见	这些	庄严

saṁdṛśyante |

saṁ-√dṛś, 3.pl.pres. pass.

被呈现

（《梵藏汉对照〈维摩经〉》，p.48）

[1] 参看：BHSG, § “8.78.Nom.pl.-ā.” , p.55。

adṛṣṭāśrutapūrvā（从前不被看见不被听见）是adṛṣṭāśrutapūrva的复数、体格形式，adṛṣṭāśrutapūrva是由adṛṣṭa + aśruta + pūrva构成的复合词。adṛṣṭa（不被看见）是梵语动词a-√dṛś（不看见）的过去被动分词，支谦译为“所不见”，“所”是对译梵语动词的过去被动分词的标记。aśruta（不被听见）是梵语动词a-√śru（不听见）的过去被动分词，支谦译为“所不闻”，“所”是对译梵语动词的过去被动分词的标记。

黄宝生译：世尊啊，我看到。展现的这些庄严前所未见，前所未闻。（《梵汉对勘维摩诘所说经》，p.41）

（11）是上善根，诸佛所赞。（北凉昙无谶译《金光明经》卷一，16/335c）

它所对应的梵文原典是：

uptakuśalamūlās	te	**bahubuddhaprakāśitāḥ** |
pt.m.pl.N.	pron.3.m.pl.N.	ppp.m.pl.N.
种植善根	他们	被许多佛陀称赞

（suvarṇaprabhāsasūtram，p.3）

bahubuddhaprakāśitāḥ（被许多佛陀称赞）是bahubuddhaprakāśita的复数、体格形式，bahubuddhaprakāśita是由bahubuddha（许多佛）+ prakāśita（被称赞）构成的复合词。prakāśita（被称赞）是梵语动词pra-√kāś（称赞）的过去被动分词，昙无谶译为“所赞”，“所”是对译梵语动词的过去被动分词的标记。

汉语今译：他们种植善根，被许多佛陀称赞。

（12）渴爱所逼，造作众恶。（北凉昙无谶译《金光明经》卷一，16/337a）

它所对应的梵文原典是：

kṣutpipāsārditena	api	yat	tu	pāpaṁ
ppp.m.sg.I.	adv.	pron.n.sg.N.	indec.	n.sg.N.
被渴爱逼迫	又	其	然而	罪恶

kṛtaṁ	mayā ||
ppp.n.sg.N.	pron.1.sg.I.
被造作	我

（suvarṇaprabhāsasūtram，p.13）

kṣutpipāsārditena（被渴爱逼迫）是kṣutpipāsārdita的单数、具格形式，kṣutpipāsārdita是由kṣutpipāsā（渴爱）+ ardita（被逼迫）构成的复合词。ardita（被逼迫）是梵语动词√ṛd（逼迫）的过去被动分词，昙无谶译为“所逼”，“所”是对译梵语动词的过去被动分词的标记。

汉语今译：我被渴爱逼迫，造作罪恶。

（13）天人所供养，现在十方佛，其数如恒沙，出现于世间。（姚秦鸠摩罗什译《妙法莲华经》卷一，9/9b）

它所对应的梵文原典是：

daśasū[1]	diśāsū[2]	**naradevapūjitās**	tiṣṭhanti	buddhā[3]
num.f.pl.L.	f.pl.L.	ppp.m.pl.N.	√sthā, 3.pl.pres.P.	m.pl.N.
十	方	被人天供养	站立	佛陀

yatha[4]	gaṅgavālikāḥ |
adv.	f.pl.N.
如同	恒河沙

（saddharmapuṇḍarīka, p.53）

naradevapūjitās（被人天供养）是naradevapūjita的复数、体格形式，naradevapūjita是由naradeva（人天）+ pūjita（被供养）构成的复合词。pūjita是梵语动词√pūj（供养）的过去被动分词，鸠摩罗什译为“所供养”，“所”是对译梵语动词的过去被动分词的标记。

汉语今译：如同恒河沙的佛陀，被人天供养，在十方站立。

（14）此三乘法皆是圣所称叹。（姚秦鸠摩罗什译《妙法莲华经》卷二，9/13b）

它所对应的梵文原典是：

[1] 参看：BHSG, §“3.21.ū for final u”, p.24。
[2] 同上。
[3] 参看：BHSG, §“8.78.Nom.pl.-ā.”, p.55。
[4] 参看：BHSG, §“3.27.a for ā.”, p.24。

etāni	bhoḥ	sattvā[1]	yānyāryāṇi	ca	**āryapraśastāni**
pron.n.pl.N.	interj.	m.pl.V.	n.pl.N.	conj.	ppp.n.pl.N.
这些	啊	众生	圣乘	和	被圣人称赞

（saddharmapuṇḍarīka，p.79）

āryapraśastāni（被圣人赞美）是āryapraśasta的复数、体格形式，āryapraśasta是由ārya（圣人）+ praśasta（被赞美）构成的复合词。praśasta是梵语动词pra-√śaṁs（赞美）的过去被动分词，鸠摩罗什译为“所称叹”，“所”是对译梵语动词的过去被动分词的标记。

汉语今译：啊！众生，这些是圣乘，被圣人称赞。

3. 对译梵语动词的未来被动分词，如：

（15）所入聚中，欲度男女。所入城邑，知其种姓。（吴支谦译《维摩诘经》卷上，14/522a）

它所对应的梵文原典是：

naranārīparipākāya	ca	te[2]	nagaraṁ	**praveṣṭavyam** |
m.sg.D.	conj.	pron.2.sg.I.	n.sg.N.	fpp.n.sg.N.
为了教化男女	和	你	城市	应当被进入
buddhakulakulīnena	ca	te[3]	kulāny	**upasaṁkramitavyāni** |
m.sg.I.	conj.	pron.2.sg.I.	n.pl.N.	fpp.n.pl.N.
如来种族	和	你	家族	应当被到达

（《梵藏汉对照〈维摩经〉》，p.88）

praveṣṭavyam（应当被进入）是praveṣṭavya的单数、体格形式，praveṣṭavya是梵语动词pra-√viś（进入）的未来被动分词，支谦译为“所入”，“所”是对译梵语动词的未来被动分词的标记，施事者te（你）以具格形式出现。upasaṁkramitavyāni（应当被到达）是upasaṁkramitavya的复数、体格形式，upasaṁkramitavya是梵语动词upa-saṁ-√kram（到达）的未来被动分词，支谦译为“所入”，“所”是对译梵语动词的未来被动分词的标记，施事者te（你）

[1] 参看：BHSG，§“8.87.Voc.pl.-ā.，-a.”，p.56。
[2] 参看：BHSG，§“20.63.”，p.113。
[3] 同上。

以具格形式出现。

黄宝生译：你应该为教化男女入城乞食。你应该怀着入佛家族的想法入种种家族乞食。(《梵汉对勘维摩诘所说经》,p.69)

（16）所闻声如响等，所嗅香如风等，所食味不以识得。（吴支谦译《维摩诘经》卷上，14/522a）

它所对应的梵文原典是：

pratiśrutkopamatayā	ca	śabdāḥ	**śrotavyāḥ** |	vātasamatayā	ca
adj.f.sg.I.	conj.	m.pl.N.	fpp.m.pl.N.	adj.f.sg.I.	conj.
如同响声	和	声音	应当被听到	如同风	和

gandhā[1]	**ghrātavyāḥ** |	avijñapatito[2]	rasā[3]	**’svādayitavyāḥ** |
m.pl.N.	fpp.m.pl.N.	ppp.m.pl.N.	m.pl.N.	fpp.m.pl.N.
香味	应当被嗅到	不被识分别	滋味	应当被尝到

（《梵藏汉对照〈维摩经〉》,p.88）

śrotavyāḥ（应当被听到）是śrotavya的复数、体格形式，śrotavya是梵语动词√śru（听）的未来被动分词，支谦译为“所闻”，“所”是对译梵语动词的未来被动分词的标记。ghrātavyāḥ（应当被闻到）是ghrātavya的复数、体格形式，ghrātavya是梵语动词√ghrā（嗅）的未来被动分词，支谦译为“所闻”，“所”是对译梵语动词的未来被动分词的标记。āsvādayitavyāḥ（应当被尝到）是āsvādayitavya的复数、体格形式，āsvādayitavya是梵语动词ā-√svad（尝）的使役形式的未来被动分词，支谦译为“所食”，“所”是对译梵语动词的未来被动分词的标记。

黄宝生译：你应该听声如同听回音。你应该嗅气味如同嗅风。你应该尝滋味而不加辨别。(《梵汉对勘维摩诘所说经》,p.70)

（17）有所言说，意趣难知，一切声闻、辟支佛所不能及。（姚秦鸠摩罗什译《妙法莲华经》卷一，9/6b）

它所对应的梵文原典是：

---

[1] 参看：BHSG, § “8.78.Nom.pl.-ā” , p.55。

[2] 参看：BHSG, § “8.83.Nom.pl.-aḥ.-o” , p.56。

[3] 参看：BHSG, § “8.78.Nom.pl.-ā” , p.55。

durvijñeyaś ca sarvaśrāvakapratyekabuddhair iti

fpp.m.sg.N. conj. m.pl.I. adv.

难以被了解 和 所有声闻、辟支佛 如是

samvarṇayati|

saṁ-√varṇaya, 3.sg.pres.P.

宣说

(saddharmapuṇḍarīka, p.33)

durvijñeyaś(难以被了解)是durvijñeya的单数、体格形式，durvijñeya是梵语动词dur-vi-√jñā(了解)的未来被动分词，鸠摩罗什译为“所不能及”，“所”是对译梵语动词的未来被动分词的标记，施事者sarvaśrāvakapratyekabuddha(所有声闻、辟支佛)以具格形式出现。

汉语今译：他宣说如是，难以被所有声闻、辟支佛了解。

(18)一切众生所应称赞供养礼拜无量亿千。(姚秦鸠摩罗什译《妙法莲华经》卷二，9/15a)

它所对应的梵文原典是：

buddhāna[1] jñānaṁ dvipadottamānāṁ udārarūpaṁ tatha[2] **vandanīyam**||

m.pl.G. n.sg.N. m.pl.G. n.sg.N. adv. fpp.n.sg.N.

佛陀 智慧 二足尊 殊胜形貌 如是 应当被礼拜

(saddharmapuṇḍarīka, p.90)

vandanīyam(应当被礼拜)是vandanīya的单数、体格形式，vandanīya是梵语动词√vand(礼拜)的未来被动分词，鸠摩罗什译为“所……礼拜”，“所”是对译梵语动词的未来被动分词的标记。

汉语今译：具有佛陀的智慧、二足尊的殊胜形貌，应当被礼拜。

4. 对译梵语动词的主动语态，如：

(19)又仁所问。(吴支谦译《维摩诘经》卷上，14/525c)

它所对应的梵文原典是：

---

[1] 参看：BHSG, §“8.117.Gen.pl.-āna.”, p.59。

[2] 参看：BHSG, §“3.27.a for ā.”, p.24。

yat	punar	mañjuśrīr	evaṁ	**vadasi** |
pron.n.sg.N.	adv.	m.sg.V.	adv.	√vad, 2.sg.pres.P.
其	又	文殊师利	如是	说

(《梵藏汉对照〈维摩经〉》, p.192)

vadasi(你说)是梵语动词√vad(说)的第二人称、单数、现在时直陈语气的主动语态，动作行为者是“你”，支谦译为“仁所问”。

黄宝生译：文殊师利啊，你还询问。(《梵汉对勘维摩诘所说经》, p.146)

(20) 何则？非肉眼所见也。(吴支谦译《维摩诘经》卷下，14/531c)

它所对应的梵文原典是：

tat	kasmād	dhetor |	na	hi	sa
pron.n.sg.N.	pron.m.sg.Ab.	m.sg.Ab.	indec.	indec.	pron.3.m.sg.N.
那	什么	原因	不	故	他

māṁsacakṣuṣā	**paśyati** |	prajñācakṣuṣā	paśyati |
n.sg.I.	√dṛś, 3.sg.pres.P.	n.sg.I.	√dṛś, 3.sg.pres.P.
肉眼	看见	慧眼	看见

(《梵藏汉对照〈维摩经〉》, p.348)

māṁsacakṣuṣā 是名词 māṁsacakṣus 的单数、具格形式，表示工具，paśyati(他看见)是梵语动词√dṛś(看见)的第三人称、单数、现在时直陈语气的主动语态，māṁsacakṣuṣā paśyati 义为“他用肉眼看见”，支谦译为“肉眼所见”，用“所”引出施动者。

黄宝生译：为什么？因为凭肉眼不可见，凭智慧可见。(《梵汉对勘维摩诘所说经》, p.271)

(21) 今所闻香自昔未有。(吴支谦译《维摩诘经》卷下，14/533a)

它所对应的梵文原典是：

anāghrātapūrvaṁ	bhagavan	gandhaṁ	**ājighrāmi**|
adj.m.sg.Ac.	m.sg.V.	m.sg.Ac.	ā-√ghrā, 1.sg.pres.P.
以前没有被嗅到	世尊	香气	嗅到

(《梵藏汉对照〈维摩经〉》, p.396)

ājighrāmi(我嗅到)是梵语动词 ā-√ghrā(嗅)的第一人称、单数、现在时直陈语气的主动语态，动作行为者是“我”，anāghrātapūrvaṁ gandhaṁ（以前没有被闻到的香气）是动词ā-√ghrā（嗅）的宾语，支谦译为“今所闻香”。

黄宝生译：世尊啊，我闻到前所未闻的香气。(《梵汉对勘维摩诘所说经》,p.301）

（22）所度诸众生有六百万亿恒河沙等众。(姚秦鸠摩罗什译《妙法莲华经》卷三，9/26c）

它所对应的梵文原典是：

gaṅgā[1]	yathā	vāluka[2]	aprameyā[3]	sahasraṣaṣṭiṁ[4]
f.pl.Ac.	adv.	f.pl.Ac.	fpp.f.pl.Ac.	f.pl.Ac.
恒河	如是	沙	无量	六十千

tada[5]	śrāvayiṁsu|
adv.	f.pl.L.
那时	听闻

ekaika[6]	tasya	sugatasya	putro[7]	**vineti**[8]
adj.m.sg.N.	pron.m.sg.G.	m.sg.G.	m.sg.N.	vi-√nī, 3.sg.pres.P.
一一	那	善逝	儿子	教化

sattvāni[9]	analpakāni[10] ||
m.pl.Ac.	adj.m.pl.Ac.
众生	众多

（saddharmapuṇḍarīka, p.194）

vineti（他教化）是梵语动词vi-√nī（教化）的第三人称、单数、现在时直陈语气的主动语态，动作行为者是“善逝的儿子”，鸠摩罗什译为“所度”。

---

[1] 参看：BHSG, §“9.82.Nom.-acc.pl.-ā.”, p.66。
[2] 参看：BHSG, §“9.86.Nom.-acc.pl.-a.”, p.66。
[3] 参看：BHSG, §“9.82.Nom.-acc.pl.-ā.”, p.66。
[4] 参看：BHSG, §“10.166.acc.pl.-iṃ.”, p.80。
[5] 参看：BHSG, §“3.27.a for ā.”, p.24。
[6] 参看：BHSG, §“8.22.Nom.sg.-a.”, p.50。
[7] 参看：BHSG, §“8.18.Nom.sg.-o.”, p.49。
[8] 参看：BHSG, §“Presents in eti”, p.139。
[9] 参看：BHSG, §“8.98.Acc.pl.-āni”, p.58。
[10] 同上。

汉语今译：每一个善逝的儿子教化无数无量众生，如同六万恒河沙。

5. 对译梵语动词的中间语态，如：

（23）此室昼夜照以智慧，睹佛金光，不以日月所照为乐。（吴支谦译《维摩诘经》卷下，14/528c）

它所对应的梵文原典是：

na	iha	rātrir	vā	divaso[1]	vā
indec.	adv.	f.sg.N.	indec.	m.sg.N.	indec.
不	此处	夜晚	或者	白天	或者

prajñāyate	sadā	avabhāsitaṁ	idaṁ
pra-√jñā, 3.sg.pres. pass.	adv.	ppp.n.sg.N.	pron.n.sg.N.
被知道	常常	被照耀	此

gṛhaṁ	suvarṇṇavarṇṇayā	prabhayā|	na	iha	sūryācandramasau
n.sg.N.	f.sg.I.	f.sg.I.	indec.	adv.	m.du.N.
屋子	金色	光线	不	此处	太阳月亮

prajñāyete	na	**bhrājete** |
pra-√jñā, 3.du.pres. pass.	indec.	√bhrāj, 3.du.pres.Ā.
被知道	不	被照耀

（《梵藏汉对照〈维摩经〉》，p.282）

bhrājete（被照耀）是梵语动词√bhrāj（照耀）的第三人称、双数、现在时直陈语气的中间语态，支谦译为"所照"，"所"是对译梵语动词中间语态的标记。

黄宝生译：屋内始终金光遍照，不分昼夜，而不知日月照耀。（《梵汉对勘维摩诘所说经》，p.211）

（24）佛化所生。（吴支谦译《维摩诘经》卷下，14/529a—b）

它所对应的梵文原典是：

yatra	eva	tathāgatanirmita[2]	**upapatsyate**	tatra	eva
adv.	adv.	ppp.m.sg.N.	upa-√pad, 3.sg.fut.Ā.	adv.	adv.
那里	即	如来变化	出生	那里	即

[1] 参看：BHSG, § "8.18.Nom.sg.-o.", p.49。

[2] 参看：BHSG, § "8.22.Nom.sg.-a.", p.50。

aham	upapatsye |
pron.1.sg.N.	upa-√pad, 1.sg.fut.Ā.
我	出生

（《梵藏汉对照〈维摩经〉》, p.290）

upapatsyate（他将会出生）是梵语动词upa-√pad（出生）的第三人称、单数、将来时、中间语态，支谦译为“所生”，“所”是对译梵语动词中间语态的标记。

黄宝生译：我生在如来所化生处。（《梵汉对勘维摩诘所说经》, p.217）

（25）我于今日独无怖懅，亦无愁恼；山中空寂，神仙所赞。（北凉昙无谶译《金光明经》卷四, 16/354a）

它所对应的梵文原典是：

na	ca	mama	bhayam	iha	asti	na
indec.	conj.	pron.1.sg.G.	n.sg.N.	adv.	√as, 3.sg.pres.P.	indec.
不	和	我	恐惧	此处	有	不

api	śoko[1]	vanavare	munijana[2]	**saṁstute**	vivikte |
adv.	m.sg.N.	n.sg.L.	m.sg.I.	saṁ-√stu, 3.sg.pres.Ā.	pt.n.sg.L.
又	忧愁	妙园林	仙人	被赞美	空寂

（suvarṇaprabhāsasūtram, p.107）

saṁstute（他被赞美）是梵语动词saṁ-√stu（赞美）的第三人称、单数、现在时直陈语气的中间语态，昙无谶译为“所赞”，“所”是对译梵语动词中间语态的标记，施事者munijana（仙人）以具格形式出现。

汉语今译：在这个妙园林里，我没有恐惧，也没有忧愁。园林寂静，被仙人赞美。

（26）八百弟子中有一人号曰求名，贪著利养，虽复读诵众经而不通利，多所忘失。（姚秦鸠摩罗什译《妙法莲华经》卷一, 9/4b）

它所对应的梵文原典是：

---

[1] 参看：BHSG, §“8.18.Nom.sg.-o.”, p.49。

[2] 参看：BHSG, §“8.43.Inst.sg.-a.”, p.52。

teṣāṁ	ca	aṣṭānām	antevāsiśatānām	eko[1]
pron.m.pl.G.	conj.	num.m.pl.G.	m.pl.G.	num.m.sg.N.
那些	和	八	百弟子	一
bodhisattvo[2]	'dhimātraṁ	lābhaguruko[3]	'bhūt	satkāraguruko[4]
m.sg.N.	adv.	adj.m.sg.N.	√bhū, 3.sg.aor.P.	adj.m.sg.N.
菩萨	最	贪重利养	是	贪重名誉
jñātaguruko[5]	yaśaskāmas	tasya	uddiṣṭoddiṣṭāni	padavyañjanāny
adj.m.sg.N.	m.sg.N.	pron.3.m.sg.G.	ppp.n.pl.N.	n.pl.N.
贪重知识	求名	他	被读诵	文句

antardhīyante	na	**saṁtiṣṭhante**	sma |
antar-√dhā, 3.pl.pres. pass.	indec.	saṁ-√sthā, 3.pl.pres.Ā.	indec.
被掌握	不	被记住	（表示过去）

（saddharmapuṇḍarīka, p.22）

saṁtiṣṭhante（它们被记住）是梵语动词saṁ-√sthā（记住）的第三人称、复数、现在时直陈语气的中间语态，na saṁtiṣṭhante义为“不被记住”，也即“被忘记”，鸠摩罗什译为“所忘失”，“所”是对译梵语动词中间语态的标记。

汉语今译：那些八百弟子中有一个弟子是求名，他贪重利养，贪重名誉，贪重知识，他读诵的文句不能被掌握，不能被记住。

6. 对译梵语动词的被动语态，如：

（27）十方阴冥皆随入门，既无所害。（吴支谦译《维摩诘经》卷上，14/527c）

它所对应的梵文原典是：

yāvat	yaś	ca	daśasu	dikṣu	vātamaṇḍalyaḥ
indec.	pron.m.sg.N.	conj.	num.f.pl.L.	f.pl.L.	f.pl.N.
乃至	其	和	十	方	风轮

[1] 参看：BHSG, §“8.18.Nom.sg.-o.”, p.49。
[2] 同上。
[3] 同上。
[4] 同上。
[5] 同上。

pravānti	tā	api	sarvā	mukhadvāre
pra-√vā, 3.pl.pres.P.	pron.f.pl.Ac.	adv.	adj.f.pl.Ac.	n.sg.L.
吹	那些	又	所有	口
praveśayen |	na	ca	asya	kāyo[1]
pra-√viś, caus.3.sg.opt.P.	indec.	conj.	pron.m.sg.G.	m.sg.N.
进入	不	和	此	身体

vikīryeta|
vi-√kṝ, 3.sg.opt. pass.
被损坏

（《梵藏汉对照〈维摩经〉》, p.238）

vikīryeta（被损害）是梵语动词 vi-√kṝ（损害）的第三人称、单数、现在时祈愿语气的被动语态，支谦译为“所害”，“所”是对译梵语动词被动语态的标记。

黄宝生译：他也能将十方吹动的旋风吸入口中，而自己的身体不受损害。（《梵汉对勘维摩诘所说经》, p.182）

（28）如今所见是诸佛土。（姚秦鸠摩罗什译《妙法莲华经》卷一, 9/4a）

它所对应的梵文原典是：

tadyāthāpi	nāma	ajita	etarhy	etāni	buddhakṣetrāṇi
adv.	n.sg.N.	m.sg.V.	adv.	pron.n.pl.N.	n.pl.N.
如是	名为	阿逸多	现在	这些	佛土

saṁdṛśyante ||
saṁ-√dṛś, 3.pl.pres. pass.
被看见

（saddharmapuṇḍarīka, p.20）

saṁdṛśyante（被看见）是梵语动词 saṁ-√dṛś（看见）的第三人称、复数、现在时直陈语气的被动语态，鸠摩罗什译为“所见”，“所”是对译梵语动词被动语态的标记。

---

[1] 参看：BHSG, § “8.18.Nom.sg.-o.”, p.49。

汉语今译：阿逸多，如同现在这些被看见的佛土一样。

（29）无量无边，算数、譬喻所不能知。（姚秦鸠摩罗什译《妙法莲华经》卷五，9/40a）

它所对应的梵文原典是：

na	teṣāṁ	saṁkhyā	vā	gaṇanā[1]	vā
indec.	pron.3.m.pl.G.	f.sg.N.	indec.	f.sg.I.	indec.
不	他们	数目	或者	算数	或者

upamā[2]	vā	upaniṣad	vā	**upalabhyate**
f.sg.I.	indec.	f.sg.I.	indec.	upa-√labh，3.sg.pres. pass.
譬喻	或者	因缘	或者	被获得

ya[3]	iha	sahāyāṁ	lokadhātau	dharaṇīvivarebhyo[4]
pron.m.pl.N.	adv.	f.sg.L.	m.sg.L.	m.pl.Ab.
那些	此处	娑婆	世界	从大地内

bodhisattvā[5]	mahāsattvāḥ	saṁunmajjante	sma |
m.pl.N.	m.pl.N.	saṁ-un-√majj，3.pl.pres.Ā.	indec.
菩萨	摩诃萨	踊出	（表示过去）

（saddharmapuṇḍarīka，p.299）

upalabhyate（被获得）是梵语动词upa-√labh（得到）的第三人称、单数、现在时直陈语气的被动语态，鸠摩罗什译为"所……知"，"所"是对译梵语动词被动语态的标记。

汉语今译：那些在娑婆世界的菩萨摩诃萨从大地内踊出，他们的数目不能凭借算数、譬喻、因缘而被知道。

7. 对译梵语的名词，如：

（30）几何？阿那律天眼所见。（吴支谦译《维摩诘经》卷上，14/522c）

[1] 参看：BHSG, § "9.65.Instrumental", p.65。
[2] 同上。
[3] 参看：BHSG, § "21.46.", p.116。
[4] 参看：BHSG, § "4.38.", p.34。
[5] 参看：BHSG, § "8.78.Nom.pl.-ā", p.55。

它所对应的梵文原典是：

kiyad	āyuṣmān	aniruddho[1]	**divyena**	**cakṣuṣā**	paśyati |
adj.n.sg.Ac.	adj.m.sg.N.	m.sg.N.	adj.n.sg.I.	n.sg.I.	√dṛś, 3.sg.pres.P.
多少	尊者	阿那律	天	眼	看见

（《梵藏汉对照〈维摩经〉》, p.112）

divyena cakṣuṣā 是 divya cakṣus（天眼）的单数、具格形式，表示工具，义为"用天眼"。kiyad divyena cakṣuṣā paśyati 义为"用天眼能看多远"，支谦译为"几何……天眼所见"，"几何"是受事，"天眼"是施事，"所"表示被动，引出施动者。

黄宝生译：尊者阿那律用天眼能看多远？（《梵汉对勘维摩诘所说经》，p.86）

（31）愚惑所覆，骄慢放逸，因贪恚痴造作诸恶，如是众罪，今悉忏悔。（北凉昙无谶译《金光明经》卷一，16/337a）

它所对应的梵文原典是：

mūrkhatvena	api	bālatvān	mānadarpāvṛtena	ca |
n.sg.I.	adv.	n.sg.Ab.	ppp.m.sg.I.	conj.
愚痴	又	愚痴	被骄慢、放逸缠绕	和
rāgadveṣeṇa	mohena	tat	sarvaṁ	
m.sg.I.	m.sg.I.	pron.n.sg.Ac.	adj.n.sg.Ac.	
爱憎	谬行	那	所有	
deśayāmy	ahaṁ ||			
√diś, caus.1.sg.pres.P.	pron.1.sg.N.			
宣说	我			

（suvarṇaprabhāsasūtram, p.14）

mūrkhatvena 是梵语名词 mūrkhatva（愚痴）的单数、具格形式，表示原因，昙无谶译为"愚痴所覆"。

汉语今译：由于愚痴、爱憎、谬行，被骄慢、放逸缠绕，我宣说所有那些过失。

[1] 参看：BHSG, § "8.18.Nom.sg.-o.", p.49。

（32）声闻弟子无量无边，算数、譬喻所不能知。（姚秦鸠摩罗什译《妙法莲华经》卷三，9/21a）

它所对应的梵文原典是：

bahavaś	ca	asya	śrāvakā[1]	bhaviṣyanty
adj.m.pl.N.	conj.	pron.m.sg.G.	m.pl.N.	√bhū，3.pl.fut.P.
无数	和	此	声闻	有
aparimāṇā[2]	yeṣāṁ	na	śakyaṁ	**gaṇanayā**
adj.m.pl.N.	pron.m.pl.G.	indec.	adv.	f.sg.I.
无量无边	那些	不	能够	算数
paryanto[3]	'dhigantum |			
m.sg.N.	adhi-√gam，inf.			
边际	达到			

（saddharmapuṇḍarīka，p.148）

gaṇanayā是梵语名词gaṇanā（算数）的单数、具格形式，表示方式。adhigantum（达到）是梵语动词adhi-√gam的不定式，yeṣāṁ na śakyaṁ gaṇanayā paryanto 'dhigantum义为“那些数目的尽头不能通过算数达到”，也即“那些数目的尽头不能通过算数获知”，鸠摩罗什译为“算数……所不能知”。

汉语今译：有无数声闻弟子，无量无数，他们的尽头不能通过算数获知。

8．对译梵语的形容词，如：

（33）妙哉佛所觉甚远。（吴支谦译《维摩诘经》卷上，14/524a）

它所对应的梵文原典是：

sūkṣmā	bodhir	**duranuboddhatvāt**[4] |
adj.f.sg.N.	f.sg.N.	adj.f.sg.Ab.
微妙	菩提	极难觉知

（《梵藏汉对照〈维摩经〉》，p.144）

---

[1] 参看：BHSG，§“8.78.Nom.pl.-ā”，p.55。

[2] 同上。

[3] 参看：BHSG，§“8.18.Nom.sg.-o.”，p.49。

[4] 参看：BHSG，§“9.71.Ablative，-āt”，p.65。

duranuboddhatvāt是梵语形容词duranuboddhatva（极难觉知）的单数、从格形式，支谦译为“所觉”。

黄宝生译：难以觉知而微妙是菩提。（《梵汉对勘维摩诘所说经》，p.109）

（34）我为法来，非利所安。（吴支谦译《维摩诘经》卷上，14/526c）

它所对应的梵文原典是：

dharmārthikā[1]	vayaṁ	āgatā[2]	na	**āsanārthikāḥ**|
adj.m.pl.N.	pron.1.pl.N.	pt.m.pl.N.	indec.	adj.m.pl.N.
求法	我们	到来	不	求床座

（《梵藏汉对照〈维摩经〉》，p.220）

āsanārthikāḥ（希求坐具）是梵语形容词āsanārthika的复数、体格形式，āsanārthika是由āsana（坐具）+ arthika（希求）组成的复合词，但是arthika也有“利益”义，āsana也有“安置”义，支谦译为“利所安”。

黄宝生译：我们是来求法，不是来求坐。（《梵汉对勘维摩诘所说经》，p.168）

（35）乃至无有一人受苦，众生相视，和颜悦色，形貌端严，人所喜见。（北凉昙无谶译《金光明经》卷一，16/338b）

它所对应的梵文原典是：

mā	kasyacid	dhāvatu	duḥkhavedanā[3]
indec.	pron.m.sg.G.	√dhāv, 3.sg.imper.P.	f.sg.Ac.
没有	某人	经历	痛苦
sudarśanāḥ	sattva[4]	bhavantu	sarve |
adj.m.pl.N.	m.pl.N.	√bhū, 3.pl.imper.P.	pron.m.pl.N.
喜欢看见	众生	是	所有

[1] 参看：BHSG, § “8.78.Nom.pl.-ā”, p.55。

[2] 同上。

[3] 参看：BHSG, § “9.20.Acc.sg.-ā.”, p.62。

[4] 参看：BHSG, § “8.79.Nom.pl.-a”, p.55。

abhirūpaprāsādikasaumyarūpā[1]	anekasukhasaṁcita[2]	nitya
adj.m.pl.N.	ppp.m.pl.N.	adv.
端正漂亮,可爱的形象	拥有许多快乐	常常
bhontu[3] ||		
√bhū,3.pl.imper.P.		
是		

(suvarṇaprabhāsasūtram,p.20)

sudarśanāḥ(喜欢看见)是梵语形容词sudarśana的复数、体格形式,sudarśanāḥ sattva义为"众生喜欢看见",昙无谶译为"人所喜见"。

汉语今译:没有谁经历痛苦,所有人端正漂亮,形象可爱,众生喜欢看见,常常拥有许多快乐。

(36)是最小者,我所爱重,无常大鬼奄便吞食。(北凉昙无谶译《金光明经》卷四,16/356b)

它所对应的梵文原典:

ekaś	ca	me	putra[4]	**priyamanāpaḥ**
num.m.sg.N.	conj.	pron.1.sg.G.	m.sg.N.	adj.m.sg.N.
一	和	我	儿子	可爱
grastaḥ	kaniṣṭho[5]	vanarākṣasena ||		
ppp.m.sg.N.	adj.m.sg.N.	m.sg.I.		
被吞食	最小	森林罗刹		

(suvarṇaprabhāsasūtram,p.121)

priyamanāpaḥ(可爱)是梵语形容词priyamanāpa的单数、体格形式,昙无谶译为"所爱重"。

汉语今译:一个我的最小的可爱的儿子被森林罗刹吞食。

[1] 参看:BHSG, § "8.78.Nom.pl.-ā", p.55。
[2] 参看:BHSG, § "8.79.Nom.pl.-a", p.55。
[3] 参看:BHSG, § "1.29.", p.4。
[4] 参看:BHSG, § "8.22.Nom.sg.-a.", p.50。
[5] 参看:BHSG, § "8.18.Nom.sg.-o.", p.49。

（37）有所言说，人不信受，口气常臭，鬼魅所著。（姚秦鸠摩罗什译《妙法莲华经》卷二，9/15c）

它所对应的梵文原典是：

apratyanīyāś	ca	bhavanti	loke[1]	pūtī[2]
fpp.m.pl.N.	conj.	√bhū, 3.pl.pres.P.	m.pl.N.	adj.m.sg.N.
不相信	和	是	众生	恶臭

mukhānteṣu	pravāti	gandhaḥ|
n.pl.L.	pra-√vā, 3.sg.pres.P.	m.sg.N.
口里	呼出	气味

yakṣagraho[3]	ukrami[4]	teṣa[5]	kāye	aśraddadhantāni[6]
adj.m.sg.N.	m.sg.L.	pron.3.m.pl.G.	m.sg.L.	f.pl.N.
被夜叉抓住	进入	他们	身体	不相信

mama	buddhabodhim ||
pron.1.sg.G.	m.sg.Ac.
我	佛道

（saddharmapuṇḍarīka, p.95）

yakṣagraho（被夜叉抓住）是yakṣagraha的单数、体格形式，yakṣagraha是由梵语名词yakṣa（夜叉）+ 梵语形容词graha（抓住）构成的复合词，鸠摩罗什译为"鬼魅所著"。

汉语今译：不相信我的佛道，众生就会不相信他们。他们的嘴里发出恶臭的气味，被夜叉抓住，进入他们的身体。

9. 对译梵语动词的不定式，如：

（38）其转不可念知，非意所图，非度所测，我睹其为不可思议。（吴支谦译《维摩诘经》卷下，14/533a）

---

[1] 参看：BHSG, § "8.80.Nom.pl.-e" , p.56。

[2] 参看：BHSG, § "10.26.Nom.sg.-ī", p.71 。

[3] 参看：BHSG, § "8.18.Nom.sg.-o." , p.49。

[4] 参看：BHSG, § "8.59.Loc.sg.-i" , p.53。

[5] 参看：BHSG, § "21.46." , p.116。

[6] 参看：BHSG, § "9.98.Nom.-acc.pl.-āni." , p.67。

它所对应的梵文原典是：

acintyā	saṁjñā	me	bhagavan	tatra
fpp.f.sg.N.	f.sg.N.	pron.1.sg.G.	m.sg.V.	adv.
不可思议	想法	我	世尊	那里

udapadyata	yathā	**cintayituṁ**	**tulayituṁ**
ud-√pad, 3.sg.imperf.Ā.	adv.	√cint, inf.	√tul, inf.
产生	如是	思议	称量

gaṇayituṁ	na	śaknomi	tādṛśīṁ	teṣām
√gaṇaya, inf.	indec.	√śak, 1.sg.pres.P.	f.sg.Ac.	pron.3.m.pl.G.
计算	不	能够	如是	他们

acintyāṁ	kriyāṁ	paśyāmi |
f.sg.Ac.	f.sg.Ac.	√dṛś, 1.sg.pres.P.
不可思议	作为	看见

（《梵藏汉对照〈维摩经〉》,p.396）

cintayituṁ（思考）是梵语动词√cint的不定式，支谦译为“所图”。tulayituṁ（称量）是梵语动词√tul的不定式，支谦译为“所测”。

黄宝生译：我产生不可思议的想法，世尊啊，我看到他们具有如此不可思议的作为，感到不可思议，不可称量，不可估量。（《梵汉对勘维摩诘所说经》,p.301）

（39）其数无量，不可称计，非口所宣，非心所测。（姚秦鸠摩罗什译《妙法莲华经》卷四，9/35a）

它所对应的梵文原典是：

anekāny	aprameyāṇy	asaṁkhyeyāni	sattvāni	vinītāni|
adj.n.pl.N.	fpp.n.pl.N.	fpp.n.pl.N.	n.pl.N.	ppp.n.pl.N.
无数	无量	不可称计	众生	被教化

tāvad	aprameyāṇy	asaṁkhyeyāni	yāvad	vācā	na
adv.	fpp.n.pl.N.	fpp.n.pl.N.	adv.	f.sg.I.	indec.
如是	无量	不可称计	乃至于	口	不

śakyaṁ	**vijñāpayituṁ**	cittena	vā	**cintayituṁ** |
adv.	vi-√jñā, caus.inf.	n.sg.I.	indec.	√cint, inf.
能够	宣说	心	或者	思考

（saddharmapuṇḍarīka, p.261）

vijñāpayituṁ（宣说）是梵语动词vi-√jñā的使役形式的不定式，施事者vāc（口）以具格形式出现，vācā na śakyaṁ vijñāpayituṁ义为“不能被口宣说”，鸠摩罗什译为“非口所宣”。cintayitum（思考）是梵语动词√cint的不定式，施事者citta（心）以具格形式出现，cittena cintayitum 义为“被心思考”，鸠摩罗什译为“心所测”。

汉语今译：被教化的众生无量无数，不可称计。如是无量，不可称计，乃至于不能够被口宣说，不能够被心思考。

（二）梵、汉本《撰集百缘经》、《维摩诘经》、《金光明经》、《妙法莲华经》含有“所”字的被动句式对勘情况

在汉译本《撰集百缘经》、《维摩诘经》、《金光明经》、《妙法莲华经》中，含有“所”字的被动句式有七种[1]，共有131例，它们是：为……之所……（29）、为……所……（53）、为所……（2）、……之所……（10）、为……所见……（8）、……所见……（28）、……所为……（1）。在这131例中，74例有相应的梵文原文，对勘情况如下表：

平行梵文本对译情况 / 汉译本情况	分词		动词			名词	形容词
	被动语态的现在分词	过去被动分词	主动语态	中间语态	被动语态		
含有“所”字的被动句式	3	38	11	3	3	9	7

四部汉译佛经含有“所”字的被动句式，有55.4%对译分词（4%对译动词被动语态的现在分词，51.4%对译动词的过去被动分词），23%对译动词的

[1] 不包含“所V”式被动句。

主动语态、中间语态、被动语态,12.2%对译名词,9.4%对译形容词。

具体对勘情况如下。

1. 对译梵语动词被动语态的现在分词,如:

(40)为诸小虫之所唼食。(姚秦鸠摩罗什译《妙法莲华经》卷二,9/15c)

它所对应的梵文原典是:

vikhādyamānā[1]	bahuprāṇikoṭibhiḥ |
ppt.m.pl.N.	adj.f.pl.I.
被吞食	无数万亿生灵

(saddharmapuṇḍarīka, p.95)

vikhādyamānā(被吞食)是vikhādyamāna的复数、体格形式,vikhādyamāna是梵语动词vi-√khād(吞食)被动语态的现在分词,施事者bahuprāṇikoṭi(无数万亿生灵)以具格形式出现,鸠摩罗什译为"为诸小虫之所唼食",用"为……之所唼食"对译梵语动词被动语态的现在分词。

汉语今译:被无数万亿生灵吞食。

(41)若为大水所漂。(姚秦鸠摩罗什译《妙法莲华经》卷七,9/56c)

它所对应的梵文原典是:

sacet	punaḥ	kulaputra	sattvā[2]	nadībhir	**uhyamānā**[3]
adv.	adv.	m.sg.V.	m.pl.N.	f.pl.I.	ppt.m.pl.N.
如果	又	族姓子	众生	河水	被漂没

(saddharmapuṇḍarīka, p.439)

uhyamānā(被漂没)是uhyamāna的复数、体格形式,uhyamāna是梵语动词√vah(漂没)被动语态的现在分词,施事者nadī(河水)以具格形式出现,鸠摩罗什译为"为大水所漂",用"为……所漂"对译梵语动词被动语态的现在分词。

汉语今译:族姓子,如果众生被河水淹没。

[1] 参看:BHSG, § "8.78.Nom.pl.-ā.", p.55。

[2] 同上。

[3] 同上。

2. 对译梵语动词的过去被动分词，如：

（42）为彼所败。（吴支谦译《撰集百缘经》卷五，4/249c）

它所对应的梵文原典是：

paracakravitrāsito[1]

ppp.m.sg.N.

被敌人打败

（avadānaśataka，II/p.123）

paracakravitrāsito（被敌人打败）是paracakravitrāsita的单数、体格形式，paracakravitrāsita是由paracakra（敌人）+ vitrāsita（被惊吓，被打败）组成的复合词。vitrāsita是梵语动词vi-√tras（打败）的使役形式的过去被动分词，支谦译为"为……所败"。

汉语今译：被敌人打败。

（43）如是之人，于无量劫常为诸天、八部所敬。（北凉昙无谶译《金光明经》卷一，16/335c）

它所对应的梵文原典是：

te	**pūjitā**[2]	bhaviṣyanti	hy	anekaiḥ
pron.3.m.pl.N.	ppp.m.pl.N.	√bhū，3.pl.fut.P.	indec.	adj.m.pl.I.
他们	被供养	将会	故	无数

kalpakoṭibhiḥ |

f.pl.I.

亿劫

devanāgamanuṣyaiś	ca	kinnarāsuraguhyakaiḥ ‖
m.pl.I.	conj.	m.pl.I.
天、蛇、人	和	紧那罗、阿修罗、罗刹

（suvarṇaprabhāsasūtram，p.3）

pūjitā（被供养）是pūjita的复数、体格形式，pūjita是梵语动词√pūj（供养）的过去被动分词，施事者devanāgamanuṣya（天、蛇、人）、kinnarāsuraguhyaka

---

[1] 参看：BHSG, § "8.18.Nom.sg.-o.", p.49。

[2] 参看：BHSG, § "8.78.Nom.pl.-ā.", p.55。

（紧那罗、阿修罗、罗刹）以具格形式出现，昙无谶译为"为诸天、八部所敬"，用"为……所敬"对译梵语动词的过去被动分词。

汉语今译：因此，他们将会被无数亿劫的天、蛇、人、紧那罗、阿修罗、罗刹供养。

（44）为世所恭敬，如六通罗汉。（姚秦鸠摩罗什译《妙法莲华经》卷四，9/36b）

它所对应的梵文原典是：

satkṛtāś	ca	bhaviṣyanti	ṣaḍabhijñā[1]	yathā	tathā||
ppp.m.pl.N.	conj.	√bhū, 3.pl.fut.P.	adj.m.pl.N.	adv.	adv.
被尊重	和	将会	具足六通	如是	如是

（saddharmapuṇḍarīka, p.272）

satkṛtāś（被尊重）是satkṛta的复数、体格形式，satkṛta是梵语动词sat-√kṛ（尊重）的过去被动分词，鸠摩罗什译为"为……所恭敬"。

汉语今译：他们如同具足六通的罗汉一样，将会被尊重。

（45）彼饿鬼等皆为业风之所吹去。（吴支谦译《撰集百缘经》卷五，4/224b）

它所对应的梵文原典是：

tatra	te	karmavāyunā	**kṣiptāḥ** |
adv.	pron.3.m.pl.N.	m.sg.I.	ppp.m.pl.N.
那里	他们	业风	被吹走

（avadānaśataka, I/p.258）

kṣiptāḥ（被吹走）是kṣipta的复数、体格形式，kṣipta是梵语动词√kṣip（抛掷）的过去被动分词，施事者karmavāyu（业风）以具格形式出现，支谦译为"为业风之所吹去"，用"为……之所吹去"对译梵语动词的过去被动分词。

汉语今译：因此，他们被业风吹走。

（46）常为四方四佛世尊之所护持。（北凉昙无谶译《金光明经》卷一，16/335b）

---

[1] 参看：BHSG, § "8.78.Nom.pl.-ā.", p.55。

它所对应的梵文原典是：

dikṣu	catasṛṣu	buddhair	adhiṣṭhānaṁ	**adhiṣṭhitam** ||
f.pl.L.	num.f.pl.L.	m.pl.I.	n.sg.N.	ppp.n.sg.N.
方向	四	佛陀	护持	被护持

（suvarṇaprabhāsasūtram, p.1）

adhiṣṭhitam（被护持）是adhiṣṭhita的单数、体格形式，adhiṣṭhita是梵语动词adhi-√sthā（护持）的过去被动分词，施事者buddha（佛陀）以具格形式出现，昙无谶译为“为……佛世尊之所护持”，用“为……之所护持”对译梵语动词的过去被动分词。

汉语今译：被四方的佛陀们护持。

（47）为诸童子之所打掷，受诸苦痛。（姚秦鸠摩罗什译《妙法莲华经》卷二，9/15c）

它所对应的梵文原典是：

utpīḍitā[1]	grāmakumārakehi[2]	**loṣṭaprahārābhihatāś**
ppp.m.pl.N.	m.pl.I.	ppp.m.pl.N.
被逼迫	村子里的孩子们	被土块打掷

（saddharmapuṇḍarīka, p.94）

loṣṭaprahārābhihatāś（被土块打掷）是loṣṭaprahārābhihata的复数、体格形式，loṣṭaprahārābhihata是由loṣṭaprahāra（土块打掷）+ abhihata（被打掷）构成的复合词。abhihata是梵语动词abhi-√han（打掷）的过去被动分词，施事者grāmakumāraka（村子里的孩子）以具格形式出现，鸠摩罗什译为“为诸童子之所打掷”，用“为……之所打掷”对译梵语动词的过去被动分词。

汉语今译：他们遭受痛苦，被村子里的孩子们用土块打掷。

（48）世尊，是金光明微妙经典众经之王，诸佛世尊之所护念。（北凉昙无谶译《金光明经》卷二，16/340c）

它所对应的梵文原典是：

---

[1] 参看：BHSG, § “8.78.Nom.pl.-ā.”, p.55。

[2] 参看：BHSG, § “8.108.Inst.pl.-ehi”, p.58。

ayaṁ	bhagavan	suvarṇaprabhāsottamasūtrendrarājaḥ
pron.m.sg.N.	m.sg.V.	m.sg.N.
此	世尊	殊胜金光明经王

sarvatathāgatabhāṣitaḥ	**sarvatathāgatāvalokitaḥ**
ppp.m.sg.N.	ppp.m.sg.N.
被所有如来宣说	被所有如来观照

（suvarṇaprabhāsasūtram, p.36）

sarvatathāgatāvalokitaḥ（被所有如来观照）是sarvatathāgatāvalokita的单数、体格形式，sarvatathāgatāvalokita是由sarvatathāgata（所有如来）+avalokita（被观照）构成的复合词。avalokita是梵语动词ava-√lok（观察）的过去被动分词，昙无谶译为"诸佛世尊之所护念"，用"……之所护念"对译梵语动词的过去被动分词。

汉语今译：世尊，此金光明殊胜经王，被所有如来宣说，被所有如来观照。

（49）汝等今可礼是舍利。此舍利者，是戒定慧之所熏修，甚难可得，最上福田。（北凉昙无谶译《金光明经》卷四，16/354a）

它所对应的梵文原典是：

vandata	bhikṣavo[1]	bodhisattvaśarīrāṇi	**śīlaguṇavāsitāni**
√vand, 2.pl.imper.P.	m.pl.V.	n.pl.Ac.	ppp.n.pl.Ac.
礼拜	比丘	菩萨舍利	被戒德熏习

paramadurlabhadarśanāni	puṇyakṣetrabhūtāni |
adj.n.pl.Ac.	pt.n.pl.Ac.
最难得到、看见	功德福田

（suvarṇaprabhāsasūtram, p.107）

śīlaguṇavāsitāni是śīlaguṇavāsita的复数、业格形式，śīlaguṇavāsita是由śīlaguṇa（戒德）+ vāsita（被熏习）构成的复合词。vāsita是梵语名动词√vasaya（熏习）的过去被动分词，昙无谶译为"戒定慧之所熏习"，用"……之所熏修"对译梵语名动词的过去被动分词。

---

[1] 参看：BHSG, §"12.63.Voc.pl.-o", p.89。

汉语今译：比丘们，你们礼拜菩萨舍利吧！它们是被戒德熏习，最难得到、最难看见的功德福田。

（50）诸君当知，此是我子，我之所生。（姚秦鸠摩罗什译《妙法莲华经》卷二，9/17b）

它所对应的梵文原典是：

śṛṇvantu	bhavanto[1]	'yaṁ	mama	putra[2]
√śru, 3.pl.imper.P.	m.pl.V.	pron.m.sg.N.	pron.1.sg.G.	m.sg.N.
听	尊者们	此	我	儿子
auraso[3]	mayā	eva	**janitaḥ** |	
m.sg.N.	pron.1.sg.I.	adv.	caus.ppp.m.sg.N.	
爱子	我	即	被出生	

（saddharmapuṇḍarīka, p.108）

janitaḥ（被出生）是janita的单数、体格形式，janita是梵语动词√jan（出生）的使役形式的过去被动分词，施事者mad（我）以具格形式出现，鸠摩罗什译为“我之所生”，用“……之所生”对译梵语动词的过去被动分词。

汉语今译：尊者们，你们听着，这个人是我的可爱的儿子，被我生出来。

（51）此诸菩萨皆是文殊师利之所化度。（姚秦鸠摩罗什译《妙法莲华经》卷四，9/35b）

它所对应的梵文原典是：

sarve	ca	te	mañjuśriyā	kumārabhūtena
pron.m.pl.N.	conj.	pron.3.m.pl.N.	m.sg.I.	m.sg.I.
所有	和	他们	文殊师利	童子
vinītā[4]	anuttarāyāṁ	saṁyaksaṁbodhau |		
ppp.m.pl.N.	f.sg.L.	f.sg.L.		
被教化	无上	等正觉		

（saddharmapuṇḍarīka, p.261）

[1] 参看：BHSG, §“4.38.”, p.34。
[2] 参看：BHSG, §“8.22.Nom.sg.-a.”, p.50。
[3] 参看：BHSG, §“8.18.Nom.sg.-o.”, p.49。
[4] 参看：BHSG, §“8.78.Nom.pl.-ā.”, p.55。

vinītā（被教化）是vinīta的复数、体格形式，vinīta是梵语动词vi-√nī（教化）的过去被动分词，施事者mañjuśrī kumārabhūta（文殊师利童子）以具格形式出现，鸠摩罗什译为“文殊师利之所化度”，用“……之所化度”对译梵语动词的过去被动分词。

汉语今译：他们所有人是被文殊师利童子用无上等正觉教化的。

（52）又我等为一切世间天、人、阿修罗所见知识。（姚秦鸠摩罗什译《妙法莲华经》卷四，9/29b）

它所对应的梵文原典是：

vayaṁ	hi	bhagavan	sadevamānuṣāsure		loke
pron.1.pl.N.	indec.	m.sg.V.	pref.	m.sg.L.	m.sg.L.
我们	故	世尊	俱	天、人、阿修罗	世界

'tīva	**citrīkṛtāḥ** |
adv.	ppp.m.pl.N.
极	被供养

（saddharmapuṇḍarīka，p.215）

citrīkṛtāḥ（被供养）是citrīkṛta的复数、体格形式，citrīkṛta是梵语动词citrī-√kṛ（供养）的过去被动分词，鸠摩罗什译为“为……所见知识”。

汉语今译：因此，世尊，我们在世间被天、人、阿修罗供养。

（53）道逢恶狗，所为𪘲嘊。（吴支谦译《撰集百缘经》卷一〇，4/252a）

它所对应的梵文原典是：

śvabhir	**apahṛtaḥ** |
m.pl.I.	ppp.m.sg.N.
狗	被夺去

（avadānaśataka，II/p.155）

apahṛtaḥ（被夺去）是apahṛta的单数、体格形式，apahṛta是梵语动词apa-√hṛ（夺去）的过去被动分词，施事者śvan（狗）以具格形式出现，支谦译为“道逢恶狗，所为𪘲嘊”，用“所为𪘲嘊”对译梵语动词的过去被动分词。

汉语今译：（食物）被群狗夺去。

3. 对译梵语动词的主动语态，如：

（54）无令为火之所烧害。（姚秦鸠摩罗什译《妙法莲华经》卷二，9/12b）

它所对应的梵文原典是：

mā	hai	vā	atra	eva	sarve	'nena
indec.	interj.	indec.	adv.	adv.	pron.m.pl.N.	pron.m.sg.I.
不	啊	或者	那里	即	所有	此

mahatā	agniskandhena	**dhakṣyatha**
adj.m.sg.I.	m.sg.I.	√dah，2.pl.fut.P.
大	火聚	焚烧

（saddharmapuṇḍarīka，p.73）

dhakṣyatha（你们将会焚烧）是梵语动词√dah（焚烧）的第二人称、复数、将来时、主动语态，施事者mahat agniskandha（大火聚）以具格形式出现，鸠摩罗什译为“为火之所烧害”。

汉语今译：啊，你们所有人不要被大火焚烧。

（55）雨之所润，无不丰足。（姚秦鸠摩罗什译《妙法莲华经》卷三，9/19c）

它所对应的梵文原典是：

sarvān	**saṁtarpayen**	meghas	tṛṇagulmavanaspatīn |
adj.m.pl.Ac.	saṁ-√tṛp，caus.3.sg.opt.P.	m.sg.N.	m.pl.Ac.
所有	使充足	雨	草木丛林

（saddharmapuṇḍarīka，p.126）

saṁtarpayen（使充足）是梵语动词saṁ-√tṛp的使役形式的第三人称、单数、现在时祈愿语气的主动语态，sarvān saṁtarpayen tṛṇagulmavanaspatīn义为“使所有草木丛林充足”，鸠摩罗什译为“之所润，无不丰足”。

汉语今译：雨使所有草木、丛林充足。

（56）或在须弥峰，为人所推堕。（姚秦鸠摩罗什译《妙法莲华经》卷七，9/57c）

它所对应的梵文原典是：

saci	merutala[1]	**anupātayed**	ghātanārthāya	praduṣṭamānasaḥ |
adv.	m.sg.Ab.	anu-√pat, caus.3.sg.opt.P.	m.sg.D.	adj.m.sg.N.
同时	须弥峰	使坠落	意欲杀害	兴恶意

（saddharmapuṇḍarīka, p.449）

anupātayed（使坠落）是梵语动词anu-√pat的使役形式的第三人称、单数、现在时祈愿语气的主动语态，鸠摩罗什译为“为人所推堕”。

汉语今译：同时，他兴起恶意，想要杀害，从须弥峰推落。

4. 对译梵语动词的中间语态，如：

（57）不复为贪欲所恼，亦复不为瞋恚、愚痴所恼，亦复不为憍慢、嫉妒、诸垢所恼。（姚秦鸠摩罗什译《妙法莲华经》卷六，9/54c）

它所对应的梵文原典是：

na	ca	tasya	rāgo[2]	**vyāvadhiṣyate**	
indec.	conj.	pron.3.m.sg.G.	m.sg.N.	vi-ā-√vadh, 3.sg.fut.Ā.	
不	和	他	贪欲	恼害	
na	dveṣo[3]	na	moho[4]	na	māno[5]
indec.	m.sg.N.	indec.	m.sg.N.	indec.	m.sg.N.
不	嗔恚	不	愚痴	不	骄慢
na	mātsaryaṁ	na	krodho[6]	na	vyāpādaḥ |
indec.	n.sg.N.	indec.	m.sg.N.	indec.	m.sg.N.
不	悭贪	不	嗔恨	不	嗔恚

（saddharmapuṇḍarīka, p.419）

vyāvadhiṣyate（将会被恼害）是梵语动词vi-ā-√vadh的第三人称、单数、将来时、中间语态，鸠摩罗什译为“为……所恼”。

汉语今译：他不会被贪欲恼害，不会被嗔恚、愚痴恼害，不会被骄慢、悭

[1] 参看：BHSG, §“8.49.Abl.sg.-a, ‘stem form’”, p.53。
[2] 参看：BHSG, §“8.18.Nom.sg.-o.”, p.49。
[3] 同上。
[4] 同上。
[5] 同上。
[6] 同上。

贪、嗔恨恼害。

5. 对译梵语动词的被动语态，如：

（58）是诸众生未免生老病死忧悲苦恼，而为三界火宅所烧。（姚秦鸠摩罗什译《妙法莲华经》卷二，9/13b）

它所对应的梵文原典是：

adhyavasitā[1]　hy　amī　sattvāḥ

pt.m.pl.N.　indec.　pron.m.pl.N.　m.pl.N.

贪恋　故　那些　众生

pañcasu　kāmaguṇeṣu　traidhātukaratyām　aparimuktā[2]

num.m.pl.L.　m.pl.L.　f.sg.L.　pt.m.pl.N.

五　爱欲　贪恋三界　没有解脱

jātijarāvyādhimaraṇaśokaparidevaduḥkhadaurmanasyopāyāsebhyo[3]

m.pl.Ab.

生、老、病、死、痛苦、忧愁、悲伤、苦恼

dahyante　pacyante　tapyante

√dah，3.pl.pres. pass.　√pac，3.pl.pres. pass.　√tap，3.pl.pres. pass.

被焚烧　被烹煮　被焚烧

paritapyante

pari-√tap，3.pl.pres. pass.

被焚烧

（saddharmapuṇḍarīka，p.78）

dahyante（被焚烧）是梵语动词√dah（焚烧）的第三人称、复数、现在时直陈语气的被动语态，鸠摩罗什译为“为……所烧”。

汉语今译：那些众生贪恋，他们没有从生、老、病、死、痛苦、忧愁、悲伤、苦恼中解脱出来，在五欲、三界里被焚烧、被烹煮。

---

[1]　参看：BHSG, §“8.78.Nom.pl.-ā”, p.55。

[2]　同上。

[3]　参看：BHSG, §“4.38.”, p.34。

（59）若贪著生爱，则为所烧。（姚秦鸠摩罗什译《妙法莲华经》卷二，9/13b）

它所对应的梵文原典是：

atra hi yūyaṁ traidhātuke 'bhiratāḥ
adv. indec. pron.2.pl.N. adj.m.sg.L. pt.m.pl.N.
那里 故 你们 三界 贪恋

pañcakāmaguṇasahagatāya tṛṣṇayā **dahyatha**[1]
adj.m.sg.D. f.sg.I. √dah, 2.pl.pres. pass.
与五欲一起 贪欲 被焚烧

tapyatha paritapyatha |
√tap, 2.pl.pres. pass. pari-√tap, 2.pl.pres. pass.
被焚烧 被焚烧

（saddharmapuṇḍarīka, p.79）

dahyatha（被焚烧）是梵语动词√dah（焚烧）的第二人称、复数、现在时直陈语气的被动语态，鸠摩罗什译为"为所烧"。

汉语今译：因此，在三界里，由于贪恋五欲，你们会被贪欲焚烧。

6. 对译梵语的名词，如：

（60）当知此辈菩萨为弥勒所建立也。（吴支谦译《维摩诘经》卷下，14/536c）

它所对应的梵文原典是：

veditavyam etad bhagavan maitreyasya bodhisatvasya
fpp.n.sg.N. pron.n.sg.N. m.sg.V. m.sg.G. m.sg.G.
应当知道 此 世尊 弥勒 菩萨

adhiṣṭhānam iti ||
n.sg.N. adv.
护持 如是

《梵藏汉对照〈维摩经〉》，p.504）

adhiṣṭhānam（守护）是梵语名词adhiṣṭhāna的单数、体格形式，maitreyasya bodhisatvasya adhiṣṭhānam 义为"弥勒菩萨的护持"，鸠摩罗什译为"为弥勒

[1] 参看：BHSG, §"24.7.", p.127。

所建立”。

黄宝生译：世尊啊，应该知道这是受到弥勒菩萨的护持。(《梵汉对勘维摩诘所说经》,p.368）

（61）其馀二子，今虽存在，而为忧火之所焚烧，或能为是，丧失命根。（北凉昙无谶译《金光明经》卷四，16/356b）

它所对应的梵文原典是：

mā	me	imau	anya[1]	ca	dvau
indec.	pron.1.sg.G.	pron.m.du.Ac.	adj.m.du.Ac.	conj.	num.m.du.Ac.
不	我	此	其他	和	两

hi	putrau	**śokāgninā**	jīvitasaṁkṣayaṁ	vrajet |
indec.	m.du.Ac.	m.sg.I.	m.sg.Ac.	√vraj, 3.sg.opt.P.
故	儿子	忧愁之火	丧失生命	走向

（suvarṇaprabhāsasūtram, p.121）

śokāgninā（忧愁之火）是梵语名词śokāgni的单数、具格形式，表示原因，昙无谶译为“为忧火之所焚烧”。

汉语今译：我的另外两个儿子不会因为忧愁之火而丧失生命吧？

（62）或当堕落，为火所烧。（姚秦鸠摩罗什译《妙法莲华经》卷二，9/12b）

它所对应的梵文原典是：

te	'nena	mahatā	**agniskandhena**
pron.3.m.pl.N.	pron.m.sg.I.	adj.m.sg.I.	m.sg.I.
他们	此	大	火聚
anayavyasanaṁ	āpadyeran |		
n.sg.Ac.	ā-√pad, 3.pl.opt.Ā.		
厄运、不幸	堕入		

（saddharmapuṇḍarīka, p.73）

agniskandhena（火聚）是梵语名词agniskandha的单数、具格形式，表示原因，鸠摩罗什译为“为火所烧”。

汉语今译：由于这个大火聚，他们或许堕入厄运、不幸。

[1] 参看：BHSG, § “8.76.Nom.-acc.dual.-a.”, p.55。

（63）我及诸子……必为所焚。（姚秦鸠摩罗什译《妙法莲华经》卷二，9/12c）

它所对应的梵文原典是：

ahaṁ	ca	ime	ca	kumārakā[1]	iha	eva
pron.1.sg.N.	conj.	pron.m.pl.N.	conj.	m.pl.N.	adv.	adv.
我	和	这些	和	儿子们	此处	即

anena	mahatā	**agniskandhena**	anayavyasanam	āpatsyāmahe |
pron.m.sg.I.	adj.m.sg.I.	m.sg.I.	n.sg.Ac.	ā-√pad, 1.pl.fut.Ā.
此	大	火聚	厄运、不幸	堕入

（saddharmapuṇḍarīka, p.73）

agniskandhena（火聚）是梵语名词agniskandha的单数、具格形式，表示原因，鸠摩罗什译为“为所焚”。

汉语今译：我和这些儿子们将会由于大火而堕入厄运、不幸吧。

7. 对译梵语的形容词，如：

（64）一日一夜，生五百子，羸瘦尫弱，气力乏少。当生之时，荒闷殒死，支节解散，极为饥渴之所逼切。（吴支谦译《撰集百缘经》卷五，4/226b）

它所对应的梵文原典是：

rātriṁdivena	pañca	putrān	prasūya	tādṛśaṁ	duḥkhaṁ
n.sg.I.	num.m.pl.Ac.	m.pl.Ac.	ger.	adj.n.sg.Ac.	n.sg.Ac.
昼夜	五	儿子	生产	如是	痛苦

anubhūya	putrasnehe	saty	api	**kṣutkṣāmatayā**
ger.	m.sg.L.	m.sg.L.	adv.	adj.f.sg.I.
经历	爱儿子	存在	然而	被饥渴逼迫

（avadānaśataka, I/p.274）

kṣutkṣāmatayā（被饥渴逼迫）是梵语形容词kṣutkṣāmatā的单数、具格形式，表示原因，支谦译为“为饥渴之所逼切”。

汉语今译：昼夜生产了五个儿子，经历了如是痛苦，对儿子有爱意，然而，被饥渴逼迫。

[1]　参看：BHSG, §“8.78.Nom.pl.-ā”, p.55。

（65）今是王子，为活来耶？为已死亡？如是大士，常出软语，为众所爱，今难可见。（北凉昙无谶译《金光明经》卷四，16/355c）

它所对应的梵文原典是：

kiṁ	jīvito[1]	vā	kva	gataḥ	sāṁpratam̐
pron.n.sg.N.	n.sg.N.	indec.	adv.	pt.m.sg.N.	adv.
如何	生命	或者	何处	前往	现在

mahāsattvaḥ	kiṁ	drakṣyāmy	aham	adya |
m.sg.N.	indec.	√dṛś, 1.sg.fut.P.	pron.1.sg.N.	adv.
摩诃萨埵	（表示疑问）	看见	我	今天

manāpaṁ	**sattvadarśana**[2]	priyamanāpaṁ	na	cireṇa
adj.m.sg.Ac.	adj.m.sg.Ac.	adj.m.sg.Ac.	indec.	adj.m.sg.I.
可爱	众人喜欢看	适意	不	久

vinaṣṭaśramam ||
m.sg.Ac.
丧失

（suvarṇaprabhāsasūtram, p.118）

sattvadarśana（众人喜欢看见）是梵语形容词sattvadarśana的单数、业格形式，昙无谶译为“为众所爱”。

汉语今译：摩诃萨埵到何处去了？生命怎么样了？今天，我将要去看看：那个可爱的、众人喜欢看见的、适意的人不久会丧命吗？

（66）贫穷下贱，为人所使，多病痟瘦。（姚秦鸠摩罗什译《妙法莲华经》卷二，9/15c）

它所对应的梵文原典是：

daridrakā[3]	**preṣaṇakārakāś**	ca	upasthāyakā[4]	nitya
adj.m.pl.N.	adj.m.pl.N.	conj.	m.pl.N.	adv.
贫穷	被人使唤	和	奉事	常常

[1] 参看：BHSG, §“8.36.The nom.sg.masc.ending -o”, p.51。

[2] 参看：BHSG, §“8.31.The ending -a”, p.51。

[3] 参看：BHSG, §“8.78.Nom.pl.-ā”, p.55。

[4] 同上。

parasya	durbalāḥ |
adj.m.sg.G.	adj.m.pl.N.
多	瘦弱

（saddharmapuṇḍarīka，p.95）

preṣaṇakārakāś（被人使唤）是梵语形容词preṣaṇakāraka的复数、体格形式，鸠摩罗什译为"为人所使"。

汉语今译：他们贫穷，被人使唤，奉事他人，常常多病瘦弱。

（67）为人所喜见，口气无臭秽。（姚秦鸠摩罗什译《妙法莲华经》卷六，9/47b）

它所对应的梵文原典是：

priyadarśano[1]	bhoti[2]	sadā	narāṇāṁ	pūtiṁ
adj.m.sg.N.	√bhū，3.sg.pres.P.	adv.	m.pl.G.	adj.n.sg.N.
被人喜欢看见	是	常常	人	臭秽

ca	vaktraṁ	na	kadāci	bhoti[3]|
conj.	n.sg.N.	indec.	adv.	√bhū，3.sg.pres.P.
和	口	没有	何时	有

（saddharmapuṇḍarīka，p.352）

priyadarśano（被人喜欢看见）是梵语形容词priyadarśana单数、体格形式，鸠摩罗什译为"为人所喜见"。

汉语今译：被人喜欢看见，口里没有臭气。

（三）梵汉对勘的结论

梵、汉对勘《撰集百缘经》、《维摩诘经》、《金光明经》、《妙法莲华经》表示被动的"N所V"结构，我们发现，梵语表示被动语义的语法形式：动词被动语态的现在分词、动词的过去被动分词、动词的未来被动分词、动词的

[1] 参看：BHSG，§"8.18.Nom.sg.-o."，p.49。

[2] 参看：BHSG，§"1.29."，p.4。

[3] 同上。

中间语态、动词的被动语态，译者翻译时选择了“N所V”结构，占81%；其他形式：动词的主动语态、名词、形容词、动词不定式，占19%。在这19%的用例中，多数用例出现了施事者，如在动词主动语态的句子、动词不定式的句子中出现了施事者——名词以具格形式出现，在有些名词、形容词构成的句子中也出现了施事者，它们也以具格形式出现。

梵、汉对勘《撰集百缘经》、《维摩诘经》、《金光明经》、《妙法莲华经》里面含有“所”字的被动句式，我们发现，梵语表示被动语义的语法形式：动词被动语态的现在分词、动词的过去被动分词、动词的中间语态、动词的被动语态，译者翻译时选择了含有“所”字的被动句式，占63.5%；其他形式：动词的主动语态、名词、形容词，占36.5%。在这36.5%的用例中，多数用例出现了施事者，如在动词主动语态的句子中出现了施事者——名词以具格形式出现，在有些名词、形容词构成的句子中也出现了施事者，它们也以具格形式出现。

综上所述，梵、汉对勘《撰集百缘经》、《维摩诘经》、《金光明经》、《妙法莲华经》表示被动的“N所V”结构和含有“所”字的被动句式，我们认为，在汉译佛经中表示被动的“N所V”结构、含有“所”字的被动句式与它的平行梵文本里面表示被动语义的语法形式具有极强的一致性。因此，我们不能不看到梵文原典对于汉译佛经表示被动的“N所V”结构的影响，它是原典语言影响的产物，是原典表示被动语义的多种语法形式的对译。

结　语

在梵、汉对勘的基础上，我们穷尽性地调查了魏晋南北朝时期具有代表性的四部汉译佛经《撰集百缘经》、《维摩诘经》、《金光明经》、《妙法莲华经》在词汇、语法方面的几个专题，得到这样的认识：

1. 从四部汉译佛经的“新词新义及在世后文献中的留存情况”来看，佛经翻译丰富了汉语的词汇系统，增加了汉语的词汇量，尤其是一些新的外来词的产生，这是语言接触给汉语造成的影响，这是“从无到有”的改变——语言接触在词汇方面的表现即是如此。在四部汉译佛经中出现的新词，85.16%的词语仍然在后世的文献中使用；在四部汉译佛经中出现的新义，86.2%的词语新义仍然存留于后世的文献。

2. 从“表示复数的人称代词”、“‘S，N是’句型”、“‘V已’结构”、“表示被动的‘N所V’结构及相关形式”四个语法专题的研究来看，佛经翻译对于汉语语法系统的影响既有“从无到有”的改变，也有“从小到大”的改变。这些改变了的语法现象，有些在后世继续使用，有些则趋于消亡。

参考文献

陈秀兰，2003/2004/2008，《魏晋南北朝文与汉文佛典语言比较研究》，浙江大学博士后出站报告（2003）/韩国新星出版社（2004）/中华书局（2008）。

2009a，“S，N是”句型在梵、汉本《撰集百缘经》中的对勘，《中国语文》第6期。

2009b，《梵汉对勘研究〈撰集百缘经〉的副词》，香港国际学术文化资讯出版公司。

2009/2014，梵汉对勘研究《撰集百缘经》的“已”——兼论汉语完成貌词尾“已$_2$”的来源，汉译佛典语法研究国际研讨会暨第四届汉文佛典语言学国际学术研讨会论文（2009），收入《汉译佛典语言研究》，语文出版社（2014）。

2010/2012，梵汉对勘《撰集百缘经》表示复数的第一、二人称代词——兼论汉译本《撰集百缘经》的翻译年代，《圆融内外 综贯梵唐——第五届汉文佛典语言国际学术研讨会论文集》，花木兰文化出版社。

2013/2016，汉译佛典“S，N是”句的“是”表示判断——以梵、汉本《撰集百缘经》、《金光明经》、《维摩诘经》、《妙法莲华经》的对勘为例，《中国俗文化研究》第8辑（2013）；又载《汉语历史语言学的传承与发展——张永言先生从教六十五周年纪念文集》（2016），复旦大学出版社。

2017a，主观化与古代汉语“N所V”结构的双重身份，《宁波大学学报》（人文科学版）第1期。

2017b，梵汉对勘四部汉译佛经表示复数的人称代词，《汉语史研究集刊》第23辑，巴蜀书社。

陈秀兰、刘昌富，2016，梵汉对勘《撰集百缘经》、《维摩诘经》、《金光明经》、《妙法莲华经》表示被动的“N所V”结构及相关形式，《东亚文献研究》（韩国）第18辑。

陈秀兰、朱庆之，2014，试论翻译佛经对汉语辞汇的影响——以梵、汉本《撰集百缘经》的对勘为例，《东亚文献研究》第13辑。

2015，梵汉对勘《撰集百缘经》、《维摩诘经》、《金光明经》、《妙法莲华经》的“V已”结构——也论汉语完成貌词尾“已$_2$”的来源，《东亚文献研究》第15辑。

程亚恒，2012a，从藏缅语施助词看古汉语“（N）所V”句的性质——兼论古汉语“（N）所V”句的来源，《汉语史研究集刊》第15辑，巴蜀书社。

2012b，《〈魏书〉语法研究》，语文出版社。

戴庆夏、胡素华，2006，《汉语与少数民族语言语法比较》，民族出版社。

董秀芳，1998，重新分析与“所”字功能的发展，《古汉语研究》第3期。

段晴，2001，《波你尼语法入门》，北京大学出版社。

方一新、王云路，1993，《中古汉语读本》，吉林教育出版社。

方有国，2000，上古汉语“所”字与所字结构再研究，《汉语史研究集刊》第2辑，巴蜀书社。

何亮，2007，汉译佛典中的“所V”被动句来源小议，《古汉语研究》第3期。

洪诚，2000，《洪诚文集》，江苏古籍出版社。

黄宝生，2010，《梵语文学读本》，中国社会科学出版社。

2011，《梵汉对勘维摩诘所说经》，中国社会科学出版社。

2014，《梵语佛经读本》，中国社会科学出版社。

季羡林，1948/1982，《浮屠与佛》，《史语所集刊》第20本上册；又载《中印文化关系史论文集》，三联书店。

1956/1982，《原始佛教的语言问题》，载《印度古代语言论集》，中国社会科学出版社（1982）。

1958/1982，再论原始佛教的语言问题——兼评美国梵文学者佛兰克林·爱哲顿的方法论，载《印度古代语言论集》，中国社会科学出版社（1982）。

江蓝生，2003，语言接触与元明时期的特殊判断句，《语言学论丛》第28辑，商务印书馆。

姜南，2008/2011，《基于梵汉对勘的〈法华经〉语法研究》，北京大学博士论文（2008）/商务印书馆（2011）。

2010，汉译佛典“S，N是”句非系词判断句，《中国语文》第1期。

蒋绍愚，2001，《世说新语》、《齐民要术》、《洛阳伽蓝记》、《贤愚经》、《百喻经》中的“已”、“竟”、“讫”、“毕”，《语言研究》第1期。

2007，语言接触的一个案例——再谈“V（O）已”，《语言学论丛》第36辑，商务印书馆。

2009，也谈汉译佛典中的“NP1，NP2+是也/是”，《中国语言学集刊》第3卷第2期，中华书局。

李维琦，1993，《佛经释词》，岳麓书社。
1999，《佛经续释词》，岳麓书社。
梁启超，1920/2001，翻译文学与佛典，载《佛学研究十八篇》，上海古籍出版社。
梁晓虹，1986，论梵汉合璧造新词，《福建师范大学学报（哲学社会科学版）》第4期。
1994，《佛教词语的构造与汉语词汇的发展》，北京语言学院出版社。
2001，《佛教与汉语词汇》，佛光文化有限事业公司。
刘景农，1994，《汉语文言语法》，中华书局。
刘世儒，1957，略论魏晋南北朝系动词"是"字的用法，《中国语文》第12期。
龙国富，2002，《阿含经》"V+（O）+CV"格式中的"已"，《云梦学刊》第23卷第1期。
2005，从梵汉对勘看中古汉译佛经中的特殊判断句，"汉语史中的语言接触"国际学术研讨会，北京香山。
2007，汉语完成貌句式和佛经翻译，《民族语文》第1期。
2008，从梵汉对勘看早期翻译对译经人称代词数的影响，《外语教学与研究》第5期。
2013，《〈妙法莲华经〉语法研究》，商务印书馆。
罗世芳，1990，《梵语课本》，商务印书馆。
吕澂，1979，《印度佛学源流略讲》，上海人民出版社。
1981，《新编汉文大藏经目录》，齐鲁书社。
吕叔湘，1942/1982，《中国文法要略》，商务印书馆。
马建忠，1898/1983，《马氏文通》，商务印书馆。
梅祖麟，1981，现代汉语完成貌句式和词尾的来源，《语言研究》创刊号。
潘允中，1982，《汉语语法史概要》，中州书画社。
沈家煊，2001，语言的"主观性"和"主观化"，《外语教学与研究》第4期。
盛骤，2006，《概率论与数理统计》，上海交通大学出版社。
释惠敏、释赍因，1996/2012，《梵语初阶》，法鼓文化事业股份有限公司。
孙锡信，1992，《汉语历史语法要略》，复旦大学出版社。
汤用彤，1936/1983，《汉魏两晋南北朝佛教史》，中华书局。
唐钰明，1987，汉魏六朝被动式略论，《中国语文》第3期。
1992，中古"是"字判断句述要，《中国语文》第5期。
1993，利用佛经材料考察汉语词汇语法史札记，《中山大学学报》第4期。
太田辰夫，1987，《中国语历史文法》，蒋绍愚、徐昌华译，北京大学出版社。
1991，《汉语史通考》，江蓝生、白维国译，重庆出版社。
万金川，1998，《词义之争与义理之辨——佛教思想研究论文集》，正观出版社。

2005,《佛经语言学论集》,正观出版社。

汪维辉,1998,系词“是”发展成熟的时代,《中国语文》第2期。

王继红,2004/2014,《基于梵汉对勘的〈阿毗达磨俱舍论〉语法研究》,北京大学博士论文(2004)/中西书局(2014)。

王克仲,1982,关于先秦“所”字词性的调查报告,《古汉语研究论文集》,北京出版社。

王力,1958/1980,《汉语史稿》,中华书局。

吴福祥,1996,《敦煌变文语法研究》,岳麓书社。

吴金华,1983,试论“R为A所见V”式,《中国语文》第3期。

香坂顺一,1983/1997,《白话语汇研究》,江蓝生、白维国译,中华书局。

向熹,1993,《简明汉语史》(下),高等教育出版社。

辛岛静志,1997,汉译佛典的研究,《俗语言研究》第4期,禅籍俗语言研究会编。

1998a,汉译佛典的语言研究(二),《俗语言研究》第5期,禅籍俗语言研究会编。

1998b,《正法华经词典》,日本创价大学国际佛教学高等研究所。

2001,《妙法莲华经词典》,日本创价大学国际佛教学高等研究所。

许理和(Erik Zürcher),1959/1998,《佛教征服中国》(*The Buddhist Conquest of Chinese*),李四龙、裴勇等译,江苏人民出版社。

1977/1987,最早的佛经译文中的东汉口语成分,蒋绍愚译,《语言学论丛》第14辑,商务印书馆。

徐时仪,2000,《古白话词汇研究论稿》,上海教育出版社。

2007,《汉语白话发展史》,北京大学出版社。

严慈,1995 ,“A为N所D”也是判断句式,《古汉语研究》第3期。

杨伯峻、何乐士,2001,《古汉语语法及其发展》(下),语文出版社。

姚振武,1998,个别性指称与“所”字结构,《古汉语研究》第3期。

叶蜚声、徐通锵,1981/1988,《语言学纲要》,北京大学出版社。

俞理明,1993,《佛经文献语言》,巴蜀书社。

俞理明、顾满林,2013,《东汉佛道文献词汇新质研究》,商务印书馆。

遇笑容,2004,汉语语法史中的语言接触与语法变化,《汉语史学报》第4辑,上海教育出版社。

岳中奇,2012,“A为N所V”结构的功能及其渊源,《语言研究》第1期。

张华文,2000,试论东汉以降前置宾语“是”字判断句,《云南师范大学学报》第1期。

张美兰,2003,《〈祖堂集〉语法研究》,商务印书馆。

张永言,1982,《词汇学简论》,华中工学院出版社。

1992,《语文学论集》,语文出版社。

周达甫,1957,怎样研究梵汉翻译和对音,《中国语文》第4期。

周法高,1959,《中国古代语法:称代编》,台湾中研院历史语言研究所。

周一良,1947/1963,论佛典翻译文学,载《魏晋南北朝史论集》,中华书局。

朱冠明,2013,"为N所V"被动式再分析,《古汉语研究》第2期。

朱庆之,1990,佛经翻译与中古汉语二题,《中国语文》第2期。

1992,《佛典与中古汉语词汇研究》,文津出版社。

1993,汉译佛典语文中的原典影响初探,《中国语文》第6期。

1995,汉译佛典中的"所V"式被动句及其来源,《古汉语研究》第1期。

2001,佛教混合汉语初论,《语言学论丛》第24辑,商务印书馆。

2003,论佛教对古代汉语词汇发展演变的影响,《普门学报》第15、16期。

2013,汉语名词与人称代词复数标记的产生与粤方言人称代词复数标记"哋"的来源,第七届汉文佛典语言学国际学术研讨会论文(贵阳)。

2014,汉语名词和人称代词复数标记的产生与佛经翻译之关系,《中国语言学报》第16期,商务印书馆。

朱庆之、朱冠明,2006,佛典与汉语语法研究,《汉语史研究集刊》第9辑,巴蜀书社。

A.F.斯坦茨勒,1870/1996,《梵文基础读本》,季羡林译,段晴、钱文忠续补,北京大学出版社。

Cheung Samuel Hung-nin, 1977, Perfective particles in the Bian wen language, *Journal of Chinese linguistics*, 5, 1, pp.55–74.

Franklin Edgerton, 1953/2004, *Buddhist Hybrid Sanskrit Grammar and Dictionary*, 2 volumes, New Haven: Yale University Press.

Harbsmeier, Christoph, 1989, The classical Chinese modalparticale yi, proceedings of the Second International Conference on Sinology, Section on Linguistics and Paleography, Taipei, Academic Sinica, pp.475–504.

Heine, B. & Kuteva, T., 2005, *Language Contact and Grammatical Change*, Cambridge: Cambridge University Press.

J.S. 1886, *Sanskrit Syntax*, Leiden: Motilal Banarsidass.

Kuno, S., 1987, *Functional Syntax: Anaphora, Discourse and Empathy*, Chicago: University of Chicago Press.

M. Monier-Williams, 1899/2003, *A Sanskrit-English Dictionary*, Motilal Banarsidass Publishers Private Limited.Delhi.

词语索引

A

阿跋摩罗　30,125
阿鞞　20,125
阿昬陀药　25
阿伽跋罗　30,125
阿罗婆帝　30
阿尼曼陀　41,125
阿沙罗　8
阿私仙　25,125
阿维罗提　42
阿夷耑基耶今离　24,125
阿夷恬　77,125
阿夷行　77
爱觐菩萨　44
爱语　81,126
叆叇　124,126
安立行　44,126

B

拔济　92,126
拔提　112,116,126
拔提河　42,126
跋难陀王　30,126
白净　112,116,126
白乳　25,126
百年　122,126
百千万亿旋陀罗尼　71,126
般泥曰　98,126
般遮尸弃　30,126
般遮于瑟　81,127
办设　93,127
半祁鬼神　30,127
半支罗　31,127
宝成如来　57,127
宝池菩萨　45
宝殿　40,63
宝殿王　15
宝盖　113,115,116,127
宝光　8,20,127
宝华功德海琉璃金山光照如来　57,127
宝华功德海琉璃金山照明如来　57,127
宝华琉璃世尊　63,127
宝净　57
宝冥　20,127
宝甚持菩萨　45
宝生　40,128

宝胜　40,63,128
宝胜如来　57,128
宝盛　63
宝石殿　43
宝事　8,128
宝首　58,128
宝首菩萨　45,128
宝水菩萨　45,128
宝意　19,64,128
宝月　58,128
宝珠　113,116,128
宝幢菩萨　45,128
抱取　98,129
抱捉　98,129
悲慈　108,129
背丧　98,129
本德　89,129
坌散　93,129
坌污　81,98,129
崩背　98,129
逼切　93,129
俾沙阇罗耶如来　58
毕力迦　26,130
弊恶　123,130
弊垢　108,130
馝馚　111,130
编发　117
辩积菩萨　45,130
邠耨　21,130
邠耨文陀尼子　21,130
波多迦　8,20,130
波诃梨子　31,130
波瞿利王　15
波利质多罗　26,130
波利质多罗树　26,130
波罗罗　26,130
波罗罗华　26,130
波休迦旃　24,131
搏喇　99,131
不动　64,131
不共三昧　71,131
不毁根菩萨　45
不轻　45,131
不轻菩萨　45,131
不眴菩萨　46,131
不置远菩萨　46,131
布现　93,131

C

采拾　123,132
厕填　93,132
曾亦　6,132
差摩　21,64,132
差脱　99,132
禅那英鬼　31,132
缠绕　93,132
谄曲　99,132
忏　99,132
颤掉　99,132
长瓜　9,132
长爪　21,133
长庄严三昧　71,133
常不轻　46,133
常不轻菩萨摩诃萨　46,133

常惨菩萨　46,133
常精进　46,133
常举手菩萨　46,133
常立胜幡　40,133
常灭　64,133
常下手菩萨　47,133
常笑菩萨　47,134
常应菩萨　47,134
场地　81,134
唱言　89,99,134
超出　93,134
超世　99,134
巢窟　81,134
朝跪　99
瞋妬　108,134
尘染　93,134
承揽　99,134
诚乐仰菩萨　47
痴妄　99,134
驰疾　99,134
持国天王　31,134
持人　47,135
持人菩萨　47,135
持水　113,135
充洁　108,135
充洽　100,135
愁念　100,135
愁热　100,135
詶对　77,100,135
除降　100,135
除疑意　19,135
触恼　93,135
触娆　93,135
船匠　77,135
疮胗　100,136
床脚　81,136
垂布　100,136
垂怜　108,136
唇口　82,136
蠢蠢　124,136
慈力　82,136
慈氏菩萨　47,136
辞穷理屈　111,136
麤强　108,136
麤涩　108,136
麤食　82,136
村落　82,136

D

达到　94,137
打染　100,137
大宝庄严　75,137
大悲　117,137
大辩天　31,137
大辩天神　31,137
大波那罗　19,137
大成　118,137
大梵尊天　31,137
大高王　75,137
大净菩萨　47,138
大炬如来　58,138
大乐说菩萨　48,138
大乐说菩萨摩诃萨　48,138
大力　113,116,138

大曼陀罗 26,138
大目邻山 42,138
大势佛 64,138
大势至菩萨 48,138
大天 115,138
大通智胜 64,138
大通智胜佛 64,138
大通智胜如来 58,139
大威德藏三昧 72,139
大相 121,139
单己 77,139
噶婆罗 9,21,139
噶婆罗鬼 9
噶行 100
蹈七宝华佛 64,139
蹈七宝华如来 58,139
得大势菩萨摩诃萨 48,139
得勤精进力菩萨 48,139
灯明 82,139
灯王菩萨 48,139
等增益 31,140
滴水菩萨 49
帝幢 65,140
谛心 82,140
顶戴 94,140
定化王菩萨 49,140
兜楼婆 26,140
度生死海 65
度一切世间苦恼 65,140
多发 31,140
多摩罗 117,140
多摩罗跋栴檀香如来 59,140
多摩罗跋栴檀香神通 65,140
多摩罗栴檀之香 65,140
多醯波醯 32,141
夺一切众生精气 32,141
堕胎 100,141

E

恶毒 122,141
恶见 9,141
恶奴 9
儿妇 77,141
儿息 77,141

F

发爪 82,141
乏短 108,141
法护 19,141
法护王 15
法明 119,141
法明如来 59,142
法音方便陀罗尼 71,142
法造菩萨 49,142
法自在菩萨 49,142
法作菩萨 49,142
返更 6,142
贩买 100,142
梵摩 113,142
梵摩达多 15,142
梵摩达王 15,142
梵摩王 15,142
梵水菩萨 49
梵相 65,142

梵行　119
梵豫　15,142
梵豫王　16,143
妨废　94,143
肥壮　108,143
粪屎　82,143
风神　80,143
缝补　94,143
缝治　100,143
奉拜　101,143
奉觐　94,143
奉养菩萨　49
佛月　80,143
敷施　123,143
弗沙　65,143
沸踈　9
伏首　101,144
扶侍　123,144
浮海　9
福楼那　24
福土菩萨　49
负梨　9,144
富兰那　25,144
富那　9
富那跋陀　32,144
富那奇　9,32,144
覆荫　94,144

G

干燋　109,144
干竭　94,144
盖覆　94,144
盖障　90,144
罣帝　32,144
各各皆　6,145
各各竟共　6
更返　6
功德　117,145
功德华光　44,145
功德天神　32,145
功德意　10
垢腻　82,145
固受　59
观顶王　16
观睹　101,145
观看　101,145
管理　94,145
光净　21,145
光净菩萨　50,145
光净童子　21,145
光螺　82,146
光明庄严　40,146
光造菩萨　50,146
光照庄严相菩萨　50,146
规略　101,146
桂香　26
过状　90,146

H

海生　10
含香　10,66
好成　40,146
好净　109,146
号嘑　101,146

诃利帝南 32,146
合土 121,146
涸竭 101,146
黑齿 117,147
黑风 83,147
佷戾 111,147
恒伽 43,147
恒伽达 10,147
恒伽河 43,147
蘅华 83,147
厚煖 109,147
护安 101,147
护国 19,21,147
护养 101,147
花鬘/华鬘 83,147
花盛 66
华齿 33,147
华德菩萨 50,148
华光 119,148
华光佛 66,148
华足安行多陀阿伽度 66,148
化灭 101,148
怀戢 101
坏一切世间怖畏 66,148
欢喜国 40,148
还报 123,148
还达 94,148
还回 101,148
环圳 83,148
幻士 77,149
幻事 83,149
浣染 102,149
荒闷 109,149
黄头大神 33,149
惶荒 109,149
晖曜/晖耀 102,149
会同 123,149
毁悴 95,149
慧德 90,149
慧作斯 59

J

基陛 83,150
吉善 113,150
急厄 109,150
急缘 83,150
集唤 95,150
集一切功德三昧 72,150
给济 95,150
嫉慢 109,150
济乏 102,150
寂根菩萨 50,150
罽宾 16
罽宾宁 21
罽宾宁王 16,22
鱭喇 102
加报 102,150
加那加牟尼 66
加尸育衣 29
伽翅 16,150
伽翅王 16
伽尸 22
伽尸孙陀利 10,151
伽耶 42,151

迦翅　16
迦翅王　16,151
迦罗迦孙陀　66,151
迦毘罗卫国　40,151
迦尸孙陀利　22
迦孙陀　67
奸鬪　102,151
奸淫　102,151
坚牢地神　33,151
坚满菩萨　50,151
犍沓和　80,151
犍驮　80,151
减割　95,151
见正邪菩萨　50,151
建行　102,152
剑摩舍帝　33,152
健夫　77,152
鉴达　102,152
箭头　83,152
将来世　83,152
降愈　102,152
骄萨罗国　40,152
燋然　123,152
劫贼　77,152
解一切众生语言三昧　72,152
界分　84,152
借索　95,153
金百光明照藏如来　59,153
金宝盖山王如来　59,153
金地　118,153
金刚际　84,153
金刚密迹　33,153
金光　113,119,153
金光明　121,153
金光明经　76,153
金光明菩萨　51,153
金光照如来　60,153
金华焰光相如来　60,154
金结菩萨　51
金龙　113,154
金龙尊　16,154
金轮璎珞　67
金色　113,116
金色发神　33,154
金山宝盖如来　60,154
金焰光明如来　60,154
金藏菩萨　51,154
金照　42,154
金幢　118,154
矜伤　109,154
尽耗　102,154
经论　84,155
惊疑　109,155
精进力　119,155
净除　121,155
净德三昧　72,155
净德王　17,155
净梵王　33,155
净光庄严国　40,155
净好　109,155
净华宿王智佛　67,155
净解菩萨　51,155
净软　109,155
净色三昧　72,155

净身多陀阿伽度 67,155
净行 119,156
净藏 114,156
净藏三昧 72,156
净照明三昧 73,156
净幢 42,156
鸠留先 67
究槃荼 34,156
救摄 95,156
救一切 34,156
拘鞞陀罗树 26,156
拘那罗 19,156
拘那罗鸟 29,156
拘昆罗国 41
拘尸那城 42,157
举置 95,157
具足千万光相如来 60,157
军陀遮 34,157

K

开度 95,157
开敷 102,157
考打 103,157
渴病 84,157
扣打 95,157
苦谏 103,157
狂醉 111,157
窥音菩萨 51
溃烂 103,157

L

劳尘 90,158
劳厄 90
劳垢 90,158
劳秽 90,158
老迈 111,158
勒那树 27,158
梨车 10
梨军支 10,22
离垢 119,158
离衰 75,158
里陌 84,158
力尊相 17,158
力尊相王 17,158
立住 103,158
利大鬼神 34,158
莲荷 84,158
莲花王 17,158
莲华 115,159
莲华净菩萨 51,159
临统 95,159
领带 84,159
流水 114,159,
六物 121,159
恍惊 111,159
楼陀 11
楼由如来 60,159
漏脱 103,159
鹿麋 84,159
路次 84,159
路伽耶陀 84,160
论场 85,160
论师 78,160
论士 122,160

M

满贤　11,67
满愿　67
曼殊沙　27,160
曼陀华　27,160
茂脂　34,160
每常　7,160
每曾　7,160
每自　7,160
美膳　85,160
美香　85,160
门钩　85,160
梦幻　90,161
猕猴河　43,161
眠目　103,161
眠眼　103,161
妙法　117,161
妙法华经　76,161
妙法莲华　76,161
妙法莲华经　76,161
妙光　119,161
妙声　116,120,161
妙音　120,161
妙音遍满　75,162
妙庄严　115,162
妙庄严王　17,162
妙幢相三昧　73,162
名号　122,162
名相　120
名相如来　60,162
明解　95,162
明施菩萨　51
明天菩萨　51,162
冥尘　90,162
摩诃波那罗　19,162
摩诃伽吒　34,162
摩诃离瞿耶娄　25
摩诃罗陀　17,162
摩诃曼殊　27,162
摩诃弥楼山　43,162
摩诃婆那　118,163
摩诃提婆　115,163
摩竭婆罗　34,163
摩那答陀　11,163
摩尼跋陀　34,163
摩尼乾陀　35,163
末利华　27,163
母乳　85,163
目见菩萨　52,163
目邻　43,163
目真邻王　35,164
募索　95,164

N

那罗　22,42,85,164
那罗达多　22,164
那罗罗阇　35,164
那罗延天　35,164
那婆摩利　27,164
恼急　103,164
尼楗子　78,164
尼连河　43,164
逆路伽耶陀　85,164
怒害　103,164

女夫　78,164
女郎　78,164

P
排置　95,165
槃头末帝　17,165
槃陀罗　11
槃遮耶王　17
刨　95,165
帔服　85,165
喷洒　103,165
毘阇耶　44
毘沙门天　35,165
毘舍阇　35,165
毘舍阇鬼　36,165
毘舍呿　78
毘提　18
毘阎婆　67
疲厌　103,165
匹对　78,165
圮坼　104,165
贫剧　109,165
贫聚　86,165
贫穷子　78,165
婆持加　11
婆利师迦　27,166
婆那利神　36,166
破落　104,166
菩萨净三昧　73,166
普闭菩萨　52
普各　7,166
普香天子　36,166

Q
妻子妇　78
欺伪　104,166
祁那娑婆　36
奇快　109,166
祇桓林　44,166
乞索　96,166
器杖　86,166
牵捉　104,166
乾闼婆王　36,167
箧藏　86,167
青莲花　116,167
青目优钵罗华香山如来　61,167
清德　90,167
情理　86,167
丘坑　86,167
囚禁　104,167
求法　115
求名　120,167
求名菩萨　52,167
瞿弥　11,167
瞿沙　11,167
曲齿　36,167
券疏　86,168

R
染尘　90,168
人乘菩萨　52
人根　91,168
人吉遮　36,168
仁意　91,168
忍受　96,168

任当　7,168
纴针　104,168
日星宿三昧　73,168
日旋三昧　73,168
日月灯明佛　68,168
日月光　68,168
日月净明德如来　61,168
如愿　114
濡首菩萨　52,168
濡语　86,169
汝等辈　5,169
乳哺　122,169
若达多　11

S

洒散　96,169
色貌　86,169
僧伽梨衣　29,169
山海慧自在通王佛　68,169
山海慧自在通王如来　61,169
善爱　11,22,37,169
善爱王　37,169
善断菩萨　52
善多菩萨　52,170
善好　112,170
善集　18,170
善集王　18,170
善寂大城　86,170
善见　12,170
善面　18
善面王　18,170
善女天　37,170
善生　20,170
善贤　12,170
善宿　20,22,170
善宿菩萨　52,170
善眼菩萨　53,171
善意　114,171
善意谏菩萨　53
善意菩萨　53,171
商主　78,171
赏募　96,171
上律　86,171
上审菩萨　53
上行　120,171
上行意菩萨　53,171
绍嗣　96,171
奢罗蜜帝　37,171
阇提　27,171
阇提华　28,171
舍尸　37
舍无业菩萨　53
设计　104,172
射戏　104,172
涉路　104,172
呻号　114,116
呻号子　12
深妙菩萨　53,172
深邃　109,172
神容　87,172
神通游戏三昧　73,172
生死　117
生死苦　12
胜处　87,172

胜邪菩萨 53
圣尊 81,172
尸毘 18,172
尸毘王 18,172
尸婆 22,172
师僧 79,172
师子雷音菩萨 54,172
师子响 61,173
师子相 68,173
施伐 104
十綖 68
石磨王菩萨 54,173
石沙 87,173
释宫 122,173
誓愿 123,173
首闭菩萨 54
首怀菩萨 54
首立菩萨 54,173
蹠缺/踈缺 104,173
竖立 96,173
率合 104,173
水光菩萨 54,173
水空 12,173
水空龙藏 12,173
水生 44,174
水音尊 42,174
水藏 12,174
顺忍 104,174
说法师 79,174
思佛 12,174
斯等 6,174
死去 104,174
四归 91,174
四魔 81,174
四思 123,174
寺主 79,175
送来 105,175
送与 96,175
苏摩那华 28,175
酥蜜 87,175
俗利 91,175
俗缘 87,175
宿习 122,175
算师 79,175
随喜 105,175
孙陀利 12,20,23,175
娑伽罗王/娑竭罗王 37,175
娑罗花/娑罗华 28,176
娑罗花会 87
娑罗树王 120,176
娑罗双树 44,176
索取 105,176

T

太清 118
贪贫 110,176
昙摩跋罗 37,176
檀智 91,176
弹鼓 96
弹扣 105,176
唐自 7,176
涕哭 105,176
天道 118,177
天律 123,177

天自在光王 18,177
调化 96,177
调正 96,177
跳踯 105,177
通夜 87,177
痛畏 110,177
偷人 79,177
头波变 61
头波变如来 61
头数 91,177
涂治 97,177
吐罗树 28
团 122,177

W

窊曲 110,177
婉妙 110,178
尪弱 110,178
亡没 105,178
惘然 124,178
威德 114,117
威德炽王 38,178
威颜 87,178
威音王 68,178
威音王佛 68,178
威音王如来 61,178
微妙声佛 68,178
微少 124,178
为人所敬 23
为人所敬仰 23
韦陀经 76,178
韦陀罗 38,178
违驮天神 38,179
乌摩勒伽 38,179
污意 91,179
无边行 54,179
无等等阿耨多罗三藐三菩提心 87,179
无垢炽宝光明王相如来 62,179
无量 120,179
无量无数 111,179
无量义处 73,179
无量义处三昧 74,179
无胜 69,179
无厌足 38,179
五罚世 87
五热 88,180
五衍 91,180
舞戏 105,180
兀手 13,23,180

X

喜不自胜 112,180
喜根菩萨 54,180
喜满 75,180
遐鉴 110,180
先比卢特 25
鲜白 110,180
贤面 13,180
贤柔 110,180
贤善 114
贤者女 79
贤者子 79,180
显现 105,180
幰盖 88,181

现一切色身　74,181
现一切色身三昧　74,181
现一切世间　41,181
香积　69,181
香积佛　69,181
香积如来　62,181
香净　38
香身　23,181
香水　88,181
香烟　88,181
香云　88,181
详序　110,181
降弃　97,181
降调　105,181
相积严菩萨　55
邪观　91,182
斜戾　110,182
心珠立菩萨　55
欣庆　105,182
信命　122,182
信相　20,55,182
信相菩萨摩诃萨　55,182
星像　88,182
惺悟　106,182
凶戏　88,182
休济　106
修福　106,182
修伽　13
修善意　13
宿王戏三昧　74,182
绣利蜜多　38,182
须拔陀　13,23,183
须达多　13,183
须曼那　13,183
须漫那　13
须弥灯王如来　62,183
须弥顶　69,183
须弥幡　41,183
须弥幡国　41
须摩　13,183
须摩那　23,183
须摩那衣　29
须提　18
须提王　19,183
虚空藏菩萨　55,183
虚空住　69,183
欻然　7,183
宣护　97,184
悬岸　89,184
悬险　110,184
学堂　89,184
薰陆　28,184
寻更　7,184
训化　97,184

Y

雅步　106,184
严土菩萨　55,184
炎气　41
阎浮金光　69,184
阎浮那提金光如来　62,184
阎浮檀金幢光照明如来　62,184
阎摩罗王　38,184
演敷　106,185

厌恶　110,185
厌离　97,185
宴坐　97,185
央掘摩罗　39,185
鸯掘摩罗　13,185
妖姿　89,185
药王佛　69,185
药王如来　62,185
耶奢　24,185
耶奢蜜多　14,185
业风　91,185
夜叉吉遮　39,185
夜光宝　89,185
一切净功德庄严三昧　74,186
一切众生喜见佛　70,186
一切众生喜见如来　63,186
一切众生憙见菩萨　55,186
伊罗拔河　43
伊罗钵龙　39,186
伊罗钵王　39,186
怡解　106,186
义味　92,186
忆望　97,186
邑会　89,186
益更　7,186
意乐国　41,186
意情　92,186
阴冥　110,187
姻婚　92,187
殷重　111,187
银光　14,187
银相　14,187
引伏　106,111,187
引负　106,187
引挽　106,187
营理　97,187
营务　106,187
佣力　106,187
勇意菩萨　56,187
踊悦　106,187
优钵罗花/优钵罗华　28,187
优昙钵罗　29,188
忧留频螺迦叶/优楼频螺迦叶　23,188
由故　7,188
有意　115,188
佑除　107
佑化　97
窳惰子　79
窳子　79
浴洗　97,188
遇到　97,188
缘务　89,188
远彻　107,188
怨祷　107
怨嫉　111,188
乐神　81,188
乐忻　63
月盖　14,188
月盛菩萨　56
云雷音宿王华智多陀阿伽度　70,189
云雷音宿王华智佛　70,189
云雷音王多陀阿伽度　70,189
云雷音王佛　70,189
云自在　70,189

云自在灯王　70,189
云自在王　71
殒死　107,189

Z

造化菩萨　56,189
造诣　97,189
增意　116,189
债索　107,189
旃陀　118,189
栴檀佛　71,189
栴檀香　114,120,190
栴檀香身　24
瞻待　107,190
慞惶　111,190
长宿　80,190
长益　107,190
遮罗　14
针发鬼神　39,190
针綖　89,190
真珠鬘　14
甄迦罗　6,190
征罚　107,190
正观菩萨　56,190
正觉　121
正愿至菩萨　56
证际　92,190
净竞　107,191
净怒　107,191
支罗摩伽　39
执劳　107,191
制魔菩萨　56
智印三昧　74,191
蛭驶　14
众宝庄严　14,24
众手菩萨　56
众香　118,191
众像见　56
周惠　98,191
周竟　98,191
周讫　107,191
周陀　24,191
珠结菩萨　57
珠鬘　15,89,191
柱根　89,191
转轮　122,191
庄严其身释迦如来　63,191
庄严王三昧　75,191
捉持　98,192
谘禀　107,192
谘启　108,192
自利利他　112,192
自然智　92,192
走诣　98,192
族望　80,192
族姓女　80,192
最后身　80,192
最胜　71,192
罪垢　92,192
罪业　92,192
作唱　98,192

音译词词表

阿跋摩罗 apasmāraka
阿鞞
阿伽跋罗
阿罗婆帝 aṭāvaka
阿尼曼陀
阿沙罗
阿维罗提 abhirati
阿夷恬 ādikarmika
阿夷耑基耶今离 ajita keśakambala
拔提
般泥曰 parinirvṛta
般遮尸弃 pañcaśikha
般遮于瑟 pañcavārṣika
半支罗
毕力迦
邠耨 pūrṇa
波多迦
波诃梨子 prahrāda
波利质多罗 pārijātaka
波罗罗 pāṭala
波休迦旃 kakuda kātyāyana
差摩 kṣemā/kṣemaṅkara
忏
嚪婆罗 jāmbāla
兜楼婆 turuṣka
多摩罗 tamālapatra
多醯波醯
梵摩达多 brahmadatta
梵豫 brahmadatta
梵摩 brāhmaṇa
奉养菩萨 puṣya bodhisatva
弗沙 puṣya
沸疏 puṣya
福楼那 purāṇa
负梨 bhūti
富兰那 pūraṇa
富那
富那跋陀 pūrṇabhadra
富那奇
罣帝 kuntī
诃利帝南 hārītī
恒伽
恒伽达 gaṅgika
罽宾 kapphiṇa
罽宾宁 kapphiṇa
加那加牟尼 kanakamuni

伽翅
伽尸 kāśikasundarī
伽尸孙陀利 kāśisundarī
伽耶 gayā
迦翅 kṛkin
迦罗迦孙陀 krakucchanda
迦孙陀 krakucchanda
犍沓和
犍驮 stabdha/skabdha
剑摩舍帝 kāmaśreṣṭha
鸠留先 krakucchanda
究槃荼 kumbhāṇḍa
拘那罗 kuṇāla
军陀遮
梨车
梨军支 lekuñcika
楼陀
路伽耶陀 lokāyata
笼脂 namuci
曼殊沙 mañjūṣaka
摩诃波那罗 mahāpraṇāda
摩诃伽吒 mahākāla
摩诃离瞿耶娄 maskarin gośālīputra
摩诃罗陀 mahāratha
摩诃曼殊
摩诃婆那 mahāpraṇālin
摩诃提婆 mahādeva
摩竭婆罗 markaṭa vāli
摩那答陀 mānastabdha
摩尼跋陀 maṇibhadra/māṇibhadra
摩尼乾陀 maṇikaṇṭha
目邻 mucilinda
那罗 nālada/nāḍakanthā/naṭanṛttaka
那罗达多 nālada
那罗罗阇
那婆摩利 navamālikā
逆路伽耶陀 (vāma-)lokāyatika
槃头末帝 bandhumat
槃陀罗
毘阇耶 vaijayanta
毘舍阇 piśācī/piśācaka
毘舍呿 viśākha
毘提 videha
毘阎婆 bhāgīratha
婆持加 vaḍika
婆利师迦 vārṣika
祁那娑婆 jinarṣabha
瞿弥
瞿沙 rohiṇa
若达多
阇提 jāti
奢罗蜜帝
舍尸
尸毘 śibi
尸婆
孙陀利 sundara/sundaraka/kāśisundara/kāśisundarī
昙摩跋罗 dharmapāla
头波变 duṣprasaha
韦陀罗 vetāḍa
乌摩勒伽 umāraka
先比卢特 saṁjaya vairāṣṭrikaputra
修伽
绣利蜜多 sūryamitra

须拔陀 subhadra
须达多
须曼那 sumanā
须漫那
须摩
须摩那 sumanas
须提
薰陆 kunduruka
央掘摩罗
鸯掘摩罗 aṅgulimāla
耶奢
耶奢蜜多 yaśomitra
夜叉吉遮 yakṣakṛtya
优昙钵罗 audumbara
忧留频螺迦叶 / 优楼频螺迦叶
uruvilvakāśyapa
遮罗
旃陀 caṇḍā
甄迦罗 kaṅkara
支罗摩伽
蛭驶 tiṣya
周陀 cunda

梵汉合璧词词表

阿昏陀药
阿私仙
阿夷行 ādikarmika
爱觐菩萨 priyadarśana bodhisatva
拔提河 nadī ajiravatī
跋难陀王 nāgendra upanandaka
百千万亿旋陀罗尼 koṭīśatasahasrāvartā dhāraṇī
半祁鬼神 pāñcika
宝池菩萨
宝甚持菩萨 bodhisatva mahāsatva ratnolkādhāri
宝首菩萨
宝水菩萨
宝幢菩萨
俾沙阇罗耶如来 bhaiṣajyarāja tathāgata
辩积菩萨 bodhisatva mahāsatva pratibhānakūṭa
邠耨文陀尼子 pūrṇa maitrāyaṇīputra
波利质多罗树 pārijāta
波罗罗华 pāṭala
波瞿利王
不共三昧 apkṛtsnasamādhi
不毁根菩萨 apratihatacakṣus bodhisatva
不轻菩萨
不眴菩萨 animiṣa bodhisatva
不置远菩萨
禅那英鬼
长庄严三昧
常不轻菩萨摩诃萨 sadāparibhūta bodhisattva mahāsattva
常惨菩萨 bodhisatva mahāsatva nityotkaṇṭhita
常举手菩萨 bodhisatva mahāsatva nityotkṣiptahasta
常下手菩萨 bodhisatva mahāsatva nityotpalakṛtahasta
常笑菩萨 bodhisatva mahāsatva nityaprahasita
常应菩萨 satatodyukta bodhisatva mahāsatva
诚乐仰菩萨 satyanandin bodhisatva
持人菩萨 jagatindhara bodhisatva
慈氏菩萨 maitreya bodhisatva mahāsatva
大波那罗 mahāpraṇāda
大梵尊天 brahmendra

大净菩萨 bodhisatva mahāsatva mahāvyūha
大乐说菩萨 mahāpratibhāna bodhisattva mahāsattva
大乐说菩萨摩诃萨 mahāpratibhāna bodhisattva mahāsattva
大曼陀罗
大目邻山 mahāmucilinda
大势佛 buddha mahānubhāva
大势至菩萨 mahāsthāmaprāpta bodhisatva mahāsatva
大通智胜佛 mahābhijñājñānābhibhū tathāgata arhat saṁyaksaṁbuddha
大威德藏三昧 mahātejogarbha samādhi
噉婆罗鬼 jāmbāla
蹈七宝华佛 saptaratnapadmavikrāntagāmin tathāgata arhat saṁyaksaṁbuddha
得大势菩萨摩诃萨 mahāsthāmaprāpta bodhisattva mahāsattva
得勤精进力菩萨 vīryabalavegaprāpta bodhisattva mahāsattva
灯王菩萨
滴水菩萨
定化王菩萨 bodhisatva mahāsatva samādhivikurvaṇarāja
多摩罗跋栴檀香如来 tamālapatracandanagandha tathāgata
多摩罗跋栴檀香神通 tamālapatracandanagandhābhijña
多摩罗栴檀之香 tamālapatracandanagandha
法音方便陀罗尼 sarvarutakauśalyāvartā dhāraṇī
法造菩萨 bodhisatva mahāsatva dharmaketu
法自在菩萨 bodhisatva mahāsatva dharmesvara
法作菩萨 dharmavikurvaṇa bodhisatva
梵摩达王 rājan brahmadatta
梵摩王
梵水菩萨
梵相 brahmadhvaja
梵行 brahman
梵豫王 brahmadatta rājan
福土菩萨 puṇyakṣetra bodhisatva
光净菩萨 bodhisatva mahāsatva prabhāvyūha
光造菩萨 bodhisatva mahāsatva prabhāketu
光照庄严相菩萨 vairocanaraśmipratimaṇḍitadhvajarāja bodhisattva mahāsattva
恒伽河
华德菩萨 padmaśrī boddhisattva mahāsattva
华足安行多陀阿伽度 padmavṛṣabhavikrāmin tathāgata
集一切功德三昧 sarvapuṇyasamuccayasamādhi
寂根菩萨 śāntendriya bodhisatva
罽宾宁王 rājan mahākapphiṇa/kapphiṇa
加尸育衣 kāśikavastra
伽翅王
迦翅王 rājan kṛkin
迦毘罗卫国 kapilavastu

坚满菩萨 dhṛtiparipūrṇa bodhisattva mahāsattva
见正邪菩萨 bodhisatva mahāsatva samaviṣamadarśin
骄萨罗国 kośala janapada
解一切众生语言三昧 sarvaru-takauśalyasamādhi
金光明菩萨 suvarṇaprabhāsottama bodhisattva
金结菩萨 suvarṇacūḍa bodhisatva mahāsatva
金藏菩萨 suvarṇagarbha bodhisattva
净德三昧 vimaladattasamādhi
净梵王 brahmendra
净华宿王智佛 kamaladalavimalanakṣa-trarājasaṁkusumitābhijña tathāgata arhat saṁyaksaṁbuddha
净解菩萨 sukhādhimukta bodhisatva
净色三昧
净身多陀阿伽度 vimalanetra tathāgata
净藏三昧 vimalagarbhasamādhi
净照明三昧 vimalabhāsa samādhi
拘鞞陀罗树 kovidāra
拘那罗鸟 kuṇāla
拘毘罗国 kauravya janapada
拘尸那城 kuśinagarī
窥音菩萨
勒那树
莲华净菩萨 padmaśrīgarbha bodhisatva mahāsatva
楼由如来 roca tathāgata
曼陀华 māndārava
妙幢相三昧 dhvajāgrakeyūrasamādhi
明施菩萨
明天菩萨 vidyud-deva bodhisatva
摩诃弥楼山 mahā meru
末利华 mallikā
目见菩萨 pratyakṣadarśin bodhisatva
目真邻王 nāgendra mucilinda
那罗延天 nārāyaṇa
尼犍子 nirgrantha jñātiputra
尼连河 nairañjana
槃遮耶王 pañcālarāja
毘沙门天 vaiśravaṇa
毘舍阇鬼 piśācī/piśācaka
婆那利神 praṇālin
菩萨净三昧
普闭菩萨 samantagupta bodhisatva
祇桓林
乾闼婆王 gandharvakāyikadevaputra
青目优钵罗华香山如来 prasannava-danotpalagandhakūṭa
求名菩萨 yaśaskāma bodhisattva
人乘菩萨 nārāyaṇa bodhisatva
人吉遮 manuṣyakṛtya
日星宿三昧 nakṣatratārāditya samādhi
日旋三昧 sūryāvartasamādhi
日月灯明佛 candrasūryapradīpa tathāgata arhatsaṁyaksaṁbuddha
濡首菩萨 mañjuśrī kumārabhūta bodhisat-va mahāsatva
僧伽梨衣 saṁghāṭī
善断菩萨 suvinīta bodhisatva
善多菩萨 subāhu bodhisatva

善宿菩萨 sunakṣatra bodhisatva
善眼菩萨 sunetra bodhisatva
善意谏菩萨 sumati bodhisatva mahāsatva
善意菩萨 sumati bodhisatva
上审菩萨
上行意菩萨 viśiṣṭacāritra boddhisattva
阇提华 jātika
舍无业菩萨 anārambaṇadhyāyin bodhisatva mahāsatva
深妙菩萨 gambhīrabuddhi bodhisatva
神通游戏三昧 ṛddhivikrīḍitasamādhi
胜邪菩萨 mārajita bodhisatva mahāsatva
尸毘王 śibi rājan
师子雷音菩萨 siṁhaghoṣābhigarjitasvara bodhisatva mahāsatva
师子响 siṁhaghoṣa
师子相 siṁhadhvaja
石磨王菩萨 śailaśikharasaṁghaṭṭanarāja bodhisatva mahāsatva
首闭菩萨 śrīgupta bodhisatva
首怀菩萨
首立菩萨 śrīkūṭa bodhisatva
水光菩萨
苏摩那华 sumanā
娑伽罗王/娑竭罗王 nāgendra sāgara
娑罗花/沙罗华 sālapuṣpa
娑罗花会 sālabhañjikā
娑罗树王 śālendrarāja
娑罗双树 yamakaśālavana
檀智
头波变如来 duṣprasaha tathāgata
吐罗树 sthūlakoṣṭhakīya vanaṣaṇḍa
威音王佛 bhīṣmagarjitasvararāja tathāgata arhat saṁyaksaṁbuddha
韦陀经 veda
违驮天神
无等等阿耨多罗三藐三菩提心 asamasamā anuttarā saṁyaksaṁbodhi citta
无量义处三昧 anantanirdeśapratiṣṭhāna samādhi
喜根菩萨 bodhisatva mahāsatva pramuditendriya
现一切色身三昧 sarvarūpasaṁdarśana samādhi
相积严菩萨 lakṣaṇakūṭa bodhisatva mahāsatva
心珠立菩萨 maṇikūṭarāja bodhisatva
信相菩萨摩诃萨 ruciraketu bodhisattva
宿王戏三昧 nakṣatrarājavikrīḍitasamādhi
须弥灯王如来 merupradīparāja tathāgata
须弥顶 merukūṭa
须弥幡 merudhvajā
须弥幡国 merudhvajā lokadhātu
须摩那衣 sumanas kañcukā
须提王
虚空藏菩萨 bodhisatva mahāsatva gaganagaṁja
严土菩萨 kṣetrālaṁkṛta bodhisatva mahāsatva
阎浮金光 jāmbūnadābhāsa
阎浮那提金光如来 jāmbūnadaprabhāsa tathāgata
阎浮檀金幢光照明如来 suvarṇajambudhvajakāñcanābha tathāgata

阎摩罗王

一切净功德庄严三昧 sarvaguṇālaṁkāravyūha samādhi

一切众生喜见佛 sarvasattvapriyadarśana tathāgata arhat saṁyaksaṁbuddha

一切众生憙见菩萨 sarvasattvapriyadarśana boddhisattva mahāsattva

伊罗拔河 nadī ajiravatī

伊罗钵龙 airāvaṇa nāga

伊罗钵王 nāgendra elāpatra

勇意菩萨 siṁhamati bodhisatva

优钵罗花/优钵罗华 utpala

月盛菩萨 candrottara bodhisatva

云雷音王多陀阿伽度 meghadundubhisvararāja tathāgata

云雷音王佛 meghadundubhisvararāja tathāgata arhat saṁyaksaṁbuddha

云雷音宿王华智多陀阿伽度 jaladharagarjitaghoṣasusvaranakṣatrarājasaṁkusumitābhijña tathāgata

云雷音宿王华智佛 jaladharagarjitaghoṣasusvaranakṣatrarājasaṁkusumitābhijña tathāgata arhat saṁyaksaṁbuddha

造化菩萨

栴檀佛

栴檀香 candana

正观菩萨 samadarśin bodhisatva mahāsatva

正愿至菩萨 bodhisatva mahāsatva praṇidhiprayātaprāpta

制魔菩萨 mārapramardin bodhisatva mahāsatva

智印三昧 jñānamudrāsamādhi

众手菩萨

珠结菩萨 maṇicūḍa bodhisatva mahāsatva

庄严其身释迦如来 samalaṁkṛtaśarīra śākyamuni tathāgata

庄严王三昧 vyūharājasamādhi

仿译词词表

宝盛 ratnottama

宝事 ratnākara

宝意 ratnamati

宝月 ratnacandra

常不轻 sadāparibhūta

常灭 nityaparinirvṛta

大炬如来 mahāpradīpa tathāgata

大天 mahādeva

大通智胜 mahābhijñājñānābhibhū

大通智胜如来 mahābhijñājñānābhibhū tathāgata arhat saṁyaksaṁbuddha

帝幢 indradhvaja

法护 dharmapāla

法明如来 dharmaprabhāsa tathāgata

光净 prabhāvyūha

花盛 padmottara

华齿 puṣpadantī

华光佛 padmaprabha tathāgata

金光照如来 suvarṇaśataraśmiprabhāsagarbha tathāgata

金华焰光相如来 suvarṇapuṣpajvalaraśmiketu tathāgata

金幢 suvarṇavarṇadhvaja

净行 viśuddhacāritra

净藏 vimalagarbha

净幢 virajadhvaja

满贤 pūrṇabhadra

名相如来 śaśiketu tathāgata

普香天子 samantagandha devaputra

善爱 supriyā/supriya

善集 susaṁbhava

善集王 susaṁbhava rājan/susaṁbhava rāja

随喜 anumodita/anumodana

威音王 bhīṣmasvara rāja

威音王如来 bhīṣmagarjitasvararāja tathāgata

无边行 anantacāritra

五热 pañcatapas

喜满 ratiprapūrṇa

香积 gandhottamakuṭa

香积佛 gandhottamakuṭa tathāgata

香积如来 gandhottamakuṭa tathāgata

香净 gandhavyūhāhāra

信相 ruciraketu

药王佛 bhaiṣajyarāja tathāgata

药王如来 bhaiṣajyarāja tathāgata

业风 karmavāyu

一切众生喜见如来 sarvasattvapriyadarśana tathāgata

银光 rūpyaprabha

银相 rūpyaketu

月盖 śomacchatra

众像见 sarvarūpasandarśana

缩略符号表

Ā. ātmanepada, middle-voice 为己，中间语态
Ab. ablative 从格
Ac. accusative 业格
adj. adjective 形容词
adv. adverb 副词
aor. aorist 不定过去时
caus. causative 使役形式
conj. conjunction 连词
D. dative 为格
du. dual 双数
f. feminine 阴性
fut. future 将来时
fpp. future-passive-participle 未来被动分词，必要分词
G. genitive 属格
ger. gerund 绝对分词
I. instrumental 具格
imper. imperative 命令语气
imperf. imperfect 未完成时
indec. indeclinable 不变化词
inf. infinitive 不定式
interj. interjection 感叹词
L. locative 依格
m. masculine 阳性
N. nominative 体格
n. neuter 中性
num. numeral 数词
opt. optative 祈愿语气
P. parasmaipada, active-voice 为他，主动语态
pass. passive 被动语态
perf. perfect 完成时
pl. plural 复数
pp. present-participle 主动语态的现在分词，中间语态的现在分词
pperf. periphrastic perfect 迂回完成时
ppp. past-passive-participle 过去被动分词
ppt. passive-present-participle 被动语态的现在分词
pref. prefix 接头词
pres. present 现在时
pron. pronoun 代名词
pt. past-participle 过去分词
sg. singular 单数
V. vocative 呼格
1. first-personal 第一人称代名词
2. second-personal 第二人称代名词
3. third-personal 第三人称代名词

图书在版编目(CIP)数据

基于梵汉对勘的魏晋南北朝佛经词汇语法研究/陈秀兰著. —上海：复旦大学出版社，2018.9
ISBN 978-7-309-13827-6

Ⅰ. ①基… Ⅱ. ①陈… Ⅲ. ①佛经-词汇-研究-中国-魏晋南北朝时代-汉语、梵语 ②佛经-语法-研究-中国-魏晋南北朝时代-汉语、梵语 Ⅳ. ①B94

中国版本图书馆 CIP 数据核字(2018)第 179185 号

基于梵汉对勘的魏晋南北朝佛经词汇语法研究
陈秀兰　著
责任编辑/宋文涛

复旦大学出版社有限公司出版发行
上海市国权路 579 号　邮编：200433
网址：fupnet@fudanpress.com　http://www.fudanpress.com
门市零售：86-21-65642857　团体订购：86-21-65118853
外埠邮购：86-21-65109143　出版部电话：86-21-65642845
常熟市华顺印刷有限公司

开本 787×960　1/16　印张 27　字数 380 千
2018 年 9 月第 1 版第 1 次印刷

ISBN 978-7-309-13827-6/B · 666
定价：68.00 元
